JN136176

書籍文化史料論

鈴木俊幸［著］

Suzuki Toshiyuki

勉誠出版

はじめに

どういう角度から歴史を眺めるかで、時代はさまざまな様相を見せる。何を史料とするかによって、時代と歴史の見え方は異なったものとなる。

どの時代においても、書籍は文化的営為に色濃く関わるものであった。書籍に関わる諸事象から時代を見ていけば、人々の日常の知的営為とその史的変化、その時代全体の文化的様相とその変化とを具体的に浮かび上がらせることができるはずである。

さて、

江戸時代は出版文化が花開いた時代である。出版業の発展は読書人口の拡大をもたらし、上流階級の人間ばかりではなく、識字力を高めた庶民も読書を楽しむようになった。

とか、また、

明治時代になって、木版印刷から活版印刷へと印刷方法が変化した。用紙も和紙から洋紙に取って代わられ、袋綴じの和装本は両面印刷の洋装本となる。

などという説明は、大方納得できる常識的なものであろう。嵯峨本や往来物、『道中膝栗毛』や『西国立志篇』など、定番のあれやこれやを並べ立てて、具体性を少々肉付けすればもっともらしい歴史叙述の完成である。見てきたような何かができあがる。通念の魅力と支配力は強大である。

すでに大方納得済みの筋書きに基づいてさらに説得的に仕立て上げるために、その筋書きに適う史料を寄せ集めて記述される歴史は、筋書きからはみ出る面倒くさいものを隠蔽して史上に無かったものとしてしまうであろう。歴史の記述から漏れて忘れ去られたもの、歴史上の価値を与えられず滅びてしまったものなど、通説をそのままなぞるかぎり、視野に入ってはこない。

遺された過去の遺品は時代のリアルそのものである。常識化された概念の呪縛から解き放たれるためには、遺された史料と向き合って虚心にそのリアルを実感することが第一であろう。そして、そこから発想を始めればよいのであるが、それはじつはそれほど簡単なことではない。まず何が史料となりうるか、その史料から何が見えてくるかという見通しを得るための試行錯誤を伴うし、試行錯誤のためには史料となりうるかもしれないもののさらなる集積が必要となる。

書籍の文化、その歴史を捉えようとする場合、遺された書籍そのものがまず一番の史料となる。時代の何らかの役割を果たすべく作成されたものである。その存在は時代における役割を体現している。そして書籍そのものには、それを手にした人々と書籍との関わりの跡が遺されている。つぶさに観察すると、そこには、不審紙の貼り込みや書き入れ、また草臥れ加減など読書の痕跡や、識語・蔵書印などの所有の証、そしてそれらが時代を経て積み重なっていく様、つまり、所蔵の変遷や、複数の読書体験を確認することもできよう。人々の生々しい文化的営みの跡がここにはあり、概念的な歴史叙述からは得られないものをここから受け取ることができるはずである。

しかし、書籍それぞれは個別であり、その書籍と手にした人との関わりも個別的な経験の域を出ない。安易な一般化は許されない。書籍個々の史料としての大きな限界がここにある。これを史料とするためには、それらから浮かび上がる個別の事象を、地域や時代、歴史の中にどのように位置付けるべきかという発想を同時に持つ必要がある。書籍とそれを手に取った人間との間の関係性だけで書籍の文化が完結しているわけではない。書籍はそれぞれにさまざまな社会的な位置付けを持ちつつ歴史を作っている。現在に遺された書籍は、たしかにその時代に存在し、そして、何らかの意味合いを与えられつつ時代を経てきたものである以上、その時々の社会や所蔵者との関係を書籍は物語るであろうし、したがって、時の経過、社会の変化を抽出することが可能な史料となりうるのである。微視的なリアルを見る精度の高い観察と、広い視野をもって俯瞰してそれを位置づける考察とが必要であるし、その往復運動を弛まず続けることが要求される。

具体的に一例述べれば、江戸時代以後、いよいよ書籍とその文化は経済との関わりなくしてありえないものとなる。書籍が商品として製作され流通していく。書籍の制作を主導する版元は、同時に流通の要となる問屋でもある。版本の制作に従事する筆耕・彫師・摺師・製本師を差配し、製品を小売りに向けて流通させていく。版木と紙など、書籍の素材となるものを制作・供給する産業がこの業界に大きく関わることになるし、輸送に関わる業者も関係してくる。この一連の機構は一大産業に発展して明治を迎える。商品ではない書籍も多数制作されるが、それもこの機構に連なる職人が関わる。写本にしても商品として流通するし、個人的な写本であっても商品である紙の購入があってのものである。文書筆耕という専門職も誕生する。貸本も含めて、それなりの対価をもって、人々は書籍を手にしていた。いったいいくらで売られていたものか。その価格はどのように評価されるべきか。家の経済と当該の書籍の必要性、その売価を妥当とする市場の根拠はどこにあるのか。遺された書籍が、この書籍の機構の何を物語ってくれるか、また、機構とその歴史の理解が、遺された書籍をどのように捉え直させてくれるのか。明らかにしなくてはならないこと、考えなくてはならないことが次々浮上してくる。一歩前に進めるために、新たな史料がまた必要となる。

今に遺されたもの、また記述は、歴史の中にあったものである以上、小さな断片であっても、過去を再現し、歴史を構想するための部品となる。既成の概念図に惑わされることなく、部品の占めるべき位相を判断しなくてはならない。歯や肋骨など、断片的な化石から古生物の全体像と生息環境などを再現するような作業に有効なのは、その世界の再現に少しでも役立つ断片を少しでも多く集積することである。それを積み重ねていけば、断片相互の関係性、それぞれの位置づけがより確固たるものになり、断片たちを客観的に評価できる俯瞰的視座を得ることができるはずである。

たとえば、書籍の享受に関わる一次史料は思いのほか少ない。まとまった書籍群の中にあったり、他の文書などがあれば、その書籍が家に遺されていることの意味をたどることができる可能性もあるであろうが、そのようなケースは稀である。その時代における読者たちの日常、日常の中の読書を探るためには、さまざまな手口を用いる必要がある。書籍を制作する側、その流通に関与した者が遺した史料が重要になってくる。経済の歯車の中に組み込まれた書籍の文化が織りなす模様は、民間の書籍へのまなざしを映し出しているとともに、書籍市場に働きかける経済的営為の産物でもある。したがって、その経済的営為の諸相をつぶさに観察すれば、市場つまり読者たちの動向を捉える緒が見えてくるであろう。しかし、まとまった営業文書が遺されているのは極めて稀であり、まさに断片、営業の痕跡をあちこちから集めてくる必要がある。

本書収載の諸稿は、新出史料の紹介といった意味合いのものもあるが、こんなものも史料になるかもしれないという発想で仕立てた史料論が多くを占める。取り上げた史料それぞれは、ほとんどそれだけでは大きな状況を語り出すことのないささやかな断片たちである。またその断片に基づいて編んだ諸編は、歴史の中の小さな一齣に過ぎない。効率よろしくなく手口として勧められないようなものも多いが、しかし、これまで史料として認識されなかったものが史料として視野に入ってきた時、概念的理解から少しでも脱して、これまで見えてこなかった時代の諸相がいくぶんかでも新たなものとして浮かび上がらないこともないかと思う。

二〇一九年四月吉日

鈴木俊幸

目次

第二部　書籍文化史料片々

第一部　史料が照らす世界

書籍に接して腑に落ちない思いをすることが多々ある。誰がいつ何のために制作したのか、誰が何のために読んだのかといった基本的なことから、なぜこの部分が改刻されているのか、なぜ丁付が飛んでいるのかといった、版面の細かなところから浮かび上がる疑問まで、つぎつぎと立ち現れてくる。しかし、書籍そのものはなかなか答えてくれなかったりする。それが、ふとした拍子に出くわした史料などによって疑問の糸がほぐれたり、またほぐれぬまでも解決の方向性、新たな史料捜索のための手がかりを得られることもある。

また、一片の文書の目撃が、それまでの思い込みを一変させて、書籍に対する評価がまったく改まることもある。

書籍を、時代・社会の中に正確に位置づけるために、書籍そのものをじっくり検討することは必須であるが、なるべく多くの角度からその書籍を眺める視点を確保したい。それらの視座は史料によって得られるはずである。その視座を与えてくれるのがすなわち史料である。では何が史料となりうるか。出くわした史料が世界の見え方をどう変えてくれるのか。

第一部には、新出史料の紹介とともに、そのような問題意識を含み込んだ小論を集めてみた。

1　京都書林仲間記録『重板類板出入済帳』

――安永二年〜安永六年――

はじめに

最近、以下に紹介する文書を得た。もともと袋綴じであったものの、すでに綴じが外れ、ばらばらになった五十枚である。すべて連続しているわけではなく、全体の中のごく一部のものであるが、これは、これまで紹介されたことのない京都書林仲間上組の文書のひとつである。

京都書林仲間の文書は、宗政五十緒・朝倉治彦編『京都書林仲間記録（書誌書目シリーズ5）』（一九七七〜一九八〇、ゆまに書店）によって、簡単に接することができるようになっている。しかし、これがすべてではなく、むしろ大量に逸してしまっていてこれしか残っていないことは、第六巻所載宗政五十緒解題紹介の行司引き継ぎ時の文書に記載された管理文書一覧との比較で明らかである。

『京都書林仲間記録』に収められている一冊に『京都書林行事上組 済帳標目』（以下『標目』と略す）がある。これは、標題のとおり「重板類板出入済帳」の標目のみを、後日の検索の便のために一冊にまとめたものである。その「済帳」とは、日々の仲間行事の対応によって、決着のついた事案について、その間にやりとりのあった書状、提出された口上書や願書等の文書の写しを記録しつつ、ことの経緯を記録したものである。最終冊の第二十五冊のみが現存を確認されており、『京都書林仲間記録』の第二冊に収められている。

このたび紹介する断片は、安永期の冊の一部である。表題はもちろん無く、順番も定かではない一枚ずつばらばらになったものであったが、内容から、さもあろうと見当をつけて、『標目』の記事を頼りに文書の順序を定めていったのであるが、これが気持ちよいくらいに的中、確実に『標目』の親文書「重板類板出入済帳」の一部であることが確認できた。『標目』と照らし合わせることで、文書の抜け具合も判明する。また、この新出文書は写しではなく原本であると思われる。『標目』は、通常年三回の行司の交替ごとに記事が区切れ、筆跡もそこで変わる。記録担当の行司が交替するのであろう。本文書も、筆跡がそれに対応していて、これが原本であることの根拠となる。

本文書所載の記事は、安永二年（一七七三）から安永六年（一七七七）までにわたっているが、先に述べたように全部で五十枚のみで、残り方は悪い。本文書の残欠状況を示すために『標目』の「安永二年巳九月ゟ午正月迄」から「安永六年酉正月ヨリ五月迄」の途中までの記事を掲げてみる。標目の上にある001から110までの三桁の数字は各標目に私に振った通し番号である。その下に◎○△×の記号を置いた。◎は、標目に対応する記事が完全に備わっているもの。○は全備していないが、まあまあ残りのいいもの。△はごく一部のみしか残っていない残念なもの。×は全く逸している記事である。また、各標目の末尾、〈〉に入れた二桁の数字は文書各枚に振った通し番号で、標目に対応する記事がどこに収められているか示したものである。

安永二年巳九月ゟ午正月迄
001×：一嘉点小学重板本願下ヶ之事
002△：一嘉点小学一件事済之上江戸大坂へ申遣ス事〈01〉
003◎：一右ニ付板木屋并細工人ゟ証文取置候事〈01〉
004○：一同重板本売買相止ニ付右之本取仕舞之事〈02・03・04〉
005×：一初心稽古かるた作者宜山板行之義願下ヶ之事
006×：一諷歌かるた之義ハ同歌無之候得者差構不申候段申渡候事
007△：一奕正通微補玄々碁経与差構済口一件〈05〉

安永三年午正月ゟ五月迄
008◎：一傷寒古訓と申書江戸ニ而田沼様御家中ニ蔵板出来ニ付書状并本登り候事〈06〉
009◎：一右ニ付江戸行事へ返状遣し申候事〈07〉
010◎：一仲景全書　傷寒論板元中ゟ口上書出申候事〈08・09〉
011◎：一大和屋伊兵衛方之四書白文板木辻井吉右衛門方へ買得之事〈09〉
012◎：一稲荷供奉式行列絵本等外ゟ存知付新板出候義候ハヽ、相止メ呉候様ニ宮本ゟ被申候由額田正三郎ゟ口上
書出候事〈09・10〉
013◎：一七九畧抄菊屋喜兵衛方上ヶ本之一件〈10・11〉
014◎：一唐詩選末書写本之義ニ付江戸行事ゟ書状到来之事

并返書遣候事〈11・12・13〉

015◎：一上ヶ本之義ニ付仲ヶ間中へ為心得五月廻状と一所ニ披露致候事〈13〉

016◎：一蔵板物西御役所町代部屋ニ而尋候事八品書附遣し申事〈13・14〉

017◎：一公家鑑紋尽藪田甚兵衛方之事ニ付出雲寺文次郎ゟ口上書之事〈14〉

018◎：一釈氏外伝板木江戸山崎金兵衛ゟ梅村三郎兵衛へ買得之事〈15〉

安永三年午五月ゟ同九月迄

019◎：一聖教類之板賃大坂江京通用ニ而差下し候所是迄正味銀ニ而承り候様ニ申参り候故明和九年辰年ゟ京仲間へも通用ニ而相渡し申候已来左様ニ御心得被成候様ニと返書致し遣ス

後世物語者板元柏原屋与左衛門殿ニ相成候事〈15・16〉

020○：一安井門前福居や平右衛門ゟ祇園山鉾行列記前々ゟ二段之株を持居候故同様之姿ニ而有之大ぶり半切ニ而再板致し度与口上書出ル（補入符）（かぞへ歌事も口上書出ル是ハ行事ハ取上ヶ不申直対談被致候様申渡ス也〈16・17〉

021×：一右一段之株ハ万屋仁右衛門方之株なり

022○：一五月廿五日西御役所ゟ行事御召ニ而参ル武功論之事ニ則蔵板主と出入及候一件委敷ハ裁判帳を御覧可被成候此出入ハ委曲ニ御覧可被成候〈17・18・19・20・21・22・23・24・25後欠〉

023×：一女大学　早引節用　仙台表ニ而重板之事相済候趣大坂行事中ゟ申来ル

024×：一天真霊符伝之事ニ付大坂表ニ而扇面ニ致し候故菊屋七郎兵衛大坂へ下られ候ニ書状遣ス

025×‥一誹諧春の日江戸表ニ而重板出来西村市郎右衛門ゟ売留メ口上書出ル　附　売留メ廻状出し候事
026×‥一富之札買様秘伝之義ニ付東御役所へ近江屋市兵衛被召出候而売留メ被仰付候并大坂へ書状往復度々有之候
027×‥一端々草紙屋右富之札之売留ハ五人之草紙屋中ゟ申触被致候并端々小双紙屋之名前裁判帳ニ印し置候
028×‥一武功論之支配丸屋源兵衛分ンニ相成候

安永三年甲午九月ゟ未正月迄

029×‥一豊竹此吉座浄るり抜本之義ニ付大抜行事中ゟ書状并正本や小兵衛口上書右ニ付当帳廻文出し候事
030×‥一織部之諷興書改候義山本長兵衛ゟ届之事
031×‥一誹諧春の日之義ニ付江戸行事中ゟ書状到来并吉文字や次郎兵衛ゟ口上書右ニ付当帳ゟ返答書并西市ゟ返答書
032×‥一御からかさ難問板木江戸表ゟ買得之届尤御傘板元ゟ被申出候事
033×‥一歳旦詩作例板行ニ付詠物詩全部出板之砌差構申間敷旨板元林宇兵衛へ申達置候事
034×‥一五嶽真形図願株譲り受候趣双方ゟ被申出候事
035×‥一三井寺物語板木大坂ゟ買得之届阿波や定次郎被申出候事
036×‥一誹諧七部之書江戸表武家方ニおゐて小本ニいたし板行有之候ニ付相対之上板木并摺置有之本共不残京都板元へ被下候一件
037×‥一公家鑑紋尽并国尽海陸記之板木行事中へ致所望出雲寺文次郎殿須原屋茂兵衛殿両所へ譲り遣し候一件

038×：一万世雲上鑑此已後改正之度毎々行事中江相届申度旨口上書被差出候事并外ニ入事ニ有之候公家鑑改正
　無之様頼之事
039×：一礼讃偈彫懸之板木弐枚永田調治ゟ先達而取上ヶ有之候元板主金屋半七へ相対之上右之彫懸板木金半へ
　渡し遣候事
040×：一天真坤元霊符伝菊屋七郎兵衛板土御門殿御覧之文字加入許容之書付写被差出候事

安永四年乙未正月ゟ五月迄

041△：一大覚寺御門跡様御蔵板大般若経之一件〈26・27・28・29：前中後欠〉
042△：一誹諧春の日之義ニ付江戸表ゟ書状到来并返事〈29：後欠〉
043×：一はいかい物写本出候ハ、西村市郎右衛門方へ相廻し可申事
044×：一稲荷祭行列記ニ付額田正三郎ゟ口上書被差出候事
045×：一探玄記発揮抄京都売弘之義御届申上候事

安永四年未五月ゟ九月迄

046×：一探玄記発揮抄江戸増上寺蔵板出来ニ付売弘人被仰付ニ付京都御役所表御聞届相済候一件
047×：一山崎や儀兵衛方百人一首歌かるた板行相止メ被申候ニ付先年出し置候添状戻し被申候事
048×：一山崎屋儀兵衛小倉雛かるた全百首小倉下配歌かるた全百首
　右弐品八月廿五日御願下ヶ申上候板行相止メ候事一件

049×：一和漢軍談紀略考四巻之目録ニ差構売留メ致候事
050×：一早引節用江戸ニ而重板出来致候ニ付重板本売留メ之事
051×：一誹諧春の日江戸京両板共無滞売買通用之事
052×：一三部経片カナ付丁子屋九郎右衛門殿ゟ写本被出候之事

安永四年未九月ゟ申正月迄

053×：一軍談記略考之儀ニ付武村新兵衛ゟ口上書を以被申出候事
054×：一三部経片カナ付之儀ニ付鈴木太兵衛経師伊兵衛ゟ口上書被出候事
055×：一針灸手引草ニ付河南両人ゟ口上書被出候事
056△：一史記考板元大坂吉文字や市兵衛殿口上書被差出大坂行事中ゟ書状相添被登候ニ付史記并末書板元中へ
右之段申遣ス事〈30〉
057×：一西方六字丸と申書大坂ニ而御願被申出候所御差留メ被仰付候趣大坂行事中ゟ申来候事
058×：一針灸重宝記板元ゟ河南両人針灸抜粋小本再板ニ差構之趣口上書并大坂行事中ゟ書状到来之事
059◎：一針灸抜粋板元ゟ返答之口上書被出書状相添差下し候事〈33〉
060◎：一史記并觽板元ゟ口上書被差出大坂へ書状相添差下し候事〈31・32〉
061◎：一役者評判記之義ニ付八文字屋八左衛門正本や九兵衛両人ゟ口上書差出され大坂表へも其趣申遣し候事
〈31・33・34・35〉
062△：一梅花断易指南等之義ニ付桝屋源次郎蓍屋勘兵衛野田藤八三人ゟ口上書被差出候事〈35後欠〉

063×：一太平国恩里談之儀ニ付江戸ゟ書状到来之事
064×：一廿四輩道中記大坂之方吉野や為八へ買得之旨口上書被出候事
065△：一道行揃之儀ニ付栄井屋善次郎ゟ両度口上書被出候事〈36前欠〉
066◎：一細工人講中取〆之義ニ付木札相渡候一件〈36〉
067○：一教行信証并六要抄之板木共本願寺御買上ニ成候一件〈36・37・38・39中欠〉

安永五年申正月ゟ同五月迄

068×：一万国夢物語と申写本万屋幸兵衛ゟ被出候所此書新井筑後守様之作采覧異言と申書ニ依候而編立候書故板行無用之段渡し候事
069×：一上人浮世物語と申写本柏屋喜兵衛ニ被出候所風俗不宜候故板行無用之段申渡し候事
070×：一竹本義太夫浄るり本之内諸方ゟ抜キ本出候を草紙屋四人之衆と大坂天満屋源二郎与諸方抜キ本板元相対之義行事中へ届之事
071×：一史記觽之儀ニ付大坂史記考板元吉文字屋市兵衛殿ゟ口上書を以被申出候趣大坂行事中より書状往復之事
072△：一墨色伝大坂柏原屋佐兵衛殿出板之所当地めと木や勘兵衛ゟ墨色袖珍と申写本出候所墨色伝出板之後故めと木屋方写本作者方へ戻し被申候所外ゟ売本出候由ニ而大坂柏佐殿ゟ売留願之口上書被出候写并大坂行事中ゟ書状相添申来ル〈40・41前欠〉
右ニ付当地売留廻状廻し候事

073◎：一唐詩解頤昨未之冬田原勘兵衛願人ニ而板行御赦免有之候処此度東叡山御蔵板ニ相成候ニ付願改被申候事尤田原勘兵衛ゟ一札有〈41・42〉

074△：一麻疹気候録秋田屋伊兵衛方出板之所大坂敦賀屋九兵衛殿方麻疹精要ニ指構之旨ニ而度々書状往復之事〈42・43・44後欠〉

075×：一聖教類五六之帙御摺立ニ付西御役所ゟ留板持参候様被仰渡候并西六条へ留板持参之事　御摺立相済候ニ付御役所へ御届申上候事　西六条ゟ世話料銀請取候上板元衆中へ板賃割付相渡し候事　聖教雑記ニ委シ

076×：一右ニ付大坂柏原屋両家右板賃銀差下し可申之処当地額田正三郎方為替申参相渡し候事并大坂行事へ書状遣し候事

077×：一蒙求国字解　同国字弁与相対相済候趣口上書之事

078×：一修事秘要吉野屋為八願被申候已来註解并増補等致間敷旨一札取之候事

079×：一はいかい糸切歯出入相済売出しニ相成候事

080×：一絶句解考証江戸版　当地対談相済添状出し候事

081×：一東山双林寺西阿弥寺大破ニ付仲間中へ相頼被申候ニ付白銀壱枚遣し候事

安永五年申五月ゟ九月迄

082×：一孝経集覧与申書江戸表ニ而致出来候処孝経注疏板元唐本屋吉左衛門ゟ差構之趣口上書被指出候事

083×：一詩学階梯与申書江戸須原屋市兵衛殿方出板有之候処伏見屋藤右衛門田原勘兵衛林伊兵衛右三人ゟ詩林良材前後篇詩語砕錦等ニ差構候之趣口上書被指出候事

084×∴一右両条之儀大坂行事中江申遣ス書状之扣
085×∴一右返事大坂行事中ゟ六月廿六日到来則吉文字や市兵衛殿口上書添登ル
086×∴一史記觽之儀ニ付大坂吉文字屋市兵衛殿ゟ被指出候口上書之事
087×∴一新刻五経大坂当地対談相済添章指出候事
088×∴一倭字大学先年日野屋源七ゟ被相預此度菊屋五郎兵衛方ニ而致出板候ニ付菊屋長兵衛ゟ被指出候口上書之事
089×∴一絶句解弁書江戸表ニ而重板致出来候ニ付八月四日出之書状到来之事
090×∴一右返事書状八月廿日江戸行事中江差下ス事
091×∴一浜岡道泉　経類板行所持之書林致支配度旨願出候ニ付八月廿日行事三人東　御役所江被　召出御尋之事
092×∴一同右就御尋口上書八月廿八日指上候事
093×∴一万代節用集東　御役所公事方ゟ本弐部別摺申来リ候ニ付九月三日大坂行事中江書状指下シ候写
094×∴一尊朝親王御真跡詩歌粟田御殿役所ゟ板行免許状有之事願人八幡屋勘三郎
095×∴一絶句解弁書江戸表ゟ当地へ本登りて相糺九月十日江戸行事中江書状差下候写

安永五年申九月ヨリ同六年酉正月迄

096×∴一集古印篆添状之義ニ付廻状出し候事
097×∴一和漢軍談記畧考差構相済候事

098×：一俳諧三草紙大坂河内屋茂兵衛殿俳諧直指伝ニ差構候由大坂行事ゟ書状到来并返書
099×：一仁王経薬師経一件
100×：一嘉点小学反古一件
101×：一四家雋差構相済候事
102×：一教行信証寛文板両本願寺抱板ニ相成候事
103×：一立身宝貨占之事
104×：一銭屋利兵衛殿嘉点小学奥書名前削候一件

安永六年酉正月ヨリ五月迄
105×：一丁酉運気考之儀ニ付土御門家ゟ御稟答之事
106×：一経師屋伊兵衛所持聖教板木池田屋七兵衛方へ被譲候事
107×：一文徴明阿房宮石摺江戸戸倉屋焼株著屋儀悉く買得再板之事
108◎：一絶句解国字解典故ニ差構相済候事〈45・46〉
109○：一四書片仮名附中本井上忠兵衛方再板之儀ニ付大野木市兵衛殿差構大坂行事ゟ書状到来并返事遣候事
〈46後欠・48・49・50〉
110○：一富貴地座位之儀ニ付大坂行事ゟ書状到来并返事遣事〈47・48〉

一　概要

以上のように、まことにごく一部であるが、これによって詳細の判明したことも少なくない。一部でも残っているものについて、『標目』の標目を見出しにして各条の概要を以下に記しておく。見出しの頭に振った番号は、先に掲げた『標目』の記事番号に対応している。末尾〈　〉内の番号は、文書各枚に与えた番号で、該当する記事が翻刻中どこにあるのかを検する便のために記した。

002　嘉点小学一件事済之上江戸大坂へ申遣ス事〈01・02・03・04〉

本文書は、大坂書林行司から京都書林三組行司宛十月八日付書状の末尾から始まる。京都よりの嘉点『小学』重版の情報を受けて、大坂では一部も見つからないが、これを取り扱わないように、仲間一統に周知したという内容である。『出勤帳』三番、十月八日於大惣方寄合の条に「一京都ゟ、嘉点小学重板一件済口来候、返翰認登申候、但し当地触書認、大宗へ渡ス」とあるのが本件の処理に該当する。

本文書では記事を失しているが、『標目』安永二年巳五月ゟ同九月の条に「嘉点小学大和屋善七重板之事」とあり、『諸証文標目』に「巳七月廿九日／一小学山崎嘉点之一件／但し大善重板仕候ニ付願申候事　井筒屋清兵衛」「巳七月廿九日／一同断　連中ゟ記録之頼ニ付証文取置候事　林四郎兵衛／谷口七左衛門／新屋平治郎／丸屋清兵衛／林忠兵衛／野田藤八／山田宇兵衛／林安治郎／八幡屋六郎兵衛／林四郎三郎／武村嘉兵衛」とあって、大和屋善七版が井筒屋清兵衛版の重版であったことを井筒屋が訴え出て、仲間がそれに対応したのが七月末のことであったことがわかる。

『小学』の出版願いが役所に出されたが、これが重版本であることがわかり、取り下げになったものと思われる。『標目』安永二年巳九月ゟ午正月迄の条の最初に「嘉点小学重板本願下ヶ之事」「嘉点小学一件事済之上江戸大坂へ申遣ス事」とあって、この問題が決着を見て、江戸と大坂の仲間に本件が通達されたのは九月になってからのことであった。件の大坂状はその通達に対する返事である。

003　右ニ付板木屋并細工人ゟ証文取置候事〈01〉

本件は、仲間の写本吟味を経ずに行われたもののようで、このような事態を未然に防止するために、下職にも指示が出された。本文によれば、まず「表帋屋中」すなわち製本職一統には、近江屋金右衛門を通じて、申し渡されたが、この近江屋は表紙屋中の頭領分であったのであろう。次に、板木屋には、頭領分の者十一人を呼び、どこからの依頼であろうが、摺本を版下にするような仕事は、年寄り役の行司にその版下を見せた上で取りかかること、またすべて不審な版下はそのような手続きを踏むべきことを周知するよう通達している。「板摺細工人」、つまり摺師中には、その行司に、どこに仕事に行っても、紛らわしい板木であると気づいたら、すぐに本屋行司に申し出るよう申し渡して証文を取っている。

また、この一件は、先行司の担当になるので、一件終了後、「裁判帳」に記録を留めてくれるよう先行司から依頼があったことが記されている。『京都書林仲間記録 第六冊』宗政五十緒解説が紹介する行司引き継ぎの際の文書である文政六年九月改正『行事渡帳』の「有物覚」にはこの名称の文書は見当たらないが、明治四年のものに「済判帳」とあって、これは文政六年『行事渡帳』に見える「出入済帳」と同一のもののようである。すなわち、今回紹介する文書がこれに該当する。全備しているわけではないが、本件の結末のおおよそがわかる。

板木は破却されたが、没収した重版本『小学』五百部については、役人木村九郎兵衛の提案を受けて、原版の版元井筒屋清兵衛が銀一貫匁で払い下げを受けるということになった。訴訟費用の償いにもなれば、という趣旨でもあったが、井筒屋にとっては大きな迷惑であった。ありがたく引き取らせていただく旨の口上書は発したものの、不出来な重版本はそのまま売り物にするわけにはいかず、元版同様に仕立て直すには多くの手間と費用とがかかるのであった。ことの顛末を聞いた仲間老分の意見が途中まで記され、この件については記事が途切れる。その意見とは、元版と同様にするには多大の費用を要するが、元版とまったく同じにはならないので、そのような「紛敷本」を売り出したのでは、お上に対して恐れ多いうえ、仲間一統の取り締まりのためにもよろしくないので、売り出しはやめて、すべて反古にすべしということであった。これ以後の記事を欠いており、その後本件がどうなったかについては不明である。ただし、『諸証文標目』に「同（安永五年申十月）／一嘉点小学反故事　銭屋利兵衛」と見えるので、結局売り物に供することはなかったもののようである。

007　奕正通微補玄々碁経与差構済口一件〈05〉

標目に依るかぎり、『奕正通微補』の出版について『玄々碁経』の版元が差構を申し出たもののようである。本文書は、『奕正通微補』の版元である大坂書肆四軒が大坂行司中に差し出した安永三年正月十五日付の済口証文の写しの末尾が残るだけであるが、『玄々碁経』の版元が『奕正通微補』の相合に加わるという合意で落着したことがうかがえる。『諸証文標目』には「同正月／一奕正通微補　玄々碁経ニ差構有之候処此段和談ニ相成双方ゟ右之届故証文取也／尤四人連印　近江屋庄右衛門／河南四郎右衛門／同四郎兵衛／本屋清八」と見える。

本件の落着をもって行司が交代になったようで、「安永三年午正月」と大書した下に「行事」として四名の名が記されている。

008 傷寒古訓と申書江戸ニ而田沼様御家中ニ蔵板出来ニ付書状并本登り候事〈06・07・08・09〉

年が改まり行事が交代してから初の案件である。江戸における素人の、しかも権門の家中の者による出版という厄介な一件であったようである。本件については記事が完備している。

まず、江戸の書物問屋仲間行司より、『傷寒論古訓』という本が田沼家中の人間の蔵版として開版なったが、割印を出す都合があるので、京都版元の『傷寒論』と『仲景全書』の版元に見せて差し障りの有無を聞かせてほしいという書状が到来する。「尤権門之家中ニ而、六ヶ敷申候間、兼而左様思召、得と御堅慮之上」返事をくれとのこと、また、本書は、以前江戸山崎金兵衛を通じて中野宗左衛門に写本をもって確認したところ、京都版元の差障があるという返答を得て、著者にそのことを伝えたが、それを開版してしまったこと、難しく故障を言い立てる者がいたら、江戸へ呼び下すと言っていると書き添えられている。「一通リ本屋之開板とハ違、面倒成儀ニ御座候」ともあって、間に立つ役割同士、その事案の厄介さを伝えている。

この十二月二十八日発の書状は正月十八日に京都に達したのであるが、手違いがあって役中に届いたのは二月三日のことであった。これに対応すべく早急に寄り合いを五日にもったわけであるが、そこからの吟味となるとあまりに延引してしまうということで、「一応之返答」を江戸に送ることになる。そして、その後慌ただしく対応に追われることになる。

なお、『割印帳』安永三年二月廿四日不時割印の条に「安永三年午春　傷寒論古訓　全弐冊　墨付六十五丁　桃井桃庵　板元売出し　小林新兵衛」と見える。

011　**四書白文証文之事**〈09〉

全備。大和屋伊兵衛殿所持の「四書白文無点」板木を辻井吉右衛門が購入した時の証文を「証文帳」に記載したことを記すのみ。『諸証文標目』には「同三月／一四書白文　無点大伊板辻吉へ買得再板不相成旨　辻井吉右衛門」とある。

012　**稲荷供奉式行列絵本等外ゟ存知付新板出候義候ハヽ相止メ呉候様ニ宮本ゟ被申候由額田正三郎ゟ口上書出候事**〈09・10〉

全備。三月の記事である。額田正三郎を通じて宮本が蔵版の「稲荷供奉式、又ハ行烈絵本等」の類版取り締まりを昨冬願い出たが、この三月に再び願い出たことを記す。該本については分からない。宮本についても未詳であるが草紙屋であろう。草紙屋は、書物問屋仲間の下部組織である「草紙屋中」と称される組織に属する。書物問屋仲間に直接諸願を提出できる立場ではなく、この場合、書物問屋である額田正三郎を介しての願いとなる。口上書の転記はない。

013　**七九畧抄菊屋喜兵衛方上ヶ本之一件**〈10・11〉

全備。開板願い済の『七九畧抄』全四冊のうち、「蘇漫多声之部」三冊出来、四月十一日に町代に提出したところ、十九日に東役所から呼出があり、「是迄内納候格有之哉」と問われる。「内納」とは、全備しないうちに出来上がった分だけ上げ本を行うことのようで、前年十月に願済となった時の内容と齟齬をきたすことが問題だったのであろう。内納するのであれば、以後、願出の時にその旨を断るという指導を受け、今回の一件は口上書を提出して売出しの許可を得たもののようである。なお、口上書は、添削の次第がわかるように書き留められている。

014　**唐詩選末書写本之義ニ付江戸行事ゟ書状到来之事**〈11・12・13〉

全備。一昨年、小林新兵衛からの願いを受けて、唐詩選の末書の写本が出てきたら通達してほしい旨の願書を江戸行事は京都行事に送ったもののようで、それに対して京都側は、唐詩選に限っての通達は理解できないという旨の返事を送ったようである。明和の大火後の取込で対応が遅れたが、あらためて本件について京都側に書状をもって申し入れたのである。小林新兵衛が、唐詩選の類書にいかに神経をとがらせているかをうかがえる興味深い史料である。これに対する京都側の返事は、先回同様、差し障りの無いようにするのはどのような書物についても同様であって、唐詩選に限って通達に及ぶ必要はないとのこと。

015　**上ヶ本之義ニ付仲ヶ間中へ為心得五月廻状と一所ニ披露致候事**〈13〉

014『七九畧抄』一件で問題となった上ヶ本内納について申し合わせを徹底するために、「上ヶ本之義ニ付、仲ヶ間中へ為心得之、五月廻状と一所ニ披露いたし候趣、左之通り」として、仲間への廻状の写しが掲載されている。

016　**蔵板物西御役所町代部屋ニ而尋候事八品書附遣し申事**〈13・14〉

全備。これまで、浪人・儒者・医者・寺社など素人から蔵版願いがあったもので、許可して本が出来上がったもの、また出来なかったものを帳面を吟味して書付を作成しろという要請があり、八件について書き上げて提出している。

017 公家鑑紋尽藪田甚兵衛方之事ニ付出雲寺文次郎ゟ口上書之事〈14〉

全備。藪田甚兵衛が一昨年再版を願い出た『公家鑑紋尽』については、出雲寺との対談を経て再版しない判断を下したが、今後藪田が再版を申し出た時には出雲寺方に知らせてくれるように、その旨を帳面に留めてくれるように依頼したもの。

018 釈氏外伝板木江戸山崎金兵衛ゟ梅村三郎兵衛へ買得之事〈15〉

全備。標目のとおり。ここで行事が交替し、これから安永三年五月から九月までの記事となる。

019 聖教類之板賃大坂江京通用ニ而差下し候所是迄正味銀ニ而承り候様ニ申参り候故明和九年辰年ゟ京仲間へも通用ニ而相渡し申候已来左様ニ御心得被成候様ニと返書致し遣ス〈15・16〉

全備。標目のとおり、通用銀にて板賃が送られてきたことについての問い合わせの書状とそれに対する返書を掲載。『出勤帳』三番、五月廿日、於大惣寄合の条に「一京都行事中ゟ聖教物板賃下り候得共、京通用ニ致し来候故、様子尋旁返書登ス」と見える。

020 安井門前福居や平右衛門ゟ祇園山鉾行列記前々ゟ二段之株を持居候故同様之姿ニ而有之大ぶり半切ニ而再板致し度与口上書出ル（かぞへ歌事も口上書出ル是ハ行事ハ取上不申直対談被致候様申渡ス也〈16・17〉

全備。標目どおり。これも草紙屋からの願い出に対応したものである。「両家ゟ証文ヲ取申候草紙屋証文ハ帳面ニ有」とある「帳面」が何を指すのかはよくわからない。

022 **五月廿五日西御役所ゟ行事御召ニ而参ル　武功論之事ニ則蔵板主と出入及候一件委敷ハ裁判帳を御覧可被成候此出入ハ委曲ニ御覧可被成候**〈17・18・19・20・21・22・23・24・25〉

かなりもつれた長い記録の一件。瀧田三木介という儒者が柏渕才蔵という者と『武功論』蔵版願を奉行所に提出し、それについて行事が呼び出され差し障りの有無を尋ねられる。そして、写本を渡され吟味の上返答するよう申し渡される。本書は以前に支配の丸屋源兵衛から仲間へ願い出のあったもので、その際の吟味で『武備志』に差し障ることを伝えてあったのであるが、双方の話し合いも済まないうちに、直接奉行所に願い出たものであった。また、すでに版木を彫りかけていることが仲間の作法に外れるとも問題視され、行事としては対応に苦慮する案件となった。以下、奉行所におけるやりとり、作者との掛合のことなど、詳細に記録されるが、途中から欠落している。

『諸証文標目』には「同（九月二日）／一武功論　支配之義　丸や源兵衛／錦屋藤兵衛」とあり、九月になって、両名の支配による出版ということで落着したもののようである。

041 **大覚寺御門跡様御蔵板大般若経之一件**〈26・27・28・29〉

大きく記事を逸し、すでに安永四年二月である。元禄十一年十二月と宝暦十年十一月の重版・類版禁止の町触を掲げ、その後、重版一件の事例を三例挙げる。これも途中が欠落しているが、奉行所への返答書の一部であると思われる。次の記事は、享保二年の事例で、出雲寺和泉に命じて「日本之図」を官版として出版しようとしたところ、京都梅村弥右衛門方に板株があることが判り、梅村に開板をさせることで落着したことを記す。次は宝暦二年、寛永寺が『例時懺法』を浜岡道泉に開板させたところ、長谷川庄右衛門方に元版があった事例。次は、宝暦十三年、西本願寺が聖教類を蔵版し元版所持の書肆と掛合になった事例。この三例を書き上げて奉行所に提出したもののようである。この先が欠けているが、これは、末寺に配布するためとして小字両面の大般若経を大覚寺門跡蔵版、伊勢屋太郎兵衛、団市郎兵衛、藤井金三郎を支配人として制作しようとした一件について、藤屋九郎右衛門から重版の訴訟がなされ、その参考に供するために仲間の記録から抜き書きしたものと思われる。仲間行事は、宝暦三年の浜岡道泉『例時懺法』重板一件の済状の写しなどをその後提出し、本件は、四月十八日に落着する。

なお、『例時懺法』一件も、これまで『標目』宝暦二年申五月ゟ九月迄の条の「一例時懺法長谷川出入之義浜岡道仙在江戸ニ付道家手代経師善兵衛日延相願候事」、宝暦三年酉正月ゟ五月迄の条の「長谷川正右衛門例時懺法相手浜岡道仙并伊賀屋与兵衛出入之事」という記事によって、問題のあったことは知ることができたが、この記事によって、その具体的なところが少々判明する。

042　誹諧春の日之義ニ付江戸表ゟ書状到来并返事〈29〉

二行のみ存。江戸行事の書状もそれに対する返状も欠落している。なお、『標目』は逸しているが、30の『史記考』に関する大坂行事の書状の中に、本件について承知した旨の一文がある。『出勤帳』三番に、「八月十四日、京都行事ゟ書状致候、俳諧春の日、江戸ニ而重板出来之由申参候、則右之返書則日相認上し申候事、委細書状扣ヘニ有」、「午八月十三日、京行事状到来、俳諧春の日と申書、江戸表ニ而重板出来候ニ付、於大坂売買無之様触渡しくれ候様、板元西村市郎右衛門殿ゟ之口上書之写等相下り申候所、右春の日、当地吉文字屋市兵衛殿江、只今ハ江戸表ゟ買板ニ相成御座候所、右之書京江戸両板之前後相分り不申事之様承り申候、先ッ右うけ之返書相認上し申候、承り合候上、仲間触可仕趣返事申遣し候、則京書状之扣ニ右委敷有之候事」、また「午十月廿六日、江戸行事ゟ書状到来、俳諧春の日、京都ニて重板出来仕候間、於大坂売買無之様触渡しくれ候様、板元吉文字屋治郎兵衛殿ゟ之口上書上り申候ニ付、追而京都御相対之上可被仰聞候、其上ニて相触可申旨返書下し申候」「俳諧春の日、京江戸両板共通用致候相対出来候由、両地ゟ書状到来候事」とあって、事の経緯を逐一大坂にも連絡している。これによって、事の次第のおおよそがわかる。

056　史記考板元大坂吉文字や市兵衛殿口上書被差出大坂行事中ゟ書状相添被登候ニ付史記并末書板元中へ右之段申遣ス事〈30〉

本件に関わる記事は『俳諧春の日』についての話題とともに前項で触れた大坂行事の書簡から始まる。そこに吉文字屋市兵衛の口上書が添えられているが、これは最初の方のみで、後は欠落している。京都で出版された『史記觽』が吉文字屋所持の『史記考』の株に差し構えるという訴えのようで、それに対する京都の対応がおおよそ知られる。

059　針灸抜粋板元ゟ返答之口上書被出書状相添差下し候事〈32・33〉

『針灸抜萃』を半切本で再板したところ、大坂岡田三郎右衛門から、所持の『針灸調宝記』に差構える由の訴えが出されたようで、それに対する京都河南四郎右衛門・同四郎兵衛の返答口上書が記録されている。全備。

『出勤帳』三番に「池三ゟ針灸之書口上書出ル、京都へ書状添口上書写上ス」、また「十二月四日／一針灸抜萃ニ付、京都ゟ書状到来之事」「閏十二月八日、於大惣／一池三へ京都ゟ参り候針灸口上書渡」とある。

060　史記并觽板元ゟ口上書被差出大坂へ書状相添差下し候事〈31・32〉

055より一連の文書。『史記考』版元大坂吉文字屋市兵衛が京都版史記末書について障りを申し出たのに対する、京都『史記觽』版元と同『史記評林』版元が発した口上書の写しが採録されている。

061　役者評判記之義ニ付八文字屋八左衛門正本や九兵衛両人ゟ口上書差出され大坂表へも其趣申遣し候事〈31・33・34・35〉

『史記觽』一件と同時に処理が進められた一件で、前項に関わる記事と入り交じって記載されている。八文字屋八左衛門と正本屋九兵衛が、大坂における役者評判記類似の書籍の出版差止めを京都書林仲間を通じて願い出た一件である。記事はほぼ揃っていると思われる。

062　梅花断易指南等之義ニ付桝屋源次郎著屋勘兵衛野田藤八三人ゟ口上書被差出候事〈35〉

『梅花掌中指南』『断易指南』を、お玉が池の「土御門様取次所権守」という人間が出版したようである。これについて、京都土御門家に働きかけてやめさせてくれるよう江戸山崎金兵衛から依頼があったようで、これに対応したもののようであるが、後半が欠落している。

066 細工人講中取〆之義ニ付木札相渡候一件〈36〉

全備。標目どおり。細工人講中世話方の依頼を受けて、細工人の印形を取り置いたもののようである。ここに見える「細工人人別家名帳」は、文政六年九月の『行事渡帳』に見える「細工人家名録」であろう。同文書には、他に「表紙屋名前帳」という文書名も見えており、これら下職の講中が独立した組織ではなく、本屋仲間の差配のもとで動くものであることがわかる。

067 教行信証并六要抄之板木共本願寺御買上ニ成候一件〈36・37・38・39〉

安永四年末、町版の『教行信証』と『六要抄』の版木を西本願寺が入手する経緯については、万波寿子『近世仏書の文化史――西本願寺教団の出版メディア――』（二〇一八年、法藏館）が、龍谷大学所蔵史料『本典六要板木買上始末記』を用いて、その詳細を論じている。今回紹介の文書は、途中と最後が欠けていて全備しているものではないが、本屋仲間側の史料として、本件を若干補う記事ではある。

072 墨色伝大坂柏原屋佐兵衛殿出板之所当地めと木や勘兵衛ゟ墨色袖珍と申写本出候所墨色伝出板之後故めと木屋方写本作者方へ戻し被申候所外ゟ売本出候由ニ而大坂柏佐殿ゟ売留願之口上書被出候間并大坂行事中ゟ書状相添申来ル〈40・41〉

前の方を逸している。標目どおり。『墨色秘録』を売り止めする旨京都仲間中へ達し、その旨の返答書を大坂に送っている。

073 **唐詩解頤昨未之冬田原勘兵衛願人ニ而板行御赦免有之候処此度東叡山御蔵板ニ相成候ニ付願改被申候事尤田原勘兵衛ゟ一札有**〈41・42〉

全備。標目のとおり。『諸証文標目』には「安永五年申三月六日／一唐詩解頤　田原勘兵衛」とのみある。

074 **麻疹気候録秋田屋伊兵衛方出板之所大坂敦賀屋九兵衛殿方麻疹精要ニ指構之旨ニ而度々書状往復之事**〈42・43・44〉

京都秋田屋伊兵衛出版の『麻疹気候録』が大坂敦賀屋九兵衛版『麻疹精要』に差構になるとの敦賀屋の口上書が大坂行事から届く。これに対して秋田屋から差構に当たらない旨の返答書が大坂に送られ、さらにこれに対する敦賀屋の口上書が京都に届くが、これについては欠落している。『出勤帳』四番に「申三月八日寄合／一敦賀屋九兵衛殿ゟ、麻疹気候録之儀ニ付、京都へ売留之義申遣くれ候様被願出候ニ付、則今日書状相認、京行事衆中へ上し申候、且又当地ニ而も売買留メ之触いたし呉候様被申候ニ付、則書付相認遣し申候写し／口上／一京都ニ而出板致候麻疹気候録と申書、未添章出不申書ニ御座候間、売買被成間敷候、已上／申三月　　行司／右之通之書付相認遣し、触廻し申候」、「三月十七日／一此日、敦賀屋九兵衛ゟ麻疹気候録之義ニ付、書付出申候而、則日、口上書之写ニ書状相添へ、京都へ上し申候」、「四月十日、京行司状相認上し候、敦九ゟ差出され候麻疹気候録之義申遣ス、いさゐ書状扣帳ニ有」と見える。

108 **絶句解国字解典故ニ差構相済候事**〈45・46〉

この標目に該当する記事の前に、『俳諧おた巻』の板木を全て取得した旨の田中庄兵衛口上書が記録されているが、『標目』はこれを立項していない。

梅村宗五郎・銭屋庄兵衛・梅村市兵衛・丁子屋庄兵衛出版の『絶句解国字解』が所持の『絶句解典故』株の差構になると板元山田三郎兵衛・西村平八から申し出があり、『絶句解国字解』の板木一分半を『絶句解典故』版元に差し出すことで決着が付く。全備。

109 **四書片仮名附中本井上忠兵衛方再板之儀ニ付大野木市兵衛殿差構大坂行事ゟ書状到来并返事遣候事**〈46・48・49・50〉

井上忠兵衛が中本で再版した「四書片仮名附」が大坂大野木市兵衛版「四書小本仮名附」に差構になる旨の大野木口上書を大坂行事が送ってくる。この口上書は途中から欠落し、井上のそれに対する返答口上書も逸しているが、さらなる秋田屋の口上書、それに対する井上口上書は記録されている。ただし、井上口上書の本文が現存文書の最後になるため、決着の次第は不明である。『出勤帳』四番に「三月八日寄合／一参会廻状認、大野木ゟ、四書片口上書出ル、右ニ付京都へ書状認登ス」、「酉四月七日寄合／一京都書状一通、但し、四書片、大野木ゟ口上書」と見える。

110 **富貴地座位之儀ニ付大坂行事ゟ書状到来并返事遣事**〈47・48〉

八文字屋八左衛門新版『富貴地座位』について、大坂版地誌類に差構になるので売買差留めにしてほしい旨、大坂行事から口上書が届く（ただし、前半欠）。その頃大坂に下っていた八文字屋は、帰京し、大坂書肆と相対、内済になった旨を報告している。『出勤帳』四番に「酉四月十四日夕、臨時寄合、佃方ニて／一京八文字屋八左衛門ゟ印行之、富貴地座位、当地塩屋三郎兵衛等六人合板之難波丸等ニ差構候趣、口上書出申候ニ付、口上書之写書状相認京都へ登ス」とある。

『富貴地座位』は、『江戸名物評判記集成』（一九八七年、岩波書店）にも関西大学図書館蔵本を底本として収載されているので、手軽にその全容に接することが出来る。刊記には「安永六年丁酉四月吉日／日本　繁栄堂梓」と烏有の版元名が据わっているが、八文字屋の制作であることが、本文書で判明する。

二　翻刻

凡　例

・行移りは原本のままとした。
・漢字はすべて新字を用い、平仮名は現行の字体としたが、「者」「江」「茂」、「ハ」「ニ」「ミ」、「ゟ」、踊り字は原本のままとした。
・適宜句読点を施した。
・訂正がなされている場合、訂正後のもののみ翻字した。
・各枚の末尾にかぎ括弧「　」を施し、その下に01から50までの通し番号を振った。
・記事が連続していない場合は〈不連続〉と記した行を間に挟んだ。

【安永二年】

在之候ハヽ、仲間一統取扱不仕候様取斗可申旨承知仕候。当
地ニ而ハ、是迄壱郡も見当リ候義無之候得共、猶又右之段、仲間

中江不残申達シ候而、相守候様可仕候間、左様ニ思召可被下候。
右貴報申上度、如此ニ御座候。恐惶謹言。
十月八日　　大坂書林行司
京都書林
三組御行事中様

一嘉点小学重板之一件相済候上、表紙屋江者、近江屋金右衛門江済口之様子申聞ケ、表紙屋中江其段被申通候様申渡ス。

一小学重板之一件相済候上、板木や棟梁分之者拾一人呼ヒ寄セ、自今何方ゟ板木御誂被成候共、摺本を以板下ニ用ヒ彫せられ候者、年寄リ之行事江板下ヲ見セ候上ニ而、彫リ遣し候様申渡し、都而難心得存候板下ハ、板下之写本ヲ持参致シ、行事迄申出候様申渡ス。則、証文取置候間、以来板木やゟ板下之写本持参致候者、麁抹無之物ニ候哉、御覧可被遣候事。

一小学重板之一件相済候趣、板摺細工人之行事江申聞、自今何方へ細工ニ参リ候共、紛敷板木と心附候者、早速本屋行事へ申出候様、常々気を付候様ニ申渡シ、証文取置候事。

一小学重板之一件、先行事之懸リニ相成候故へ、十月二日御裁許被

仰付、事済致候後、先行事ゟ裁判帳江記シ置呉候様との義ニ而、認メ
被差越候書付左之通リ。
十月二日、善七・十助江仰渡相済候上、御番所ニ而、御役人木村」01
九郎兵衛様行事共へ被仰候ハ、今日御取上ケニ相成候小学之本、板元井筒や
清兵衛へ御下ケニ成候へハ、如何致候而売買致候哉。障リニ不相成様、今日可申出旨
被仰付候。尤反古なれ共、本之かたち有之事なれハ、其侭被為差置候義、
不益ニ被思召候間、得与相考可申出旨被仰付候。依之相談ニ及、未一決不仕
候内ニ、十月六日、行事中被 召出、左之通リ被 仰付候。御役人木村九郎兵衛様、
行事共被 召出、此度御取上ケニ相成候嘉点小学之板木ハ、御割捨被成候。
本之義ハ、御取上ケニハ相成候へ共、自然後々ニ至リ、反古之事故、御払物ニ
可出ものにあらず。其節散在する時ハ、又々御上江御苦労ヲかけ申
筋も、有間敷ものニあらず。依之、此度清兵衛江御下ケ被成、被遣候間、加様ニ
致、相紀候上、売買致候と申義、可申出旨被仰付候。此度之一件ニついて、
清兵衛もの入等も有べきなれハ、清兵衛へ御払被遣候ハヽ、清兵衛物入之
償ニも可相成義に被 答候間、相紀売買致候趣、尚又、何程之銀
子上納可仕与申義可申出旨、得与清兵衛江申聞、対談之上可申出旨、被
仰付候。　此日幸ニ、当行事・先行事罷出候様、前晩町代ゟ申参リ候ニ付、
皆々笹屋ニ相揃居候事故、打返相談ニ相及候処、右被仰付候趣、無拠被

仰付候義故、御請申候ニ相談一決致し、左之通之書上ケ、町代田内
彦次郎案文ニ而書付、差上ケ申候事。

乍恐口上書

一私共仲間之内、大和屋善七義、私方元板之嘉点小学重板仕候ニ付、
御吟味之義奉願候所、右重板仕候一件之もの共御吟味被成候。重板
并摺置候本類、御取上ケニ相成候部数、私元板之義ニ候間、何卒
御払被成下候者、名印、其外品替之所ハ取替、私方ゟ売買」02

〈不連続〉

右小学、私方江御払被成下候上ハ、如何致シ売買仕候哉と御尋
被遊候。

此義、右小学、私江御払被成下候上ハ、壱冊ツヽ得与相改、文字
違候所、并奥書名印等も、私方元板之通ニ仕替、得与
仕立直シ候上、売買仕候義ニ御座候。

右御取上ニ相成候重板之小学、元板主井筒や清兵衛方へ
御払被遣、清兵衛方ニ而致売買候義、本屋仲間ニハ差障候義ハ
無之哉と御尋被成候。

此義、御取上ニ相成候重板之小学、元板主井筒や清兵衛
方へ御払被成候上ハ、清兵衛申上候通リ、文字違候所、并□□（破損）
名印等之義、元板之通ニ取替、売買仕候へ□□□□（破損）
間ニおゐて、何之差障無御座候間、何卒清兵衛願□□（破損）
御払被成候様、私共ニおゐても奉願上候。

就御尋ニ、右之通相違不申上候。就是、元板主・本屋行事
連判口上書、奉差上候。以上。

安永二年巳十月十日　　小学元板主
井筒や清兵衛
本屋行事
文台屋次郎兵衛
西村市郎右衛門
梅村宗五郎

御奉行様

此日、先右書付差上置、帰リ候様被 仰出候。　此案文、町代田内氏ら来る。」03

〈不連続〉

右之御下ケニ相成候小学重板之本、行事ゟ清兵衛江相渡し候節、清兵衛受取如左。

覚

一此度御取上ケニ相成候重板之嘉点小学摺立本五百部、末々ニ至リ、自然御払ニ相成候義も難斗奉存候ニ付、私元板之義故、右本類御払被成下候様、御願申上候処、御聞済之上、願之通、右本代銀壱貫目ニ御払被成下、難有奉存候。依之、行事中江御預ヶ被成置候本五百部、私江今日御渡シ被下、慥ニ受取申候。然ル上ハ、御役所江奉差上候御請書之通、少シ茂無違背急度相守、元板之通相糺候上ニ而売出し可申候段、相違無之候。右之本ニ付、行事中江少も御難儀掛ケ申間敷処、為後日之仍而一札如件。

安永二年巳十月十六日　　井筒や清兵衛

三組行事中

〈安永二年〉（後筆）

一嘉点小学重板之一件、巳十月二日事済之後、先行事より裁判帳へ記シ置呉候様との義ニ而、書付認メ被差越候ニ付、十月廿四日、老分中相招、委細御咄シ申候。　風月　村上　出雲寺　秋平　伏藤　銭七

然ル処、右御取上ケニ相成候小学重板之本、小学之元板主井筒屋清兵衛へ買受ケ、売申度旨、御願申上、御下ケニ相成候へ共、全体重板之本

故、甚不校考ニ而、誤字落点等多ク、売物ニ難致、別而、御役所ゟ本御下ケ之節、被仰渡候通、元板と違候所之分、入替候而者、大方摺替之様ニ相成リ、甚以費ヘ多キ斗ニ而茂無之、全体元板と同様ニ者難相成ニ付、紛敷本売出し候而者、御上江茂恐多ク、右重板之本売出し流布致候義者、仲間一統之取〆リニ茂悪敷候故、売出し候義ハ相正シテ、不残反古ニ致度之旨、被及御」04

〈不連続〉

を以、玄々碁経之板元と相合ニ相成、右取陳候差障之分茂加入致し、最初御願之節差出候写本之通ニ仕、売買仕度存候ニ付、右対談相調候段、御役中江双方ゟ申出候処、御聞届ケ被下、忝奉存候。右之通相済候上ハ、以来奕正通徴補之義ニ付、互ニ申分無之候間、為後証連印証文仍而如件。

安永三年午正月十五日　近江や庄右衛門

河南四郎右衛門

同四郎兵衛

本屋清八

御行事中

行事
田原勘兵衛
山本長兵衛
藤屋忠兵衛
野田藤八」05

安永三年午正月

安永三年　午正月ヨリ五月迄

一江戸行事ゟ、傷寒論古訓と申書弐冊、田沼様御家中蔵板ニ出来致候由ニ而、京都傷寒論・仲景全書江見セ候而、返答可致由書状到来、巳十二月廿八日ノ日附、当行事江午二月三日ニ相届、初而拝見致、則同五日ニ寄会、仲景板元、傷寒論板元、其外武新・伏見屋、何れもへ右之本見セ遣シ、差構返答可有之由、申遣シ置申候。

右傷寒論古訓之儀ニ付、江戸行事ゟ書状到来之写、左之通リ。

尚々早々御返事奉待候。以上。

以早便致啓上候。時分柄余寒強、月迫仕候得共、其御地各々様御堅勝ニ被成御座、奉珍重候。当地銘々共無異儀罷在候。乍慮外、貴意易思召可被下候。

一此度、傷寒論古訓弐冊

右者、田沼様御家中桃井氏蔵板致出来候而、小林新兵衛取次、仲ヶ間江改ニ出シ申候。右之書者、当地ニ差構無御座候得共、京都傷寒板元江、一通掛合不申候而者、割印難出候由申入候処、然者本貸シ遣し候間、京都江聞合、返答可致由ニ而、本借り請、今夕為差登申候。御地傷寒論并仲景全書板元江為御見被成、早々御返答可被成候。尤権門之家中ニ而、六ヶ敷申候間、兼而左様思召、得と御堅慮之上、御返事可被成候。此書ハ、以前山金丈ゟ、写本、中野宗左衛門殿方へ為差登候処、御地差障之由、中野ゟ申来、其段山金ゟ作者江申入候処、此度又々板行彫立被申候。尤六ヶ敷差障リ候者於有之者、呼下し可申由申候。此段得と御相談被成候而、御返答可被成候。一通リ本屋之開板とハ違、面動成儀ニ御座候。則新兵衛方ゟ、委細可申上候。最早年内余日無御座候間、来陽目出度可得御意候。恐惶謹言。

安永弐年巳十二月廿八日　　江戸書林三組

行事」06

京都書林三組

御行司衆中

右書状、午正月十八日ニ京着之所、間違ニ而、午二月三日ニ役中へ相届、致延引候故、吟味相済候迄ハ、返答余り延引ニ相成候ニ付、先は一応返答致遣し可申儀可然様相談相極、一応之返答、左之通リ申遣し候。

右返答之写、左之通り

去ル十二月廿八日出之御書翰、当正月十八日ニ相達、忝拝見仕候。如仰、未余寒強御座候処、先以其御地各々様、益御勇健ニ被成御座、目出度御儀ニ奉存候。次ニ、当方役中無異ニ罷在候。乍憚、御安意可被下候。然ハ、此度其御地桃井氏、傷寒論古訓と申書御蔵板ニ出来仕候ニ付、当方傷寒論之書、彼是御座候ニ付、右之書弐冊御見せ被下、差構之儀、吟味仕候様被仰下、思召寄御心附、御見せ被下候段、板元衆中ハ不及申、役中共ニ、千万忝奉存候。此段板元衆中、役中ゟ、呉々宜敷御礼申上呉候様、何れも被申候。沙而、当地仲景全書并傷寒論、其外末書数品御座候ニ付、段々吟味掛合催促仕罷在候所、軒数多ク御座候故、未見合相済不申候。今日ニも有無之御返答可申上と奉存候得共、右之仕合故御断申上候。然ル所、御返答余り延引仕候故、先々右之様子申上度、御報旁々如此ニ御座候。何分今暫ク御待可被下候。急々ニ委細之御返答可申上候間、何分宜敷御取斗被成被下度奉願上候。右御断旁々、如此ニ御座候。尚近日早々委曲可申上候。恐惶謹言。

午二月五日　京都書林三組

行事

江戸書林三組

御行事衆中

右返書、五日切ニ差下シ申候。然ル所、江戸ゟ到来書状之文面ニ、右写本、以前山金丈ゟ
当地中野宗左衛門殿方へ差被登候処、中野氏ゟ差障リ候由被申遣候事、相見へ候故、
則役中ゟ右之本弐冊并江戸ゟ之書状相添、中野氏へ遣し、以前之様子相尋ニ」07
遣し候処、役中江之御返答無之、井上源右衛門殿方へ返答有之候由相聞江候故、源右衛門殿江
相尋候得共、しかと相分リ不申候ニ付、源右衛門殿へ対談之上、右中野氏之訳ハ相除キ、二月十一日ニ
返答書状差下シ申候。

　二月十一日寄会候処、仲景全書并傷寒論、右両書板元衆中より
口上書被差出候。写左之通。

口上之覚

一傷寒論古訓　全部弐冊

右之書、江戸表御素人方御蔵板ニ出板仕、小林新兵衛殿、戸倉屋平助殿ゟ
御売弘メ被成度由ニ而、彼地御行事中江割印取ニ出申候ニ付、当地傷寒論并
鈔物等所持之前板ニ差障リ無之候哉之儀、江戸御行事中ゟ御尋合御座候ニ付、
私共右御本御見せ被下、一覧仕候処、此弐冊ニハ傷寒論之本文少々切入御座候所
相見得候。其上、末書類も私共ニ彼是所持仕候得ハ、右古訓売買御座候而者、
自ラ前板ニも差支ニ相成リ可申哉と奉存候。併此度御出板之分者格別ニ差障リ

之儀も無御座体ニ相見得候事故、此分ハ前板所持之趣意御立被下候様、如何様共
御取斗可被下候。
一御序文拝見仕候所、定文刪文等後四扁（ママ）ニ出来仕候様子ニ相見得申候。右四扁（ママ）、
何卒御出板以前ニ、御写本ニ而拝見被仰付被下候様、兼而御両家ゟ先様江、御
願置被下、御写本ニ而拝見仕候上、私共所持之前板共ニ差障り候義無御座候ハヽ、
此度御出板之弐冊同様ニ御取斗可被下候。自然差構御座候ハヽ、右御写本、私共へ
申請、無滞彫立申候而、売弘メ仕度奉存候。右之趣、江戸表御行事中様へ御
願置被下候様奉願候。以上。

出雲寺文次郎
梅村三郎兵衛
井上忠兵衛
田中庄兵衛
額田正三郎」08
山本長兵衛
林権兵衛

安永三年午二月十一日

御行事衆中

右口上書差被出候ニ付、両板元衆中対談致候所、何分右口上書を以、宜敷江戸表へ

返答致呉候様ニ御頼ニ付、右口上書相添、江戸行事中へ返答致候趣左之通。

尤、末書類板元武村・伏藤両家ハ、差構無御座候由、返答有之。

江戸行事中へ返答写

一筆啓上仕候。未余寒強御座候処、且ハ御地各様、弥御堅勝ニ被成御座、奉珍重候。当地銘々共、無異儀罷在候。乍慮外、貴意易思召可被下候。

一先達而御差登被下候傷寒論古訓、当地傷寒論并ニ仲景全書板元、其外末書等見合相済候ニ付、此度御写本弐冊致返進候。御受取可被下候。右両書板元ゟ申出候者、此度之弐冊ハ、格別差構之儀茂無御座候由ニ御座候。併前板所持之趣意相立候様、并ニ後扁出来仕候者、御写本ニ而拝見仕度由、右之段、各々様へ銘々共ゟ御頼申呉候様申出候。重々御苦労之御儀ニ御座候得共、右之趣御承知被下、可然御取斗被遣被下候様奉頼上候。則両書板元ゟ差出し候口上書之写、此度差下シ申候。御覧被下候而、委細之趣御意得被下、何分可然御取斗被下候ハヽ、於銘々共ニ忝奉存候。右得貴意度、如此御座候。書余約後音候条、如此御座候。恐惶謹言。

二月十一日　京都書林三組

行事

江戸書林三組

御行事衆中

四書白文証文之事

一大和屋伊兵衛殿方所持被致候四書白文無点、此度辻井吉右衛門殿方江買得被致候ニ付、前格之通、証文取置之候。証文帳ニ証文有之候事。

一稲荷供奉式、又ハ行烈絵本等、外々ゟ存知付有之、新板等ニ出候義、」09有之候共、堅ク相止メ呉候様ニ、宮本ゟ額田氏を以、行事中へ去冬相頼被申置候様、又々右之儀、弥相心得呉候様、当三月ニ、行事中へ額田氏より再応御頼口上書被差出候。別而此末、供奉式連続之上ハ、宮本ニ而蔵板ニも相成候由申参候口上書、帳箱ニ有之候。再応御頼故、又々相印置申候。

午三月

菊屋喜兵衛殿方上ヶ本一件

一菊屋喜兵衛殿方、七九畧抄全部四冊、先達而願相済候処、此度右之内、蘇漫多声之部三冊出来ニ付、当四月十一日、町代権兵衛江被差出候。然ル所、十九日ニ東御役所へ罷出候様ニ申参、則喜兵衛殿被参候様、寺田官左衛門様被仰候者、是迄内納候格有之候哉と御尋被成候故、右之格御座候と御返答

被成候処、其義ハ相済不申事と被仰候故、何卒此度之義ハ御納被成下候様之段、御頼被成候ニ付、口上書ニ御入筆被成下、右之通ニ相認メ、行事壱人加印いたし、付添候様被仰渡、則翌廿日、長村半兵衛殿附添被罷出候処、無滞相納り候。然レ共、此以後ハ何ニ不寄、内納ハ相成不申候旨、行事共得と相心得候様被仰渡候。此以後ハ、内納致度物有之候ハヽ、願之時、口数ニ取分願置候様ニと被仰渡候。

右口上書御入筆左之通。

乍恐口上書

一七九略抄　全部四冊作者語明　内蘇漫多声部三冊

右之書板行之儀、卯十月廿七日ニ東御役所江御願申上候処、
則日御赦免被為 成下、難有奉存候○[○然ル所]。全部四冊之内、蘇漫
多声部三冊此度板行出来仕候ニ付、[此度△]上ヶ本弐部奉差上候ハ、」10
△奉差上、右三冊売出シ申度奉願候。尤残り□[計?]（貼紙訂正）漫多声壱冊ハ、追而
板行出来次第奉指上申度、此段本屋行事連印（貼紙訂正）奉願候。御聞届ケ
被成下候ハヽ、難有可奉存候。以上。

寺町松原下ル町
願人　菊屋喜兵衛 印

本屋行事

長村半兵衛 印

安永三年午四月十九日

右御入筆之通相認、翌廿日ニ無滞相納り申候。

江戸三組行事ゟ書状到来写左之通り

一筆啓上仕候。夏気相成候処、弥其御地各々様、御揃御安清ニ被成
御座、大悦奉存候。当方無異儀罷在候。乍憚、貴意易思召
可被下候。然者、去々年当地小林新兵衛ゟ被申出候（貼紙訂正）、
其（貼紙訂正）御地ニ而唐詩選末書等写本出候ハヽ、
当地行司共迄御通達被下候様、銘々共ゟ御頼申上候処、
其後御報ニ、唐詩類書ニ限り御通達難被成旨、各々様
方ゟ被仰聞候趣、銘々共愚按ニ相分リ兼候様ニ存候ニ付、又々
以書状、得御意可申処、類焼以後故、取込ニ而、以書状茂不得御意
候。尤唐詩類書と申候得者、類書数多之事ニ御座候故、新兵衛ゟ
願出し候者、唐詩選之差障ニも可相成筋之写本出候ハヽ、銘々

共迄御通達被下度と申儀ニ御座候処、各々様如何之思召ニ而、御通達難被成候哉、争論ニもおよひ、御公辺ニも相成候時者、行司共江御吟味相掛リ候事候得者、御互ニ左様之筋ニ茂相成不申候事ニ存、御通達茂被下候様、申上候儀ニ御座候。其御地ニ而も、已来者故障無之様ニ御糺可被成候。思召被仰聞候得者、随分御糺ニ御手抜茂御座有間敷候得共、御繁多中御見落シ等も有之、争論ニも」11
及候儀出来ニ而ハ、双方之難儀、御公儀様江茂御苦労相掛リ候事、恐入候義者御互ニ御座候。兎角右体之写本者、被入御念、御糺可被成候思召ニ候得者、猶以御通達可被下筋ニ奉存候。得と此段御勘弁之上、先書ニ申上候通、唐詩選之類書而已、何分銘々共御通達可被下候。右之段申上度、再三如此御座候。已上。

四月十六日　　江戸

三組行司

京都書林

三組御行事衆中様

猶々、本書之通、其御地ゟ御通達被下候得者、当地新兵衛方ニ而、唐詩選末書写本相催シ候節者、御地御通達可致事ニ候得者、双方素直ニ而、以来此書ニおゐて彼是出入ヶ間敷事も御座有間敷、行事役中、御互ニ静謐ニ御座候と、大慶此事ニ奉存候。以上。

　右返書之写

猶々、

貴書忝拝見仕候。如仰、向暑相成候処、弥其御地各々様、御揃御勇健被成御座、奉珍重候。随而、当方銘々共、無異罷有候。乍慮外、御安意思召可被下候。然者、唐詩選差構之書出申候ハ、、各々様へ及御通達可申様被仰聞候。此義ハ先達而も被仰越、其節之行事中ゟ御報被申候通之義御座候。先板差障之義者、何書ニ而茂相糺候義ハ勿論之義ニ御座候。尤其株御座候品ハ、御願申上、板行致シ来候。御互之義ニ御座候間、御地ニ而も出板之書差構無之様、随分御吟味可被下候。当地ニ而茂、随分相糺、無障様取斗可申候。唐詩選ニ限リ候義ニ而者無御座候。唐詩選ニ限、御通達ニハ及申間敷候。何書ニ不寄、銘々共愚案ニ難」12
及御賢慮承度義も御座候ハ、、及御通達、御相談可申候。先ハ右御報迄申上度、如此ニ御座候。早々、已上。

　安永三年午五月八日　　　京都書林

　　　　　　　　　　　　　三組行事

江戸書林

三組御行事衆中

上ヶ本之義ニ付、仲ヶ間中へ為心得之、五月廻状と一所ニ披露
いたし候趣、左之通り。

一新板物出来之節、上ヶ本之義、此度御役人様ゟ被仰渡候儀ハ、全部
願置候物之内、壱冊弐冊、追々ニ内納之上ヶ本いたし候儀ハ、此以後仕
間敷候様被仰付候ニ付、為御心得、申入置候。

一右上ヶ本、此以後ハ、割上ヶ本ニ相成候書御座候ハヽ、御願之時、割上ヶ本之
積リニ被成、幾点ニ成とも御願可被成候。是迄御願相済候物、割上ヶ本ニ
被成度物ハ、行事中江御届ヶ可被成候。

蔵板物尋之事

四月廿五日ニ、西御役所町代部屋ニ而、松原長右衛門殿被頼候義ハ、是迄ニ、浪人か
儒者か医者、寺社なとニ蔵板願有之、相成り候物、又ハ、出来不申候物、帳面
吟味之上、内々ニ而、書附私宅へ遣し呉レ候様被相頼候ニ付、翌廿六日、掛
寄会相催、帳面吟味之上、八品書附、廿七日ニ長右衛門殿宅江遣し置申候。

廿六日吟味之人数　風月一斎　小川多左衛門　秋田屋平左衛門　吉田善五郎　長村半兵衛　菊屋長兵衛

書附遣し候写左之通り

享保九辰霜月
一日本記　蔵板願人有之候処、先板御座候ニ付、其趣御願申上、相止ミ申候事。

元文四年未四月
一洞山悟本大師語録　鷹峯玄光庵ゟ蔵板御願。前板差構無之段申上候。」13

宝暦元未十一月
一祭筆帖　新シ町三条上ル町教信寺ゟ蔵板御願。差構無之段申上候。

同年十二月
一医則　山脇養寿院蔵板。前板構無之候段申上候。

宝暦三酉十月二日
一曹源和尚三会録　御所之内村勝明寺ゟ蔵板御願。差構無之段申上候。

宝暦七丑八月
一南谷和尚千字文　大通寺多門院ゟ蔵板御願。尤御願以前行事共江見せ被申、差構
無之段書附相添遣し申候事。

宝暦七丑十一月
一天神和讃　河内道明寺ゟ蔵板御願。右同断。

宝暦九卯八月
一聖教類　西本願寺ゟ蔵板御願。先板差構有之段ニ御願申上候而、

本屋共へ留板御渡シ被下候事。

安永三年午五月廿七日

出雲寺文治郎殿ゟ、藪田所持之公家御紋尽之儀ニ付口上書写左之通り。

口上書

一公家御紋尽　半紙二ッ切壱冊　丁数廿丁程

右之書、藪田甚兵衛殿ゟ、一昨年再板願出し被申候ニ付、其節、私方江御見せ被下候処、右板行、奥書・年号并ニ版元之性名も無御座、何頃出板仕候哉難斗奉存候。右ニ付、御懇意之方御世話被下、彼是御対談有之候内、右再板之儀、相止メ申度段、先御役中江被申出候由ニ御座候。自然重而再板之儀被申出候ハヽ、其節私方江御知らせ被下候様、乍御苦労御帳面へ御記シ置可被下候。奉頼上候。已上。

安永三午年四月　　出雲寺文次郎

御行事衆中様

右口上書、帳面ニ写置呉候様被相頼、口上書差被出候ニ付、右之通留メ置申候。」14

一釈氏外伝板木、安永弐年巳三月ニ、江戸山崎金兵衛殿ゟ梅村半兵衛殿方へ買得之届有之候。

安永三年　　風月庄左衛門
　　　　　　小川多左衛門
午五月　　　梅村三郎兵衛
　　　　　　吉田善五郎

一大坂聖教物板賃之義ニ付、大坂行事ゟ書状到来、左之通。

安永三年午五月ゟ九月まで

十三日出之御状相達、忝拝見仕候。先以其御地各々様、御揃御堅勝被成御座、珍重被存候。当地銘々共無別条罷在候。乍憚、御安心可被下候。然者、聖教物板賃銀三口御下シ被下、御書面之通リ、慥ニ受取申候。毎々御苦労之段、忝奉存候。早速夫々江相渡申候。然ル処、是迄受取申候ハ、正ミ銀ニ而請取申候様存候旨申出候間、御尋申上候。勿論、是迄雑費ニ少々宛御引被下候義ハ承知仕罷在候。右之段、乍御面働御報被下候者、板元へ為申聞度候。

一後世物語板元ハ、只今ニ而者、柏原屋与左衛門方ニて御座候間、」15

御扣置可被下候。先受取御報旁、如斯御座候。恐惶謹言。

大坂書林
五月廿日　　行事
京都書林三組
御行事中様

右返書之写

廿日出之御翰相達、忝拝見仕候。先以、其御地各々様御揃、御堅勝ニ被成御座、珍重奉存候。当地銘々共、無別条罷在候。乍憚、御安慮可被下候。

一聖教物板賃銀三口差下シ申候処、先々江御達シ被遣候由、御世話と奉存候。就夫、先達而右板賃正ミ銀ニ而相渡申候処、此度通用ニ相成候段、御不審御尤ニ奉存候。此義、明和九年辰年ゟ相改、京仲ヶ間江茂通用ニ而相渡申候。以来左様御心得被成候様、板元中へ御達シ置可被下候。

一後世物語、只今ニてハ柏原屋与左衛門殿ニて候由、則帳面ニ記し置申候。右御報旁如斯御座候。恐惶謹言。

京都

五月廿二日　　　　　　　三組行事

大坂書林

　　御行事中様

一安井門前居申候草紙屋福井屋平右衛門と申者ゟ口上書出ル。其趣ハ、
尤祇園会六月十四日（七日）、山鉾行例記（ママ）前々ゟ二段之株ヲ持居候故、
此度同姿ニ而、少々形ヲ大ぶりニいたし、下地之通り半切ニて再板致
度と申出候故、聞届ケ遣候。尤大紙ニても、半切ニ而も、一段之ハ万屋
仁右衛門殿株ニ而候。其趣万屋仁右衛門殿幷福井屋へも申渡置候。」16
則両家ゟ証文ヲ取申候。草紙屋証文ハ帳面ニ有。
　但シ、かそへ歌之事ハ取上ケ不申候。其方ニて相対いたし候様申渡候。

一五月廿五日、西御役所御公事方ゟ、明五ツ時ニ行事罷出候様
申参候。則廿六日、村上勘兵衛・林伊兵衛両人罷出候処、御公事役
入江善兵衛様御掛り也。村上・林伊両人出候処、被仰候ハ、行事共ニ
出候様ニ申遣候所、八人ハ何とて参らぬと御しかりニ而候。両人ニて
相済候事なれハ、此方ゟ指図可申付候。其方共はからひニ而、
両人斗出候事ハ不相済と被仰付候。注書之事以来、本屋行事

と斗申参候ハヽ、八人揃ヒ可罷出候事。〇扨々、召出候訳ハ、此度
木屋町二条下ル所ニ瀧田三木介と申儒者願人ニ而、柏渕才蔵
と申者両人ゟ、武功論と申書、蔵板ニ致度相願候。其方共に
何も指支無之候哉と御尋被成候。尤、此写本、三年以前ゟも本屋
行事共方ニて為相滞、指支ヲ申、埒ヲ不明候様願人申出候趣被仰候。
即座ニ存知寄ヲ言上仕候様ニ被仰候。御返答申上候ハヽ、此義構と
申候義も不奉存候。粗噂ハ承知仕居候。右之書ハ新作ニ而、剣術・鑓・
棒□(虫損)立合之図を撰候書ニ御座候得ハ、御願申上候義も恐多
奉存候。其上、武備志ニも少々指構候様ニも承り伝候と申上候処、
入江様被仰候ハ、其事も此方へ相聞へ、夫レハ一向訳之違候事、
指構と武備志ゟ申候段不届之様ニ被仰候。何分得と吟味
いたし候而様子相分り候様返答申上候様ニ被渡仰、則写本五冊
預り帰り候。町代ハ橋本九兵衛之掛り也。預り之口上書指上、
帰り候。左ニ。」17

乍恐口上書

一武功論　全部五冊

内排刀白波勢之図　惣紙数六十三枚

白波足之図　　同　十五枚
事理或問　　　同　二十枚
凡例白波之記　同　八枚
仮名事理或問　同　十六枚

右者、此度板行仕度旨御願申上候仁有之候、今日私共被召出、差支之有無御尋被遊、右写本拝借被成下、慥ニ預りたてまつり、麁抹無之様仕、御尋之趣御返答奉申上候節、右本無相違可奉返上候。仍之御請書奉差上候。

安永三年午五月廿六日　　本屋行事
村上勘兵衛
林伊兵衛

御奉行様

同日升伊ニ而寄合いたし候

右武功論之出候時之行事御招申候処、長村半兵衛殿御壱人御出被成、様子相尋申候。尤右之返答書も相認メ、相談いたし候。然ル処、梅井藤兵衛殿被申出候者、武功論之義、此度素人方ゟ直ニ御願被申候段承知仕候。先達而丸屋源兵衛殿ゟ写本出候而、

私方武備志ニ差構候段申入、対談未相済内、ヶ様ニ素人方ゟ手を廻し、直ニ願ニ被致、其上ニ内証ニ而、板木彫掛られ候段、得と先届置候。何とも工ミ成源兵衛殿被致方御座候間、私方ゟも」18此段御公儀様江御届ヶ申上度旨と申出候。行事中ゟ申渡候ハ、何レ此方共ゟ卅日御返答書差出候間、先其御願者、被除候様錦屋藤兵衛殿へ申渡候。

一丸屋源兵衛殿、同手代清兵衛殿相招、錦屋藤兵衛殿御願に出度と之趣申渡し、此義者行事中ゟ先々留メ置申候趣申渡ス。

右武功論之義、不存寄素人方ゟ御直訴ニ御願被成、其上行事被召出、是迄願等指支ヲ為致、両三年も引すり候様ニ御聞入被成候。何共御掛り行事共致迷惑候。必竟、先方へ其元より之御申なしニ而、ヶ様ニ御聞込之事と存候。左様ニ相成候而ハ、何共気之毒成ル仕義ニ及、其元之御為ニも相成不申候間、何卒取斗ひ被致候様ニ申渡し候所、源兵衛申候者、委細承知之趣、何分先引退キ、追付御返答可申上と引キ被申候而、秋田屋平左衛門殿、吉田善五郎殿、右御両人を以、又々被申出候。今夕と申而者、最早及深更候間、明日昼迄ニ作者方と掛合、何卒下済ニ相成候様ニ取斗可致段被申出候。
夫故明廿九日八ッ時迄ニ返答被致候様ニ申渡し候。
同廿九日、吉田四郎右衛門殿方へ被打寄候。丸屋源兵衛殿ゟ返答被申
出候趣承り候所、作者方江段々相頼申候得共、中々聞入
無之段被申出候。左候ハヽ、行事共ゟ御返答可申出候間、左様
御心得可被成与申渡し候。元来、ヶ様ニ御公辺沙汰ニ及候様」19
相成り候茂、必竟其元ゟ被仰入様一ツニ而、ヶ様之趣ニ相成り、
只今ニ而者、中々下済ニ相成候事とハ不存候間、御引キ被成候様ニ
申渡し候。
五月卅日ニ右御返答書指上ヶ候。願書之写。

乍恐口上書

一武功論と申書物、此度板行仕度与御願申上候仁有之候ニ付、
当廿六日、私共被召出、指構有無相考、委申上候様被仰渡候。
右武功論写本五冊御下ケ被成下、奉預リ、則右之御返答
左ニ奉申上候。

此義、右武功論蔵板願人御座候ニ付、行事共被召出、

写本御下ヶ被成下、指構有無吟味仕候様被仰渡、難有
奉存候。元来右武功論写本之義者、本屋共之内、丸屋
源兵衛と申ものゟ、一昨辰年行事共へ写本指出シ申候
ニ付、其節吟味仕候所、図取之分、武備志ニ指構
申候段、武備志板元錦屋藤兵衛申出候。行事共引合せ
見申候所、同図ニ而者無御座候得共、似寄り申類書
之事ニ候得者、武備志板元へ対談致候様、丸屋源兵衛へ
申聞候所、其後源兵衛ゟ申出候者、武備志其外有来り之
兵書之類ニ者指構不申候書物之趣、蔵板主ゟ被申立
候旨、源兵衛申之候。左候得者、前板ニ無之新作兵術之
書物故、行事共ゟ願上候義者恐多奉存候段を申聞、写
本差帰し申候。尤、達而御願申上呉候様とも申来候ハヽ、」20
右之趣御尋も可申上奉存候処、其後者何之様子も不申参
候ニ付、板行催相止候義与存罷在候。行事共方ニ而、写本
為差滞候儀者、曽而無御座候。然ル処、右之書物御願をも
不申上候而、板木彫り懸ケ候趣、及承申候。右体之義ハ有之
間敷事ニ御座候。勿論、武備志ニ似寄候図取御座候類
書之事ニ候得者、蔵板ニ出来仕候而者、武備志板元難儀之

趣申立罷在候得者、私共ゟ押而取斗ひ候儀茂難儀御座候。尤、類書之義者、書体次第ニ而、前板之痛ニ不相成候様、仲ヶ間一統前板元へ相対之上、相応之償を以訳立候ニ付、前板も得心之上、互ニ渡世相続仕来り候義ニ御座候得者、右体之類書出候而者、仲ヶ間之規矩茂難相立、指障りニ相成、甚難儀迷惑仕、勿論右書、丸屋源兵衛を以、一旦武備志板元へも引合も有之候義ニ御座候得者、何卒今一応仲ヶ間へ対談被致候ハヽ、武功論開板茂致成就候様、并武備志板元茂相立候様仕度奉存候間、御慈悲之上、右之趣御聞被為済被下度奉願候。此段御聞届被成下候ハヽ、難有可奉存候。右就御尋、口上書奉指上候。則右写本五冊為参奉返上候。以上。

安永三年午五月晦日

行事　村上勘兵衛
同　吉田四郎右衛門
同　武村新兵衛
同　天王寺や市兵衛」21
同　唐本屋吉左衛門
同　林伊兵衛

同　文台屋多兵衛
同　銭屋善兵衛

御奉行様

右之口上書指出し申候所、入江善兵衛様被仰候者、此書者類書ニ者相定不申候。必竟素人ニ而、売本ニさへ不致、門人中江遣スニ、何之構ニ成候事無之筈ト被仰、何茂指構ハ無之と申ス請書致し候様ニ被仰付候。銘々共達而申上ヶ、何れ売本ニハ出不申候而も、自然ト渡世之差障りニ相成候段を申上候所、御聞入有之候而、成ル程売本ニ者不出候共、門弟十人へ壱部宛も遣セハ十部ニ成ル。十人之門人より十人宛へ遣セハ百部ニ成ル。其道理ニ而、自然と渡世之差支ニ成ルト申スハ尤之事と被仰候。作者方も余程物も入レテ板行も彫り候事なれハ、広ク流布するもよさそふ成ものニ候得共、行事共之願之通り、蔵板主へ対談致見候様ニ被仰付候。素人願人方へも、其趣被仰渡候様ニ被仰聞候而、則右之指上ヶ候口上書帰り候而、別ニ町代部屋ニ而、別帋を認。其口上書ニ委細之訳を相認メ差上ヶ候故、ヶ様ニ御聞取リ宜相成り候事ニ候得者、右下書之口上書も写し置申候。又相改メ差上ヶ候口上書之写し、左ニ記申候。」22

乍恐口上書

一武功論と申書物、此度板行仕度旨御願申上候仁有之候ニ付、
当廿六日、私共被召出、指構有無相考、委申上候様被仰渡候。
右武功論写本五冊御下ヶ被成下奉願候。則右之御返答左ニ
奉申上候。

此義、右武功論蔵板願人御座候ニ付、行事共被召出、写本
御下ケ被成下、指構有無之吟味仕候様被仰付、難有奉存候。
然ル所、新書開板之義者、私共仲間ニ而作法も御座候得者、
右武功論売物ニ相成候共、又者蔵板ニ相成候而も、自然と世上
流布相成候様ニ相成候而者、本屋共渡世之差障ニ罷成、
歎ヶ敷奉存候。依之右書願人へ対談之上、板行広ク
相弘メ、其上私共渡世之指障リニも相成不申候様仕度奉存
候間、御慈悲之上、右之書願人、私共対談いたし被呉候様、
乍恐御声被持懸被下度奉願候。然ル上者、私共随分
相働可申候間、此段御聞届被成下候ハヽ、難有可奉存候。

右就御尋、口上書奉差上候。則右写本五冊奉返上候。已上。

前段之通

本や行事

安永三年午五月晦日　八人名前

御奉行様

右之通りニ而相帰候、翌六月朔日、右素人願人木屋町二条下ル町瀧田三木助殿へ手紙遣し、明二日対談ニ」23可参旨申出候書状之留。

未得御意候得共、以書中得御意候。然者、武功論、此度御願有之候ニ付、行事共被召出候。此義ニ付、御引合仕候様被仰渡候ニ付、御宅へ明二日朝飯後参上、得貴意度候間、御在宿可被下候。右案内旁、如斯御座候。御報可被下候。以上。

本や行事

村上勘兵衛

六月朔日　林伊兵衛

瀧田三木助様

右之返事之留

御切紙ニて披見候。然者、武功論板行之義願上候ニ付、
各御引合候様被仰渡候間、明二日朝飯後入来可有之
旨、拙宅此節取繕不致候間、狭ニ有之候間、麩屋町押小路
上ル西側中西主馬与申方へ御入来候様ニと存候。右之方ニ而
御面会可申上候。已上。

瀧田三木助

六月朔日

村上勘兵衛様
林伊兵衛様

同二日、村上勘兵衛、林伊兵衛両人中西へ参候。瀧田三木助殿、
西渕十蔵殿、始而得御意、対談いたし申候。右武功論之義、
ヶ様ニ御互ニ公訴ニ相成候義者、源兵衛殿ゟ之取斗ひニ間違も
有之候而、自然とヶ様ニ相成候。此上ハ、何分思召立之板行さへ
成就仕候得者、各様方之御本意も相立候事ニ候得者、何分」24
右之板行行事共へ暫御任せ被成候ハヽ、無滞出来致し候様ニ

可致候。尤仲間作法も御座候得者、只今丸屋源兵衛へ直ニ支配被仰付候義者難相成申候。先ゟ被申候者、先生存生之内ゟ、源兵衛へ支配被申付置候得者、何分源兵衛ヲ除キ候事ハ成不申と被申候。其儀者、私共悪敷ハ斗ひ申間敷と申請合申候。夫故、向ニ茂尚門人中ト得と相談相〆、返答有之筈ニ而帰宅致候事。

同四日、中西主馬殿ゟ返事写

昨日承候趣を以申達し候ハ、畢竟此度之願通ニ於て者、聊も無差障板行并売弘メ之事迄存分ニ相立と申ものにて、唯板行并摺仕立等世話之所行事中へ御任せ被下候様との頼一条ニ、何之此方之主意ニも不相背候様ニ取斗ひ可申旨ニ候。以入刻申通し候処、此節ニ相成候而、右之申分ニ候得共、最初ゟ之引移り考候ニ、彼是相違多ク候得者、行事申分も中々信用難相成旨ニ而、怒り相止兼、扨々こまり入候。夜分及深更候迄、彼是申談候而、漸々少し和キ候趣ニ相成、然候ハ、此方之主意ニ不相背候様之斗ひとハ如何と申事故、何分主意ニ相背候取斗致間

敷旨ニ候間、御任せ被遣候而、足リひづみ取斗致候ハヽ、其時
申分可有之候事ニ候。何分正敷不取斗候ハ[訂正、意味不明]而者、不相叶事ニ
候段申候所、左候ハヽ、弥以此方願出候趣、少茂無差障
可被　仰出候哉、且又源兵衛是迄之取斗ひ不埒之疑者」25

〈不連続〉

【安永四年】

安永四年未二月廿三日　　行事八人

御触書之写

一諸書物重板類板不仕候分ヶ、本屋共申合来リ候。雖然、間々
重板類板仕候者有之、元板之者及難儀候由相聞へ不届ニ候。向後
重板類板双方相対之上者雖不苦候、可断出候。惣而不謂浮説
板行堅ク令停止候。若又板行仕度義候ハヽ、訴出可受差図事。
右之趣、洛中洛外之本屋并板彫共江、可令触知者也。
元禄十一年寅十二月

諸書物重板不仕義、本屋共互ニ申合来候。雖然、重板類板致
者有之、元板之者及難儀之旨相聞、不届ニ付、向後重板類板停止
之旨相聞へ　触書差出シ候処、年経候ニ付、近来右掟を相猥候趣
粗相聞へ、不埒候。相対之上者不苦といへとも、双方可断出、元板ニ障候
義者勿論、不謂浮説等猥りニ板行致候義、弥以令停止候。尤
本屋并板彫共茂可得其意候。
右之趣、洛中洛外、寺社門前迄不洩様、可相触者也。
宝暦十年辰十一月

重板事済仕候例書

一享保八卯年、於」26
御江戸御改正之日本之図御官板之義、書林出雲寺和泉方へ
被　仰付候処、京都梅村弥右衛門方ニ日本之図元板所持仕、重板ニ
相成、難義仕候旨、江戸表本屋行事共ゟ御願申上候処、御聞届被為
成下、右御開板梅村弥右衛門方へ被為　仰付候御事。
一宝暦二申年、東叡山御用之旨ニ而、浜岡道泉与申者方ニ而、例時
懺法板行仕候所、本屋之内、長谷川庄右衛門と申者方ニ、右例時懺法
元板所持仕候ニ付、庄右衛門与数度懸合候処、道泉申候ハ、先年ゟ所持致候
板木焼失致候所、此度御用ニ付、再板致候旨申之候へ共、

御役所江御届茂無之、其上対談相調不申候ニ付、同年十二月、
御訴訟申上、段々御吟味被為　成下候処、下ニ而対談仕、右板木之内、
日光宮様御奥書御座候板木三枚ハ道泉方ニ差置、残り之
板木者庄右衛門方へ受取相済候事。
一宝暦十三未年、西本願寺御代々之御聖教類御蔵板之義ニ付、
元板之者共難儀仕候間、御歎申上、右御聖教類之板行一品ニ付
板木壱枚ツヽ、従御役所、本屋行事共へ被　下置、残り板木ハ本
願寺御方ニ相残り有之。本願寺御入用之節者、右之板木持参仕、摺
立候而、御手支も無之、元板之趣意も相立、難有奉存候。尤右摺立候
節、本願寺御方ゟ訳立之銀子被下、元板之者共夫々へ致配分
遣し候御事。
右之外ニも彼是例等御座候得共、三ヶ条書付奉差上候。勿論、元禄
年中、宝暦年中、重板類板御停止之御触流被為　成下、
本屋共一統渡世相続仕罷在、難有奉存候。」27

〈不連続〉

享保二酉年扣書之

一此度、大般若経小形ニ仕、両面摺ニ仕立、嵯峨大覚寺御門跡様
御末寺中へ御賦リ経与名付、御蔵板ニ可仕願、伊勢屋太郎兵衛、

団市郎兵衛、藤井金三郎、右三人申合、御所江願上ヶ、則被仰付候由、藤屋九郎右衛門、同家左衛門、同小左衛門方へ相聞へ候ニ付、難義ニ存、則御番所江御願ニ罷出。尤嵯峨坊官衆迄再三歎ニ参候。然ル処、去ル十一月廿日、於
諏訪肥後守様御番所、双方被 召出、深谷平左衛門様、熊倉市太夫様御立合、御吟味有之候所、三人之者申上候者、御蔵板ニ而支配を我々へ被仰付、則御書頂戴仕候由ニ而、其写差上候。其時藤屋ゟ申上候者、右之者共、金元を聞立候義、又金三郎事、先年之願人六左衛門悴ニ而、此者共之企ニ而、御蔵板与号シ、重板相催候旨、段々申上候。双方御聞被遊、重而可被召出旨にて退散有之候。然ル処、十二月七日、御月番
山口安房守様ニ而、御立合之上、三人之者願之通被 仰付候由、藤屋へ相聞へ候ニ付、驚御訴訟ニ罷出候。然ル時、此格ヲ以、上々様へ取入、蔵板与申重板出来可仕義、仲間人々之痛ニ候間、惣中ゟも一所ニ御歎ニ出候ハヽ、可然旨相談有之、行事十二人口上書ヲ認、十二月九日ニ御番所江罷出候処、公事日ニ出候様ニ被 仰候故、則同十二日ニ罷出、御蔵板ニ而ハ無御座、三人之者相企願上ヶ候趣、金元頼廻り候段、并向後此格ヲ以 上々様江御縁を求め、御蔵板と申重板可仕義、難

義奉存候趣、達而御願申上候処、」28
安房守様被　仰出候者、重板類板之義ハ、従先年停止中付
来リ候。此度之大般若経之事者、嵯峨之御所御末寺中へ被遣候
為之蔵板ニ而、則其届有之故申付候也。自然重而売物ニ仕候者、
其時可申出候。急度停止可被　仰付との御上意ニ而、難有奉存候。
右之通差上候処、三月廿日、又々被　召出、宝暦三年浜岡道仙（ママ）例時
済状之写差上候様、寺田官左衛門様ニ被仰渡候。翌廿一日ニ差上候写。

乍恐口上書

一浜岡道泉方ニ而、例時懺法重板仕候義、先達而御願申上候処、当十五日
被　召出、段々御吟味被成下候上、右板木、都合拾九枚之内奥書之所三枚ハ、
私得心ニ而道泉方ニ指置、残り拾六枚請取、出入相済、難有仕合ニ奉存候。以上。

長谷川庄右衛門

宝暦三年酉四月十九日

御奉行様

右差上候。四月十八日、行事不残被　召出、石嶋五三郎様被仰渡候ハ、先達而大覚寺
御門跡様御蔵板小字両面大般若経之儀、御尋ニ付、差上置候返答書之趣、御聞済之上、大覚寺

御門跡様より此度被仰立候趣ニ而者、御承知難被成候旨、大覚寺御門跡様被仰達候間、其旨相心得候様被仰渡、一統難有旨御請申上候。即日、中野宗左衛門殿へ、右之通為申聞候。尤五月十三日寄会印形之砌、右之趣、惣仲ヶ間中披露致シ、右小字大般若経之義ハ、是迄之通堅ク売買被成間舗旨申渡候。

一俳諧春の日之儀ニ付、正月廿三日、江戸行事中ゟ書状到来、并吉文字屋次郎兵衛より返答書写し、如左。」29

〈不連続〉

御行事中様

一大坂行事中ゟ書札到来、誹かい春之日之事相済候趣申遣候所、其返事有之、并吉文字屋市兵衛殿史記考之義ニ付、口上書登ル。(虫損)□書状并口上書之写

一筆啓上。然ハ、向寒之砌、其御地各様、益御安全被成御座候半と珍重奉存候。当地銘々共無異儀罷在候。乍憚御安意可被下候。然者、当地吉文し屋市兵衛方ゟ別帋口上書之通、史記末書之儀申出候間、則書写し、懸御目申候旨、市兵衛申出候通、御聞届被成遣可被下、奉頼上候。

一去ル九月十四日、被仰遣候其御地西村市郎右衛門殿方俳かい
春の日之義、委細承知仕候。御和順ニ相成、御互ニ珍重ニ
奉存候。右御頼御報旁、早々如此御座候。恐々存意。

十一月九日　　大坂書林行司

京都書林

三組御行事中様

口上

一往古ゟ史記之末書之義者、私方史記考之外、三ヶ津ニ
板行無之書ニ御座候事、
一近年史記觽京都ニ而板行出来仕、流布候後、私方ニ
見及候ニ付、早速其段京都板元中へ掛合候処、本文之
株を以板行被成候趣ニ御座候得共、必竟末書之事者、
他ニ類書無之儀ニ御座候へ者、本文を以末書板行」30

〈不連続〉

一役者評判記板元八文字屋八左衛門、正本屋九兵衛、右両人より
口上書差出し候。此義、近年不捌ニ而、両家共難儀

致し候ニ付、口上書差出し申候。則写し差下し申候。
御多用中乍御苦労、口上書之趣、宜御取斗被成遣
可被下候。
右之趣御頼申上度、以書中如此御座候。猶約後便候付、
恐々後言。

閏十二月三日　　　京都上組
　　　　　　　　　　行司
大坂書林
　御行司中様

史記觽板元ゟ之口上書之写

史記觽流布ニ付、大坂史記考板元ゟ差構ニ相成候而、
史記考売止候趣申来候書付御見世被下、一覧仕候。史記
考之義者、元来陳仁錫校正本之附録ニいたし在之、
専文字異同之事多く、如觽文段字義を解候
とハ格別之品ニ御座候。依之少茂史記考之構ニ
相成候事ニ而者無御座候。夫故、本書より彫刻仕候事
当然之事と奉存候間、右之趣御聞届被下、乍御苦労

大坂表へ可然様ニ被仰遣被下候様ニ奉頼上候。

安永四年未十二月　風月庄左衛門」31

銭屋庄兵衛

林九兵衛

林権兵衛

越後屋清太郎

御行事衆中様

史記評林板元之口上書之写

一先年致出板候史記觽之儀ニ付、大坂表、吉文しや市兵衛殿ゟ、此度大坂御行事中様へ口上書被差出、其写御見せ被下、披見仕候。市兵衛殿方ニ史記考被致所持、史記之末書者右考ニ限り候所、当地ニ而本書ニ寄、史記觽致出板、考之差障りニ相成候由被申立候。此義、御返答申出候而も不及儀と奉存候得共、一通り申上候。銘々所持之史記評林ハ注御座候物ニ御座候事、且白文之史記も御願申上置候へ者、本書所持之事、勿論ニ御座候。此趣御心得違無之様ニ、乍御苦労、大坂表へ被仰遣被下候様ニ奉頼上候。以上。

林九兵衛
同権兵衛
銭屋庄兵衛
越後屋清太郎

安永四年未十二月

御行事中様

針灸抜萃小本、先年半切本ニ致、再板出来仕候処、」32

一針灸抜萃ゟ之口上書左ニ写
大坂岡田三郎右衛門殿方針灸調宝記ニ差構之趣、先達而通
達御座候由。御存知被下候通、四郎右衛門義死去之事ニ御座候へ者、
此義ニ不限、私共不存申候事とも御座候間、御返答不仕候義
茂可有御座候。此義御憤り之段、甚以御尤ニ奉存候。依之
此度彼地御行司中様へ、三郎右衛門殿ゟ口上書被差出、其写
為被登被成候ニ付、御見世被下、披見仕候。何分重板同前之
致方と申儀ハ難得其意候。此方所持之書を再板
仕候得者、外ゟ御差構ハ御座有間敷事と奉存候。図抔
重宝記同様と申儀ニ候得共、此方之通り之図ニ相違
無御座候。立本、横本之違御座候へ者、立之図を横に

取直し候儀者勿論之事ニ御座候。重宝記之図と同様ニ致候所御座候ハヽ、相改可申候。違之義御覧可被下候。扨々重板抔と申悪名被申懸候義、甚以心外之事ニ御座候。此段宜敷御行事中様へ被仰遣被下、納得被致候様御取斗奉頼上候。以上。

閏十二月　　河南四郎右衛門

同四郎兵衛

御行事中様

役者評判記之儀ニ付口上書之写

一三ヶ津役者芸品定評判記板行、往年ゟ私共両家相合ニ而、顔見世、二乃替両度、年々出板売来リ申候処、」33 近年大坂表ニ而、評判記ニ似寄候様ニ致、出申候故、私共方之評判記不捌ニ相成、甚難儀仕候。依之、此度御頼奉申上候。何卒当御役中様ゟ大坂表御行事中へ、右私共方之評判記似寄候類板、今年も出板仕候ハヽ、何卒御差留被遊被下候様ニ被仰遣被下候ハヽ、千万忝奉存候。近頃御繁多之御中、申上候茂如何敷奉存候へ共、不得止事、御頼奉申上候。以上。
安永四年未閏十二月三日　　正本屋九兵衛
　　　　　　　　　　　　　八文字や八左衛門
御行事中様

一正本屋九兵衛、八文字屋八左衛門ゟ、評判記、近年江戸大坂ニ而類板等出来致し、例年被致候元板本不捌ニ付、難儀之趣相歎キ被申候。是迄添章も無之候得共、以来御添章を申請、三ヶ津とも売買致し度被相頼候故、聞届ヶ遣し候。則草紙屋仲間証文帳ニ一札取、添章出し遣ス。但、此度ゟ歩銀取申候。

右之口上書之写左ニ

口上書

一三ヶ津役者芸品定評判記　全部三冊
右之板行、往年ゟ私共方ニ而仕来り、本売出し申候処、右写本述作仕候ニ、甚けわしき物ニ御座候ニ付、御吟味ニも差出し不申。夫故御添章も不申請、是迄売弘メ申候処、近年江戸大坂ニ而類板出来仕、本出し候故、私共方元板本甚不捌ニ相成、難義仕候。何卒御役中様之御添状を申請、」34 売弘メ申候而、類板差留之取〆リニ相成申候様ニ仕度奉存候。

依之、此度御願奉申上候。右前段ニ申上候通、写本けはしき物ニ御座候へ者、何卒袋外題斗入御覧申候間、三ヶ津共御添章御出し被下候ハヽ、千万忝仕合ニ奉存候。右御頼申上度、如此御座候。以上。

安永四年未閏十二月十一日　　正本屋九兵衛

八文字屋八左衛門

御行事中様

右毎年顔見世、二之かわりともに板行出来次第に本壱部取よせ、一覧可致候事。

梅花掌中断易指南之義ニ付、江戸ゟ申来候趣、板元桝屋源次郎、野田藤八、蓍屋勘兵衛、三人被差出候口上書之要文、左ニ。

一江戸山崎金兵衛ゟ、安永四未七月朔日出之書状之趣、左之通。

梅花掌中指南　断易指南

右を二ッ切小本ニ板行催在之由、則玉ヶ池と申処ニおゐて、土御門様取次所権守と申人之方ニ而出来候様、噂在之候。外方ニ候得者、吟味之致方茂在之候得共、六ヶ敷御方ニ候得者、如何候間、猶京都土御門様へ御願被成、相止候様ニ御取斗被成、可然旨申来り候ニ付、其段土御門様へ御窺申候所、御役人中ゟ御申被成候者、権守儀不埒無之仁ニ候得者、何そ証拠在之候ハヽ、可申出旨被仰候。此段、江戸山金へ申遣し候所、返事ニ申参り候者、右権守之作」35

〈不連続〉

京都書林上組
御行事衆中様

一細工人講中世話方六人ゟ、講中一統取〆リ之為、印札相揃呉候様書附ニ、差支ニ付、本や中ニ者差支等無之哉と、参会之砌書附を以披露いたし候処、何れニも差支ニ無之趣ニ付、聞届遣し、細工人中へ申渡し候趣、細工人人別家名帳ニ委く有之候。則印形取置、通札相渡し申候。則右之趣廻文ニ而申廻し候。

一教行信証六要抄板木東西へ御買上之一件
閏十二月十四日、永田調兵衛ゟ、秋田屋平左衛門殿へ向被申出候者、此度西本願寺へ、教行信証、六要抄右二品之板木御買上被成候ニ付、売上証文之奥ニ、本や行事之奥印いたし呉候様ニ、本願寺役人中ゟ

被相頼候趣被申上候。則秋田や平左衛門殿ゟ行事中へ御披露被成候故、
評議之上、本願寺ゟ御頼之趣ニ而候者、奥印難成候故、又々此方ゟ
案文認メ遣候。此通り之文言ニ而奥印致し候様ニ候ハヽ、行事之内ゟ
奥書印形可致と申遣し候所、則役人中承知之趣ニ而、永田調兵衛、
正月廿二日ニ其趣被申出候処、売上印形致し遣候写。

売上印手形之事

一教行信証　明暦板　丸板

一六要抄　　　　　　丸板

右二品之板木、私共両人相合所持之板元ニ御座候処、此度
弐品代銀拾八貫三百八拾目其　御本山様へ売上ヶ代」36

〈不連続〉

一丁子屋九郎右衛門方ニ、教行信証、六要抄会本板木有之候故、
西六条へ一札を被差出候訳者、教行信証明暦板、并六要抄
丸板、西本山へ御買上被成候ニ付、此後、九郎右衛門方ニ而、以会本
六要抄、別本仕間鋪段、九郎右衛門方へ被仰渡候故、右承知之
一札被差出候。是ニも行事之奥印被相頼候故、致加印遣候。

元来、教行信証、六要抄会本、東御本山御校合ニ而、丁子屋
九郎右衛門方江被下置候。右板木、東御本山様御買上ニ相成候
上者、たとへ右会本を以、別本板行被成候而も、同し御本山之
儀ニ候得者、西御本山ゟ御指構無之候。右之趣、東西御本山
年行事、互ニ書付為取替有之候。右為取替之書附者
奥ニ要文斗写し置。

差上申一札之事

一私所持仕罷在候教行信証、六要抄会本板木者、先年東
御本山様ニ而御校合御座候処、教行信証寛永板、明暦板、
寛文板、并六要抄板木、私元板ニ而御座候処、右会本、外ニ而
彫刻仕候而者、全重板ニ罷成候ニ付、私へ御校合之侭ニ而御写
本申請、右会本、私方ニ而新ニ彫立所持罷在候。然ル所、
此度右元板三板之内、明暦板御本書、并六要抄丸板、
其　御本山様へ私ゟ売上申候上者、自今以後永々迄も、
私所持之右会本を株ニ申立、六要抄別本彫刻仕間
敷候。其外、右六要抄ニ差障り候末書ヶ間舗義も、一切
板行彫刻仕間舗候。万一、以来紛敷品とも板行仕候義」37

も御座候ハヽ、此一札を以、早速御差留可被仰付候。其節
一言之違背申上間敷候。為後証一札差上申候処、依而如件。
東御寺内橘町
教行信証六要抄　丁子屋九郎右衛門
会本板元　所書　銭屋庄兵衛
右承知之上加印仕候
書林行事
惣代　村上勘兵衛
林伊兵衛
本願寺御門跡様
御役人
山本与右衛門殿

一東酉年行事為取替証文之要文左ニ。

一九郎右衛門、庄兵衛方ニ相残り在之候六要抄会本之義、其
御本山へ御買上ヶ被成、六要抄別本御蔵板ニ彫刻御座候とも、
右会本者、元来従其　御本山書林へ御免之品ニ候得者、

当御本山ゟ御差障被仰立筋、聊無之候事。
右其　御本山ニ御蔵板ニ限、当　御本山ゟ御差障被仰入
間舗候条、則其　御本山ニも、他派方書林共等ニ、右之品
御差赦被成間敷旨、御双方御役人中御聞届之上、為取替
一札、依而如件。
安永五年正月　　西御寺内
年行事
東御寺内
年行事」38

〈不連続〉

所、慥ニ奉請取候処実正ニ御座候。然候所、教行信証寛文板、
同抄、同大意、教行六要抄会本、以上四品者、右弐品元板之
外ニ、書林共方ニ所持仕罷在候ニ付、是迄在来之通を以
改刻仕候儀者格別、其外者自今以後永代右弐品之板木、
書林共者不及申、何国何方ニ而茂、重板類板者勿論、
紛敷義も一切御座有間敷候。万一、以来他所ニ而被催候
共、書林仲間古格を以、何方迄茂、時之行事罷出、

急度差留、其　御本山様へ少茂御妨為仕申間敷候。
為後証、売上手形、依而如件。
　　　　東寺内橘町書林
　　　　　売主　西村九郎右衛門
　　　　堀川後小路下ル町書林
安永五申正月　売主　銭屋庄兵衛
　　　　　売請人　吉野や為八
右承知之上加印仕候。
　　　書林行事
　　　　　惣代　村上勘兵衛
　　　　　同　　林伊兵衛
本願寺御門跡様御役人
　　三木又右衛門殿」39
〈不連続〉
【安永五年】
　京都御行事中へ願写本出候由承り候ニ付、早速菊屋
七郎兵衛殿へ申入、私方墨色伝ニ差構候書ニ候哉否之儀、

御糺被下候様相頼遣シ候所、御掛合被下、差構之書相究候ニ付、右写本御引被下候而、相済申候。然ル所、此節ニ至り、右秘録板本、京都御仲間中、所々ニ本出有之由承候ニ付、則買取、又々菊屋へ申入、蓍屋へ右板本を以御掛合被下候所、旧冬願写本作者方へ戻し仕舞切ニ而、何之噂も不承、ヶ様之板本ハ、今日初而御覧被成候由。勿論是式之義、蓍屋ゟ不埒之御取斗可有之様無之義ハ、委細承知仕候。則、右之板本御覧被成可被下候。右之通差構願相正候書、如何致板行出来仕候哉。ヶ様之板本売物ニ出候義、一向訳立不致候義と奉存候。定而作者方ニ而板行被致候義と奉存候。乍去、作者ハ素人之義ニ候得共、加様之訳立不致候品ヲ引受、売買被致候旁ハ、如何致候了簡ニ御座候哉。右体之書、流布仕候而ハ、難義ニ奉存候間、近頃御苦労之義ニ御座候得共、京都御行事中様へ、右之趣御通達被成下、右袖珍之本、京御仲間中ニおゐて、御取扱不被成下候様、御取斗被下候様、御申上［シ］可被下候。尤、右板行差留候哉否之儀ハ、得与相考候上ニ而可申上と奉存候。先は売留之義、御申上［シ］可被下候。以上。

安永五年申二月　　　柏原屋佐兵衛

御行事中様」40

右大坂行事中へ返事之写

貴札致拝見候。如仰、暖和ニ相催候処、各様弥御堅勝ニ
被成御座、奉珍重候。当方銘々共、無異ニ罷在候。乍慮外、
貴意易思召可被下候。然者、御地柏原屋佐兵衛殿ゟ口上書
被差出候ニ付、其写御上し被成、致披見候。其趣致承知候。
右貴報迄、早々如此ニ御座候。恐惶謹言。

二月十七日　　　京都書林三組行事

大坂書林御行事中様

右墨色袖珍売留之義、当地仲間中へ廻状を以不残ス
申通し候事。

一唐詩解頤と申書、去ル未十二月五日、田原勘兵衛殿願ニ而、
西御役所御免被成候。然ル処、四年以前、唐詩集注と申書、
東叡山御蔵板ニ被仰付、則田原勘兵衛ゟ願相済、右解頤

同作之書ニ候故、是又唐詩集注同様ニ御蔵板ニ被仰付候由、
此度田原勘兵衛ゟ被申出候ニ付、其趣証文取之置、三月六日
御断申上候。左之通。

乍恐御断書

一唐詩解頤　全部三冊　願人　田原勘兵衛

右之書板行之義、去未十二月五日、当御役所江奉願上、
即日御赦免被為　成下、難有奉存候。然ル処、右之書、此度
東叡山御蔵板ニ被　仰付候ニ付、此段御断奉申上候。」41
右之趣御聞済被為　成下候ハヽ、難有可奉存候。以上。

安永五年申三月六日　本屋行事

所書

著屋勘兵衛

銭屋善兵衛

御奉行様

右西御役所へ御断申上候処、中井源助様御聞被成候而、即日
無滞相済候。

右同日ニ、御里坊ゟも御届ヶ有之候由、田原勘兵衛被申出候。
町代　奥田佐兵衛
右解頤之許状、田原勘兵衛所持被致候。
竹田助九郎

麻疹気候録之義ニ付、大坂行事中ゟ書状到来、并ニ
敦賀屋九兵衛殿ゟ之口上書写。

一筆致啓上候。先以、其御地各様弥御清健ニ可被成御座、奉
珍重候。次当方私共無恙罷在候。乍慮外、貴意易思召
可被下候。然者、当地敦賀屋九兵衛方ゟ口上書を以被願出候趣、
則右之写入御覧候。宜御評議被成遣可被下候。先者右之段
申上度、如此ニ御座候。恐惶謹言。
三月八日　　大坂書林　行事
京都書林三組　御行事衆中様

敦賀屋九兵衛殿ゟ口上書之写

一京都秋田屋伊兵衛殿方ゟ、麻疹気候録と申新板致出来」42

候ニ付、早速御見せ被下、一覧仕候。右麻疹之事一通リヲ撰出し、麻疹と外題ニ著シ申書ハ、私方之麻疹精要ゟ外ニ無之書ニ御座候所、右体之書出板致候而ハ、甚私方之差構ニ相成、難儀至極仕候。此段乍憚御堅察被遊被下、乍御苦労、御評義之上、右伊兵衛殿板行、何分相止メ被呉候様、并ニ売買も御差留メ被遊被下候様ニ、京都御行事様へ可然被仰遣被下候様奉願上候。以上。

安永申年三月　　敦賀屋九兵衛

御行事衆中様

右大坂へ返事之扣

貴札致拝見候。暖気ニ相成候所、各様弥御堅勝ニ被成御座、奉賀候。当地銘々共無異ニ罷在候。乍慮外、御安意可被下候。然者、御地敦賀屋九兵衛殿ゟ口上書被差出候ニ付、其写し御上被成、当地秋田屋伊兵衛方へ見せ申候処、則返答書差出し候故、写取差下し申候間、御繁多中乍御苦労、宜御取斗被成遣可被下候。右御報早々如此ニ御座候。

恐惶謹言。

三月十二日　　　　　京都書林　三組行事

大坂書林　御行事中様

秋田屋伊兵衛ゟ返答書写

口上書

一私方ニ麻疹気候録出板仕候所、大坂表敦賀屋九兵衛殿方」43
麻疹精要所持ニ付差構之趣、口上書ヲ以、彼地御行事
中へ御申出、其写上着ニ付、御見せ被下候而一覧仕候。右気候録
ト麻疹精要とハ、編述相違之書ニ御座候へハ、御差構之義ハ
無之事ニ御座候。然ル所、麻疹之二字外題ニ書顕シ候義、差
構申候との事、不得其意奉存候。右体之義差構ニ相立
申候義ニ御座候哉、御堅察可被下候。御繁多中乍御苦労、
大坂表御行事中様へ宜之仰達被下、彼地御添章御差
出し被下候様偏奉願上候。以上。

安永五申三月十二日　　　秋田屋伊兵衛

御行事中様

大坂行事中ゟ再答

一十二日出之御報相達、拝覧仕候。先以各様御清健被成御座、奉珍重候。当方無異罷在候。乍慮外、御安意可被下候。然者、麻疹気候録之儀ニ付、又々敦賀屋九兵衛方ゟ、以書付被申出候之趣、則口上書之写相登シ申候間、乍御苦労、宜御取斗被成遣可被下候。先者右之趣、得貴意申上度、如斯ニ御座候。恐惶謹言。

三月十七日　　大坂書林　行事

京都書林三組御行事中様

敦賀屋九兵衛殿ゟ口上書写

口上書」44

〈不連続〉

【安永六年】

一俳諧おた巻　　板木古板新板　三板

右之板木、廿四年已前、宝暦四年戌九月、新井弥兵衛殿ゟ私方へ求板
仕罷在候処、今般新井源次郎殿死後ニ、古板之板木壱板相残り候
故、今度井上源右衛門殿、銭屋利兵衛殿御世話ニ而、右源次郎殿後家
おきよ殿ゟ、右相残り候板木引取申候間、已来外方ゟ半板等出候共、
御取上被下間敷、御頼申上候。此義御断申上度、書付ヲ以如此御座候。以上。

安永六年酉二月廿四日　　田中庄兵衛

三組御行事中

一絶句解国字解之儀、絶句解典故板元山田三郎兵衛、西村平八、両人方ゟ
差構ニ付、口上書ヲ以被申出候写如左。

口上書

一此度絶句解国字解与申書板行出来仕候。私共之絶句解典故ニ
差支候ニ付、板元対談相済申候迄、売買之儀御差留メ被成被下候様ニ
奉願上候。已上。

西村平八

安永六年酉三月十六日　　山田三郎兵衛

御行司中様

右之通被申出候ニ付、国字解板元梅村宗五郎、銭屋庄兵衛、梅村市兵衛、丁子屋庄兵衛へ、右口上書之趣為申聞、急キ対談可被成、尤相済候迄、添状預り申候。然ル所、林宗兵衛御挨拶被成候而、国字解板木壱歩半通り典故板元江」45被相渡、双方無申分相済候旨、双方ゟ被申出候ニ付、国字解添状相渡申候。

一四書かな付中本之儀ニ付、大坂行事中ゟ書状到来。如左。

一筆致啓上候。先以春暖相趣候所、各様被成御揃、愈御安全被成御座、奉珍重候。当方銘々共無異罷在候。乍憚、御安意可被下候。然者、其御地井上忠兵衛殿方ニ、四書仮名附中本、此度書改被致、再板候ニ付、当地秋田屋市兵衛方四書小本仮名附ニ差構候趣、口上書差出シ申候。右之写入御覧申候。御繁多中御苦労ニ御座候得共、御評議被成下、井上忠兵衛殿へ可然御通達被下度、奉頼上候。右可得貴意、如斯御座候。恐惶謹言。

大坂書林

行司

酉三月八日

京都書林
　三組御行事衆中様

口上

一京井上忠兵衛殿方ニ所持被致候四書片かな付中本之板行、此度再板被致候ニ付、是迄之板行七行十五文字ニ候之所、此度九行十九字ニ書改、再板ニ致候様承知仕候。右体ニ相成候而ハ、是迄とハ違、格別丁数も減シ、私方四書片仮名附小本ニ差支、難渋仕候ニ付、右之段、忠兵衛殿へ申入候得共、我侭斗被申、取敢不被申候而、迷惑仕候。此段御評議之上、何卒忠兵衛殿先板之通之行数ニ相改再板被致候様、乍御苦労、京都御行事中様江被仰遣可被下奉頼上候。已上。」46

〈不連続〉

群談、国花万葉記、并増補難波丸、浪花のなかめ等之書ニ全体差構、難儀至極ニ奉存候。早速泉屋卯兵衛殿江対談仕候処、京都八文字屋八左衛門殿方之新板ニ而、相頼来リ候ニ付、評判同様ニ相心得、封印之侭売出し申候得共、差構之書ニ候ハヽ、配リ置候本悉取集メ、京都板元へ

掛合、如何様共訳立可致由、御引請被下候得共、右卯兵衛殿ゟ京都御対談被下候内、右之本諸方へ売弘リ候而ハ、重々難儀至極ニ奉存候。則右之本御目ニ懸ケ候。御覧之上、京都板元江対談相済候迄、京都・江戸御両地共、売買御差留メ被下候様、乍御苦労、両地御行司中様江、宜被仰達可被下候。頼上候。已上。

安永六酉年四月十三日

塩屋三郎兵衛
堺屋伊兵衛
正本屋清兵衛
橘屋忠兵衛
天王寺屋庄兵衛
大和屋弥兵衛

御行司中様

右富貴地座位、見請不申外題故、早速板元八文字屋八左衛門呼ニ遣候処、大坂江罷下り居申留守ニ御座候。暫逗留之由申来るニ付、他国之由、大坂へ返書遣候写。

当七日、并昨十四日、両度之御状忝致拝見候。暖気ニ御座候処、各様弥御堅栄ニ被成御座、珍重奉存候。当方無異ニ罷在候。乍慮外、

御安慮可被下候。然者、かな付中本之儀ニ付、大野木市兵衛殿ゟ」47
之口上書写し御差登せ入手仕候。則井上忠兵衛へ申達候。追而返答可
有之、延引ニ相成候段、御断申上候。
一富貴地座位ト申書、当地八文字屋八左衛門方ニ板行致出来候由ニ而、
其御地和泉屋卯兵衛殿ゟ売弘メ被申候ニ付、其御地六人之衆中ゟ
差構之口上書写し御差登せ被成、致入手候。銘々共未見申候書ゆへ、
早速八左衛門呼寄、様子可承候処、此砌田舎へ罷越候由ニ御座候。帰京次第
相糺御返答可申入候。右御断旁、如此御座候。恐惶謹言。

京都書林
三組行事

四月十五日

大坂書林
御行司中様

右差下申候処、其後八文字屋八左衛門被帰候。則大坂表差構之儀、相対相済
申候旨被申候ニ付、其趣大坂行事へ返答申遣候。并井上ゟ四書かな付返答
口上書差下申候。如左。

一筆致啓上候。暖気ニ相成候処、各様御揃弥御堅勝可被成御座候。奉珍重候。

随而当方銘々共無異罷在候。乍憚御安意可被下候。然ハ、先達而被仰越候富貴地座位之儀、八文字屋八左衛門早速呼申候処、其節ゟ其御地罷下り、一昨日上京いたし候処、其御地ニ而致対談、内済ニ相成候趣、被相届候間、其御地ニも右之趣御承知可有御座与奉存候。

一四書片中本之儀ニ付、井上忠兵衛ゟ返答書差出し候間、右之写し差下シ申候。御繁多中ニ候へ共、大野木殿へ右之趣御通達被下度奉頼上候。恐惶謹言。」48

安永六年酉三月十四日　井上忠兵衛

三組御行事中様

右差下申候処、又々大坂行事中ゟ来状、如左。

一筆致啓上候。各様被成御揃、弥御堅勝被成御座、奉珍重候。当方銘々共無異罷在候。乍憚御安意可被下候。然者、其御地井上忠兵衛殿四書片仮名付返答書之写御差下し被下、慥入手仕候而、当地秋田屋市兵衛方へ致通達候所、此度市兵衛方ゟ又々口上書差出し申候ニ付、写書入御覧候。御繁多之御中乍御苦労、御評議之上、井上忠兵衛殿へ可然御通達被下度奉頼上候。右可得貴意、如斯ニ御座候。恐惶謹言。

酉四月七日　大坂書林

行司

京都書林

三組御行事中様

口上

一京井上忠兵衛殿方四書片仮名附再板之儀ニ付、書付ヲ以御願
申上候所、其趣京師へ御申遣被下候処、忠兵衛殿ゟ返答書被差出、其写
御見せ被下、一覧仕候。彼方所持之半紙本之行数ヲ以中本ニ被致候様
被申出候得共、此義ハ半紙本者格別之事ニ而、中本ニ半紙本之事
被申立候義ハ、得其意不申候。中本ニおゐてハ、先板之通之行数七行
十五字ニ相改再板被致候様、京都御行事中様ゟ被仰付被下度、
此段乍御苦労、宜敷御申遣可被下候。奉頼上候。以上。」49

安永六酉年二月　　　　秋田屋市兵衛

御行司衆中様

右大野木市兵衛殿ゟ口上書写し、井上忠兵衛へ見せ申候処、則返答口上書差
出候ニ付、大坂へ返事遣候写し。

御状忝致拝見候。如仰春暖ニ相成候処、各々様御揃御堅勝ニ被成御座、奉珍重候。当方銘々共無異罷在候。乍憚御安意可被下候。然ハ、四書片仮名付之儀ニ付、御地大野木市兵衛殿ゟ口上書被差出、其写御登し被遣、則井上忠兵衛方へ致通達候ニ付、返答書差出し候間、右之写し差下申候。乍御苦労宜敷被取斗被成遣可被下候。右御報旁如此御座候。恐惶謹言。

京都書林
三組行事

三月十四日
大坂書林
御行事中様

口上

一大坂秋田屋市兵衛殿ゟ口上書被差出候ニ付、御行事中様ゟ写し登り候ニ付、御見せ被下、披見仕候。私方四書片仮名附中本再板之儀ハ、所持之半紙本之行数字数ヲ写し、中本之再板ニ先達而御願被下候処、彼方小本ニ差支之旨被申出、難得其意儀ニ存候間、此段御繁多中ニ候得共、大坂御行事中様江宜舗被仰遣被下度奉頼上候。已上。」50

三　影印

01

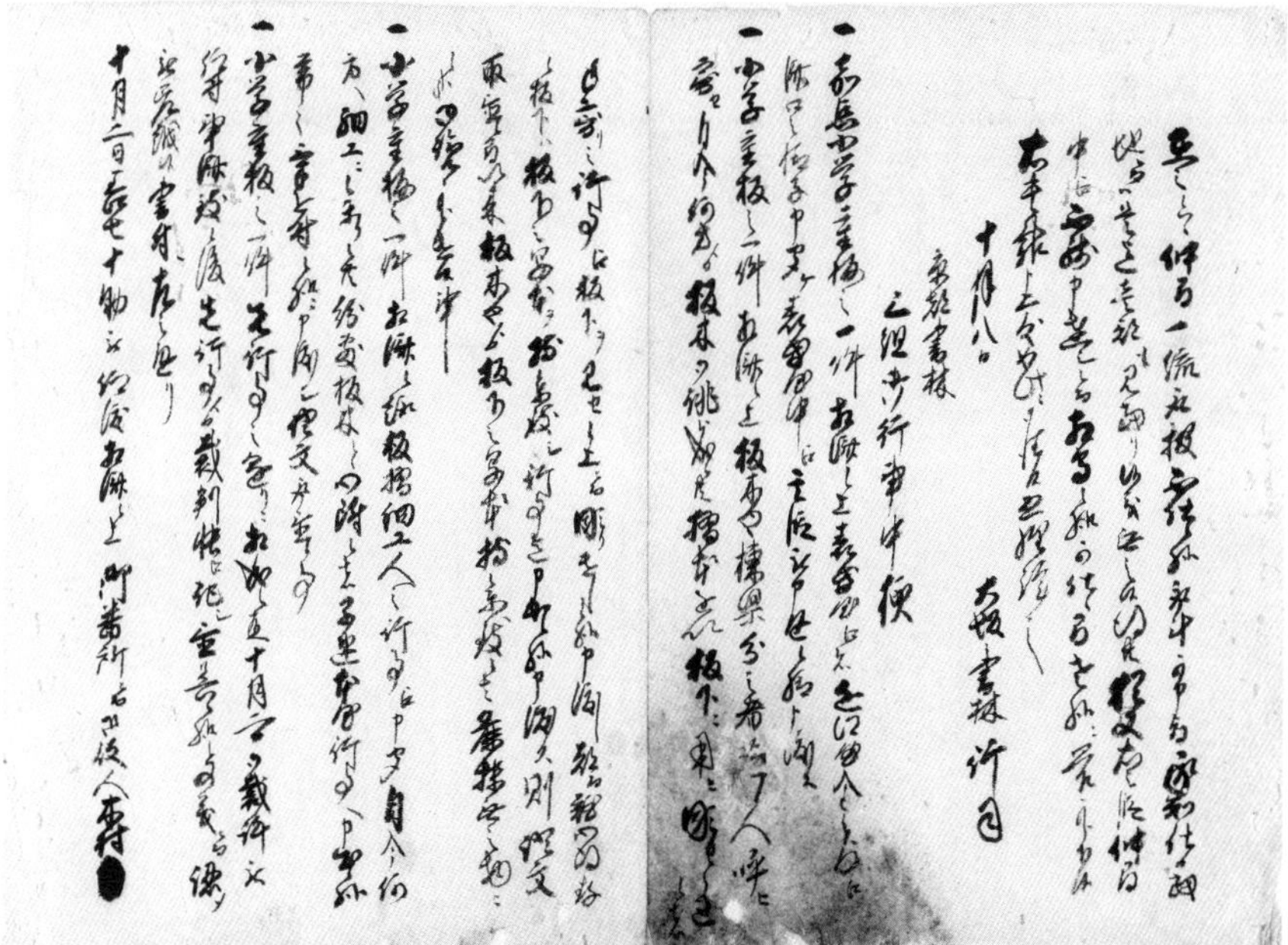

02

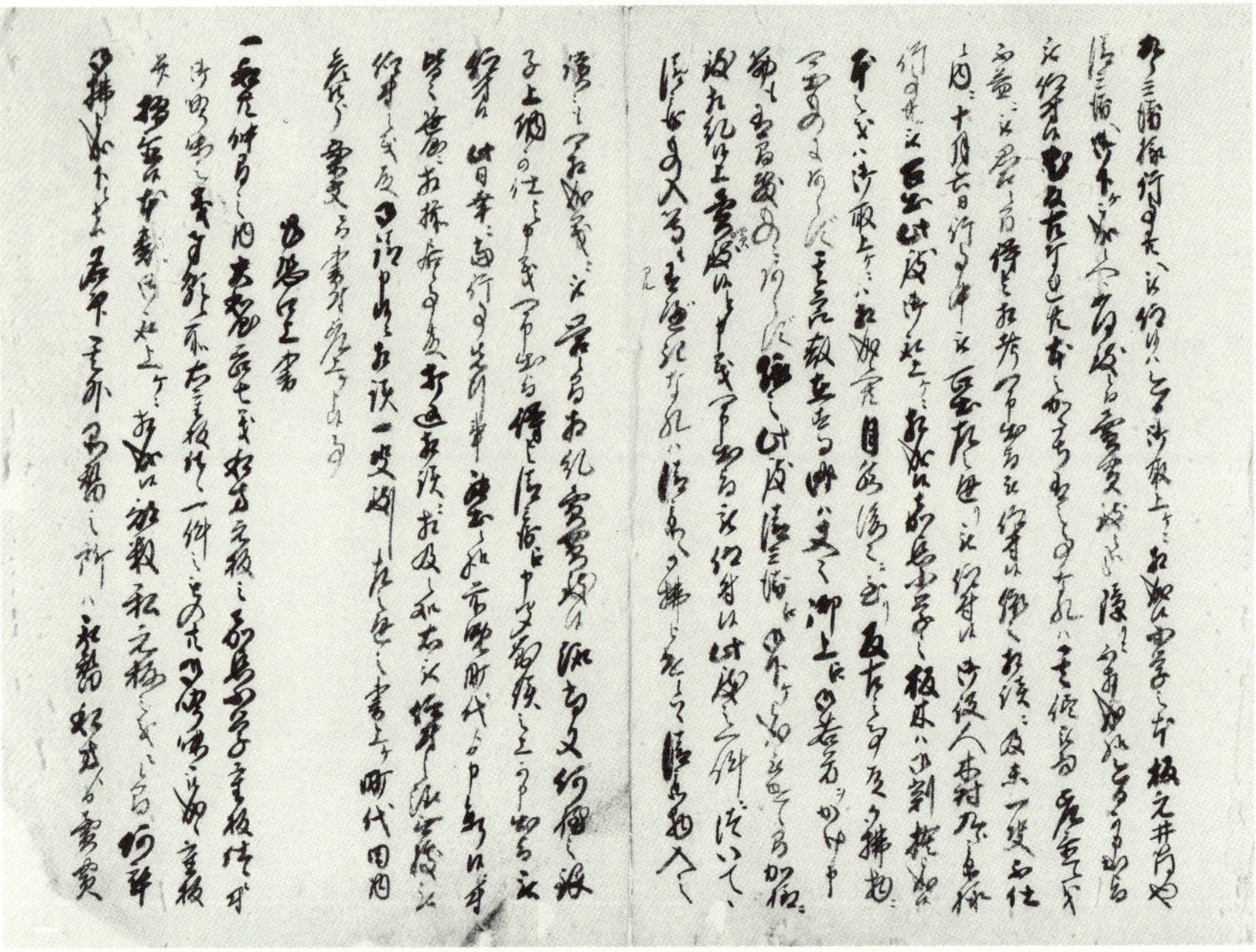

03

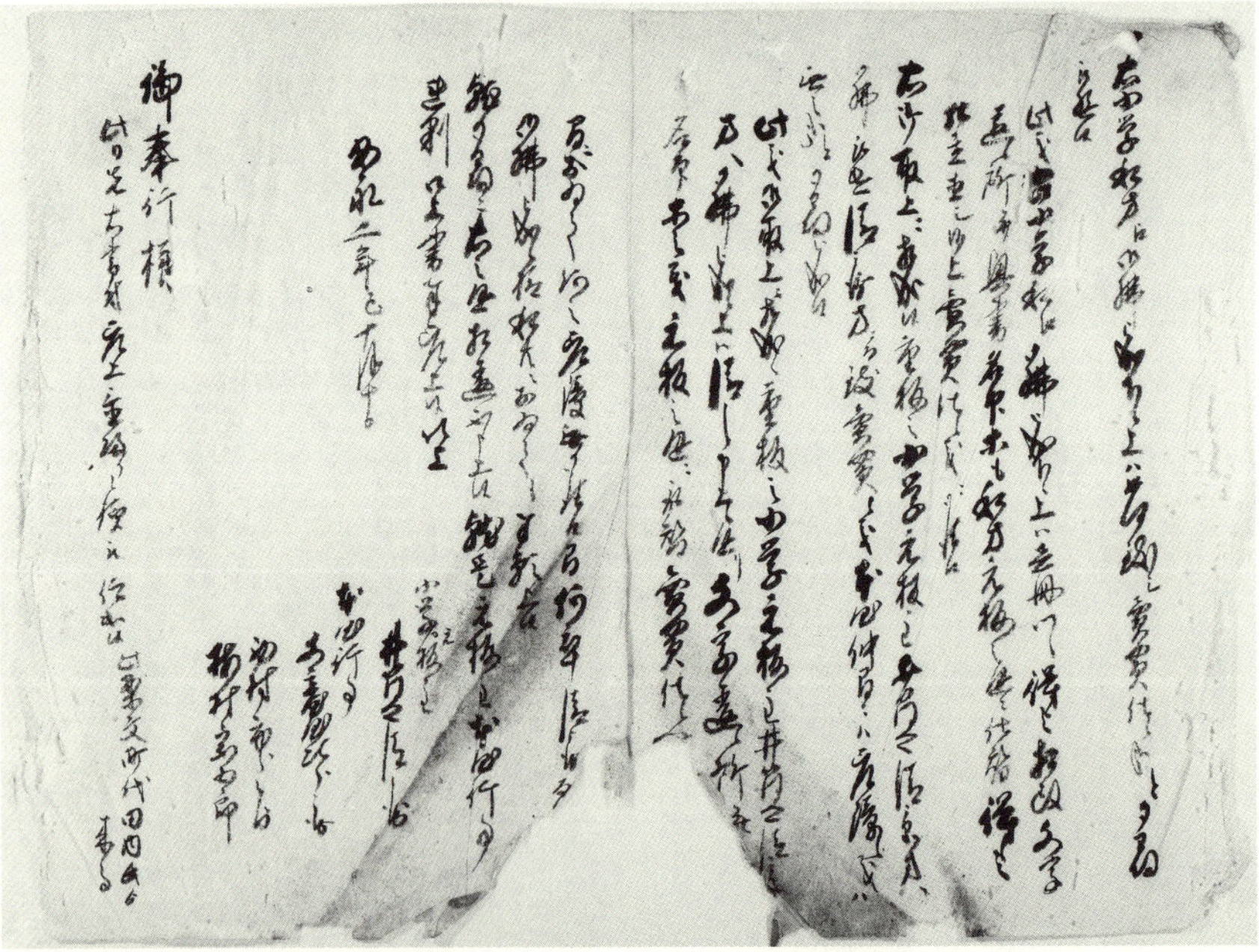

04

05

06

07

08

09

10

11　付箋あり

11　付箋なし

12

13

14

15

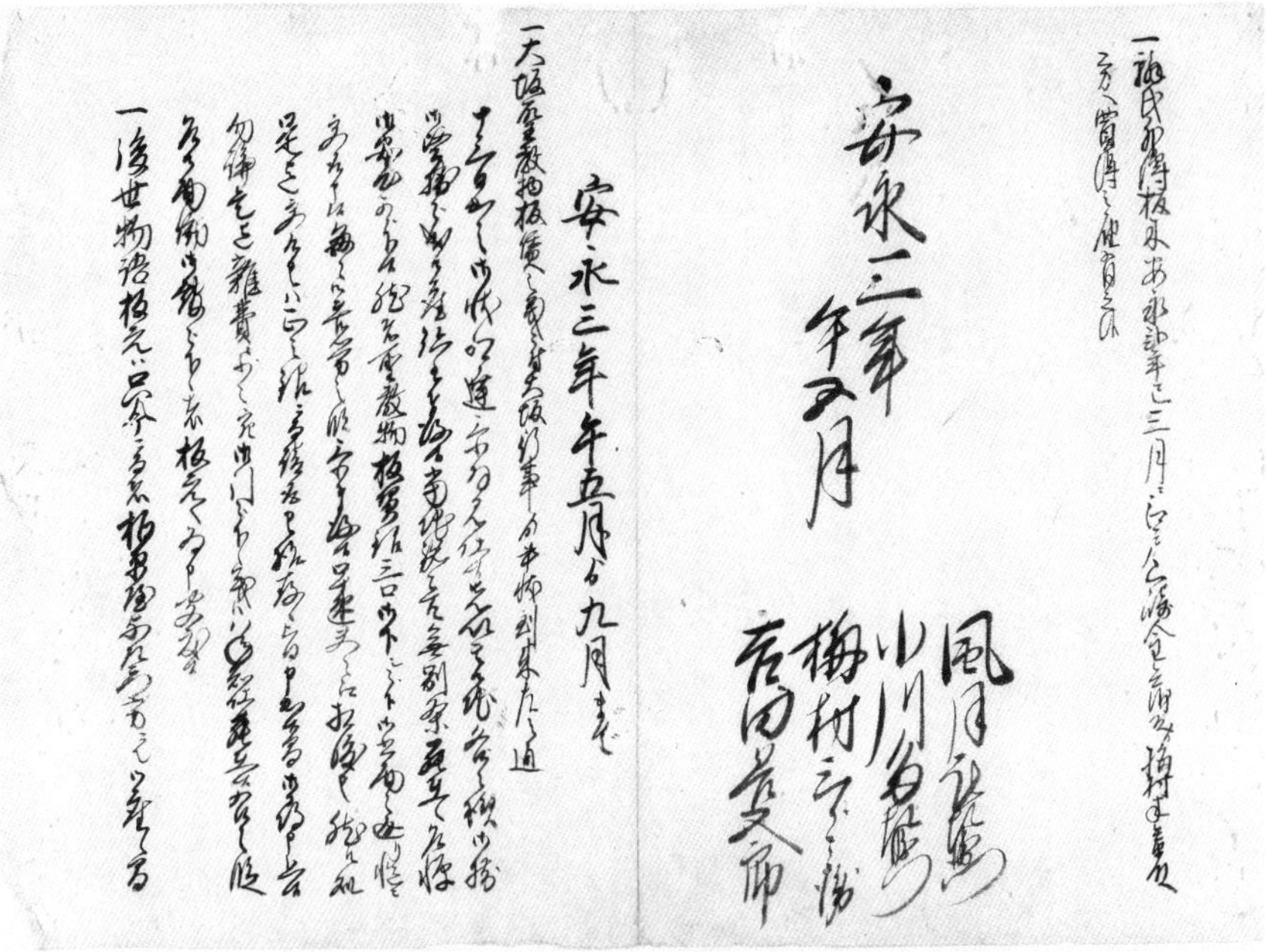

16

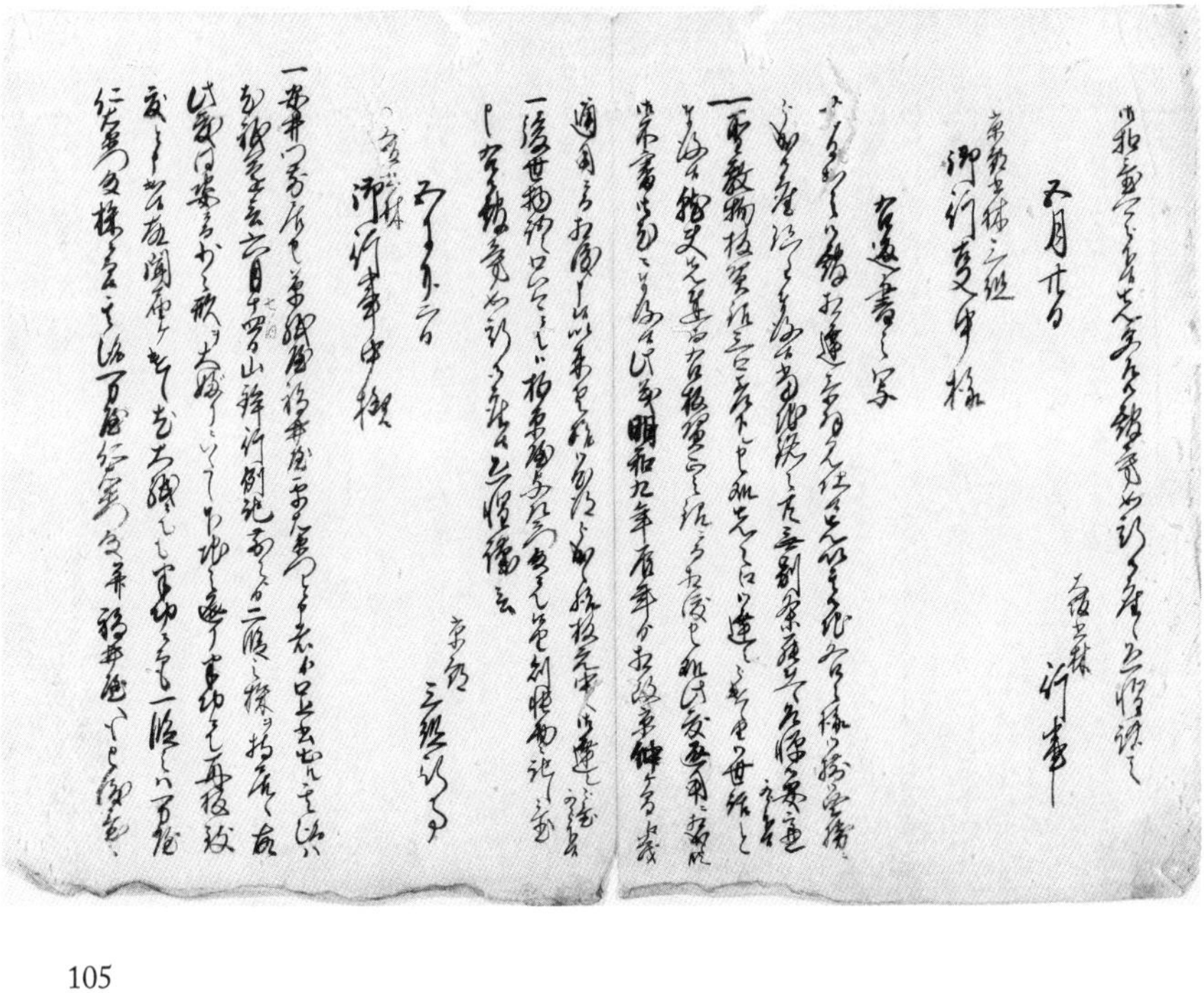

17

18

19

20

21

22

23

24

25

26

27

28

29

30

31

32

33

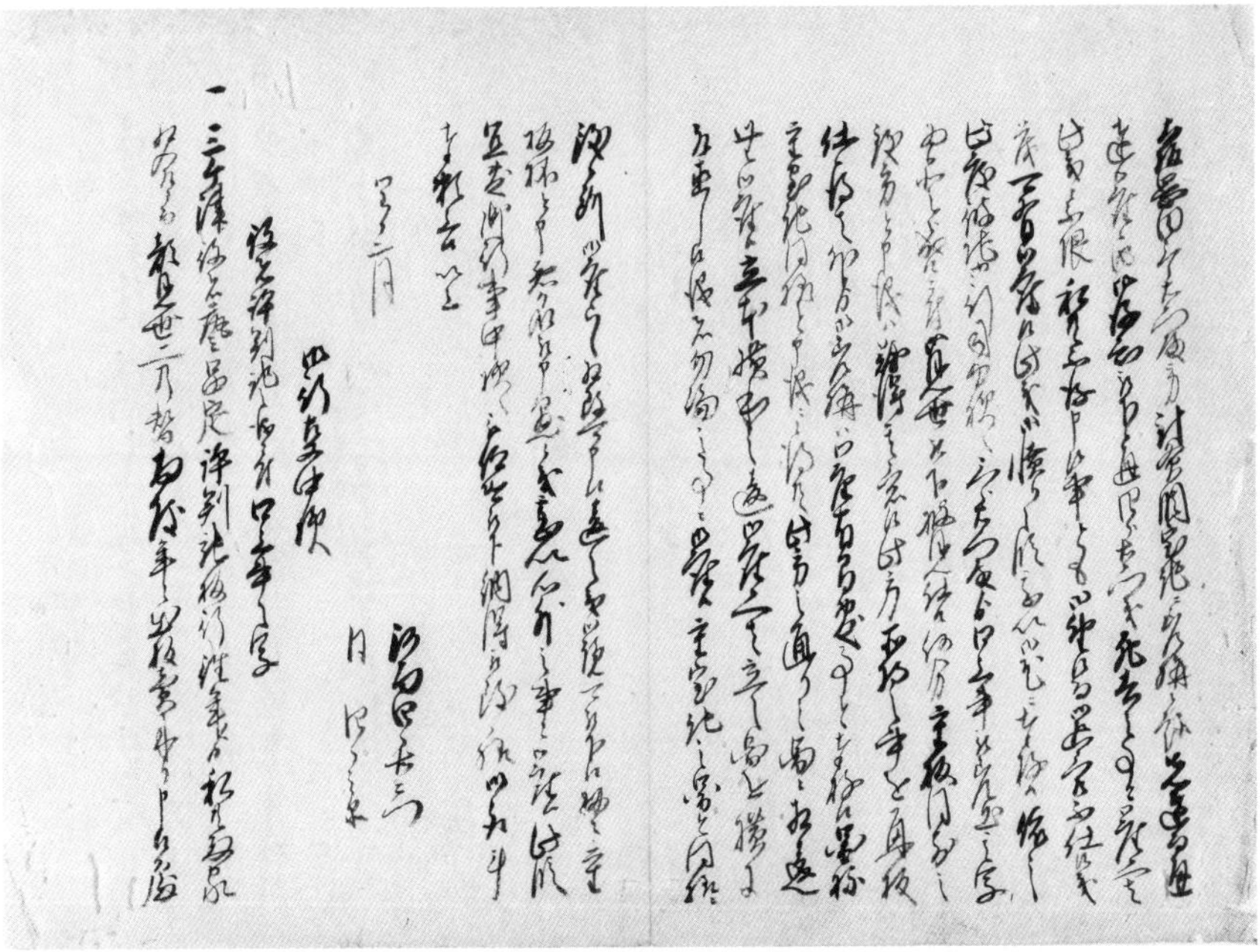

34

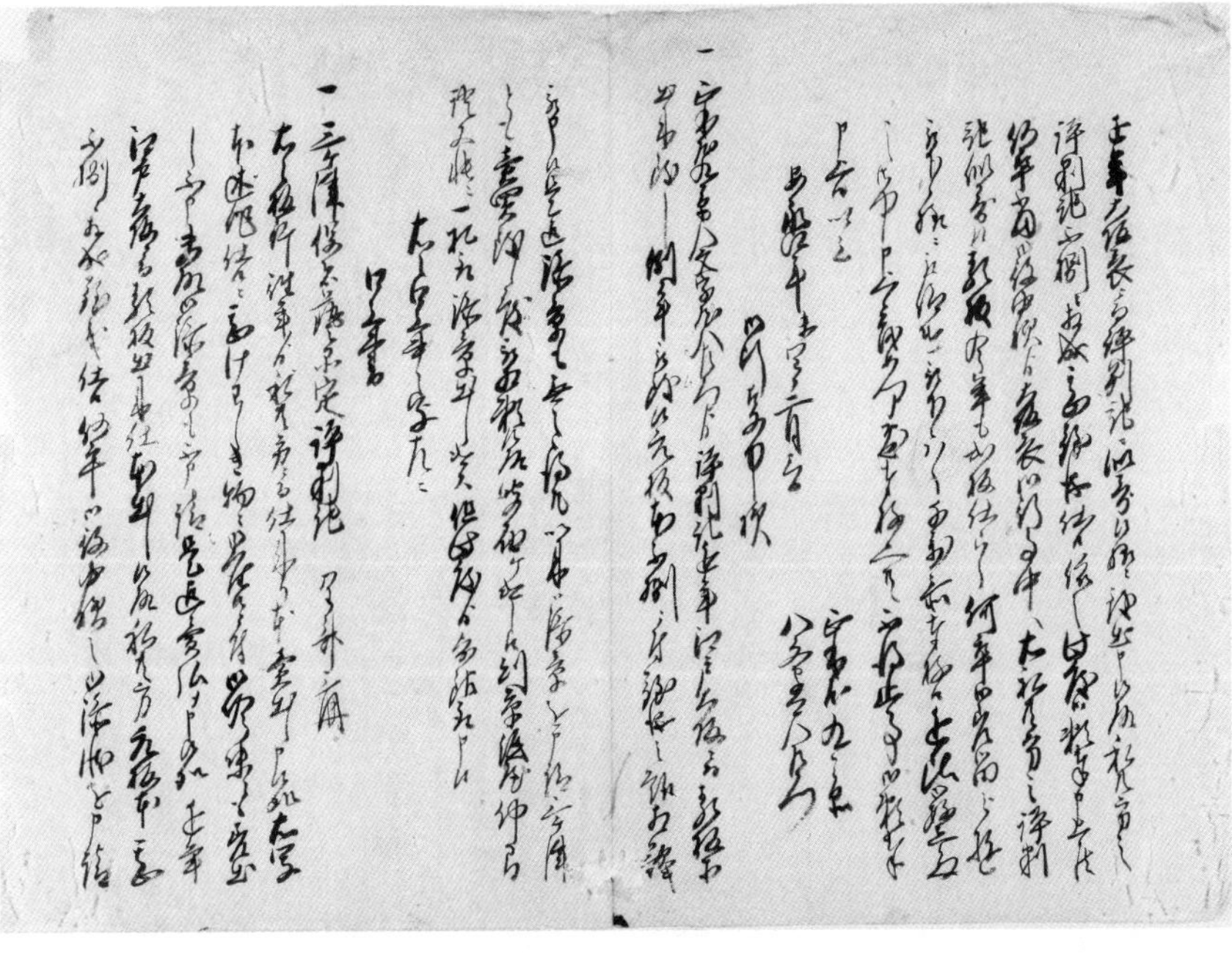

35

36

37

38

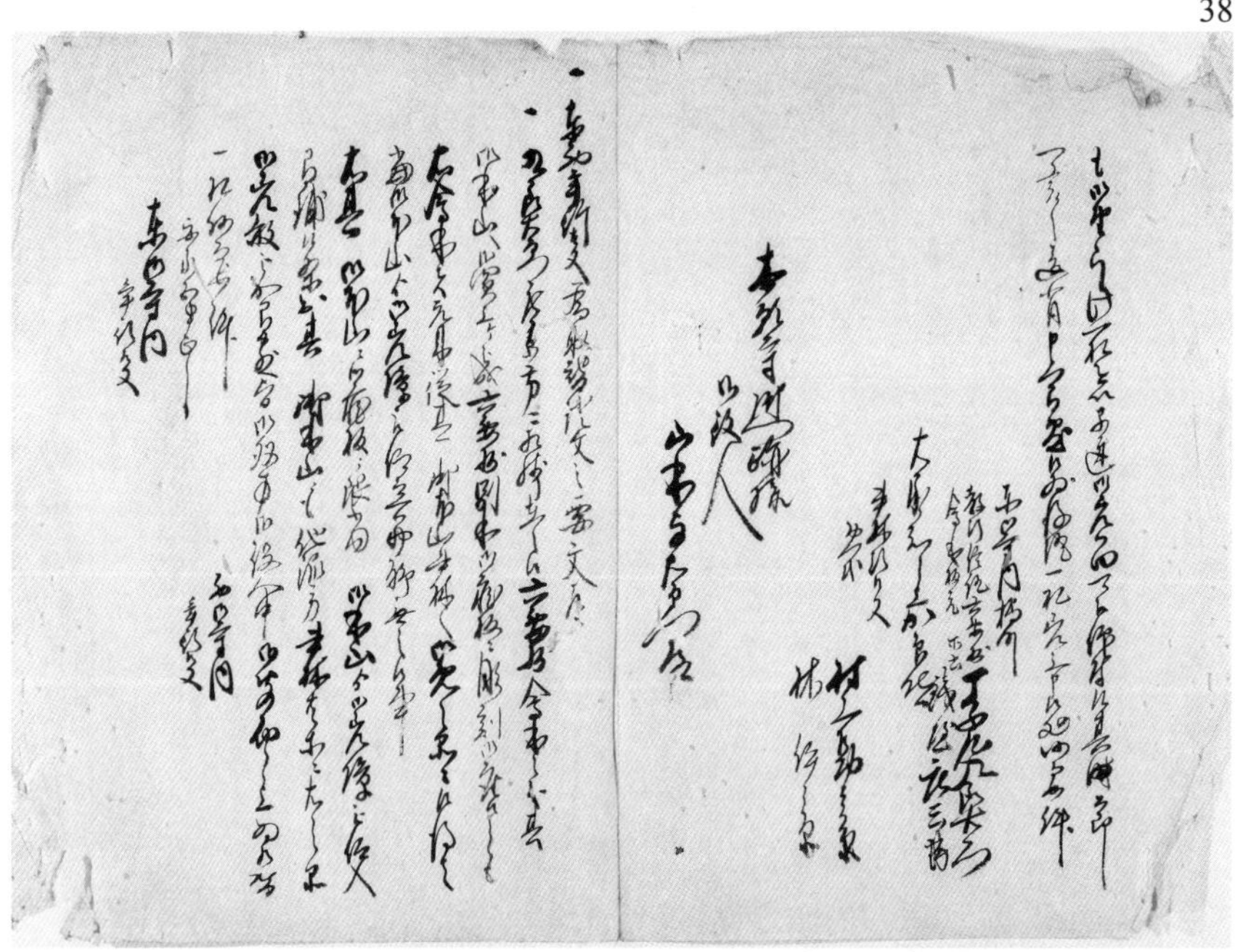

39

40

41

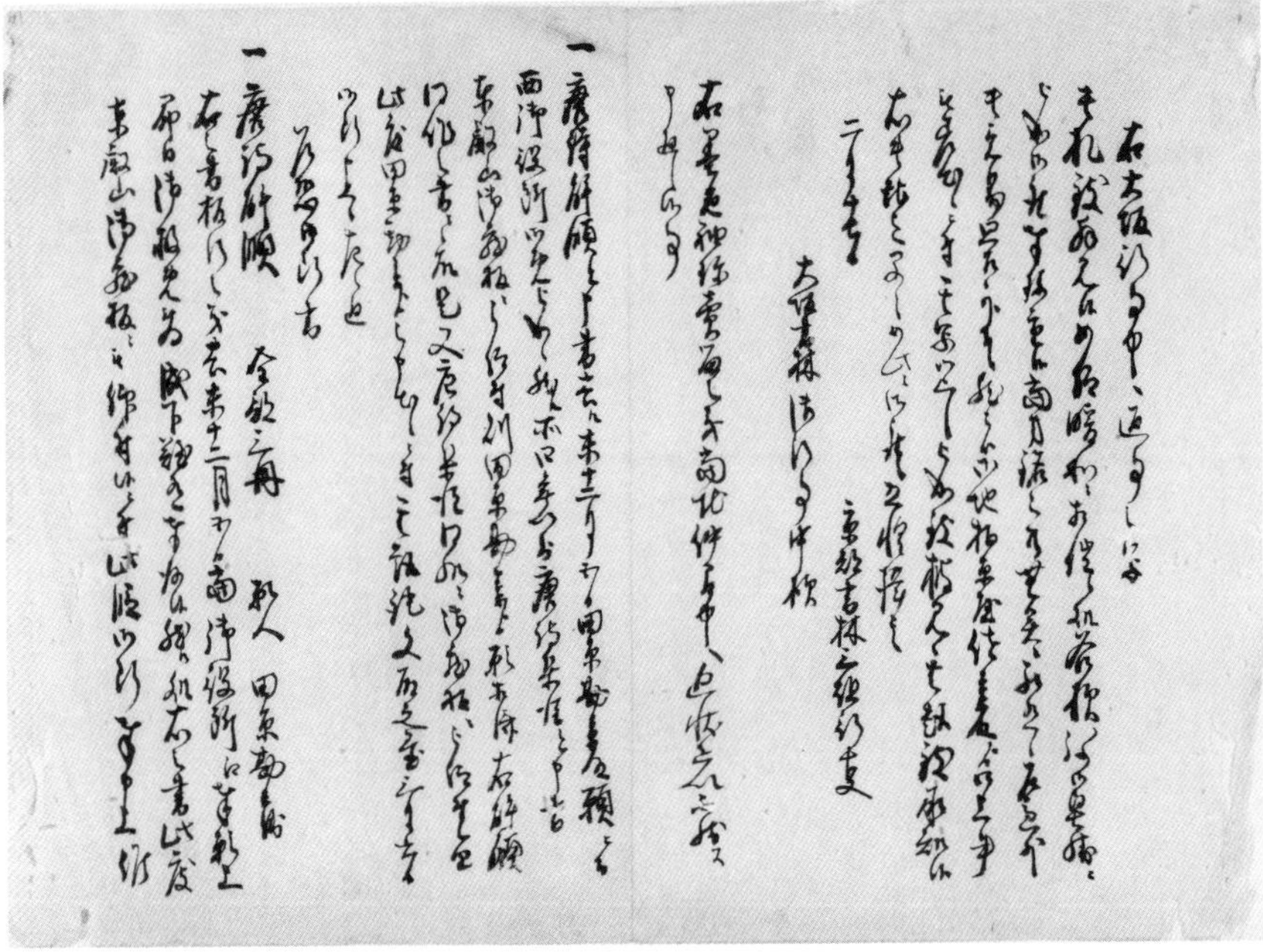

42

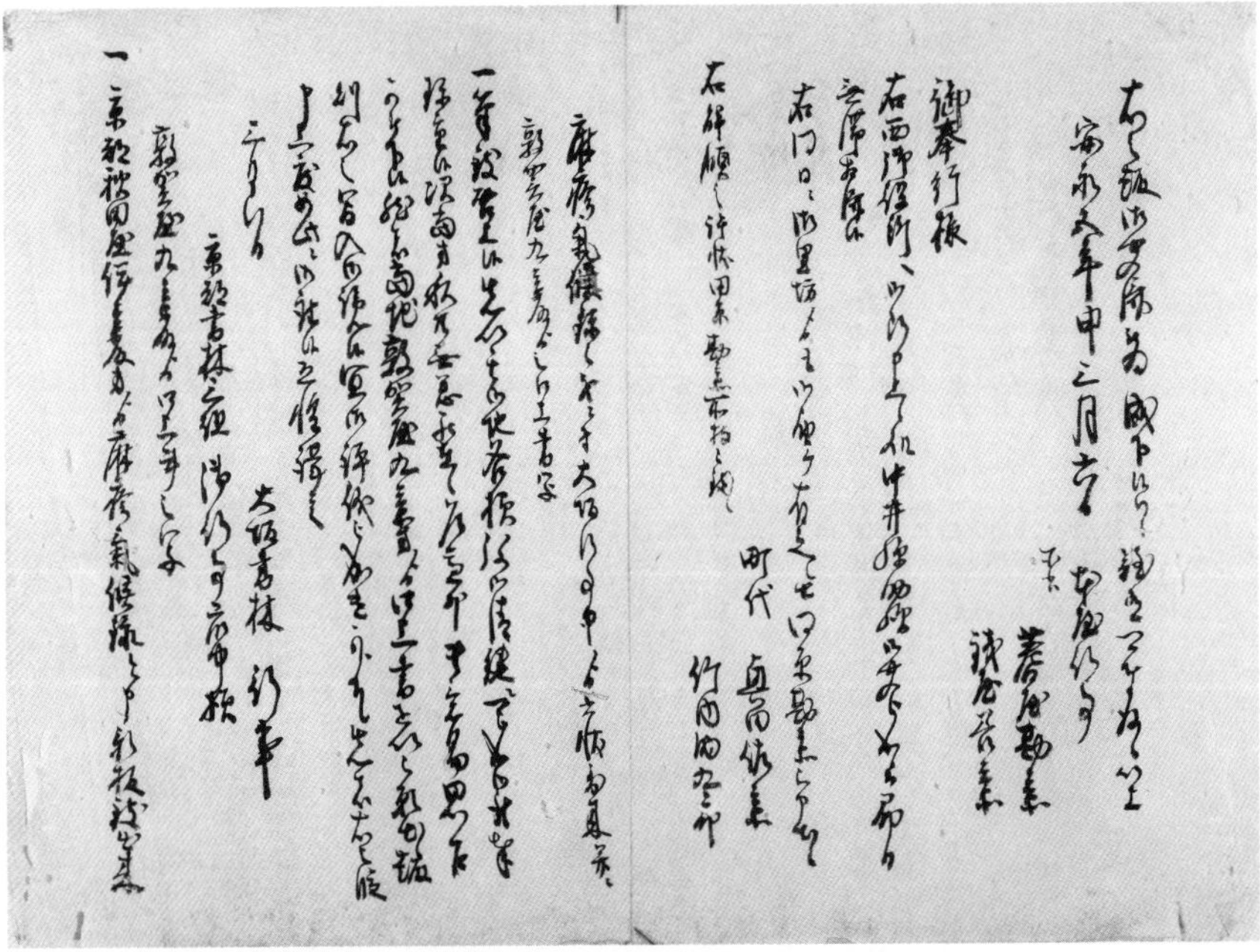

43

44

45

46

47

48

49

50

2

書籍の流通と売価

――江戸暦を史料として――

はじめに

現代でこそ、新刊書籍には全国一律の定価が設定されているが、江戸時代においては書籍に定価はなかった。売価は各店の裁量次第であり、同じタイトルのものでも店によって価格はまちまちであった。売価の決定要素の第一は仕入れ値であったろうが、それ以外にも多々考えられる。まず需要に対して供給が少なければ売価は高く設定されてしかるべきである。彫・摺の良し悪しや保存状態等書籍自体のコンディションも大きな要素である。そして、流通に要する経費も大きく売価を左右する。発行地、仕入れ先からの輸送経費が売価に反映されるわけである。多大な輸送経費を要する地か否かは、そのまま書籍商売の立地としての適不適の大きな条件となるであろう。

実際、購書目録などに、購入価格に「駄賃」が併記されている例がある。たとえば、奥州信夫郡瀬上町（現福島市瀬上町）の和学者内池永年（宝暦十三年〈一七六三〉～嘉永元年〈一八四八〉）の『内池家蔵書目録』（福島県立歴史資料館 内池輝夫家文書、一八四四）には、「閑田耕筆　四冊　代拾弐匁　たちむ壱匁壱分」とか、「甲陽軍艦大全　三拾九冊　代四十八匁五分　外駄賃五匁五分　〆五十四匁」などと見える。書籍の価格に加えてその一割前後の輸送経費が必要になる。これは江戸あたりより取り寄せた時のものなので、駄賃が別記されたのであろう。遠方よりの書籍取り寄せにはそれだけの経費がかさむ。地元の書店で購入する場合には、店までの輸送経費が売価に反映されることになろう。そして、遠方からの仕入であればあるほど、経費が売価を押し上げることになるとの予測も容易に付く。各地域における書籍流通を考える場合、輸送の手間と経費とは、欠くことのできない要素であるはずである。

とくに書物類は、書籍自体高価であり、重量・体積のかさみがちなものである。輸送に関わる悪条件の下でも、書物類の流通が開けていくとしたら、それは、その悪条件を含みこんででも商売が成立すること、すなわち、地域における書籍市場が活況を呈していることを意味するか、あるいは悪条件が緩和・解消されるような流通の変化が起こったことを意味するのではなかろうか。ところが、これを見極めることは容易ではない。書籍売価の実際を知りうる史料も少ないうえ、前述のように、需給のバランスや為替の相場等、書籍商売を取り巻く状況は刻々変化するわけであるし、書籍個々の状態に関わる要素もあり、とくに現物が残っていない場合など、記録上の価格のみを単純に比較して、流通に要する経費と売価との相関を論ずることは難しいのである。

この小稿は、江戸暦を材料に、輸送経費と売価のことをまず考えてみようとするものである。もちろん、暦は弘暦者を介して流通するものであり、書籍の流通と完全に一致するものではない。しかし、書籍業者が弘暦を行う場合も多く、暦の輸送方法、流通は書籍の流通にかなり近いと思われる。そして暦は日常必須のものであり、その流通力は高い。中でも江戸暦は関八州と奥州で販売を許された暦で、流通域は広い。また、暦は新本以外一般に流通しないと考えてよいし、江戸暦であれば江戸での基準的頒価がある程度把握できるので、比較はある程度有効であろうと思われるのである。

一　前沢町白鳥佐藤家購入の暦

『南部絵暦』（一九八三年、岩手県立博物館）は、識語に購入価格記事のある前沢町白鳥佐藤家所蔵の江戸暦を三点紹介していて貴重な材料を提供してくれている。この江戸暦は、いずれも半紙本の大綴暦である。

『寛政八丙辰暦』には「寛政七年十一月廿三日／買申候此代百四拾文」という識語があって、百四十文で購入していることがわかる。

『寛政十一己未暦』は大坂屋長四郎版であることが図版で確認できる。これには「一代百七拾文　十二月十七日買申候／白鳥村　源左衛門」という識語があり、百七十文という高価での購入である。

『寛政十三辛酉暦』には「十二月十三日／百三拾文買申候／取上　源左衛門」とある。これも百三十文でかなり高い。

『暦記録』は、江戸暦問屋仲間の記録で、東京国立博物館に所蔵されている。これによれば、天明三年（一七八三）の「半紙綴大字暦」は、五万九千八百七冊製作して、売高は千四百十七貫三百一文二分五厘、一冊あたり十二文四分五厘となる。これは暦業者への卸分を多く含んでいるはずなので、江戸での実際の小売価格は十六文から二十文くらいであろう。

同じく『暦記録』には、文化十三年（一八一六）の諮問に応じて、暦問屋が提出した文化十二年（一八一五）の実績の記事が書き留められている。これによると、半紙綴大字暦は、五万五千冊製作して、売高千七百十八貫七百四十八文、一冊あたり三十文である。書籍の価格は時代が下るにしたがって高くなっていく。紙の高騰が主たる原因であろうが、暦も例外ではない。天明三年と文化十二年では、倍以上の価格の開きがある。この間を埋める材料は無いが、この十二文四分五厘から三十文の間であることは間違いなかろう。これが業者間の卸価格であるとしても、売価はその二、三割増しといったところがせいぜいであろう。

それに比べて、佐藤家が購入した暦はべらぼうに高いのである。前沢町は、胆沢郡の山村で、今は岩手県南部、奥州市の一部となっている所である。ここまで価格を押し上げているのは、一に、業者の介在状況を含めて流通に関わるコストであろう。

二　鼠入村明学坊所蔵暦

奥州の事例をもう少し見てみよう。鼠入村の「明学坊」なる者の所持していた江戸暦（いずれも中本型の小綴暦）が三点手許にある。鼠入村は、閉伊郡にあった村で、現岩手県下閉伊郡岩泉町、岩手県東北部に位置する。

まず『天保十六乙巳暦』（天保十五年〈一八四四〉、鱗形屋小兵衛版）。識語に「此代六拾五文也／辰極月十六日／田老町ニ而買調候／宮古通中北／鼠入村　明学坊」とあって、田老町にて六十五文での購入である（【図版①】）。

次は、『嘉永四辛亥暦』（嘉永三年〈一八五〇〉、鱗形屋小兵衛版）。識語は、「代五拾文也　岩泉町ニ而調」とあって、岩泉町にて五十文での購入である。「盛岡　十三日町一丁目／売弘所／和久屋長兵衛」という印文の弘暦印があ

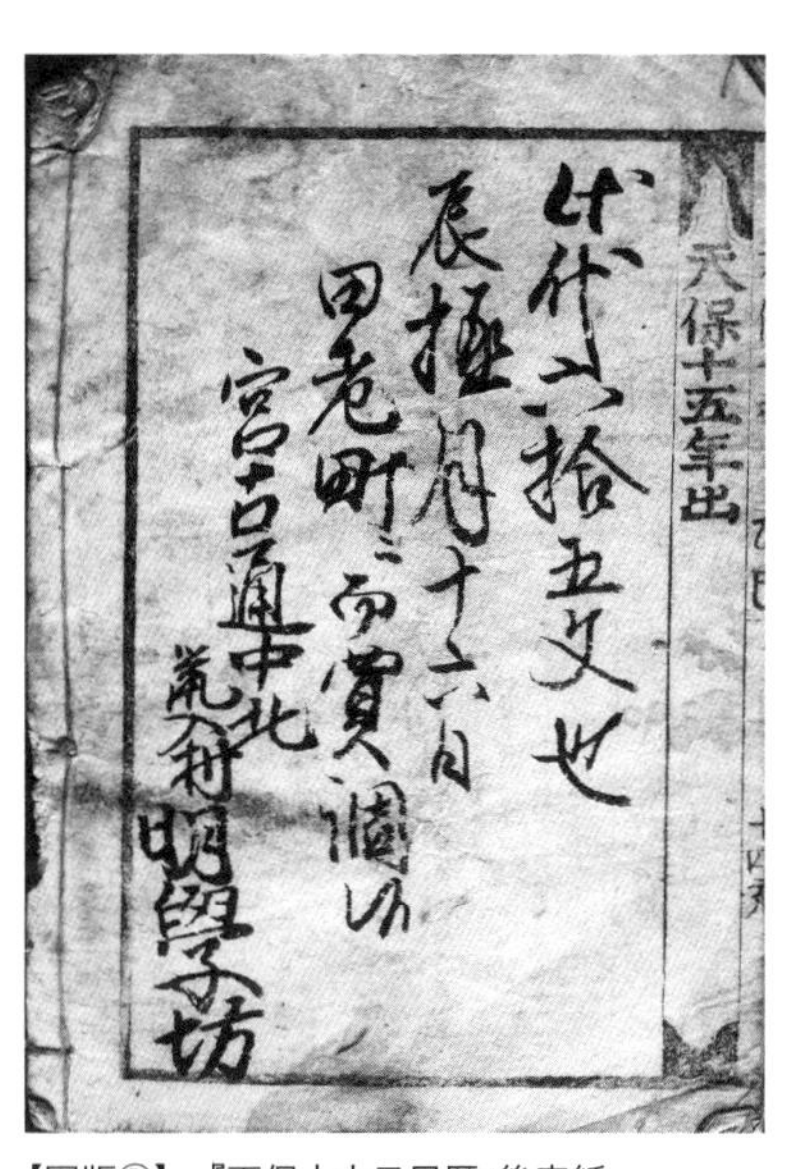

【図版①】『天保十六乙巳暦』後表紙

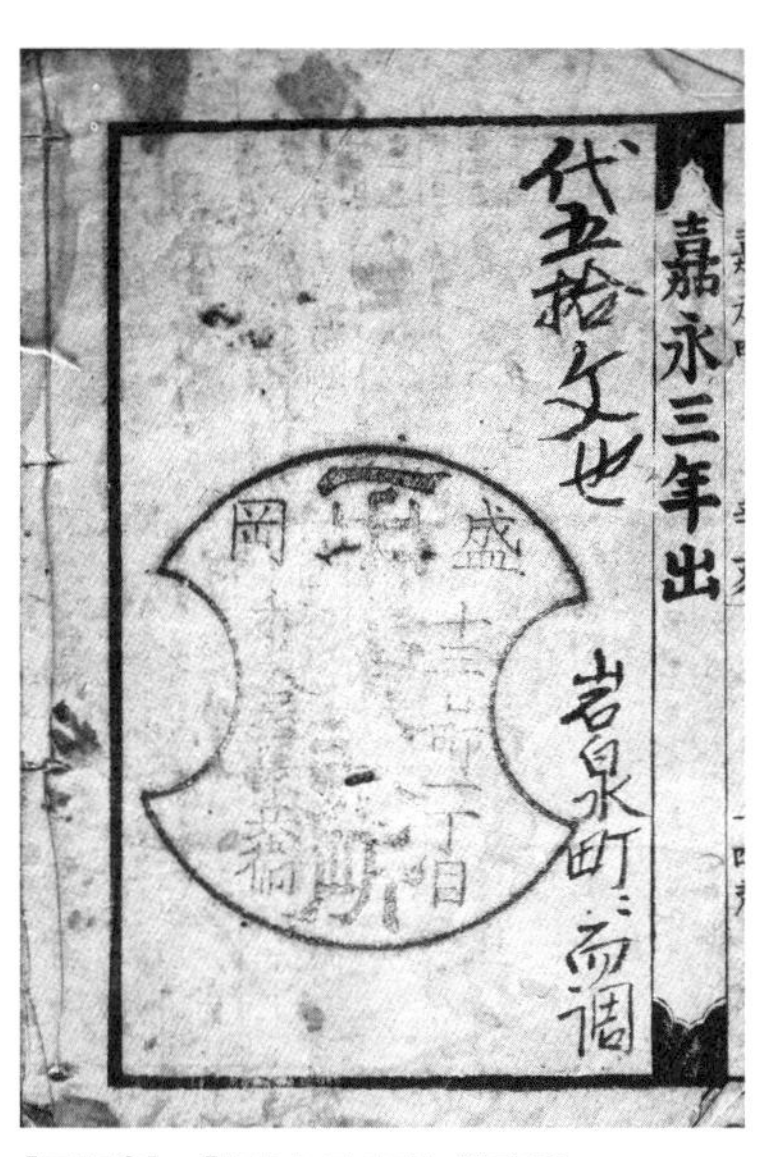

【図版②】『嘉永四辛亥暦』後表紙

り、盛岡の弘暦者和久屋長兵衛を介して岩泉町の業者が販売に関与しているものである（【図版②】）。

次は、『嘉永八乙卯暦』（嘉永七年〈一八五四〉、鱗形屋小兵衛版）。識語に「嘉永七年寅ノ十一月六日／代五拾文　田老町ニ而売調也／森山　明学坊」とあって、これも田老町にての購入、価格は五十文である。巻末に「御免江戸御暦売弘所／盛岡肴町一丁目／大巻屋豊治」という印文の弘暦印があり、盛岡の大巻屋豊治が仕入れて、この地方に卸したものである（【図版③】）。

『市中取締類集』天保十五年十月の記事に、「天保十五辰年十月　巳暦折暦綴暦山路弥左衛門方押切相済懐中暦先例之通押切無之相下り之段共申立候趣館市右衛門中上」として、天保十六年江戸暦の価格書上「来巳年暦直段書」がある。これに「一小形綴暦　壱冊ニ付／代三拾六文／但卸直段／弐拾八文」（東京大学史料編纂所編『大日本近世史料 市中取締類集 十九』一九八八年、東京大学出版会）とあって、卸値段が二十八文、小売が三十六文である。江戸における嘉永四年暦・嘉永八年暦

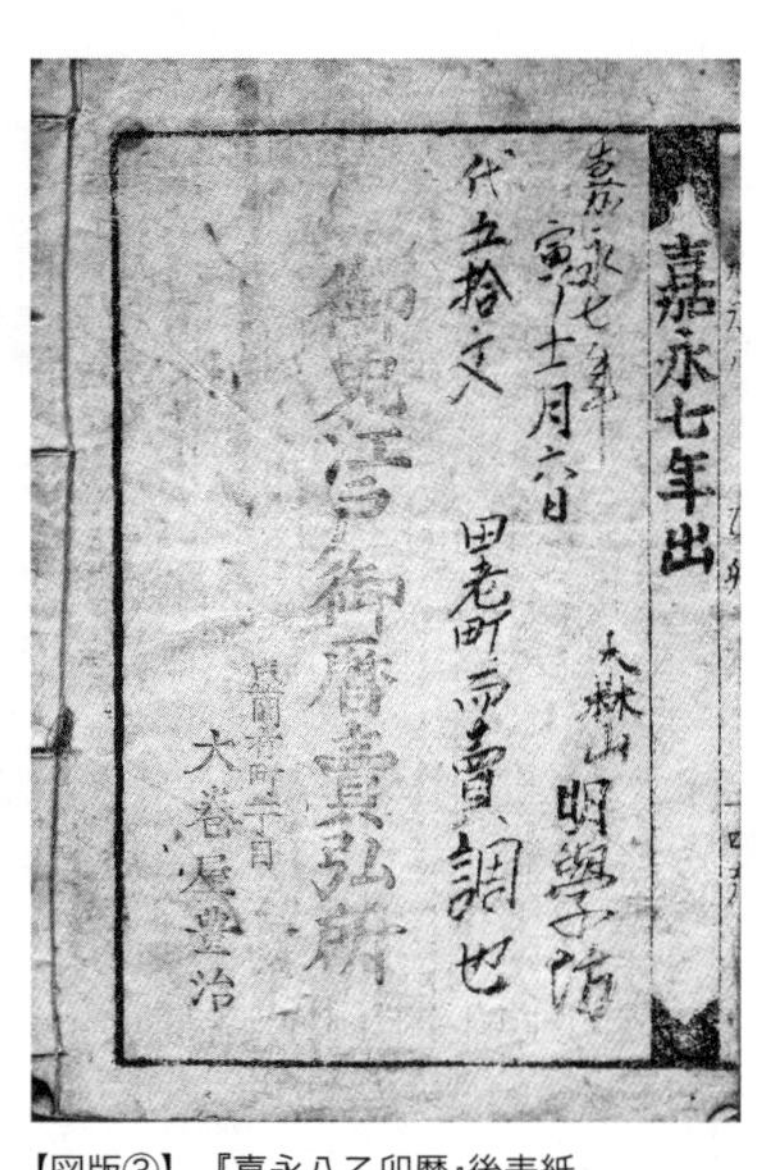

【図版③】『嘉永八乙卯暦』後表紙

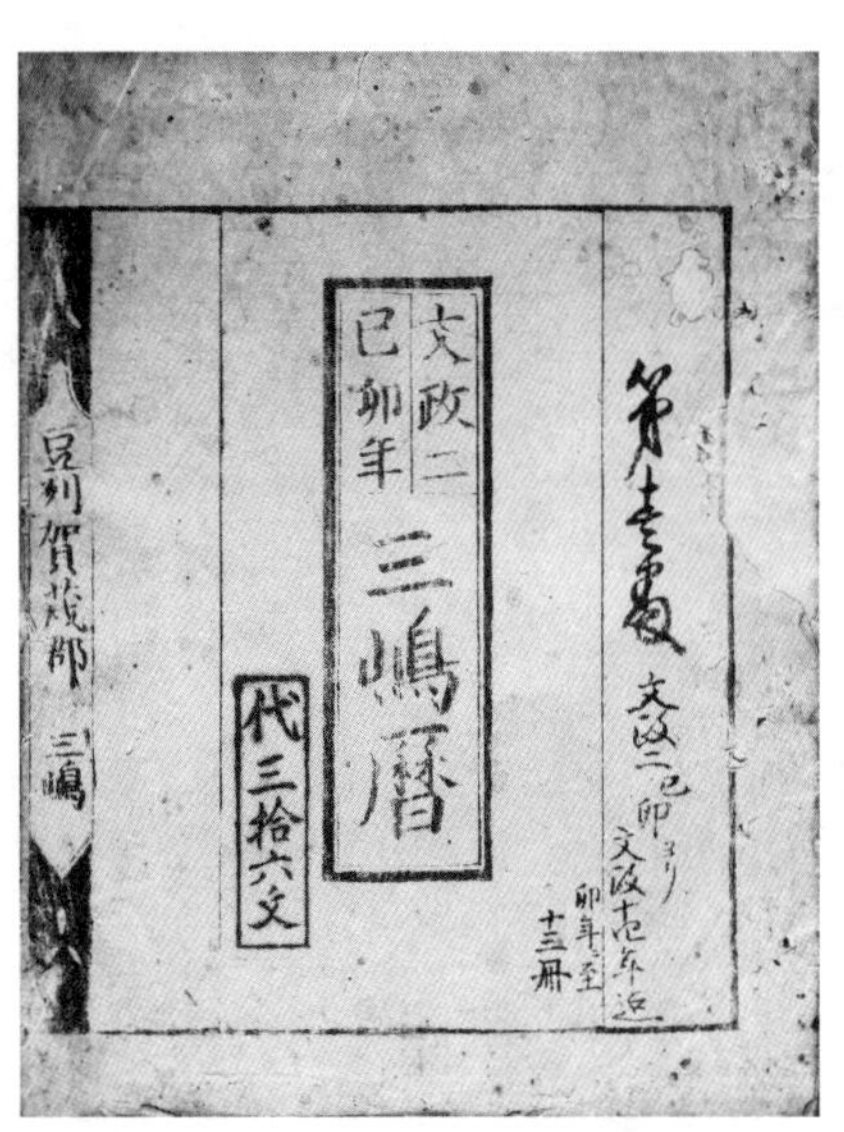

【図版④】『文政二己卯年 三嶋暦』表紙

の価格についての資料は知らないが、天保十六年暦と大きな差は無いであろう。盛岡の弘暦者を経て、地域の流通末端に流通するまでにここまで価格が高くなっているのである。

この江戸での頒価との差は、江戸からの距離という条件、また江戸との流通の疎密によるであろう。たとえば、架蔵の『文化九壬申暦』（文化八年〈一八一一〉、鎰屋兵吉版）の識語に「代三拾七文ニ而三春領岩井沢村／喜八方より買求申候」とある。同じ奥州でも三春あたりとなると、上記二例とはかなり異なる条件の下にあることが推測される。先に見た『暦記録』によれば、文化十二年（一八一五）の小形綴暦は、一冊に付き二十六文五分の売高で、小売価格はおそらく三十二文あたりであろう。喜八方より購入した暦は、前記二例に比べるとさほどの割高ともいえない。

さて、架蔵の『文政二己卯年 三嶋暦』（半紙本、文政元〈一八一八〉年、河合龍節版）の表紙には「代三拾六文」という印文の墨印が押捺されている（【図版④】）。『三嶋暦』

は、伊豆一国と甲斐・相模の一部でのみ流通が認められている頒暦で、この固定的な価格設定は、流通域のごく限定されているものだからこそのことであると思われる。

三　仙台出来の江戸暦、仙台暦、偽版

奥州における書籍流通の要地は仙台である。暦も同様である。大町五丁目の大和屋権兵衛と壺屋利兵衛が江戸暦の問屋として、地域の暦流通を担っていた。寛政頃、大和屋に替わって松屋茂兵衛が弘暦者となり、さらに書肆である伊勢屋半右衛門が加わることは、暦に押捺されている弘暦印によってたどることができる。そのはじまりがいつであるのか、まだ確認できていないが、末丁裏の匡郭左辺を右寄りにつくり、その欄外に仙台弘暦者名を彫り入れた江戸暦が出てくる（【図版⑤】）。手許のものでは天保期のものから確認できるが、さらにさかのぼることが出来るかもしれない。「松本書肆高美屋甚左衛門の弘暦事業をめぐって」（『信濃』六九四号、二〇〇七年十一月）で紹介したが、大経師暦でも、略暦の版木を弘暦者に送り、信濃で摺刷することが行われていた。この仙台弘暦者を彫入れた江戸暦も、江戸で彫板され、仙台で摺刷されたものかと推測する。これが無く、弘暦印だ

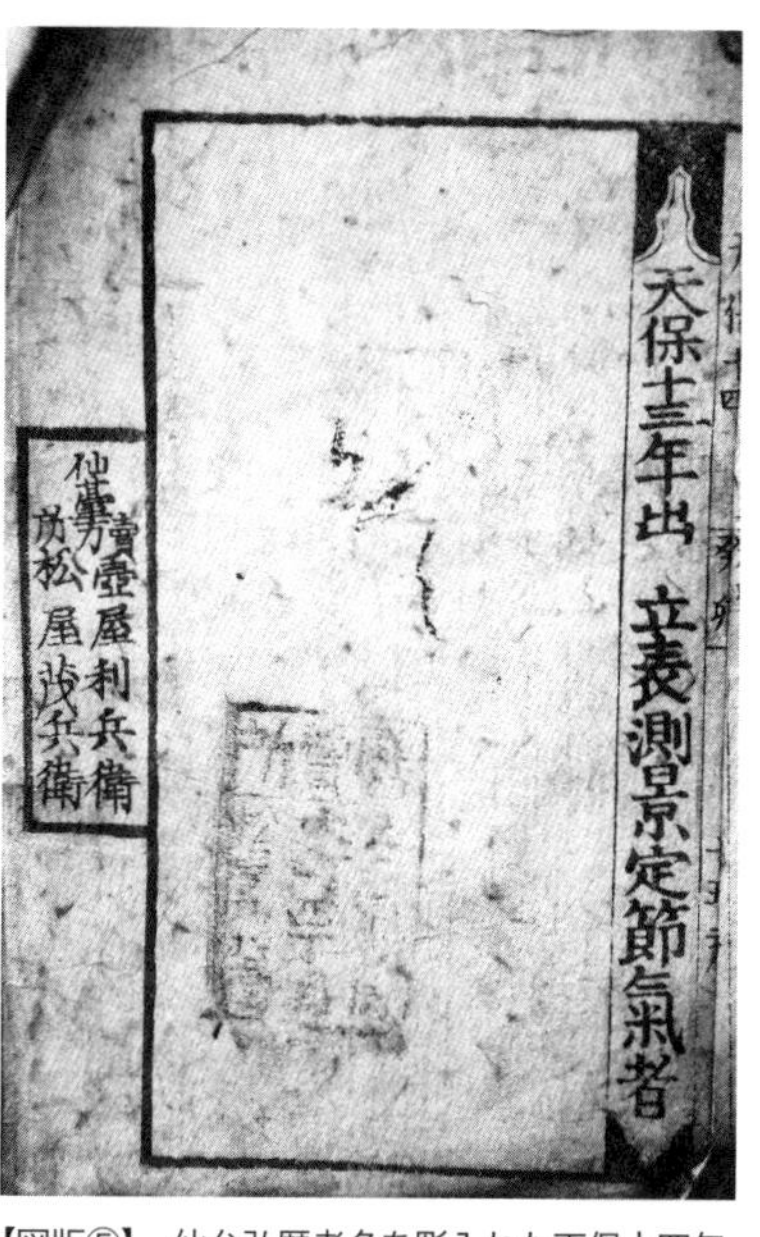

【図版⑤】　仙台弘暦者名を彫入れた天保十四年江戸暦

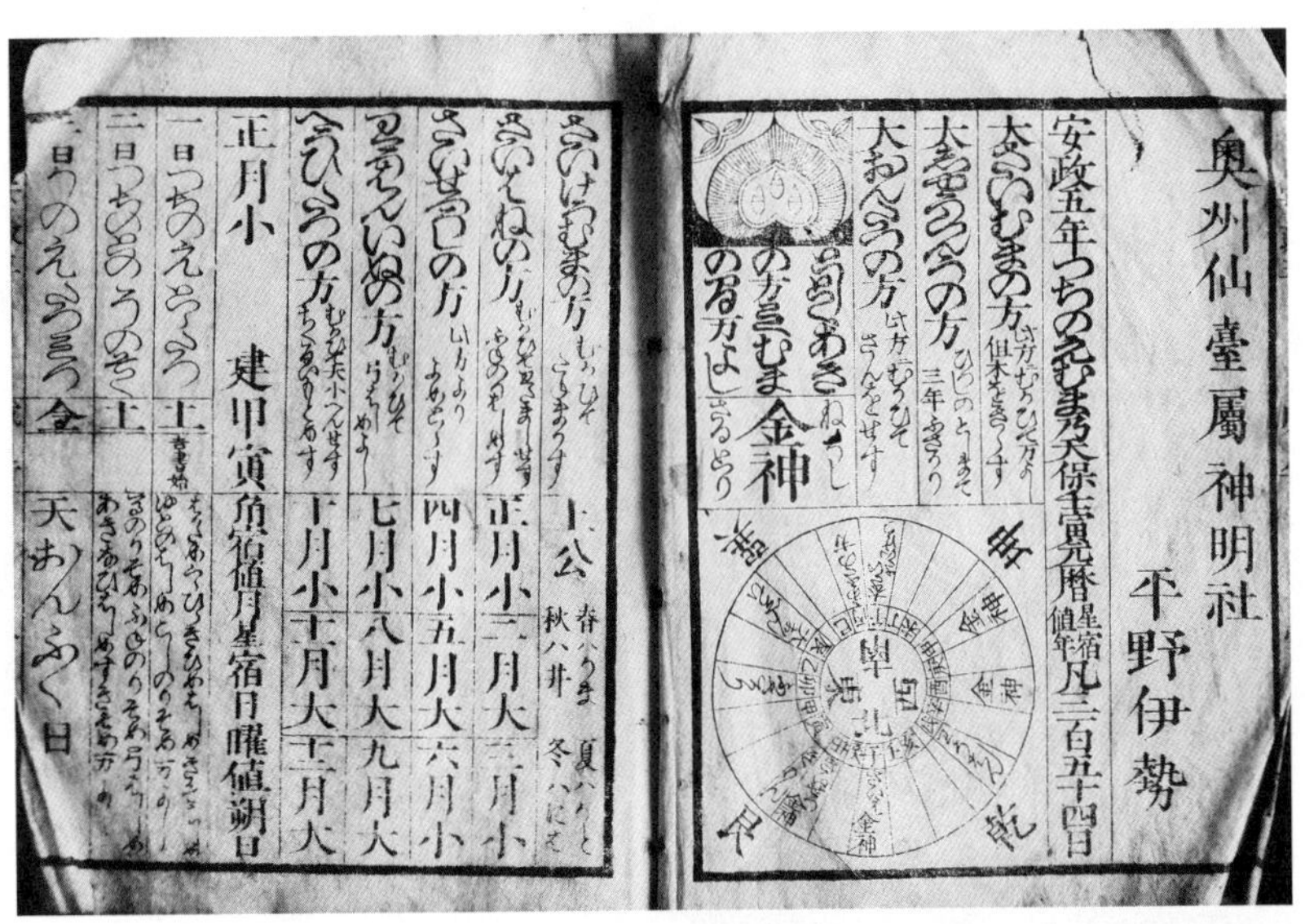

奥州仙臺屬神明社　平野伊勢

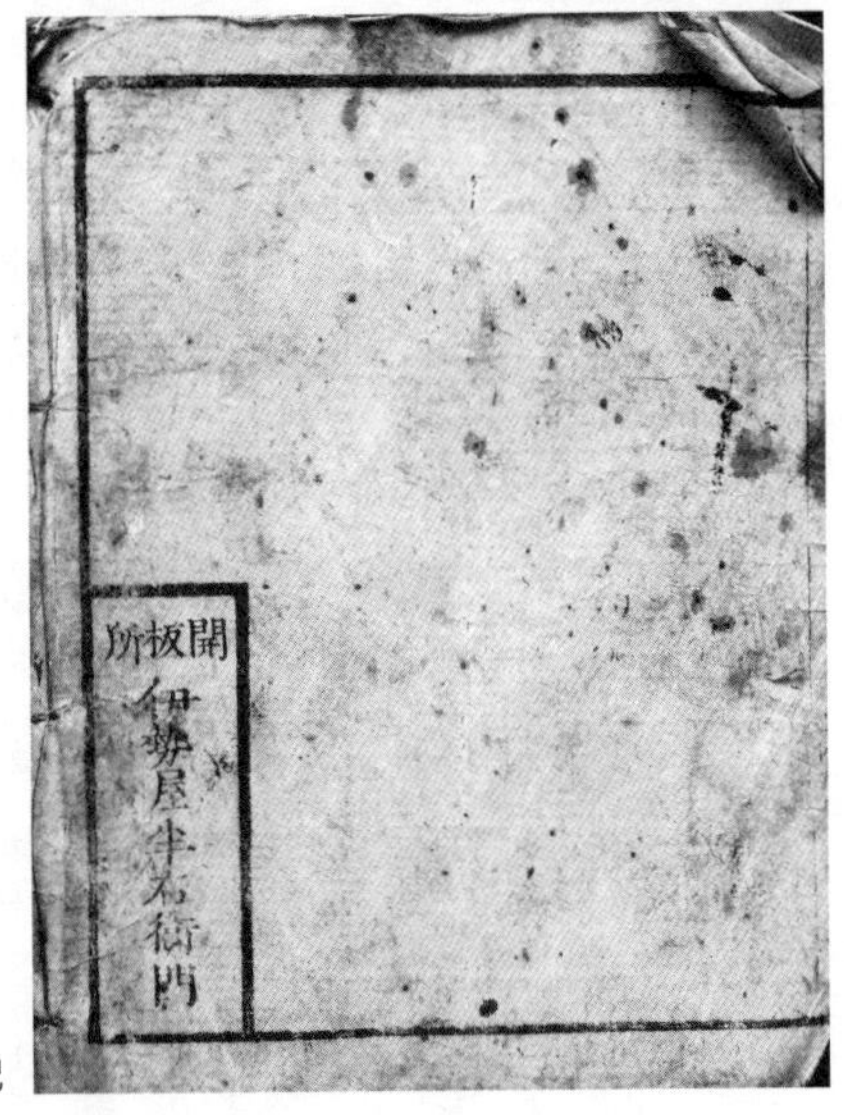

開板所　伊勢屋半右衛門

【図版⑥】　仙台暦『安政五戊午暦』巻首・刊記

けのものも同時期にあるので、両様行われていたもののようである。江戸から製品を輸送する際のリスクとコストを減らすための措置であったと思われるが、そうせざるをえないほどの需要があったということでもある。

また、仙台暦が許可され、安政元年（一八五四）から、伊勢屋平右衛門制作による暦が領内で頒布される（【図版⑥】）。領内に必要な暦の流通を確保できないという理由で願い出たものであるが、流通が思うに任せないのは、輸送に要する経費の問題が大きかったものと思われる。

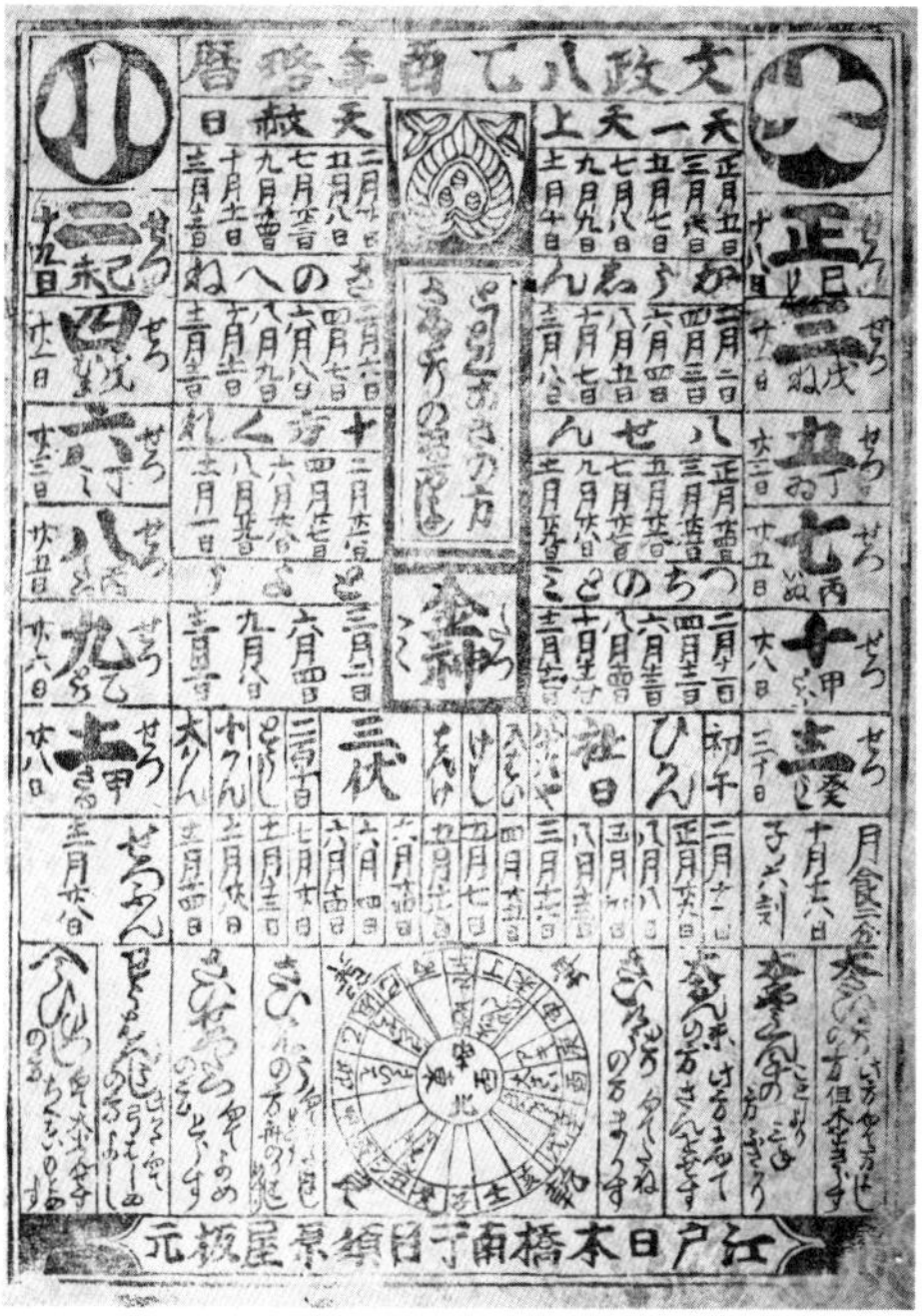

文政八年（一八二五）略暦の偽版を『シリーズ本の文化史2 書籍の宇宙』（二〇一五年、平凡社）で紹介した。須原屋茂兵衛版を騙るこの暦は東北地方で作成されたと思われる（【図版⑦】）。流通が需要をまかない切れない状況、輸送の経費によって売価を高くせざるをえない状況の下では、偽版も含めて地域での開版が行われることにもなる。盛岡の舞田屋理作が、往来物や『東方朔秘伝置文』、『こよみ便覧』などを開版していくのも、そのほうが安上がりで商売上の旨みがあったからであるし、日用的な書籍の需要が、出版に伴うリスクを度外視できるほどに高まったからであろう。弘前藩校稽古館版の略暦、また民間において弘前暦が発行されるのも、ごく自然のなりゆきであった。

【図版⑦】　須原屋版を騙る偽版の略暦

というわけで、出版地から遠く、流通の便の良くないところは、かさむ輸送経費が売価を押し上げるという、容易に推測できることを、まず確認してみた。もちろん、時代の進展とともに、需要の高まりに応じて、流通も開けていき、輸送経費にも変化をもたらしたと思われるが、おしなべて輸送に関わる不利は、そのまま流通業成立の不利な条件となる。

＊　＊

実際、たとえば、津軽郡弘前町に例をとってみれば、文化二年（一八〇五）八月の「弘前町中人別戸数諸工諸家業総括」（『青森県史 資料編 近世2』二〇〇二年、青森県）には、書店を肩書とする商人は見えない。元治元年（一八六四）「弘前町中人別戸数諸工諸家業総括牒」（同）にも確認できない。幕末の刊行と思われる森屋治兵衛版『改正庭訓往来』の売弘書肆一覧には、弘前下土手一丁目宮川久左衛門、弘前下土手一丁目長内屋兵次郎、弘前東長町荒岡金七の三軒を確認できるが、いずれも書籍商売を営業の柱としていた店ではなかったであろう。宮川は、『東講商人鑑』（安政二年〈一八五五〉序）「奥州津軽郡弘前城下諸商人細見」に「親方町一丁目／小間物絞油／宮川久左衛門」とあって、「小間物絞油」が主業なのである。書籍の流通はあったわけであるが、専業の書店は、明治を迎えるまでこの町に成立していないと思われるのである。

しかし、片手間の営業であったとしても、また、価格上の不利益はあったにしても、書籍の流通が開けてきたことは確かであり、それは、多少の高価を飲み込んでも書籍を手に入れようとする人々が市場を形成するほどに現れたからにほかならないであろう。

3　役人附雑考

一　暦問屋と役人附

江戸暦問屋が関わった役人附のあることは、かつて指摘したことがある。(1) ここに再度整理してみると、まず享保版『日光御社参供奉御役附』がそれである。刊記によって享保十二年（一七二七）初刻本と同十三年（一七二八）重刻本に大別できるが、享保十二年版については、「享保十二丁未年　八月日／板元／江戸　暦問屋［板］」という刊記の記事は等しいものの、本文について二種類の版によるものを確認できる。重刻本の刊記は「享保十二丁未年／八月日／同十三戊申正月重刻／板元／江戸暦問屋［板］」となっている（【図版①】）。短期間のうちに少なくとも三版が摺り出されたわけである。

詳しくは前掲拙稿を参照いただきたいが、徳川幕府は幕府編纂の暦以外の暦が世に出ることを防止し、流通に万全を期すために、全国の暦業者を掌握、支配する政策をとった。江戸については、江戸暦と称される頒暦の出

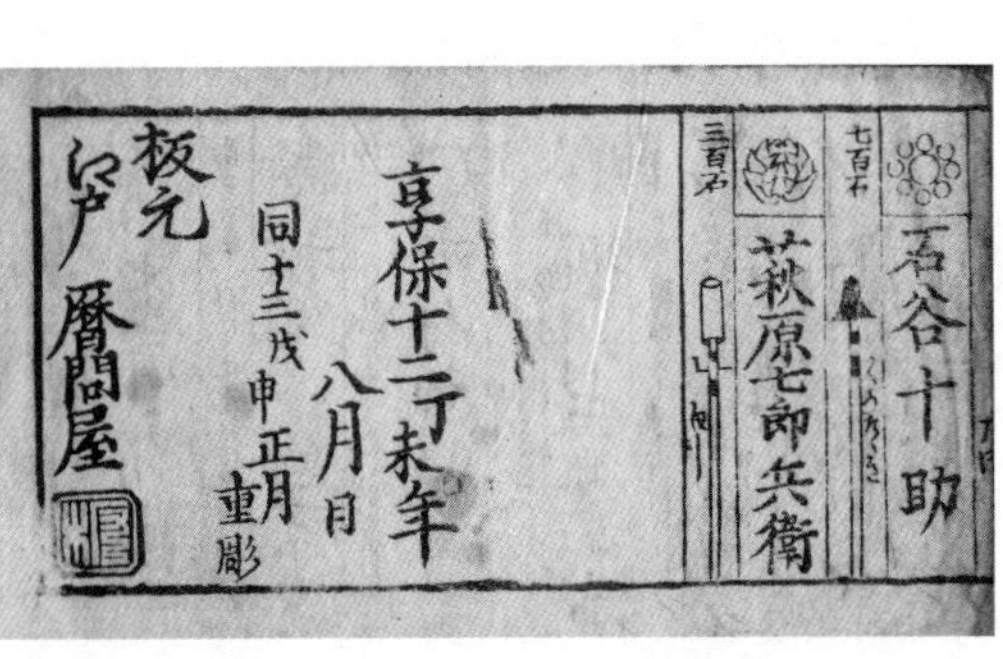

【図版①】　享保十三年重刻本『日光御社参供奉御役附』刊記

版に従事する者を最終的に十一人に限り、暦問屋として株立てを許可した。暦問屋の存続は、幕府の暦政策遂行の上でも重要な意味をもった。暦問屋の願出を受けて、幕府は暦類似のものを取り締る触をしばしば出したり、江戸暦の流通域を他版が侵すようなことを規制したりして暦問屋の権益の保護に努めた。また天保の株仲間解散時にも、他の暦出版参入を認めず、実質的に既存の暦問屋仲間は存続を許されていた。暦問屋に対する幕府の一貫した姿勢、つまり、暦業者に対する特別な保護的計らいを、この『日光御社参供奉御役附』の出版にも確認してよいのではないだろうか。この年の役人附については武鑑類を出している他の業者などによる出版は確認されず、暦問屋の願出のみを許可したという蓋然性が高いと思われるのである。

同様の例は他にもある。享保十八年（一七三三）刊『孝子十五郎伝』は幕府による編纂物であるが、これに二種ある。一は、漢文体のもので、国立公文書館内閣文庫本によって概要を記せば、半紙本一冊、丁字色無地表紙、題簽は枠のみ摺でそこに「孝子十五郎伝　全」と墨書されている。[2] 本文は全四丁、半葉八行、巻首に内題「孝子十五郎伝」、本文末に「享保十八年癸丑六月五日／国子祭酒朝散大夫林信充撰／［印］［印］／御書物所　出雲寺和泉掾寿梓」とある。この版は御書物師出雲寺が開版したものである。

今一本は、和文漢字まじり平仮名書のもの。玉川学園大学図書館蔵本によって概略を記す。半紙本一冊。共表紙仮綴、表紙中央に外題が摺り付けられていて、そこに「孝子十五郎伝」とある。内題は「孝子十五郎伝」。本文は半葉十行で三丁半。末に「……林大学頭信充も十五郎が伝記を撰て其趣をあらわしぬ今又大むねを記して板行せしめ天下の人にしらしむる者也／従奉行所被仰付令開板者也／于時享保十八癸丑年六月／板元江戸　暦問屋」とある。仮名書きのもののほうが発行部数も多いはずで[3]、仕事としては旨みがあったはずである。幕府としては、暦問屋の存続は、制度の根幹に関わって必須のものである。秋から冬にかけての仕事で一年をまかなわなくてはならない暦業者へ手隙の時に仕事を与えることは、営業の安定、組織存続のための支援の意味合いがあったと思われるのである。

文政六年（一八二三）版の『日光御宮御参詣供奉御役人附』の刊記は次のようになっている（【図版②】）。

板元（上部横書）
　神田松下町二丁目代地　秩父屋市十郎
　馬喰町二丁目
地本問屋　森屋治兵衛
　横山町二丁目
書物地本問屋　岩戸屋喜三郎
　同町　岩戸屋新次郎
馬喰町二丁目

書物地本問屋　西村屋与八

同町

西村屋文三郎

深川佐賀町

暦書物地本問屋　伊藤与兵衛

通油町

暦問屋　竹内屋政右衛門

乗物町

書物地本問屋　鶴屋金助

小傳馬町三丁目

書物地本問屋　蔦屋重三郎

通油町

暦書物地本問屋　鶴屋喜右衛門

石屋町

日光売弘所　遠藤喜八

仏光寺下ル町

京都売弘所　植村藤右衛門

【図版②】　文政六年版『日光御宮御参詣 供奉御役人附』

北久太郎町心斎橋東エ入町

大坂売弘所　　河内屋茂兵衛

十一肆による相板であるのは暦問屋の定数十一と一致するし、伊藤与兵衛・竹内屋政右衛門・鶴屋喜右衛門の三名は、それぞれ暦問屋であることを明記している。この三名以外の書肆は、この出版に関与する権利を他の暦問屋から譲渡されたものなのであろう。前掲拙稿でも述べたように、ほとんどが地本問屋であるのは、暦業者が彼らと近い関係にあったことを物語っている。秩父屋市十郎と西村屋文三郎については、肩書きもなく、暦問屋でも地本問屋でもなさそうである。西村屋文三郎については、他に出版物も見あたらないが、秩父屋市十郎については、唯一安永五年（一七七六）版の『日光御社参御用掛御役附』の刊記に名前を見出すことができた。

安永五丙申歳

二月日

浅草駒形町　　秩父屋市十郎

馬喰町弐丁目　板木屋半四郎

本石町四丁目　伊勢屋吉左衛門

ほかの二名、板木屋半四郎と伊勢屋吉左衛門についてはいずれも他の出版物を知らない。この三名は、「板木屋半四郎」という名乗りの者がいることに徴しても、暦問屋や地本問屋と近い関係にある者たち、書籍流通には与らないが、書籍の制作には関わる板木屋なのではなかろうか。(4)文政六年版の出版に秩父屋市十郎が関わっているのは、この安永五年版の実績によるものであろう。そして、文政六年版に名を連ねていた西村屋文三郎も、秩父屋同様の業者、おそらくは板木屋だったのではなかろうかと推測する。

前掲拙稿で詳述したように、暦問屋も地本問屋も、もともと「板木屋」と称される業者の中にいた。いわば印刷業である。暦と地本と両業兼業の者も少なくなく、両者はきわめて近い関係にあった。そして、彫板や摺刷に携わる職人層とも大きく重なるような密接な関係を保っていたのである。

暦から地本にわたって制作と流通を含み込んでいるこの大きな産業内において、親類縁者の網の目がめぐらされ、一蓮托生の関係が築かれている。『吾仏乃記』百五十四から事例をひとつ掲げてみる。

天保九戊戌年春二、三月の比、書肆文溪堂丁子屋平兵衛、吾為に鱗方屋庄次郎と云者を媒酌して、長女に妻せまく欲す。因て其素生を質問するに、右庄次郎は古人鱗方屋徳兵衛の長子にて、童年より横山町なる書肆岩戸屋喜三郎に仕へたりしに、喜三郎没して後、其家廃絶しぬるに及びて、庄次郎は去て下谷御成道なる書賈榎本吉兵衛に随従して、物の本の販子(ウリコ)になりぬ。本性世才なしといへども素より老実の聞えあり。文溪堂の知る所也。小伝馬町三丁目の横町なる暦問屋鱗形屋小兵衛は先代より同家なれば、庄次郎が乾父(ヲヤボン)になりて養嗣にまゐらせんと云。

（中略）

鱗方屋徳兵衛は寛政三、四年の比、吾も一面識なれば、其素生を聞知りたり。彼徳兵衛は童年より大伝馬町二丁目なる書林鱗方屋孫兵衛の小廝（コモノ）なりしに、天明年間其店衰へて人形町へ移りし後も徳兵衛は手代にてありしに、主家断絶しぬるに及びて、徳兵衛旧主の位牌を守りて通油町なる炭屋の裏借屋に在り。板摺并に製本職をもて生活にしたり。(5)

馬琴の読本出版にも関与していた書肆丁子屋平兵衛が馬琴の長女に縁談を持ってきたのである。相手は鱗形屋庄次郎である。彼は鱗形屋徳兵衛の長男で地本問屋岩戸屋喜三郎に幼時より奉公していた。岩戸屋廃絶後は同じく地本問屋の榎本吉兵衛のもとで「物の本の販子（ウリコ）」となった。糶であろうか。暦問屋の鱗形屋小兵衛は「先代より同家」のよしみで、庄次郎の親代わりになろうという。庄次郎の父徳兵衛は、地本問屋鱗形屋孫兵衛に幼時より奉公していたが、鱗形屋孫兵衛の家が衰微して人形町に移転してからは手代となり、孫兵衛が没して孫兵衛家断絶後もその位牌を守りつつ、摺師や製本師をやって生計を立てていたというのである。書籍制作に関わる下職からその流通まで、業界内で渡り歩く構図、それを可能とする業界全体にわたって築かれている親類縁者の関係性の濃密さが見えてくる。

二　文化十二年版の偽版

手許に、典型的な田舎版の様相を呈している役人附がある（【図版③】）。共表紙仮綴の中本一冊、表題は「文化十二年乙亥／日光御神忌御役人附 全／四月十七日」と表紙に摺付けてある。本文は全八丁半で、半丁は後表紙見返となっている。その末に「〈高　綿屋兵助／日本橋南壱丁目　須原屋茂兵衛」という刊記が据えられている。綿屋兵助については知るところがない。須原屋茂兵衛との相合という体裁ではあるが、山形に「高」という屋標を須原屋茂兵衛が使用した事例を他に知らない。彫板も摺刷も酷いもので、須原屋茂兵衛が制作に関与したものとは到底思えない。これは須原屋茂兵衛版同題本の偽版である。

正版は、濃縹色無地表紙を掛けた袖珍本で、左肩に貼付された題簽に「日光御神忌御役人附　全」とある。本

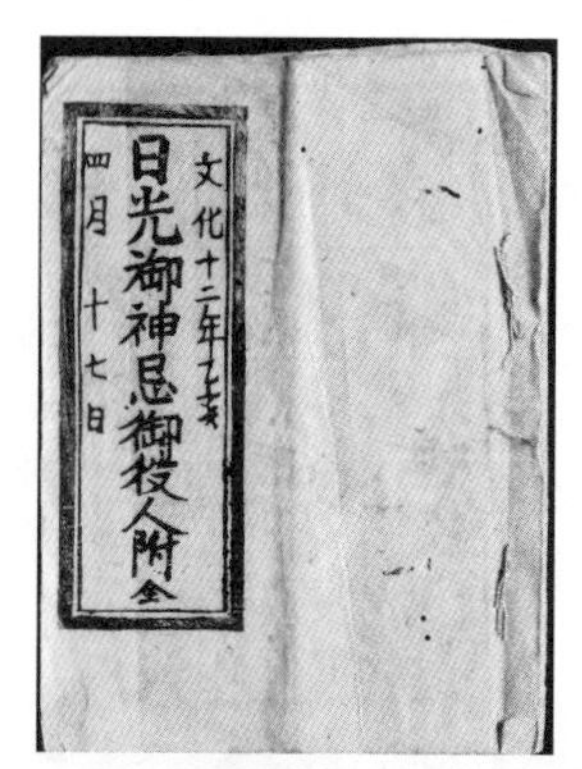

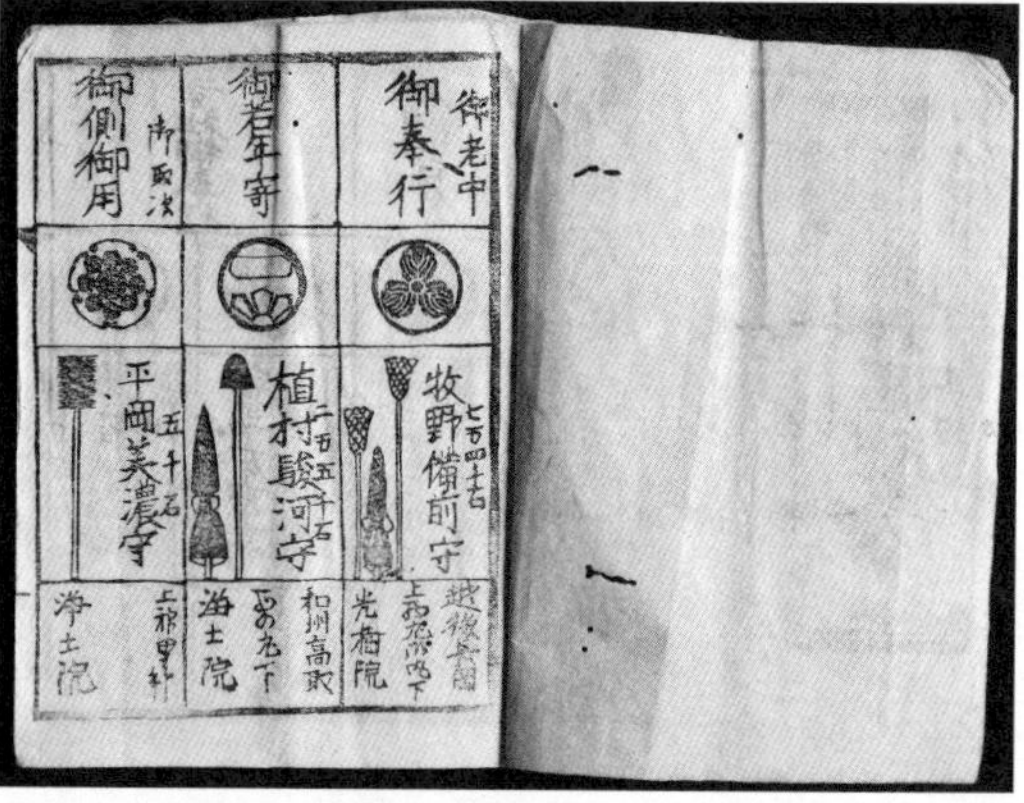

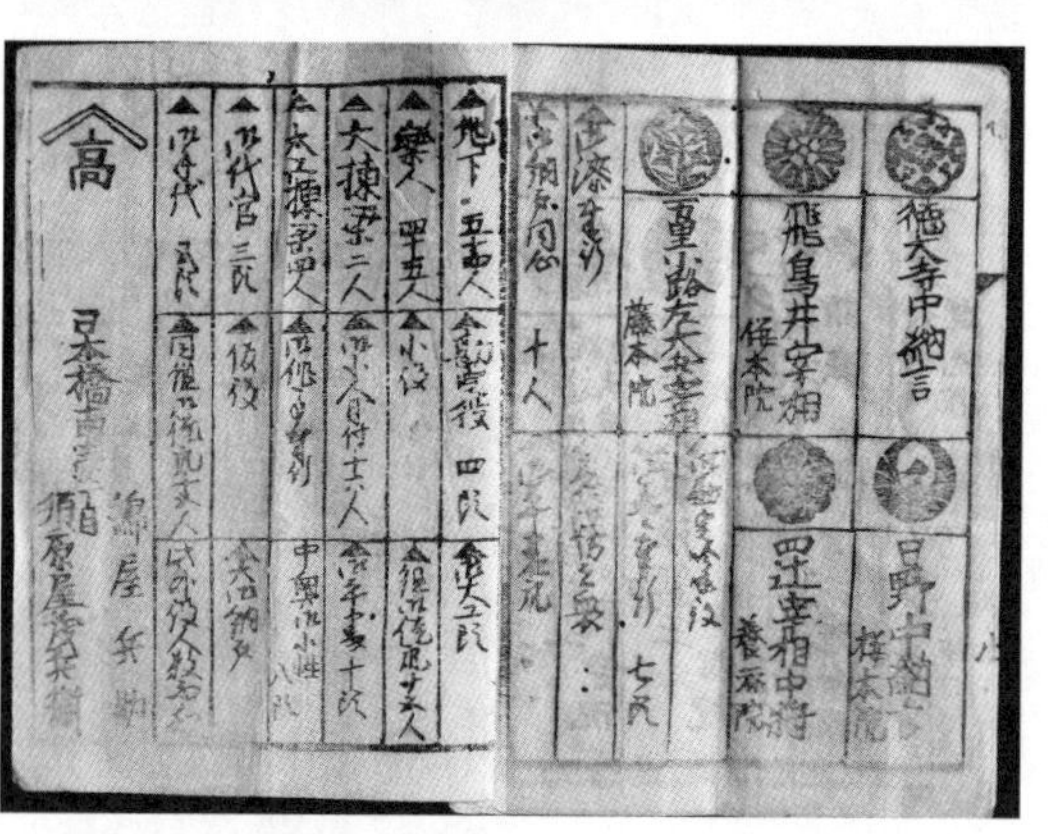

【図版③】　偽版『日光御神忌御役人附』

文二十七丁、後表紙見返に刊記を備える。内題は「文化十二年乙亥四月／日光二百回御神忌御用掛」で、刊記は「文化十一年甲戌十一月吉旦／書林　日本橋南壱町目　須原屋茂兵衛」となっている（【図版④】）。偽版は、これに基づきながら、かなり内容を端折って制作したものである。

到底江戸の仕立てとは思えないこの偽版がどこで制作されていたか気になってはいたものの、何の手がかりも得られぬままであった。ところが近年次のような文書を得た。

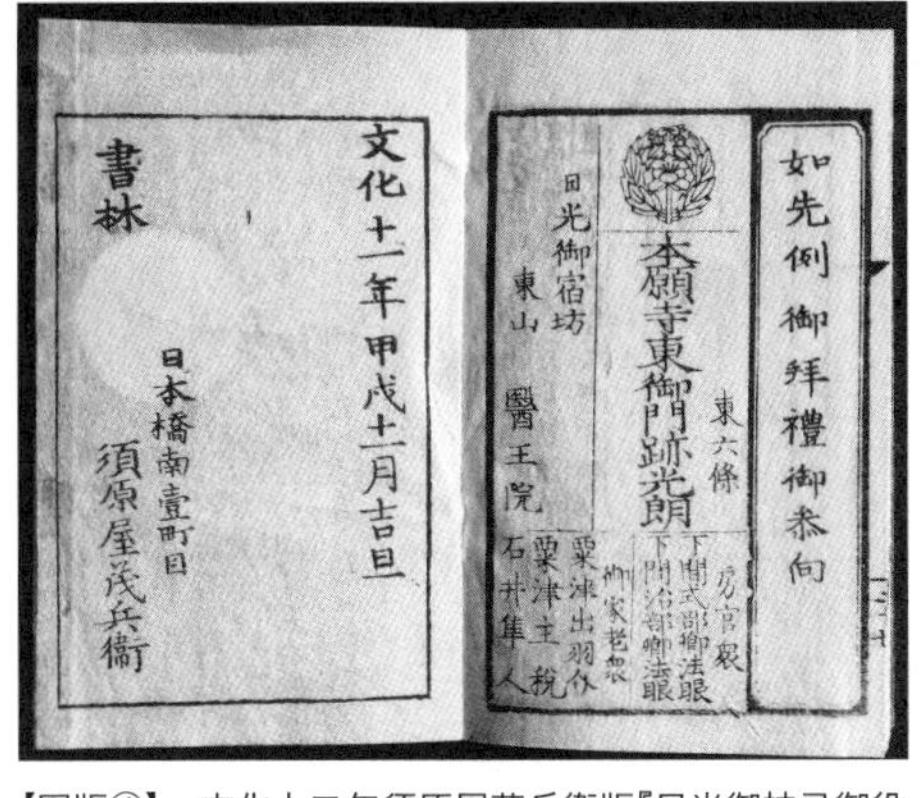

【図版④】　文化十二年須原屋茂兵衛版『日光御神忌御役人附』

御用廻達　合戦場宿
　　　　問屋役人
「酉弐月達候請印相済
　大小惣代」（朱書）
　　平川村始メ」

このように標題された畳紙があり、本紙はこれに継ぎ合わされた継紙である（【図版⑤】）。以下に翻字してみる（翻字に際して、行移りは原文のままとしたが句読点を補った。また、漢字は新漢字を用いた）。

公儀御大礼
御用掛御役人付、今度江戸町須原屋茂兵衛・出雲寺幸次郎右両人伺済之上、江戸町は勿論、在々江茂売手差
出候由。然処、去ル亥年、日光御神忌之節、御用掛御役人付似せ板摺拵売弘候もの有之。既ニ在方におゐて
召捕ニ茂相成候趣ニ付、此度之御役人付も、右体心得違之もの無之様、宿々在町共心付ケ、万一紛敷板ニ摺、
売歩行候もの見当り候ハヽ、篤与真偽取調、全ク前書両人之外手ニ而、拵売歩行候儀ニ相違無之上者、留置
早々可被申聞候。此段為心得及内達候条、早々廻達可給候。以上。
　　関東御取締出役
酉八月十七日　堀江与四郎　御印

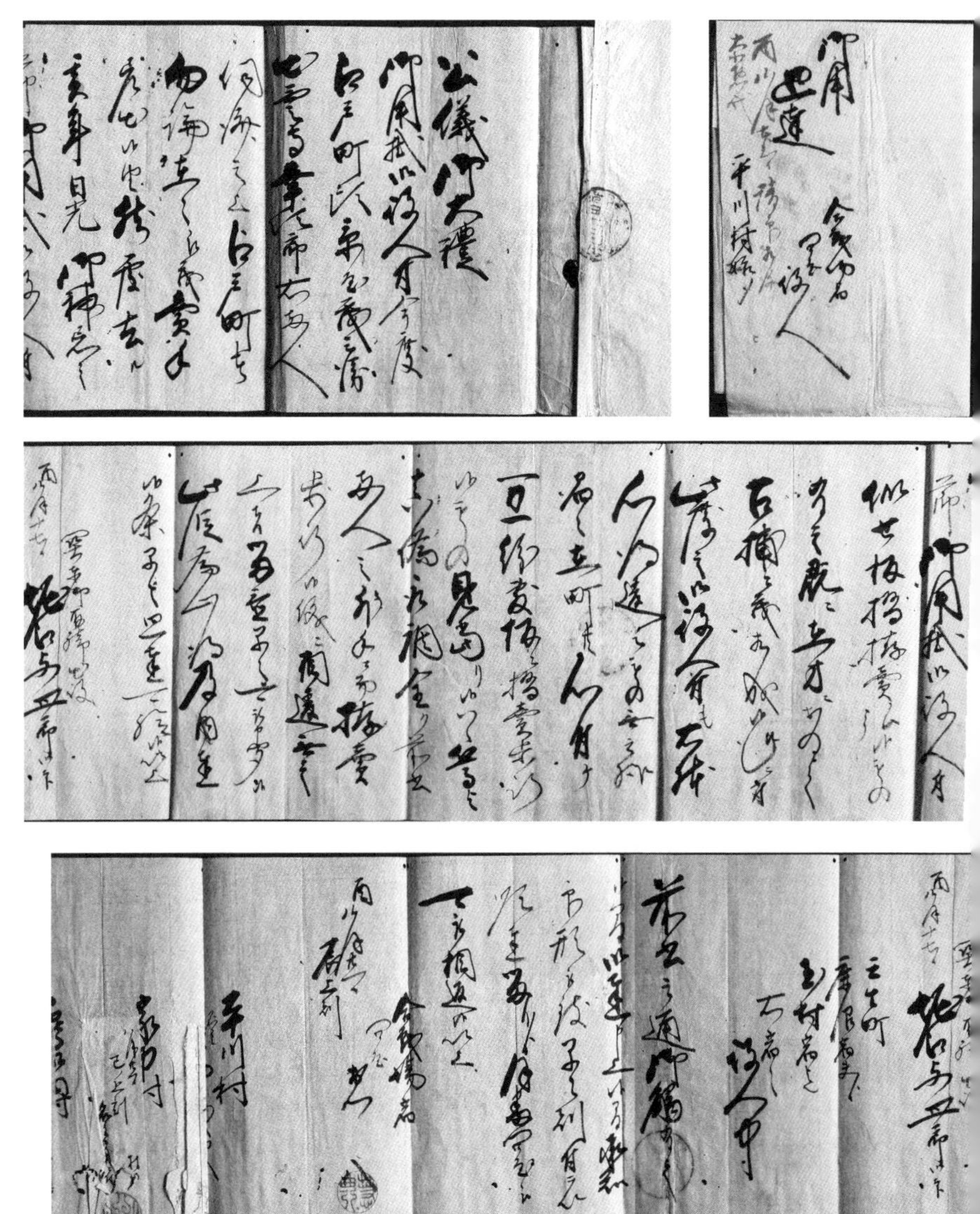

【図版⑤】　天保八年八月「御用廻達」

壬生町
鹿沼宿夫ゟ
玉村宿迄
右宿々
役人中

前書之通御触有之（印）候間、御達申上候間、承知印形被致、早々則付ヲ以順達留りゟ月番問屋江可被相返候。以上。
合戦場宿
酉八月廿一日　問屋
辰上刻　惣八（印）

平川村
名主　為蔵様（貼紙：「八月廿一日　辰中刻　組頭　勝平（印）」）
家中村
同　善十郎様（貼紙：「八月廿一日　巳ノ上刻　名主御用ニ付他行　村役人代印（印）」）
亀和田村

同　名左衛門様（貼紙：「午中刻　壬生御用ニ付　組頭儀右衛門代印（印）」）

新宿村

同　直弥様（ヒレ：「八月廿一日　未上刻　名主　直弥（印）」）

深見内村

同　四郎兵衛様（印）

真石子村

同　慶之進様（ヒレ：「八月廿二日　巳中刻　名主　慶之進（印）」）

鍋山村

同　四郎左衛門様（ヒレ：「八月廿二日　午中刻　名主　四郎左衛門（印）」）

細堀村

同　太郎助様（印）

川原田村

同　定右衛門様（印）

右大小惣代衆中

これは、天保八年（一八三七）八月、関東御取締出役堀江与四郎が発した触を廻達すべく、「合戦場村問屋役人」惣八が発したもので、日光西街道（壬生道）の鹿沼宿から玉村宿までの街道筋各村役人の署名・捺印を揃えてある。それは平川村・家中村・亀和田村・新宿村・深見内村・真石子村・鍋山村・細堀村・川原田村の九村で、

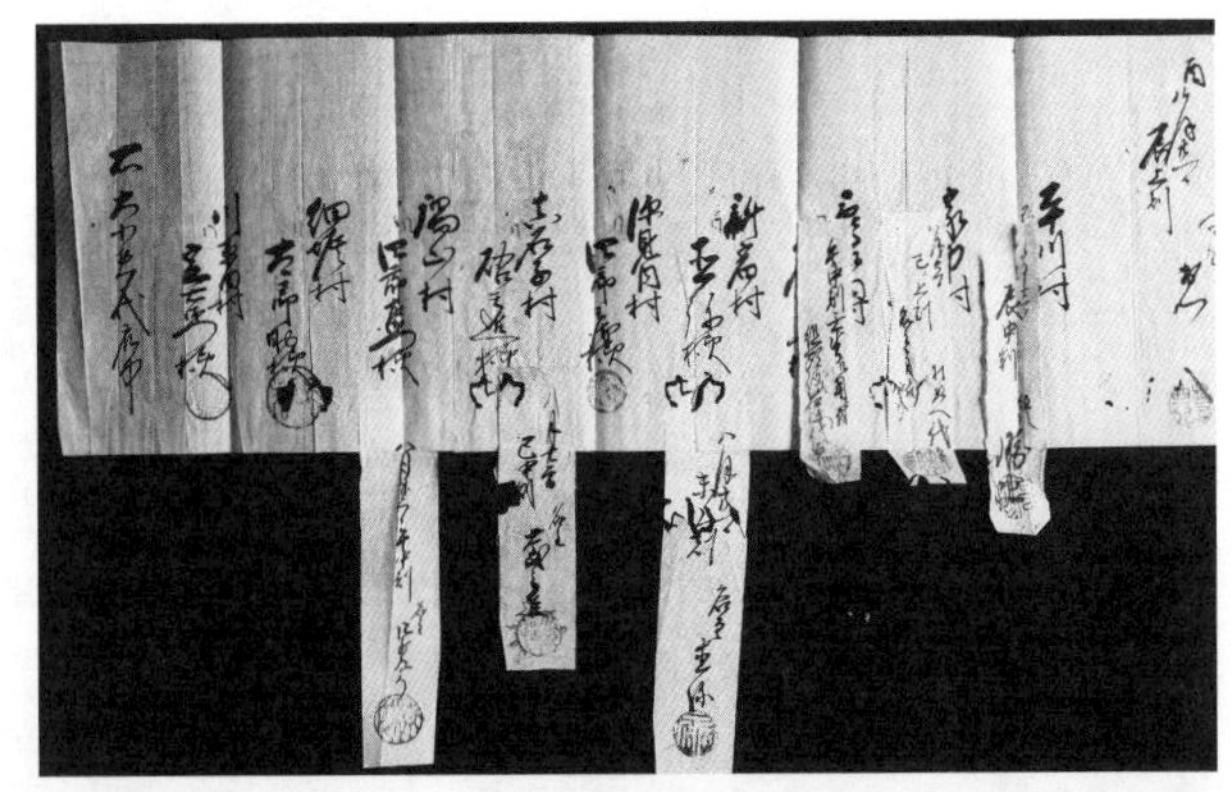

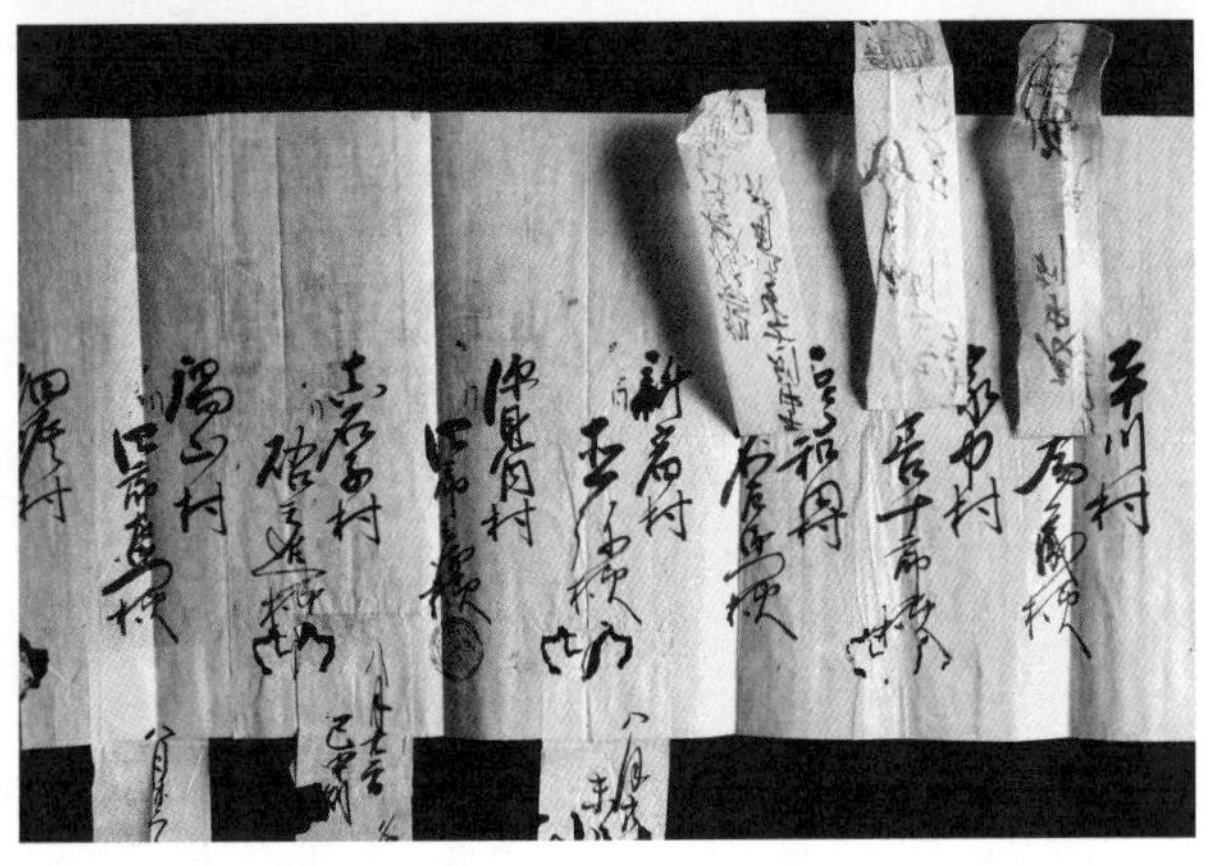

【図版⑤】 ヒレ部分

発信元の合戦場村が全十村の月番をこの時務めていたのであろう。

さて、この触は、天保八年版「公儀御大礼御用掛御役人付」の偽版を取り締まるべく発せられたものである。ここに「江戸町須原屋茂兵衛、出雲寺幸次郎右両人伺済之上」とあるが、実際二肆による二種の版が確認できる。須原屋版は、袖珍本一冊で、縹色無地の表紙に「御移替御宣下御用掛御役人附」と摺られた題簽が貼付されている。見返は「天保丁酉夏／御移替御宣下御用掛／同秋増補」と摺られている。以下本文四十七丁、後表紙見返に刊記という構成で、刊記は「天保七年丙申十月吉日／同八年秋増補／書林　日本橋南壱町目　須原屋茂兵衛」となっている（【図版⑥】）。

出雲寺版は、美濃半截二つ切横本一冊、縹色無地に、「御宣下御大礼御用掛御役人附　全」という題簽が左肩に貼付されている。「御大礼御用掛御役人附」と摺られた見返に、本文三十五丁、後表紙見返しに刊記という構成で、内題は「御引移御大礼御用掛御役人附」となっている。刊記は「天保八丁酉年九月吉日／御書物師 出雲寺幸次郎板／売弘所　江戸馬喰町二丁目 森屋治兵衛」（【図版⑦】）。

須原屋・出雲寺は、ともに武鑑の版元であるが、この時の役人附については、両者に開版許可が与えられた。『市中取締類集』書物錦絵之部四ノ四　第二六九件「嘉永六丑年十月向方相談廻　御大礼御用掛御役人附出板売弘願調べ」として次のように見える。

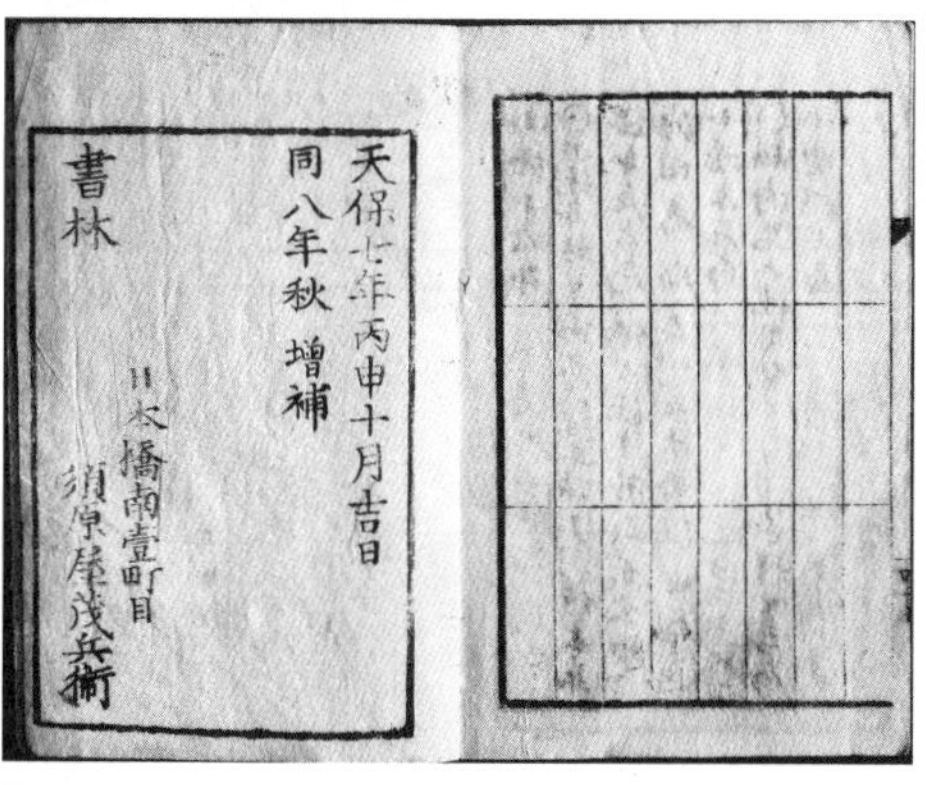

【図版⑥】　天保八年須原屋茂兵衛版『御移替御宣下 御用掛御役人附』

一　御宣下御大礼御用掛御役人附　　横山町壱丁目

小本壱冊　　弥助地借

但、横本　　願人　出雲寺万次郎

【図版⑦】　天保八年出雲寺幸次郎版『御宣下御大礼御用掛御役人附』

一同　　　　　　　　　　　　壱冊　　　　　通壱丁目久兵衛店

但、竪本　　　　　書物問屋茂兵衛

紀州住宅ニ付

店預り人

同　　　　弥七

右、夫々板行仕売弘度旨相願之、天保七申年、御大礼之節願済小本相添、御指図奉伺候、右、依之相調候処、天保七申年九月、右茂兵衛并出雲寺幸次郎ゟ、御引移御大礼御用掛御役人附開板・売弘奉願、筒井伊賀守殿江申上候処、同十月十一日、願之通可申渡旨被仰渡必例ニ候処、天保十三寅年書物御取締後(6)

この二種以外の版は取締の対象となる。文化十二年（一八一五）、東照宮二百回忌の折に役人附の偽版が摘発されたことを踏まえて、監視を呼びかけたのである。先掲の偽版はこの時摘発されたものである可能性が高いと思われる。

このような偽版が出てくる前提として、たとえ下手くそな造本であっても、この時代、印刷・製本する能力が偽版制作の地域に備わっていたことはまず指摘されるべきである。そして、リスクを冒してもこれが制作される理由の第一は見込まれる需要の高さとそれによる利益であろう。藤實久美子が『武鑑出版と近世社会』（一九九九年九月、東洋書林）で紹介しているが、出雲寺金吾は奉行所への返答書で、天保十四年（一八四三）の日光参詣に向

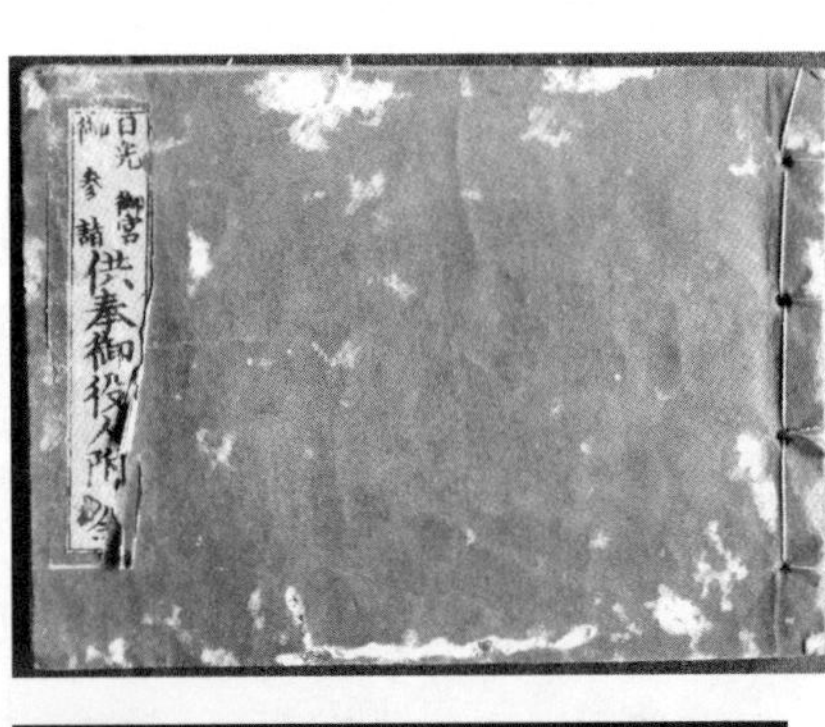

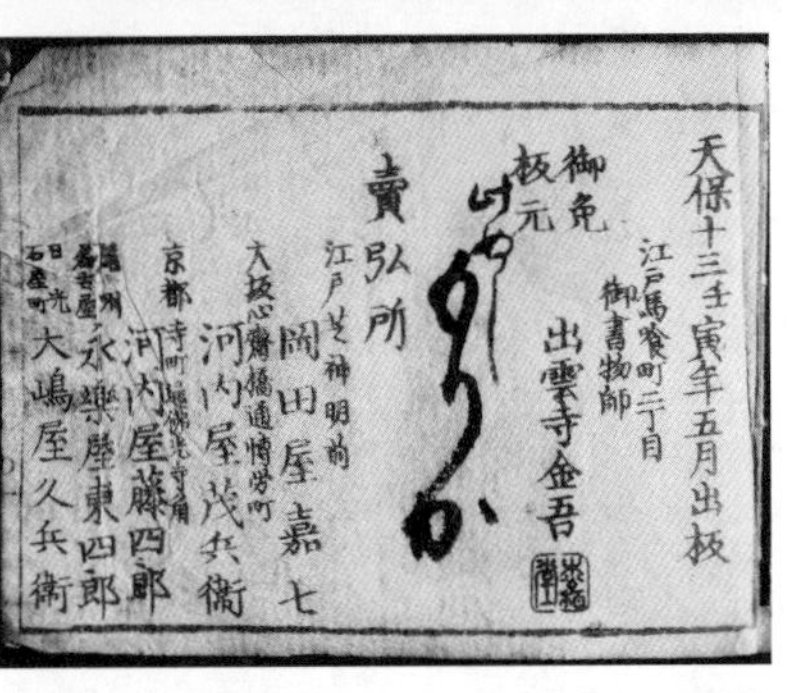
天保十三壬寅年五月出板
江戸馬喰町三丁目
御書物師
出雲寺金吾
御免
板元
賣弘所
江戸芝神明前　岡田屋嘉七
大坂心斎橋通博労町　河内屋茂兵衛
京都寺町通仏光寺上ル　河内屋藤四郎
尾州名古屋　永楽屋東四郎
日光石屋町　大嶋屋久兵衛

【図版⑧】　天保十四年出雲寺金吾版『日光御宮御参詣 供奉御役人附』

けて出版した『日光御宮御参詣供奉御役人附』が三万冊の摺立てで、すでに僅かしか手許に残っていないとしている（【図版⑧】）。この年の役人附は、他に蔦屋重三郎・西村屋与八・鶴屋喜右衛門相版の『日光御宮御参詣供奉御役人附』も同時に出版されていて、これについては三刻版まで確認できる（【図版⑨】）。こちらも、少なくない部数の出版が想定できそうである。また同様の『日光御宮御参詣供奉御行列附』も蔦屋重三郎と鶴屋喜右衛門とが相版で同時期に刊行している（【図版⑩】）[7]。全てを合わせての発行部数は相当なものであったろう。

江戸市中はもちろん、日光参詣であれば、日光でも、そこに至る各宿でも、役人等関係者にとっては必備のものであったろうし、沿道にて見物の人々にとっても、この「ガイドブック」は手にしたいものであったはずである。

埼玉県立文書館が所蔵する中奈良村（現熊谷市）の名主の家であった野中家文書にある「覚（書籍代請取）」（7078）は出雲寺金吾からの請取書で、正月廿日の日付がある。

覚

一　五匁六分　　唐詩選

壱部
一　百弐拾四文　有司　壱
一　百文　日光御役附
壱
〆

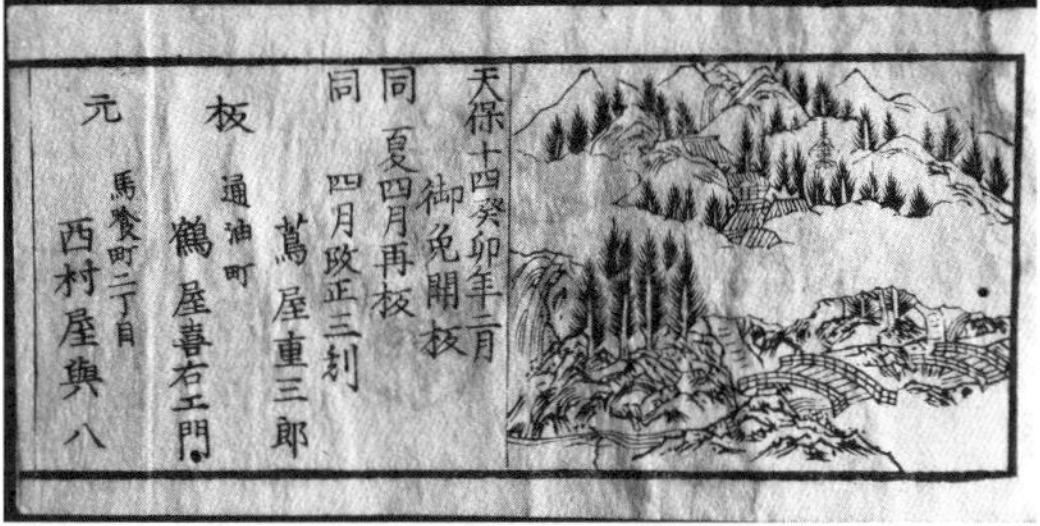

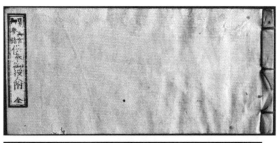

【図版⑨】　天保十四年蔦屋重三郎･西村屋与八･鶴屋喜右衛門相版『日光御宮御参詣 供奉御役人附』

【図版⑩】『日光御宮御参詣 供奉御行列附』

右之通り慥ニ受取申候
出雲寺金吾（印）
正月廿日
上

この「日光御役附」は、出雲寺が三万部制作したとする天保十四年版であると思われる。百文という価格は、発行部数の多さをあらかじめ含み込んでの設定であろうが、それにしても、中本二つ切という小さな版型で本文五十六丁ほどの冊子の制作費用を考えると、三万部の摺立てによる利益は少ないものではなかろう。

先掲の廻達触に「江戸町は勿論、在々江茂売手差出候由」とあるように、この役人附の需要は江戸市中にとどまるものではなく、「在々」の需要に応ずべく、売り手が派遣されているのであった。件の文化十二年二百回忌の役人附についても、日光だけではなく、当然江戸から日光街道筋での需要が並外れて高かったであろうことは想像に難くない。先掲触には「既ニ在方ニおゐて召捕ニ茂相成候趣ニ付」と偽版制作者が「在方におゐて」捕縛されたことが記されている。これだけでは、偽版がどこで制作されどこで捕まったか特定はできない。しかし、天保八年の大礼に際して、この地域に触を発しているところを見ると、「在方」はこの近辺、日光街道の宿場町あたりだったのではないかと思われる。もちろん、他地域に同様のものが発せられている可能性は無いではないし、件の偽版がこの捕縛の対象となった偽版であるかどうかも確証は無い。しかし、このあたりで制作されたのではないかという嫌疑はすこぶる濃厚であろう。

三　触れ売り

さて、先掲触中「江戸町は勿論、在々江茂売手差出候由」の「売手」とは、往来を触れ売りする人間である。『平日閑話』安永五年（一七七六）三月の記事に「日光御社参御供行列御役人付并御山の絵図うりあるく」(8)と見える。安永五年の『日光御社参御用掛御役附』は日光山の絵図とともに江戸市中で触れ売りされていた。『よしの冊子』巻二、天明八年（一七八八）頃の条にも「町々を、改りました御役人付、吉原仮宅細見の絵図、新板草双紙、万石通と呼あるき候よし」(9)とあって、吉原細見や草双紙とともに役人附が触れ売りされていたことが記録されている。武鑑様のものでも臨時発行のものは、読売同様触れ売りされるのである。じつは武鑑もそもそものようなものであったことは後述する。また、『守貞謾稿』巻之六「生業」暦売の項に、暦が「江戸ニテハ『来年ノ大小柱暦トジ暦』閏月アル暦ハ上ノ詞ニ続テ『閏アツテ十三ヶ月ノ御調法』」と触れ売りされること、そして「因曰三都トモニ毎時種々ノ珍説奇談或ハ火災図或ハ情死等一紙ニ印シテ価四文八文等ニ売之者此徒ノ生業トス、東都ニテ役人付芝居番付吉原細見宝舩等売巡ル者皆此徒ノ生業也」とある。触れ売りは、読売を含めて、不定期、臨時の草紙類の流通の柱のひとつであり、暦も役人附もその流通に委ねられるべきものであった。

さて文政六年（一八二三）版の『日光御宮御参詣供奉御役人附』刊記にも森屋治兵衛は名を連ねていたが、天保八年出雲寺幸次郎版『御宣下御大礼御用掛御役人附』にも「売弘所」として森屋治兵衛の名が刊記に見える。

先に発行部数に関わって天保十四年八月九日付出雲寺金吾の返答書について若干触れたが、天保十四年、『日光御宮御参詣供奉御役人附』と『日光道中記絵図面』について、出雲寺金吾が南町奉行の吟味を受けたことを藤實久美子が前掲書で紹介している。藤實は届けを出さずに板行した『日光道中記絵図面』が問題視されたとし、吟味の結果、出雲寺金吾は十月二十一日に押し込めを命ぜられたことを申渡書を以て紹介している。それによれば、出雲寺金吾は売出を森屋治兵衛に行わせたが、森屋治兵衛は願出をしなかった『日光道中記絵図面』も「願済之体」にして売り出す。それを承知の上で、金吾はそれを差し止めることをしなかったというのである。『日光御宮御参詣供奉御役人附』刊記には森屋治兵衛の名は見られないが、天保八年（一八三七）出雲寺幸次郎版『御宣下御用掛御役人附』同様、出雲寺版の流通に深く関わっていたわけである。藤實は、出雲寺が万次郎の代となってからも、出雲寺版武鑑類の売り出しに森屋治兵衛が関わっていたことも併せて指摘している。『市中取締類集 書物錦絵之部』第四十五件には、天保十五年六月に出雲寺万次郎が願い出た『泰平江戸町鑑』売捌に関する吟味が記載されているが、そこに、天保十三年（一八四二）十二月に森屋治兵衛が出雲寺から同書の売弘を依頼されたこと、件の問題後の今回は、森屋治兵衛に売弘を断り、森治もこれを承知した旨が記されている。出雲寺にとっては頼もしい森屋治兵衛の流通力であったわけである。

国際浮世絵学会編『浮世絵事典』（二〇〇八年六月、東京堂出版）森屋治兵衛の項（湯浅淑子項目執筆）にも指摘があるが、森治は見世物関係や祭礼関係の浮世絵・番付の出版が多い地本問屋である。『市中取締類集 書物錦絵之部』第四十四件には天保十五年（一八四四）に本屋甚助が願い出た山王祭の番付についての吟味が記されているが、そこにも「書物・絵双紙御取締以前、山王・神田両祭礼番附絵本、馬喰町森屋治兵衛板元ニ而売捌候処」と見える。[10]

天保七年（一八三六）正月二十六日付鈴木牧之宛山東京山書簡には「森屋主人は、以前板木摺師にて無筆同様なり」[11]とあって、森屋治兵衛はもともと摺師であったようである。先に述べたように彫師や摺師など職人たちと地本問屋は近い関係を保っていた。森屋治兵衛のように職人から地本問屋になっていく者も少なくなかった。速成すべきネタがあればすぐに職人たちを動かせるような体制を保っていてはじめて成り立つ地本商売であったし、触れ売りの売り子を即座に動かせるような流通力を彼らは持っていた。新興の森屋治兵衛が一廉の地本問屋として成長し、明治に至っても衰えない力を持ち続けていったのは、読売も含めて草紙の増え続ける需要と発行量に応じて流通の力を増していったからなのではないだろうか。

四　地本産業の構造

架蔵の降屋内匠版『明治三庚午暦』後表紙には「越中国中　越後 小千谷 金沢屋菊右衛門／羽前 置賜郡 田川郡 弘暦元捌方　東京 通リ油町 藤岡屋慶治郎」と摺り込まれている（【図版⑪】）。さすがに江戸暦の業者制作のものではなく、京都の大経師暦ではあるが、明治になって暦問屋の権益を保障する為政者がいなくなったところで、地本問屋藤岡屋は暦の流通に乗り出してきたのである。暦の業界と地本の業界はきわめて近いところにあった。先に述べたように、そもそも暦も地本であり、暦問屋所属の暦業者も地本産業の一角であったのである。暦問屋と地本問屋とは、職人と仕事と、そして流通を融通し合う関係にあったとしてよいだろう。そして、彫板・摺刷など書籍・摺物制作に従事する職人層と、

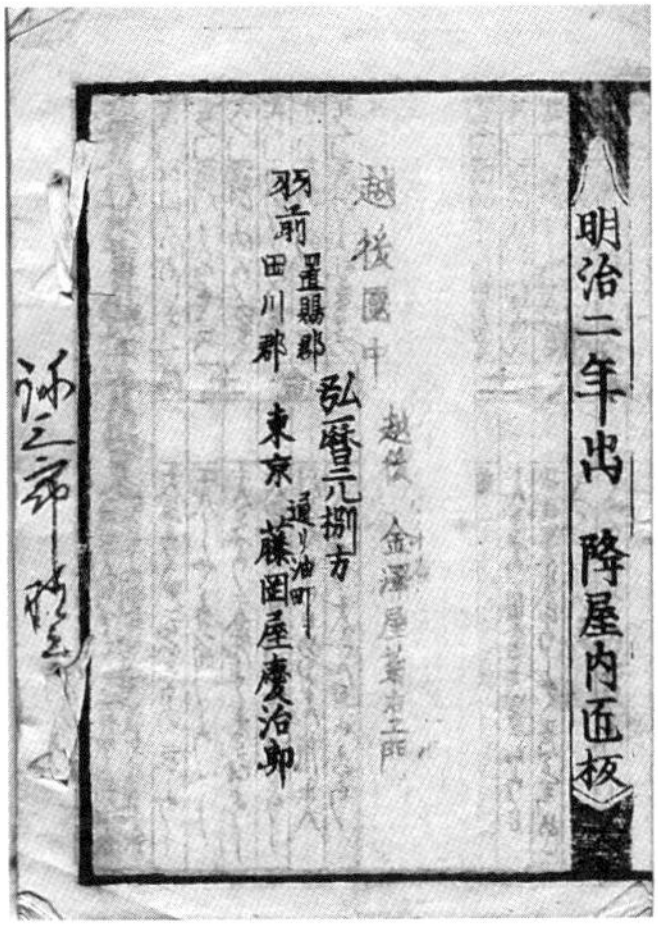

【図版⑪】　文久二年の役人附『御大名御席順早見』

大きく重なり合いながら共存していたのがこの地本業界なのである。

先に、暦問屋に役人附出版を許したのは、暦政策の維持のため暦問屋を保護する意味合いがあったと推測した。しかし、そもそも役人附の類は触れ売りに供されるような手軽いもので、その臨時の需要というところも含めて地本業者の仕事に相応しい。

『市中取締類集 書物錦絵之部』第二六九件は、嘉永六年（一八五三）十月に出雲寺万次郎・須原屋茂兵衛両人から出された『御宣下御大礼御用掛御役人附』出版に関する吟味の記録であるが、本件についての市中取締掛の「有益之品ニも無御座候間」という見解が示されている。先掲書で藤實も諸例を挙げて触れているが、武鑑は民間の発行するもので、公的なものではないとするのが、そもそもの幕府の立場であった。実際、武鑑はもともと江戸見物に供する土産物、大名行列や下馬先見物を購入者として想定した「江戸鑑」や「御紋づくし」と呼ばれる地本屋制作のものを淵源としている。これらが見物に向けて触れ売りされていたことはもちろんで、臨時の武鑑様のものである役人附についても同様なのである。一時の世上の関心に乗じた一過性の情報を売りにする役人附の類は、彼ら地本業界の製品として似つかわしいものであった。そして、流通の大きな柱は読売同様の触れ売りを行う行商であった。『守貞謾稿』が指摘するように、印刷物の触れ売りを専業とする者とその組織があって、読売を含めて臨時に不定期発行されるものや、祭礼番付のように時期限定で発行されるもの、暦や宝船や吉原細見のように特定の季節に発行されるもの、また、江戸見物の衆に向けて盛り場で売られる年代記や唄本のような摺物・冊子類を扱う。これらは地本産業の製品の重要な一角であり、制作者とこの行商の業者とは相互に依存し合う関係にあったはずである。先述したように、森屋治兵衛はとくにこの流通と近い関係を保っていたものと思われる。

『旧事諮問録』第三編に次のようなやりとりがある。

○そうではなく、役人の悪口などがありましたか、あれはひそかにやるのでありましたか。

◎あれは、版をつぶすことは承知で遣っているのであります。刷出して早く売ってしまうと、それだけが得になるというので、やっているのであります。

○その罰は……。

◎あれは版を取り上げて譴りであります。甚しいのは科料を取りましたが、大体は譴りであります。しかし、飯の上の蠅を追うようなもので、なかなか制統ができませぬ。　（岩波文庫版による）

実際、『藤岡屋日記』第二十四、嘉永二年（一八五〇）四月の条に、

一　益〳〵唐人船の評判故ニ、板元二人、西久保砂政・京橋神戸源七内がら久次、船の図并わけ合を半紙壱枚半摺ニ致し、売子五人ニおろし、八文宛にて唐人船の次第を御ろうじろとて、江戸中を売歩行候処ニ、閏四月廿日ニ皆々被召捕候処に、売子五人ハ品物御取上ゲニて家主へ引渡しニ相成、板元二人ハ手鎖にて宿預ケ(12)

と見えているように、売り子への処罰は重くない（この一件、売り子五人のうちひとりの少年は、親孝行ということで「銭四百文貫ひて見のがされ、是が手続ニ相成候て、後ニ御褒美五貫文頂戴なり」ということにもなる）。

『市中取締類集　書物錦絵之部』第一二八件に、次のような記事がある。

嘉永二酉年七月

御役人附壱摺売歩行候物之儀調

七月六日、左之御役人附売歩行候者有之由、廻り方ゟ申上候付、左之御役人附祐右衛門を以御下ケ、取調吟味可相成処、右売歩行候者逃去行衛相知不申趣、九月二日相伺候処、板木・摺溜取上候様廻り方江可申渡旨、祐右衛門を以被仰渡候。(13)

一枚摺の役人附を売り歩いた者が捕まったものの、逃げられたようである。当然無許可の摺物である。読売同様の一枚摺や仮綴本の役人附はよく見るところである。幕末に向かうにしたがって発行点数が多くなるようで、文久二年（一八六二）将軍上洛の折のものなど遺品は数多い。

露見しなければ良し、捕まらずに売り抜けられれば良しといった世界がここにあろう。捕まってはじめて違法となるわけで、触れ売りは店売りに比べて足が付きにくいという意味で旨みのある流通であった。天保十四年、出雲寺金吾が吟味を受けた一件については、森屋治兵衛が『日光道中記絵図面』を願出をせずに売り弘めたことが処罰の対象となったことは先述した。ブラックとの境界を瀬踏みしながら、このグレーゾーンに、地本問屋仲間外のものはもちろん、地本問屋も関与していたのである。

『市中取締類集』書物錦絵之部第二七三件に、嘉永六年（一八五三）十二月絵草紙掛名主から町年寄館市右衛門に宛てた「絵双紙之儀ニ付伺書」が収められており、そこに次のように見える。

凡拾ケ年程以前迄は、往還壱枚摺親孝行之次第、又は銭相庭・米相場・算法早見抔轟摺ニ致し、世上江不障類を売歩行候処、拾ケ年程以前ゟ甚敷猥ニ相成、当時は異国船渡来之噂・御台場之図・武鑑・暦又ハ御触御文言、此外禁忌之絵類差留候得者重板致し、大勢往還を売歩行、寺社縁日又は橋上ニ而商ひ罷在、所々江一時ニ罷出候間、差留方等手ニ及兼候得共、他国之旅人共も往還行逢ニ而買取候次第ニ而、余市中不取締之様於私共ニ奉恐入候、乍併、下々之内ニ而も別而身軽之者ニ而、全其日々之稼迄之儀ニ付、厳重御沙汰相成候而者、是又不便ニも奉存候間(14)

嘉永四年（一八五一）の仲間再興後に仮組として地本問屋仲間に加入した者の多さを見ても、仲間による統制が徹底する状況ではないことは明らかである。彼らの多くは、仲間停止以前は、地本問屋の差配で動いていた下職、あるいはその下職と密接な関係を持っていた者たちであったと思われる。『市中取締類集』書物錦絵之部第二七三件に、嘉永六年（一八五三）十二月十七日町年寄館市右衛門から上げられた「絵草紙取締之儀掛名主共伺書勘弁仕申上候書付」が収められている。そこに次のように見える。

一　板行摺職并糶与唱候絵草紙絵類中次商ひ致し候者、禁忌の絵柄小本類壱枚絵等無改ニ而隠売々致し候ニ付、右無改之品密々買取申上候儀も度々御座候得共、多端の儀此侭ニ而者取締行届兼候間、板行摺職人并糶与唱候中次之者共無改之品隠摺隠売致し候もの者以来書物問屋、地本双紙問屋并両仮組之者方ニ而一切注文相禁中次江者代呂物物取引差留候儀ニ取締為仕可申哉(15)

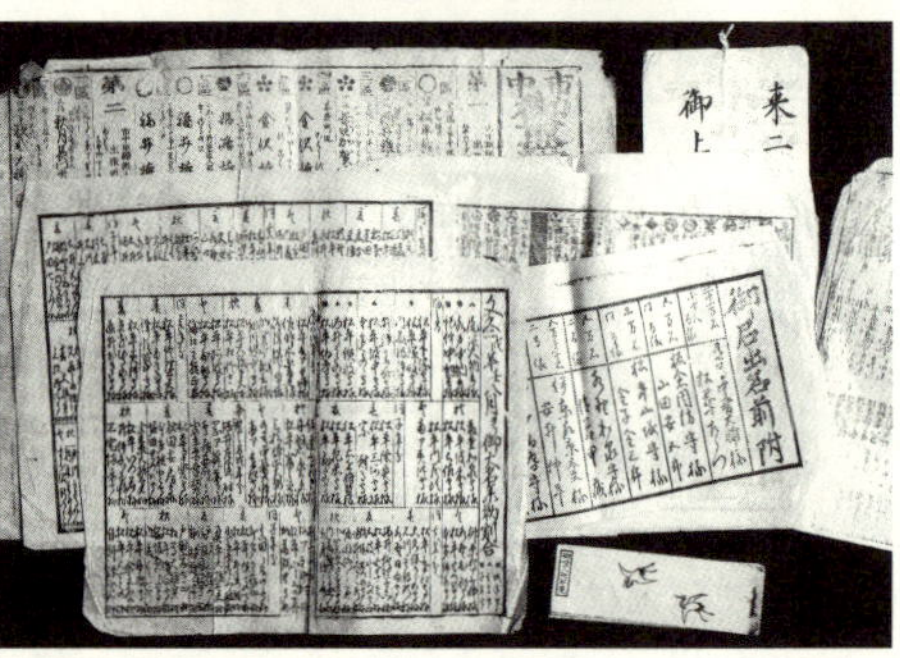

【図版⑫】　発行者不明役人附、読売

書籍流通に関わらない板木屋や摺師も書籍を制作できる能力を有し、糶という「中次商ひ」をかたらって、製品を流通に供することができる環境の中にいたわけであり、許されれば、あるいは許されずとも、出版に関与することは十分に可能であった。この条には当時取締の対象となった諸例が掲げられていて、それを確認することができる。

彼らを含み込み、また印刷・製本は行いながらも再興後の加入をしなかった者たちも含み込んで、この業界の大きな部分が、一時の利に群がるような出版を行い、即座に売り抜ける流通に托すような体質といよいよなっていったものと推測する。この十年で触れ売りの人数も、彼らによって売り捌かれる印刷物の点数も大きくふくれあがった。非常に多くの点数が発行された発行元不明の役人附はこの状況の産物である（【図版⑫】）。

注

（1）「板木屋から地本問屋へ」（中央大学文学部『紀要』一六一号、一九九六年三月）。

（2）この一本しか管見に入らなかったので体裁の比較のしようもないが、おそらくこの本は、御書物師の手によってこのように仕立てられ御文庫に納められたものであろう。
（3）たとえば『享保撰要類集』新規物并書物之部に、

元文六酉年九月廿六日加納遠江守殿江上ル
孝女伝書物出来方御尋ニ付申上候書付
一　真字之方　　五拾冊程
一　仮名之方　　四百冊程
右之通追々板行摺立売出候旨申上候以上
九月　　　　石川土佐守

と見える。
（4）同時代の江戸の彫工として中村吉左衛門と山口半四郎という名前は見出せる。
（5）木村三四吾編『吾仏乃記　滝沢馬琴家記』（一九八七年十二月、八木書店）。
（6）東京大学史料編纂所編『大日本近世史料 市中取締類集 二十一 書物錦絵之部 四』（一九九四年三月、東京大学出版会）。
（7）拙編『蔦重出版書目』（一九九八年十二月、青裳堂書店）。
（8）『太田南畝全集 第十一巻』（一九八八年八月、岩波書店）。
（9）『随筆百花苑 第八巻』（一九八〇年十一月、中央公論社）。
（10）同編『大日本近世史料 市中取締類集 十八 書物錦絵之部 一』（一九八八年三月、東京大学出版会）。
（11）『鈴木牧之全集』（一九八三年、中央公論社）。
（12）『藤岡屋日記』第三巻（二〇〇六年六月、三一書房）。
（13）東京大学史料編纂所編『大日本近世史料 市中取締類集 十九 書物錦絵之部 二』（一九九〇年三月、東京大学出版会）。
（14）同編『大日本近世史料 市中取締類集 二十一 書物錦絵之部 四』（一九九四年三月、同会）。
（15）同右。

4　五車楼藤井孫兵衛宛頼支峯書簡からうかがえる二、三のこと

はじめに

手許に頼支峯の書簡が三通ある。いずれも京都書肆五車楼菱屋藤井孫兵衛宛のものである。古書肆から購入した近江堅田の北村又三郎家文書（書簡が主）の中に混ざっていたものである。書簡の内容、いずれも北村家との関係は見いだせない。又三郎が藤井孫兵衛から譲り受けたものが、後に、他の来簡類と一緒くたになってしまったものなのではなかろうか。

この三通、明治初年ころの書籍出版に関わる許認可の状況や諸権利、また書籍を介した交流のことなどが、ちらりとうかがえる資料であるので、一通ずつ紹介しながら、解題風に若干の考察を加えてみることにする。なお、書簡の翻字に際しては、行移りは原文どおり、旧字は新字に改め、漢字の踊り字は「々」を使用、適宜句読点を補った。

一　六月廿三日付

封筒に入っており、表には「五車楼様　頼支峯／侍史」、裏に「正統記六冊／官許書付相添」と記されている。

其後は絶御無沙汰致候。御免
可被成下候。時下厳暑御座候
処、皆様御揃弥御安全可
被成御座、奉賀候。次当方
皆々無事罷在、乍憚御安意
可被下候。
一昨秋中御書簡被下、国史
略南北朝ノ処火急御入用ニ付
御返シ申候処、御落手之御返事
被下、御丁寧被仰下、痛入候。
且又亡父詩鈔評註新
刻一本御恵被下、忝奉存候。
評註ノ内ニ点ノ間違ひ
多分相見江申候。御改正可

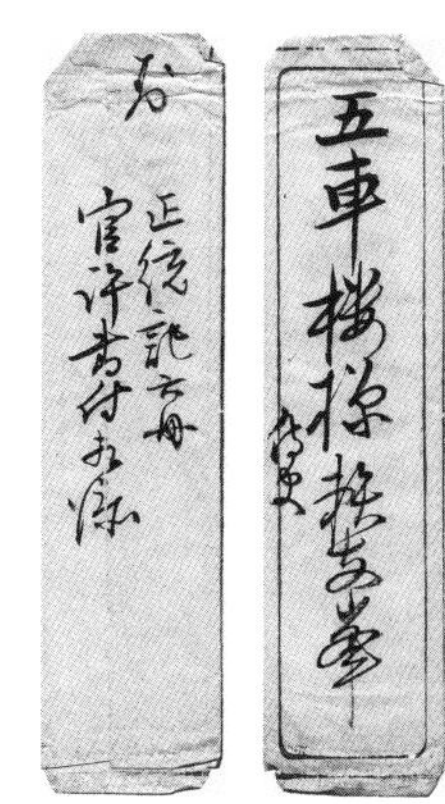

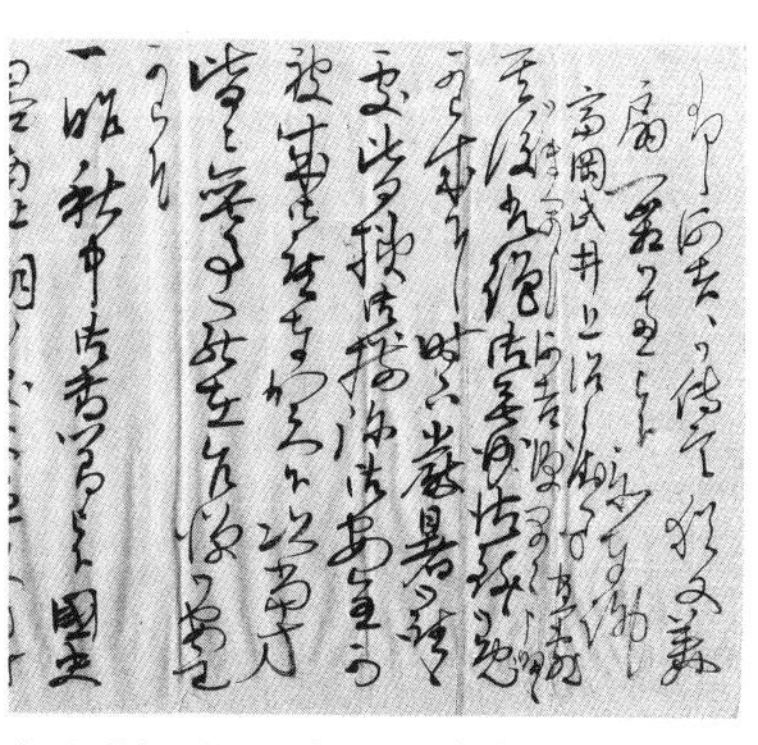

【図版①】　六月二十三日付書簡

被成候。
一川喜多著述神皇正統
記続編六冊、旧幕之節
御出願ノ処、其後行衛
相分不申ニ付、若や学校江
相廻り不申由御問合之処、
幸ニ学校書記蔵ニ有之候
処、願書ハ無之、誰之願ニ
候哉相分兼候処へ、拙者
より右書籍相尋候ニ付、相渡
呉候。拙者ゟ改テ代印
出願いたし候処、十一月ノ
事、先日相済申候。御届ケ
申候。
一官許書付向ニ、続神皇
正統記ニ紛敷由、拙者考ニハ
　続神皇正統記後編
と名ケ候方宜敷奉存候。続

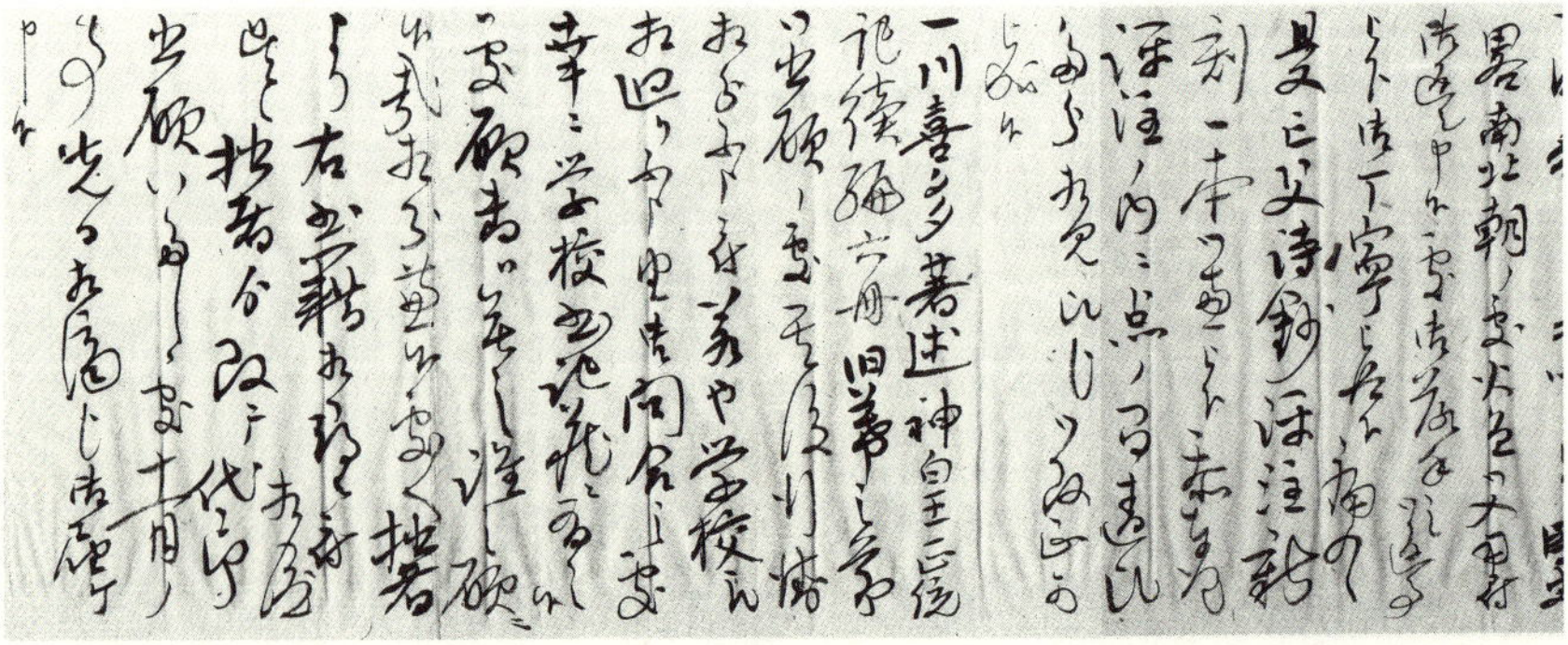

日本後紀之例モ有之候事ニ
候。右本之内ニ赤紙付ケ置候処、
徳川祖先の事有之、又ハ
文意如何ノ処有之候。開板
調ノ人付候由。諸事富岡
氏御相談可然候。皆様へ宜敷
御伝可被下候。家内よりも宜
敷申聞候。万々不尽
　六月廿三日
五車楼様　支峯

尚々、河吉へ御伝言、猶又美
扇一箱御恵被下忝奉謝候。
富岡氏、井上治兵衛へも宜敷
御伝へ可被下候。河吉へ便早々申留候。

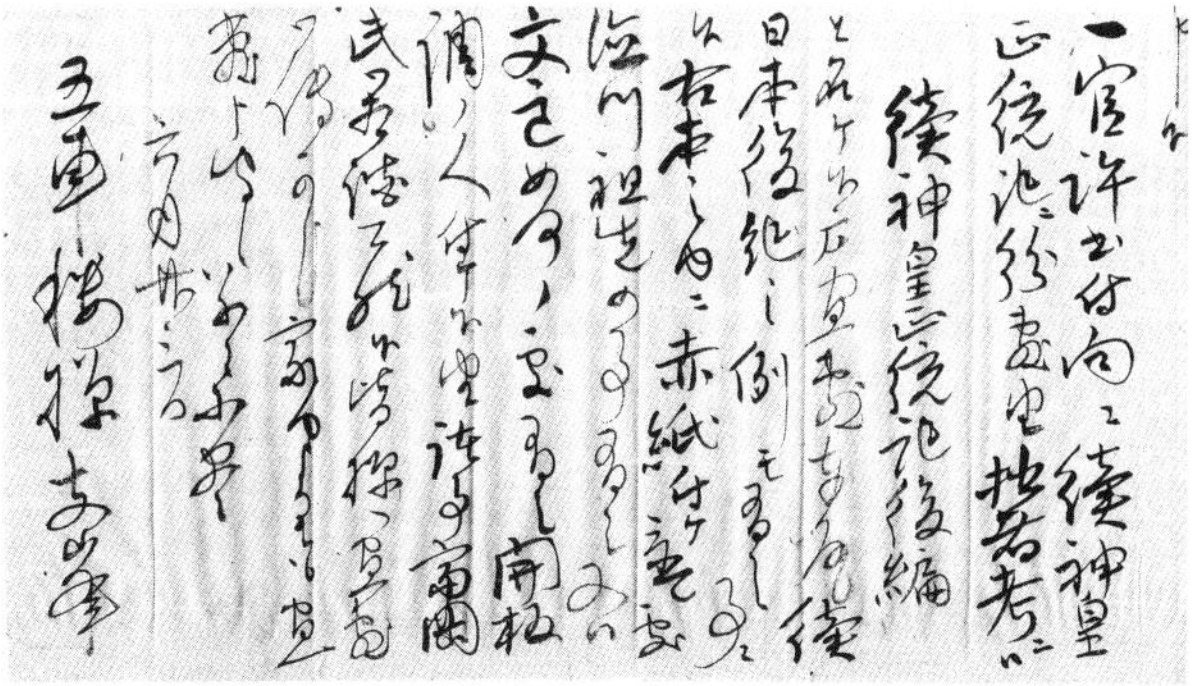

「昨秋中御書簡被下国史略南北朝ノ処火急御入用ニ付」とあるが、『国史畧』は、藤井孫兵衛の出版物にて、文政八年（一八二五）に初版が刊行され、明治になってからまた一層版を重ねていったドル箱商品であった。文字

どおり売るほどあったはずであり、世にもありふれたものであったはずであるが、それを支峯に貸し、支峯に「火急御入用」の報を入れて返却を願うというのは、どのように考えればよいのだろうか。一般に販売されていたものと同じとは思いにくいが、よくわからない。いずれにしても、蔵版物の支配などをこの店に任せていたこともあってか、京都在住時より書籍の借用など、この店と親しい関係を取り結んでいたものと思われる。

つづいて「亡父詩鈔評註新刻一本」恵贈の謝辞が述べられている。これは後藤松陰の『評註山陽詩鈔』のことのように見えるが、天保四年（一八三三）に藤井孫兵衛から刊行されて以来、明治になってからの刊本は明治十一年（一八七八）まで確認できない。後述するが、この書簡は明治三年（一八七〇）のものと思われる。この時期においては「新刻」に該当するような版が無いのである。これは日柳燕石註、富岡鉄斎増校『山陽詩註 初篇』のことなのではなかろうか。これは、中本四巻四冊、耕読荘蔵版で、明治二年（一八六九）に京都銭屋惣四郎から発行されている。

つぎに「川喜多著述神皇正統記続編六冊」とあるのは、川喜多真彦の『神皇正統記続編』のことであろう。真彦は京都の国学者。文政元年（一八一八）生、慶応四年（一八六八）一月二十五日没。慶応四年一月、赤報隊に加わり東征に参加するも、軍令に背いた廉で伊勢四日市にて処刑された。

「旧幕之節御出願ノ処」ということで、維新以前に出版願いが出されたことは京都書林仲間の記録に確認できる。『京都書林仲間上組　重板類板出入済帳』慶応二丙寅歳従九月至同三丁卯年九月の条に、

一 標註校正神皇正統記

右上ヶ本三部持参被致、添章吉野屋仁兵衛殿願被出ニ付、相渡候。

十月十六日

一標註校正神皇正統記次篇

右願ニ差加呉候様願被出候ニ付、吟味之上、御願差出候事。

但諸証文帳一札取置之。

十月十六日

正統記相合惣代

勝村治右衛門(1)

すでに開版成った真彦編『標註校正神皇正統記』の添章発行の機会に、『次篇』もともども差し加えて許可してほしいとの願いであったのだが、「吟味之上御願差出候事」という処理となった。「諸証文帳一札取置之」とあるのは、『諸証文』に次のように見えるのがそれにあたる。

証

一標註校正神皇正統記　次篇　全部六冊

右之書新板仕度旨写本ヲ以御行事中へ差出候処、御吟味中ニ候得共、差急キ候ニ付、無拠御願申上候処、御聞済被成下、忝仕合ニ奉存候。然ル上者板行出来之上、差支之筋有之候ハヽ、如何様共御行事中御差図次第、少しも違背仕間敷候。且右書ニ付、時節柄諸雑費等相懸り候ハヽ、是又指図次第出銀可仕候。

為後日差入置候一札依而如件。

慶応弐年

寅十月十六日　　　　　　　　勝村治右衛門［印］
御行事中(2)

写本吟味中なのであるが、急ぎのことなので、出版後「差支之筋」が出てきた場合、いっさい行事中の指図に従うことを条件に許可を得たいというのである。

ふたたび『京都書林仲間上組　重板類板出入済帳』にこの書についての記事が見える。

一神皇正統記次編　全六冊　願人勝村治右衛門
出役　永田調兵衛
下村和助

右東　御役所様へ十月廿三日出願罷出候処、翌々十月廿五日御役所江呼状到来致ニ付、右両人江前編願済年号月日申出候様御差紙有之候ニ付、則左ニ。

一神皇正統記　次編 全六冊　願人 勝村治右衛門
乍恐口上書

右過日板行仕度候儀ニ付　御願申上候処、右前編出板御願御赦免之年号月日御尋被成下、相調候処、去ル元治二年正月十九日御願申上候処、前編ハ慶応元年六月朔日御赦免相成候。此段奉申上候。以上。

寅十月廿六日
永田調兵衛［印］

三文字屋和助［印］

御奉行様

同月二十三日に東役所に出願したところ、二十五日に呼び出しがあり、「前編願済年号月日」を申し出るようにとの指図があり、元治二年正月十九日の出願、慶応元年六月朔日の免許である旨の口上書を提出したわけである。

そして、『板木株目録』に、

慶応三卯年八月官許　　　合梓　勝村治右衛門
神皇正統記　全六冊　　　　　　菱屋孫兵衛
　山城愛宕郡下鴨　　　　　　　吉野屋仁兵衛
　　川喜多真一郎校正　　　　　蓍屋宗八
　　　　　　　　　　　　　　　菱屋調兵衛(3)

と見え、翌慶応三年（一八六七）八月に前編の株は成立した。勝村治右衛門が願人となっていたが、五軒の持ち合いで、その中に菱屋藤井孫兵衛も加わっていたことがこの記事からわかる。

しかし、時期も時期、京都市中騒然の混乱の中、「次編」は版行に至らずに棚上げになってしまったのであろう。この年の十二月九日、王政復古の大号令、翌慶応四年一月に新政府が発足する。そして、この慶応四年一月には、著者本人も赤報隊に参加、その後まもなく斬死してしまうのである。

「其後行衛相分不申ニ付」という書簡の文言に照らせば、板行されないまま、草稿が行方知れずとなったものらしい。それを支峯が探してみたものなのであろうが、それは藤井孫兵衛の依頼を受けてのことであったかもしれない。支峯は、ひょっとすると「学校」に回ったものかと、問い合わせたところ、「幸ニ学校書記蔵ニ有之候」という首尾であった。

慶応四年（明治元年（一八六八））六月二十日、次のような布告が出される（行政官布告五〇〇号）。

自今開版書物之儀都テ草稿ヲ以学校官へ差出改之上彫刻可致、若内内版行イタシ候者於有之ハ吟味之上屹度御沙汰可有之候事(4)

草稿のまま未刻であった『神皇正統記　次篇』は、この布告に応じてあらためて官許を得るために「学校官」に草稿を提出したものなのではなかろうか。

翌明治二年（一八六九）一月二十七日に出された布告（行政官布告第八一号）には、「図書開版之儀、其管轄之府藩県へ可願出、右府藩県ヨリ稿本并著述者之郷里姓名等委細相記シ行政官へ可伺出、尤官許上版之上製本一部ツヽ行政官へ可相納事」とあって、「府藩県」を通じて願い出ることと定めている。これに則っての出願であれば、京都府庁にも書類が残り、稿本に「著述者之郷里姓名等委細相記シ」たものが添えられているはずであり、支峯書簡に言うように行方不明となったり、「願書ハ無之誰之願ニ候哉相分兼」という状況になったりはしなかったのではないだろうか。つまり、草稿が京都から送られて東京の「学校書記蔵」に収められたのは慶応四年六月から明治二年一月までの間のこと、急いで出版にこぎ着けようと機敏に新制度に対応したのが仇となったと言えようか。統制の主体が大きく変わり、手続き方法が揺れ動いているうちに迷子になってしまったものと思われる。

同年四月、出版条例案を添え、学校への出版取締委任願いが開成学校から政府へ出される。(5) 明治二年五月十三日発布「出版条例」（行政官達第四四四号）には「書籍出版モノ是迄議政官ニ於テ改方相成候処、今度学校ニ於テ出版取調所被設候間、向後書籍出版致度者ハ昌平・開成両学校之内へ願出、官許ヲ可受候。依テ出版条例書相達候間、堅可相守事」と明記される。「学校中出版物取調局ヲ設ケ両黌ノ官員相集ツテ免許ヲ与フ可キ哉否ヲ議決ス」（同達附録）ということになった。

慶応四年（明治元年）六月二十九日、幕府の昌平黌を接収して昌平学校と改称し、翌明治二年正月十七日に新たに開校した。支峯はまずここに招かれる。明治二年五月『官員録』昌平校の条に、二等教授として「頼又次郎」の名前を確認することができる。六月と七月の『官員録』には「国史編集御用兼勤」という附記をともなっているが、二月に昌平学校に命じられた六国史編修の業務に就いたのである。

同年七月八日にこれまでの学校組織（昌平学校・開成学校・医学校）は改組され大学校が設置される。それにともなって支峯も異動、八月『職員録』大学校の部に少博士として「無位藤原朝臣惟復 頼」と見える。『顕要職務補任録』（明治三十五年九月序）に、大学少博士として「二年七月二十七日　頼惟復 京都 復次郎　二年十二月廿六日大学大助教ニ任」(6)とあって、七月二十七日の任用である。この記事にあるように、十二月には大助教になるが、それは、十二月十四日太政官達に応じた大学校から大学への改称と制度改正の機に行われたものと思われる。支峯の名は明治三年六月『職員録』まで確認できる。しかし八月『職員録』には名前を見出すことが出来ないので。このころまでには退任して、京都に帰ったものであろう。(7)

となれば、代印して出願した「十一月ノ事」とは明治二年、本書簡は明治三年（一八七〇）六月のものということになろう。出願から免許まで半年以上を要したわけである。書籍出版の許認可機関は、明治三年二月二十二日に太政官大史局に移管される。すでに『新刻書目一覧　一』（明治三年二月、大学発行）、「以下近刻」とあるところに「神皇正統記続編　川喜多真一郎著　六冊」と見えているのであるが、そこからさらに官許書類発行が「先日相済申候」と遅れるのは、移管の間際で発行部署が変更になったからではなかろうか。

草稿が見つかり、それを渡された支峯は、代印して出願、官許を得た。そこで東京から京都に一報を入れたものなのであろう。封筒裏に「正統記六冊／官許書付相添」とあるように、本状に添えて、官許の書類が届けられたもののようである。ただし、『続神皇正統記』に書名が紛らわしいという考えから、「続神皇正統記後編」という書名がよいのではないか、と提案してもいる。

また、「右本之内ニ赤紙付ケ置候処、徳川祖先の事有之、又ハ文意如何ノ処有之候。開板調ノ人付候由」ともあり、内容の吟味まで「開板調ノ人」によってしっかり行われていたことがわかる。

「諸事富岡氏御相談可然候」とある「富岡氏」は尚々書の「富岡氏」と同じであろう。富岡鉄斎である。鉄斎の慶応三年・明治二年の『日記』明治二年四月廿九日の条には「一、弐分、ひし孫祝遣ス」[8]などと見え、藤井孫兵衛と懇意な付き合いがあったことがうかがえる。彼は、頼家とも縁が深い。安政の大獄時に刑死した支峯の弟三樹三郎とはとくに親しく、勤王の志を同じくする仲であった。慶応三年十月十五日に東山翠紅館で開かれた詩会は勤王派文人の集まりであったが、そこで支峯は鉄斎と同席している。[9]また『山陽詩註 初篇』（明治二年刊）の増校を手掛けていることは先に触れた。

また、鉄斎の『心おほへ』明治二年の記事に「『神皇正統記』前　二三扁（ママ）官許滞り五冊、願人河北作」[10]とある。これは『神皇正統記続編』のことに違いなく、支峯、あるいは藤井孫兵衛から話を聞いていたものと思われる。

真彦・支峯・鉄斎、それぞれ異なる分野に自らの境地を見出した三人である。しかし、志を同じくするとまで言うつもりはないが、同じ時代の京都の地にあって、少なくとも情報を共有し、相互に共感しあえる部分を持ち合わせていた三人であったのではなかろうか。これに藤井孫兵衛や佐々木惣四郎などの本屋もからんで、知的情報を基盤としたゆるやかな精神的紐帯によって結びついた人脈が幕末京都において形成されていたような気配である。

この『神皇正統記続編』は刊本の存在を聞かない。とうとう出版されないままになってしまったようである。本書簡は、京都書林仲間の記録等に見える真彦の未刊の著作のこの明治初年の時点には確かに存在していたこと、その出版に助力した人間に支峯がいたことを知りうるという意味で重要な資料であろう。

さて、尚々書中、「河吉」は大坂の書肆河内屋吉兵衛である。『日本外史』等頼家蔵版本の支配をしている。次の四月四日付書簡からもうかがえるが、山陽関係書籍における提携もあって藤井孫兵衛との商売上の付き合いも密なようである。

「井上治兵衛」は、出版も行っているが、代々彫師で、『西京人物誌』（明治十二年（一八七九）四月、村上勘兵衛出版）の版木師の条に「上京区第廿七組東堀川二条南　井上治兵衛」と見える。京都の書肆林芳兵衛の談話には、つぎのように井上治兵衛のことが出てくる。

私が褒めるやうですが、井上といつたら其位の仕事をするものは江戸にも無かつたのです。家には十四五人しか職人は居りませぬが下職といふものが何百人といつて居りました。何しろ版木屋の三井さんと言はれた程です。江戸、大坂辺の出版物は皆井上に行くのです。井上の彫刻は日本一ですな。伊勢の方に神宮の暦が出来ます、其暦の刻師が伊勢に居りますが、向ふでは暦さへ刻つてしまへぼもう人は要らぬのでそれが井上に出て来るのです。他へは行かぬ。井上へ来れば何時でも使つて呉れるのです。又御所の家来やとか、公卿衆の侍とか、所司代なんど、さういふやうなところの下侍が居りまして、それ等は禄を貰つて居るけれども年に一二度出ればよいといふ人が沢山あります。さういふ人がぢつとして居つてもしやうがないから版木を習つて居る。それが皆井上に出て来るのです。それで此方は途で遇へば二本ざしで威張つて居つても、井上へ来ると「先生々々」とあがめてゐます。物は読めたしなか〳〵版屋では井上に越す人はありませぬ。(11)

というわけで、幕末・明治にかけて、他の追随を許さぬほどの版木屋であった。支峯が関係した書籍についても井上に任せたものがあったのであろう。

二　四月四日付

拝見仕候。過日ハ能そや御光
来被下、多謝々々。扨明
日ゟ御下坂、就而ハ政記
考証稿本返上仕候。龍
章堂へ宜敷御伝へ
可被下候。両三日出状可

仕と御伝へ置可被下候。
万々不尽　四月四日
○先日書籍代価二朱ト
　三銭御使へ相渡、御入手可被下候。
五車様　　頼

封筒はなく、末尾には書籍代価「二朱ト三銭」を「御使」に託したと書かれている。支峯が京都に戻ってからの、藤井孫兵衛よりの使いに託しての手紙と察せられる。

「過日ハ能そや御光来被下多謝々々」と日常的な交流がうかがえる挨拶に続き、「明日ゟ御下坂就而ハ政記考証稿本返上仕候」とあって、藤井孫兵衛が支峯のもとに使いをよこした理由が浮かび上がる。すなわち、藤井孫兵衛はその大坂行きに際して、「政記考証稿本」の返却を願ったもののようである。

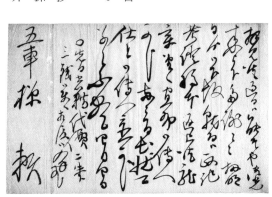

【図版②】　四月四日付書簡

「政記考証」は林正躬纂輯『日本政記考証』である。中本二巻二冊、明治三年九月免許（刊記）、同七年十月発兌（見返）。刊記の発行書林には北畠茂兵衛・稲田佐兵衛・藤井孫兵衛・梅村彦七・岡田茂兵衛・和田治郎兵衛・浅井吉太郎・田中太右衛門・柳原喜兵衛・浅井吉兵衛と三都の書肆が列挙されているが、見返には「京摂合梓」とあって、藤井孫兵衛以下が株を持ち合っていたものかと思われる。「龍章堂へ宜敷御伝へ可被下候」とあるのに照らせば、藤井孫兵衛の下坂は、稿本を携えて相版元の龍章堂河内屋浅井吉兵衛の許に行くのが目的であったろう。

明治七年（一八七四）六月の『准刻書目』に「一林正躬纂輯日本政記考証　全二冊　出版　藤井孫兵衛／日本政記中解シ難キ処ヲ撮集考証シ童蒙ノ便覧ニセル書ナリ」とあるように、『日本政記』の参考書である。『日本政記』の蔵版者である支峯に問題がないかどうか目通ししてもらったものか、あるいは内容の妥当性について検討してもらったものなのであろうか。

河内屋浅井吉兵衛は、『日本外史』や『日本政記』の蔵版支配をしていて、それに関わる支峯から浅井に宛てた書簡は、木崎好尚『頼山陽の人と思想』（一九四三年四月、今日の問題社）にも数点紹介されている。

さて、この四月四日付の書簡は、『日本政記考証』出願以前、つまり明治三年あたりのものではなかろう。支峯が京都に帰ってきて以後のものであるはずである。『日本政記考証』の序文二種はいずれも明治七年一月の年紀であり、免許を得てから刊行までしばらくの時間を要したもののようなので、その間のこと、明治四年（一八七二）から六年（一八七三）くらいまでのものと考えたほうがよかろうか。

三　三月十一日付

御無音御免可被下候。過日ハ
御不快之由承り候。御見舞
不仕、乍去次第ニ御快方

之旨、大慶仕候。扨先達
留板御冥加金子請取
延引いたし、即別紙
御入手可被下候。
一借用之書籍、段々御書
面被下、是亦延引仕候。
厳嶋図会
〃　絵馬
右者校合之事有之。今
暫之内借用仕度候。
一余論　二冊
一史略　三冊
右返上仕候。〇国史鑑要ハ
手元ニ見へ不申候。吟味之上
御返し可申候。右御返事迄。
万々不尽
　三月十一日
五車楼様　　頼

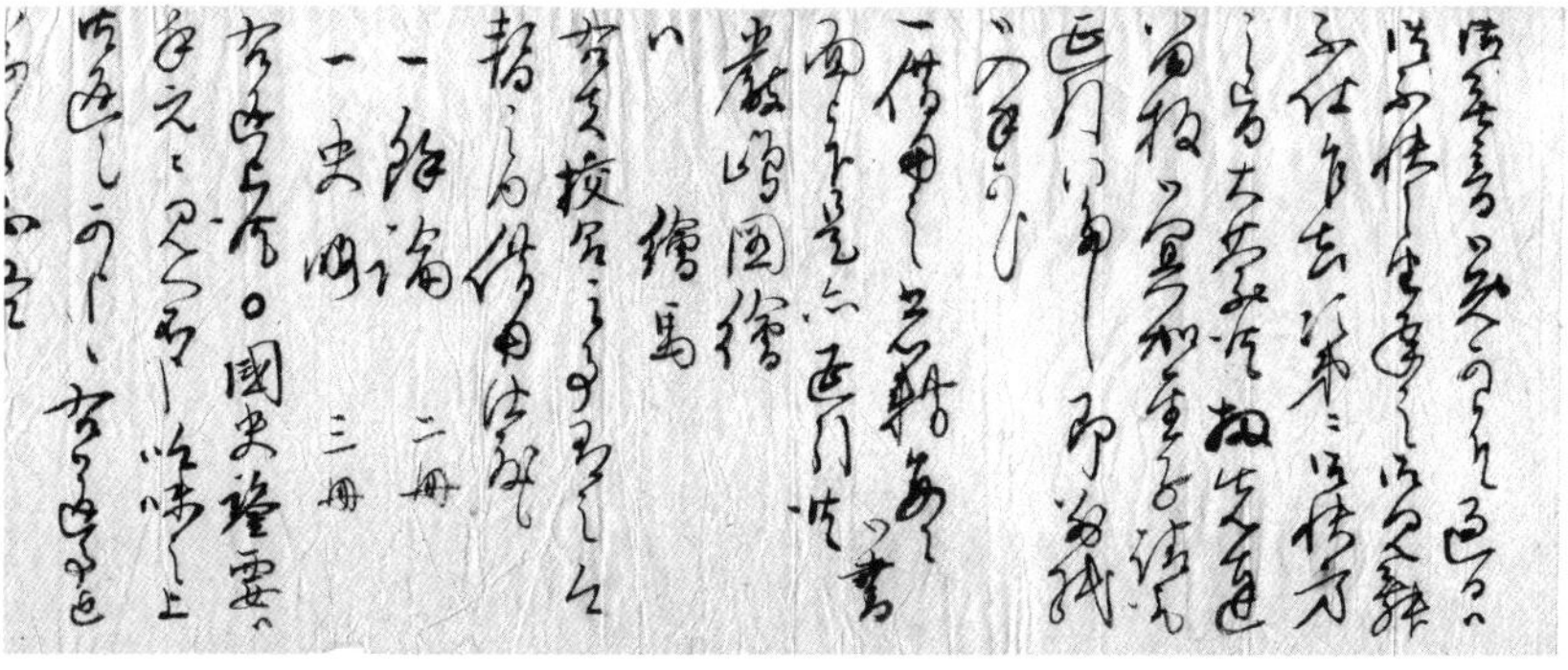

【図版③】　三月十一日付書簡

これも、藤井孫兵衛が差し向けた使いに託した書状であろうか。

「扨先達留板御冥加金子請取延引いたし、即別紙御入手可被下候」とあるのが興味深い。「留板御冥加金子」とは、版木の使用料である。藤井孫兵衛が支配している支峯蔵版物についてのものなのであろう。支峯蔵版で藤井孫兵衛が発行に関与していた書籍は多数にのぼり、この場合、具体的にどれに関わるものなのかは特定しにくい。「別紙」とあるのは、山本和明「明治期出版関連資料一端――『校正日本外史』刊行を巡って――」(12)が紹介している『校正日本外史』の「板賃上納証券」、つまり板賃の領収証のようなものを考えればよいのであろう。山本論考では、「証券」に印刷されている印刷部数二〇〇について、一節季単位の数と推定している。

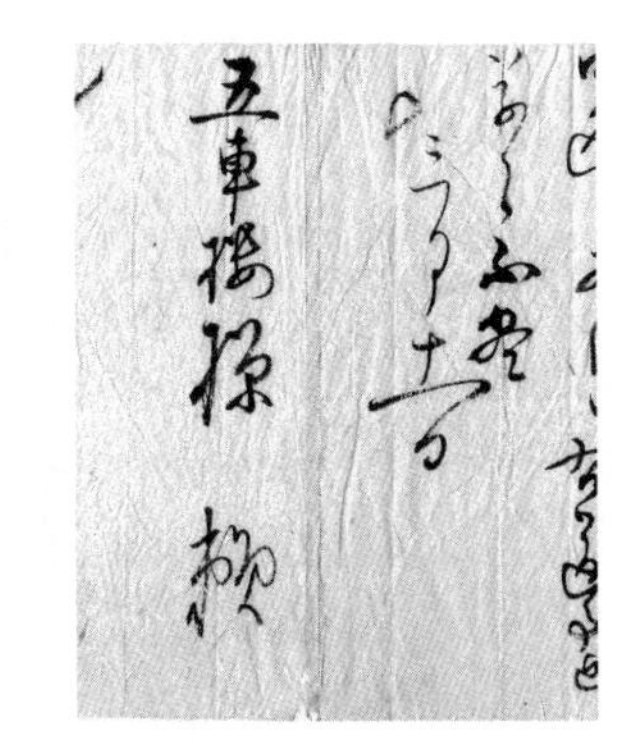

続いて、借用書籍についての話題となる。「厳嶋図会」「〃絵馬」については、校合に使っているので借用を延期してもらいたいとのこと。この両書は岡田清編『厳島図会』（厳島神庫蔵版、天保十三年（一八四二）正月刊）と、千歳園藤彦編『厳島絵馬鑑』（天保三年（一八三二）三月初編刊、嘉永元年（一八四八）三月再版）であろう。

また「余論　二冊」と「史略　三冊」については用事が済んだのか返却である。「余論」は『読史余論』であろう。「史略」はよくわからない、小学教科書に使用される官版の『史畧』を借用するとも思いにくいので『皇朝史略』であろうかとも思われるが決め手に欠ける。『校正標註日本外史』巻四附録には、青山延于『皇朝史略』（文政九年（一八二六）序刊、明治版あり）からの引用が複数見られる。冊数が異なるが、必要な冊のみ借用したと考えればよいのかもしれない。

「手元ニ見へ」ないとしている「国史鑑要」は『国史攬要』であろうか。半紙本十六巻十六冊。棚谷元善編輯、明治七年二月刊、東京万蘊堂篠崎竹次郎・魁文堂岩本三二発兌。先行史書に基づいて、天皇歴代ごとに簡要に編んだ日本通史である。『版権書目　第二号』明治九年（一八七六）九月分に記載あり。

以上、史書を中心に、多くの書籍を藤井孫兵衛から借用していたようであるが、歴史関係書籍の編纂作業に関わってのもの、すなわち『校正標註日本外史』のためかもしれない。これは、明治十年（一八七七）七月の版権免許、十月の出版である。

とすれば、この書簡は、明治七年以後、数年のうちのものということになろうか。

＊　　＊

以上、きれぎれの資料の紹介であった。私の力量不足が大きいが、これによってたいしたことがわかったというわけでもない。差出人と受取人の組み合わせが同一の三点であったが、これらを合わせたところで、この程度のことであった。

手紙や葉書などは、大きな状況を直截に示してくれる資料ではありえない。特定の時点における個人的な関係の中で発受信されるものである以上、両者の了解事項のうえにのっかっている記述は部外者には理解が難しい。しかし、逆に公的な言説にはすくい上げられることのない小状況をきわめて具体的に生々しくささやきかけてくる資料ではある。この三点の書状についても、頼支峯と書肆五車楼との史書をめぐる交流、史書を軸にして成立している利権・影響こもごも頼山陽が残したものの幕末・維新期における大きさ、さらには時代の空気と、それを共有している者たちの間における連帯あるいは合意、そんなものが紙片から立ち上ってくる気がするのである。素材からはまだまだいい味を引き出せるはずである。あとは後の料理人の手に委ねることにする。

注

（1）書誌書目シリーズ5『京都書林仲間記録 三』（一九七七年七月、ゆまに書房）による。『済帳標目』従慶応二丙寅年九月至三年丁卯九月よりの条に、「一標註校正神皇正統記上ヶ本三部吉野屋仁兵衛持参添章相渡候事／一標註校正神皇正統記次篇勝村次右衛門願差加被出候事」「一神皇正統記次編十月廿三日別願書願之事／並ニ翌々廿六日　御役所様前篇御赦免年月御尋取調御答申上候事」と対応する記事が見いだせる。
（2）書誌書目シリーズ5『京都書林仲間記録 三』（一九七七年九月、ゆまに書房）による。
（3）書誌書目シリーズ5『京都書林仲間記録 四』（一九九七年十月、ゆまに書房）による。
（4）林伸郎「言論・出版関係法令集成（明治編 その一）」（日本出版学会・出版教育研究所共編『日本出版史料』一、一九九五年三月、日本エディタースクール出版部）による。
（5）『東京大学百年史 通史一』（一九八四年三月、東京大学）による。
（6）『校訂顕要職務補任録』（一九六七年十二月、柏書房）による。
（7）『官員録』・『職員録』については、朝倉治彦編『明治初期官員録・職員録集成』（一九八一年九月〜一九八二年二月、柏書房）によった。
（8）『鐵齋筆録集成 第一巻』（一九九一年十一月、便利堂発行）。
（9）小高根太郎『富岡鉄斎』（一九六〇年十二月、吉川弘文館）による。
（10）同右。
（11）樋口知子「史料紹介 林芳兵衛・中井三郎兵衛談話速記」（『三井文庫論叢』三八号、二〇〇四年十二月）による。
（12）『相愛大学研究論集』二三号、二〇〇六年十二月。

5　葉書という社会資本、あるいは書籍流通史料としての葉書

はじめに

ここに東京絵入新聞両文社宛の葉書が二通ある。差出人はいずれも横浜の鈴木幸次郎である。

01 東京絵入新聞両文社宛鈴木幸次郎葉書①（明治十六年〈一八八三〉七月十六日投函）

五厘葉書で、追加貼付された切手を剥がした跡がある。消印は「横浜／一六・七・一六・ハ」、「東京／一六・七・一六・■」、これに横浜「Y」のボタ印が捺されている。表書きは「東京銀座壱丁目九番地／絵入新聞／両文社編輯課御中／六月十六日　鈴木」。裏書きは次のごとし（翻字に際して、旧字は新字に統一し、適宜句読点を補った）。

○横浜居留地百七番舘主米国人コーキヲ氏に者八十一番舘迄至急用有りて兼て、乗付の元町壱丁目五番地人

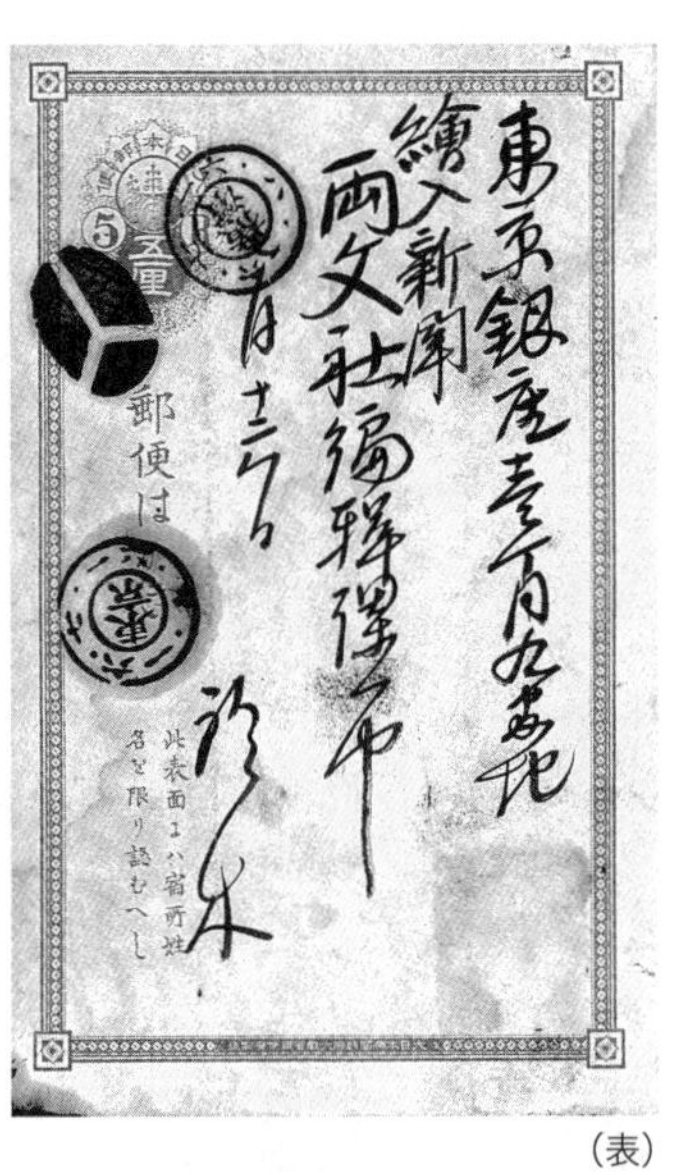

（表）

（裏）

【図版①】

力車夫青柳新蔵（二十九歳）の車ニ乗つて、昨日午十二時頃赴かれ𣇄。途中身形も立派ナ外国人が海岸のほそき横丁より突然出て、しきりと新蔵の車を呼止る故、新蔵は客人ニ用有る人が呼ぶことト思へバ車をとめんとスルを、コーキオ氏には猶いそげ〳〵といわれるので、新蔵が再び挽出さんとするうち、両人の外国人が来たりて、突然楫棒ニ取付、終ニ車を横ニ倒シて、落ルコーキオ氏へ左右より打つてかゝり、暫時コーキオは両人を相手ニ打合ふて居るを、新蔵も見ても居られづとコーキオ氏へ力を添へて四人の打合となつて居るうち、コーキオト新蔵の両人は終ニ負傷セシが、コーキオ氏は壱人の外国人を組フセテ取押たる勢ひを見て、外壱人の外国人は逃失たる処へ、巡査がこられシ故、其人を引渡されて一夜名を聞かれると、此奴は英人カレイと云フ者にて、其原因は未ダ取調中。

全体に斜線が引かれているのは処理済みということであろう。

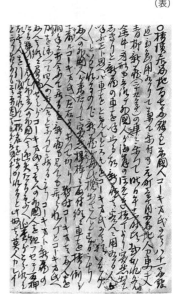

もう一通見てみよう。

02 東京絵入新聞両文社宛鈴木幸次郎葉書②（明治十六年七月十九日投函）

これも五厘葉書で切手を剥がした跡がある。消印は「横浜／一六・七・一九・ニ」、「東京／一六・七・一九・ヨ」、ボタ印「Y」。表書きは「東京銀座壱丁目／絵入新聞両文社編輯課御中／七月十九日　鈴木幸次郎」。裏書きは、

○横浜にて有名ナル十六番の石橋六之介・砂野造酒蔵・増田万吉・渡辺仙太郎・新聞小政の五人が発起にて、来ル廿一日、横浜元町増法院より大岡川通り灯明台迄の川筋ニ於テ（真言宗日蓮宗）両派ニテ川施餓鬼執行由。

右原稿何卒御記載願ひ候也。

○昨十八日の紙上へ、越後出生の長谷川金四郎云々ノ件者何処の警察署より聞得（エ）タルヤ、一横本社へ聞合せ、至急返事の程がシテ貰ひたしと、横浜警察署長野田氏よりの依頼ニ付、早々御返事の程偏ニ願度候也。尤御心配ニなることは無之。　鈴木幸次郎［印］

となっており、前半の記事に斜線が引かれている。

この二通の葉書は、新聞社宛に送った記事原稿である。①の「米国人コーキヲ氏」一件については該当する記事は『東京絵入新聞』に見出せない。不採用だったようである。しかし、②の前半末尾に「右原稿何卒御記載願ひ候也」とある川施餓鬼一件については、『東京絵入新聞』二四三〇号（明治十六年七月二十一日）雑報欄に、

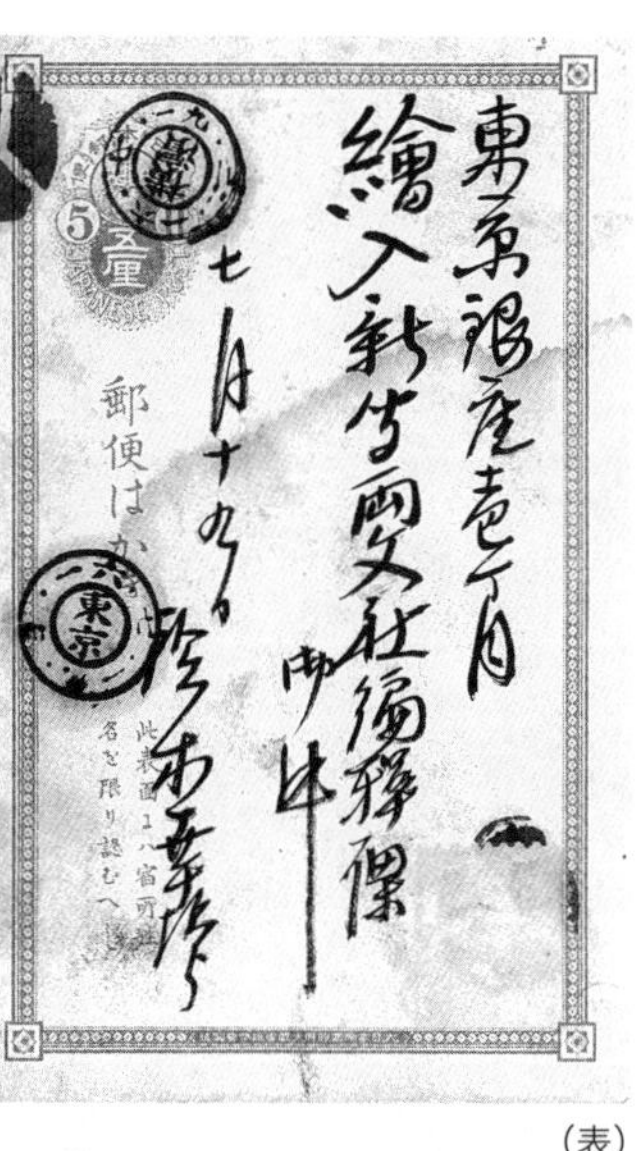

（表）

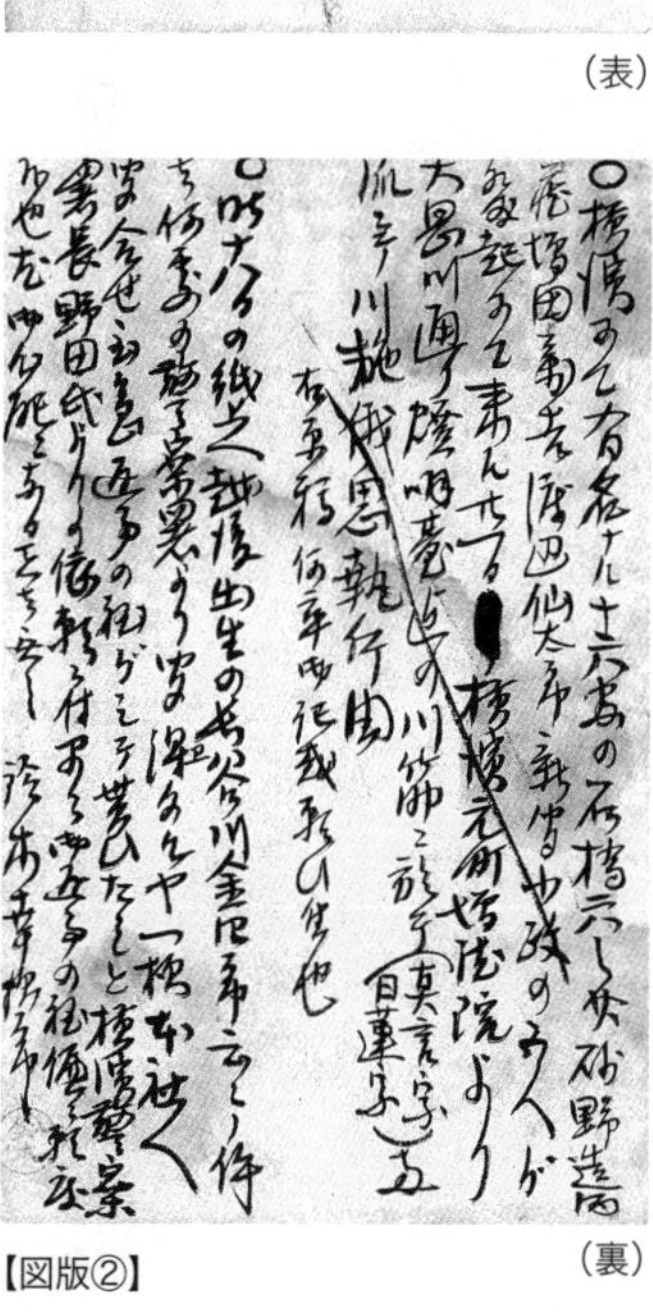
（裏）

【図版②】

○横浜で有名な石橋六之介砂野造酒蔵増田万吉渡辺仙太郎新間売小政の五人が発起で今日元町の増徳院から大岡川通り灯明台までの川筋にて真言宗日蓮宗両派の僧を招し川施餓鬼をするといふ

と見える。

鈴木幸次郎は、太田町四丁目で鴻文堂という新聞販売店を営む。(1)おそらくは、そのかたわら、両文社と提携して、横浜情報を記事にして送る役割を果たしていたのではないかと思われる。二例目の後半、「昨十八日の紙上へ越後出生の長谷川金四郎云々ノ件」とあるのは、二四二七号（明治十六年七月十八日）雑報欄の記事、

○是等は賊でもなか〳〵な奴にて越後出生の長谷川金四郎（二十五）ハ四五年前に強盗犯にて捕まり長野県で懲

役終身の処刑になつて居たを……

の取材源について「横浜警察署長野田氏」から問い合わせがあって本社に取り次いだものである。これに照らしても、鈴木は両文社の横浜支局的な存在であったと思われる。(2)記された日付、消印に照らせば、二例とも投函日に東京に届いていることが確認できる。速報が売り物のメディアに日々の情報を送る手段として郵便は大きな機能を果たしているわけである。

河内屋三木佐助の談話をまとめた『玉淵叢話』に、郵便制度発足以前のことを語った一節がある。

其頃（筆者注、明治初年）はまだ郵便といふものが有りませぬから京都あたりへ手紙を出しますには兼ねて淡路町丼池西入北側の福田屋といふ京飛脚屋と特約して置くのであります、すると特約の家だけへは日暮前に「福田屋用事い」と飛脚が廻つて来ますので、それが手紙一本につき百文遣れば京都の目的先へちゃんと届けて呉れます、それから江戸行の書状は遠隔の地だけに余程其賃金が高うござりまして普通七日限と云ふのが二歩で三日限となると一本の手紙が七両二分です、随分驚くべき郵便税で……(3)

この時代、国家による郵便事業の確立は、通信に飛躍的な速さと安定的な安さとをもたらし、革新的な変化を時代にもたらしたのである。

この画期性は、葉書も封書も同じであるはずであるが、葉書には封書とは異なる機能と意義があると思われる。

（表）

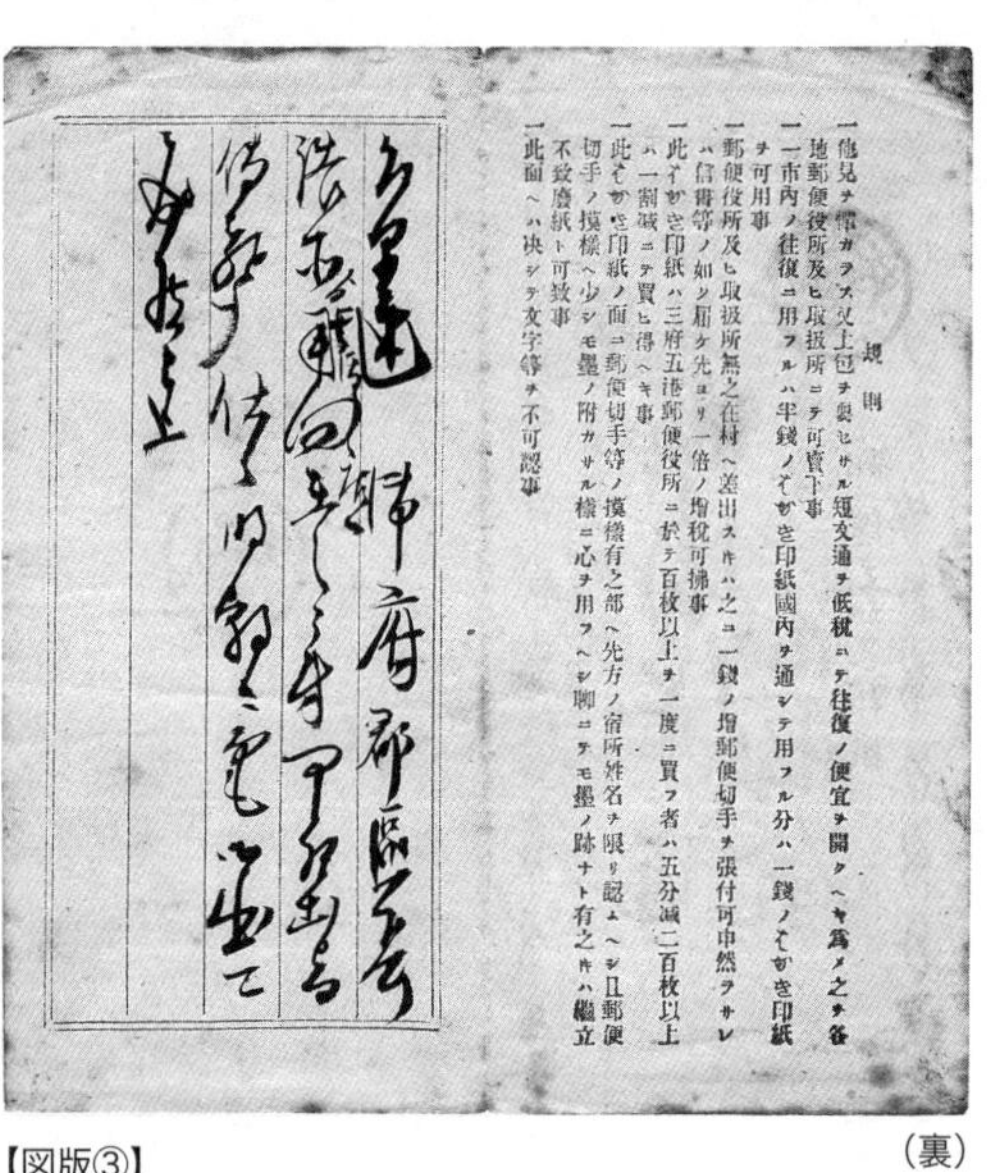
規則

一他見ヲ憚カラス又上包ヲ要セサル短文通ヲ低税ニテ往復ノ便宜ヲ開クヘキ為メ之ヲ各地郵便役所及ヒ取扱所ニテ可賣下事

一市内ノ往復ニ用フルハ半錢ノはかき印紙國内ヲ通シテ用フル分ハ一錢ノはかき印紙ヲ可用事

一郵便役所及ヒ取扱所無之在村ヘ差出スモノハ之ニ一錢ノ増郵便切手ヲ張付可申然ラサレハ信書等ノ如ク届ケ先ヨリ一倍ノ増税可拂事

一此はかき印紙ハ三府五港郵便役所ニ於テ百枚以上ヲ一度ニ買フ者ハ五分減二百枚以上ハ一割減ニテ買ヒ得ヘキ事

一此はかき印紙ノ面ニ郵便切手等ノ摸様有之部ヘ先方ノ宿所姓名ヲ限リ認ムヘシ且郵便切手ノ摸様ヘ少シモ墨ノ附カサル様ニ心ヲ用フヘシ聊ニテモ墨ノ跡ナト有之モノハ總立不致廢紙ト可致事

一此面ヘハ決シテ文字等ヲ不可認事

【図版③】　（裏）

03 村上勘兵衛宛活版舎葉書（明治七年九月二十七日投函）

まず、活版舎が村上勘兵衛に宛てた葉書を見てみよう。これは、二つ折半銭葉書で、明治六年（一八七三）十二月に発行された最初期の葉書である。「東洞院三条上ル町／村上勘兵衛様／九月廿七日　活版舎」と表書きがあり、消印は「西京／明治七・九・二十七・メ」、明治七年（一八七四）九月二十七日出の葉書である。裏書は、

急達　御府郡区長詰所ゟ貴御店へ用向在之候ニ付、可罷出与伝声仕候。明朝ニ而も御出可被成候。已上。

の四行。ごくごく簡単な内容のようである。「活版舎」についてはよく分からない。この「活版舎」が、京都府郡区出張所に来るようにとの伝言を村上に取り次いだもののようである。御用印刷の件ででもあろうか。「明朝ニ而も御出可被成候」とあって、おそらくは投函日中に配達されることを前提としている。この機動性、迅速性は、郵便という通信手段の最大の意義を有するところであるが、中でも葉書という通信手段には、簡便性という特色が際だっている。

04　真田小右衛門宛石川治兵衛書簡（明治十七年二月二日投函）

東京書肆石川治兵衛の書状と比べてみよう。封筒は、裏左下に小さく「東京浅草森下町拾九番地　鶴棲堂銅版製造」と印刷されていて石川治兵衛が自店商用に特注したものである。「明治十　年　月　日」「書肆　東京馬喰町弐丁目壱番地　石川治兵衛」と摺込まれている。日付のところには「七」「二」「二」の数字が墨書されていて、明治十七年〈一八八四〉二月二日の投函である。二銭の小判切手が貼られていて、そこにボタ印。消印は「東京／一七・二・三・イ」、「久留里市場町／一七・二・五・□」とあって、二月五日に着地局に届いている。また、「仕切書に無之書面のみ」という墨書も見られる。表書は「上総久留里／真田小右衛門様／大至急」。真田は明治期から営業が確認できる本屋である。内容は次のごとし。

拝啓、陳者過日御案内之御送金、御返却之品々同送正ニ入帳仕候間、御休神被成下度、此段御案内迄、奉謝候。就テ者甚タ厚ヶ間敷候義ニ者候へ共、昨今甚タ差支へ罷在候間、何卒来ル廿日頃迄ニ御都合丈ケ御送金願度、此段謹テ御依頼申上候間、御聞済被成下度、委敷者拝顔万可奉申候。先者早々百拜。
二月二日
石川代
英助［印］（山中氏英之印）
真田大君
閣下

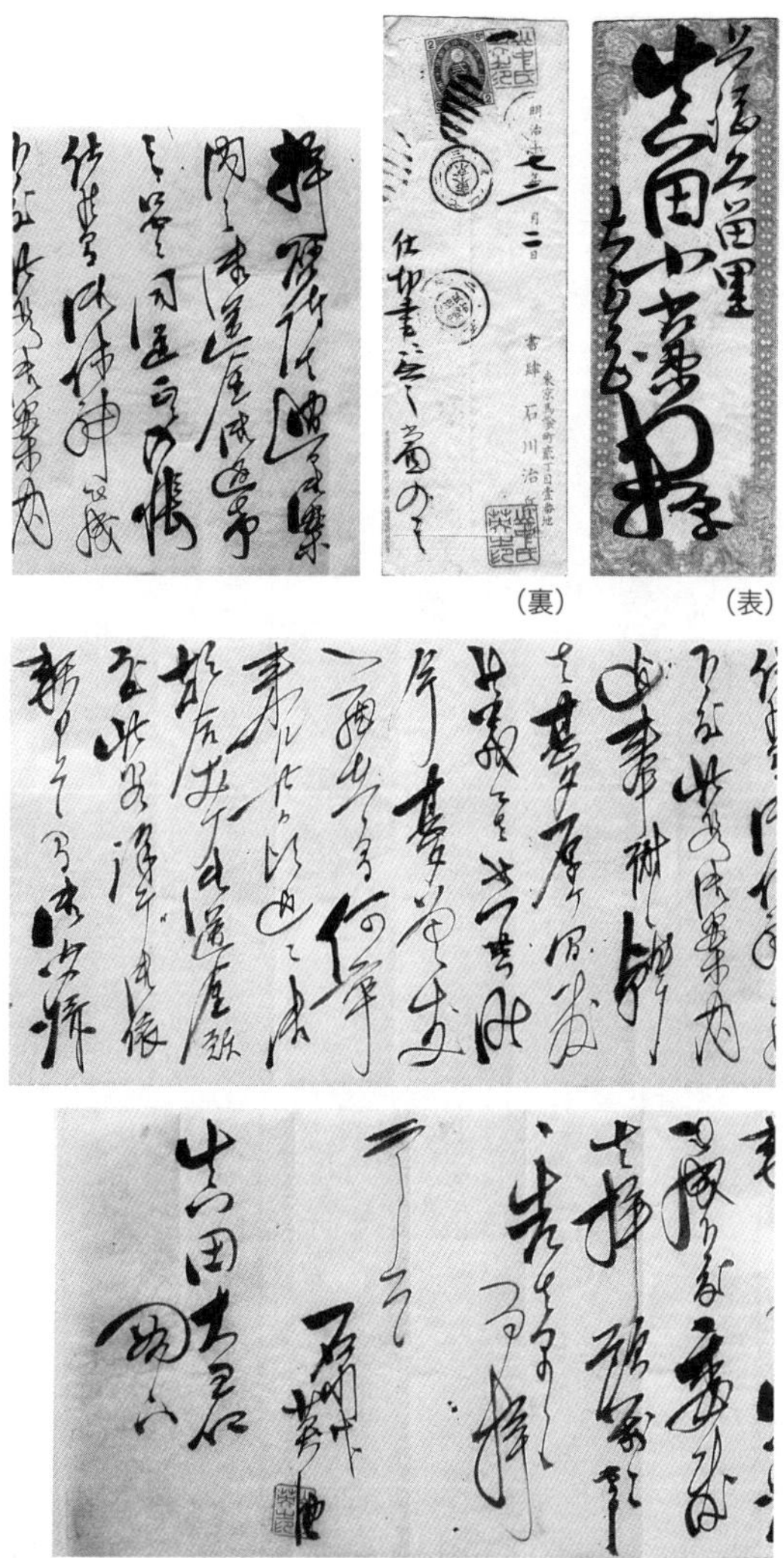
（裏）（表）
【図版④】

文字数は葉書でも済ませられるほどのものである。内容もそのとおり。ただし、図版を見ていただければ即座に了解できると思われるが、封書には、前代以来の認め方、作法があって、その「軌範」から自由であることは難しいようである。葉書はそのような封書に対して、要用のみで許される手軽さがあるのである。

05 自店宛岸田吟香葉書（明治十六年六月三日投函）

岸田吟香が、薬種店兼書店の自店に送った葉書を見てみよう。五厘葉書で、追加した切手を剥がした跡がある。ボタ印があり、消印は「京都／一六・六・三・ハ」、「東京／一六・六・七・ヘ」。「東京銀座四丁目／薬店／岸田吟香／留守中　西京にて／同人ゟ」と記されている。裏書きは次のごとし。

昨夜神戸後藤勝造ゟ羽書ニ而、来ル五日ニ名古屋丸東京江向ケ出帆致候由申越候間、明四日夕方、拙者神戸迄出向キ候積リニ御座候。五日午後出帆、七日十時頃ニ者帰京可致候間、モハヤ何も相認メ不申。西京ニ而も色々引合も御座候へども、帰宅之上咄し可申候。一同江も妻江も此段御申伝江可被下候。六月三日朝

京都から、神戸よりの船にて帰るに際して、東京の自店へ一報を入れたのである。封書に葉書が勝るところは、料金の安いところに加えて、まずその機動性、そして手軽さにあるとしてよいであろう。特に商用に際して、その特性は大いに発揮されることになった。

明治六年（一八七三）三月十日「明治六年改定 郵便規則」公布、十一月十九日に「郵便ハガキ紙並封嚢発行規則」が公布され、十二月一日通常葉書が発行される。

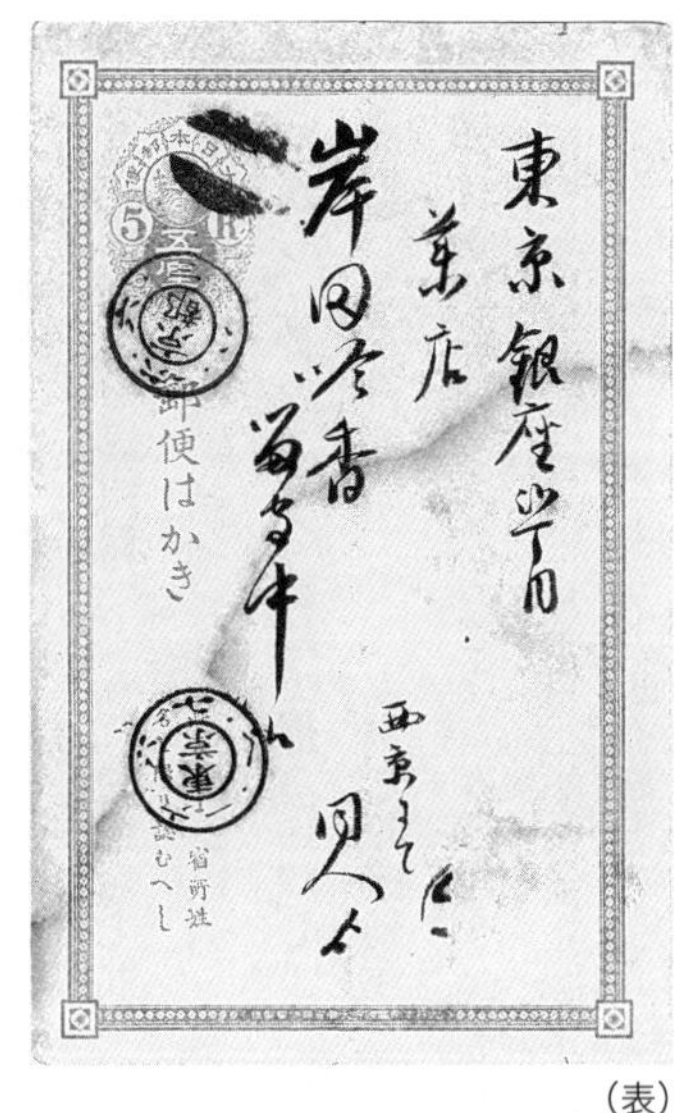

（表）

（裏）

【図版⑤】

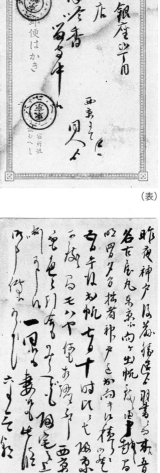

安定的な運送システムとともに、通信手段の整備は、書籍の製作や流通にも大きな変化を与えたはずである。本稿では、郵便、就中葉書がどのように書籍業界において活用されたかを、諸事例に則して概観してみる。そして、近代初頭の書籍文化を理解するための資料として葉書がどのように利用できるかを考えてみたい。

一　書籍の注文――客から本屋へ――

本屋への葉書で多いのは、購入希望の書籍の注文、またそれに関する問い合わせである。前田健次郎『郵便端書一寸用文』（明治十二年九月、高梨弥三郎出版）にも次のような案文が掲載されている。(4)

新聞雑誌等を需る文

貴社何々新聞第何号左之氏名ニ而御郵送被下度此段及御依頼候也

書籍を需る文

原書何貴港　某　商館には無之哉乍御手数御探索被下度候

一例だけ具体例を見てみよう。

06　藤屋徳兵衛宛（九月二十七日投函）

「三宮」の朱印と、消印「大坂／攝津・九・二七・朝」が捺されている。表書きは「九月廿七日前／大坂／心斎橋筋北久太郎町南／藤屋徳兵衛様／急用／神戸／廣嵜」。一銭丸菊葉書で、これは明治八年（一八七五）五月発行の様式である。翌九年九月には小判型葉書が発行されるが、この葉書の日付は明治九年（一八七六）の可能性が高い。裏書は次のごとし。

書面忝拝見仕候。然者此書之中少々買入度奉存候。別而、娘太平記。伝家花。艶色くらへ。中山。右四品御面倒御送可被成下候。代金之義ハいづれ到来分差上シ可申上候。尚々石川本少々直段御勲〔働カ〕キ可被成下候。

（表）

（裏）

【図版⑥】

藤屋徳兵衛は近世期より続いていた大阪の書肆である。藤屋からの案内に応じての四点の書籍注文のようである。差出が「神戸／廣嵜」とだけなのも、旧知ゆえのこと、得意客なのであろうと思われるが、ことによると同業かもしれない。「石川本」については未詳。

二　古書商い

07　堺屋卯八郎宛鶴見葉書（五月二十六日投函）

半銭丸菊葉書。消印は「大坂／攝津・五・二六・タ」で、何年のものかは、消印ではわからないが、この様式の葉書は06と同じく明治八年（一八七五）五月改正のもの、翌九年九月には小判五厘葉書が発行されるので、明治八年から九年ころのものである可能性が高かろう。表書は「府下備後町心斎橋／書林／堺卯様」「京町堀五丁目／鶴見」、大阪の本屋堺屋卯八郎宛のもので、差出の「鶴見」が何者なのかわからないが、裏の書きぶりからも、かなり懇意な付き合いが推測される。

文略御免可被下候。然ハ少々御相談申上度儀御座候。且書籍も相増候付、御寸暇も御座候得ば、拙宅迄御越被下度奉願候。

五月廿六日

「少々御相談申上度儀」の何であるのかはわからないが、「書籍も相増候付」とあるのは、蔵書の処分に関わることであろう。江戸時代の本屋は新本も扱えば、古書売買も行うのが普通のこと、同様の営業スタイルが続いていることを確認できる。

（表）

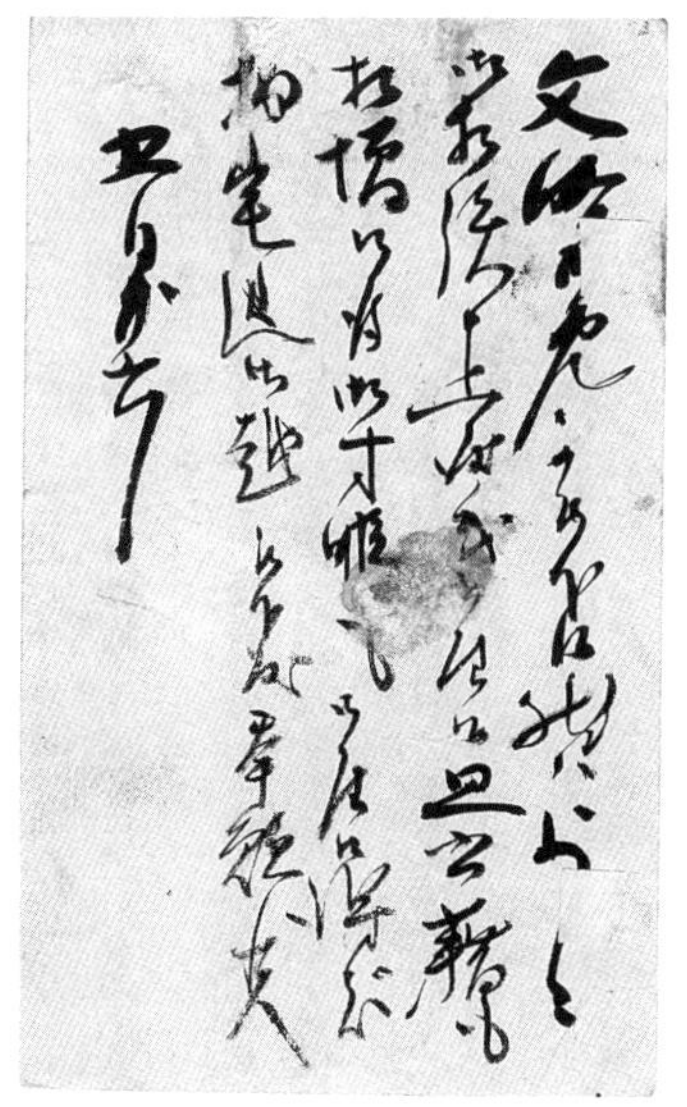
（裏）

【図版⑦】

三　書籍の案内——注文・問い合わせを受けて——

08 青木友弥宛稲田佐兵衛葉書（明治十八年八月五日投函）

稲田佐兵衛の葉書を見てみよう。東京ボタ印のほかに、消印が二印、「東京／一八・八・五・リ」と「南小林／下野・都賀・八・七」。明治十八年（一八八五）八月五日出の葉書である。表書は「下野国下都賀郡大川島村／青木友弥様へ／東京通弐丁目／稲田佐兵衛／八月五日」となっている。青木友弥については未詳である。稲田佐兵衛は玉山堂山城屋佐兵衛。老舗の書物問屋である。浅倉屋久兵衛「明治初年東京書林評判記」に「稲田左（通二丁目玉山堂山城屋佐兵衛）須原屋の側にて立派なる土蔵造りの本屋、東京第一位の繁昌の家にて先代時代迄は市会度毎に買取候品市中全部の店の買高と山佐一軒と同じ金高也と云ふ、其位繁昌せし家の主人なれど常に須原屋の名前丈は欲しいと申し一生申伝へしと、小店の老人常に予に話し居れり」(5)とあるように、明治期になっていよいよ繁昌を極めた店である。

裏書はつぎのごとし。

拝啓、然者　三代類題集代卅五銭、言葉之八千草三冊ニテ代四十銭、言葉之千種七冊代八十五銭、右之通代価ニて何時ニても差上可□（申カ）候。時トシテハ品切之節も御座候。先ハ貴答まで、如斯ニ御座候。已上。

「三代類題集」（佐伯正臣編『三代集類題』であろう）・「言葉之八千草」（珠阿弥『詞のやちくさ』）・「言葉之千種」（川島蓮阿『和歌言葉の千種』）三点の代金問い合わせに対する返事と思われる。すべて古書であろうが、「右之通代価ニて何時ニても有之候也」というあたり、さまざまな書物の注文に応えられる安定的な実力を備えていたことがうかがえる。

（表）

（裏）

【図版⑧】

09　青木歌三九宛法木徳兵衛葉書（明治十七年十一月七日消印）

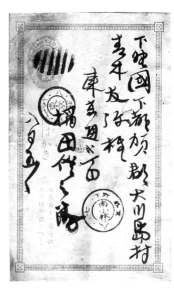

次の葉書は法木徳兵衛のもの。消印は「東京／一七・一一・七・チ」、「和泉／下野・（以下難読）」。「野州下都賀郡静戸村／青木歌三九様」と宛名を記し、「九百六拾壱号」と朱書する。この朱書の番号は、他の法木徳兵衛の葉書にもあり、往来の整理のためのものかと思われる。裏書は次のごとし。

御注文之芳譚雑誌并ニきび団子の二種共休刊ニ有之候間、勉強社屋ニてハ如何ニ有之哉。此御聞申上候也。
尤芳譚雑誌、追而出板仕候趣ニ有之候也。

東京日本橋

元大坂町十一番地
法木徳兵衛（墨印）

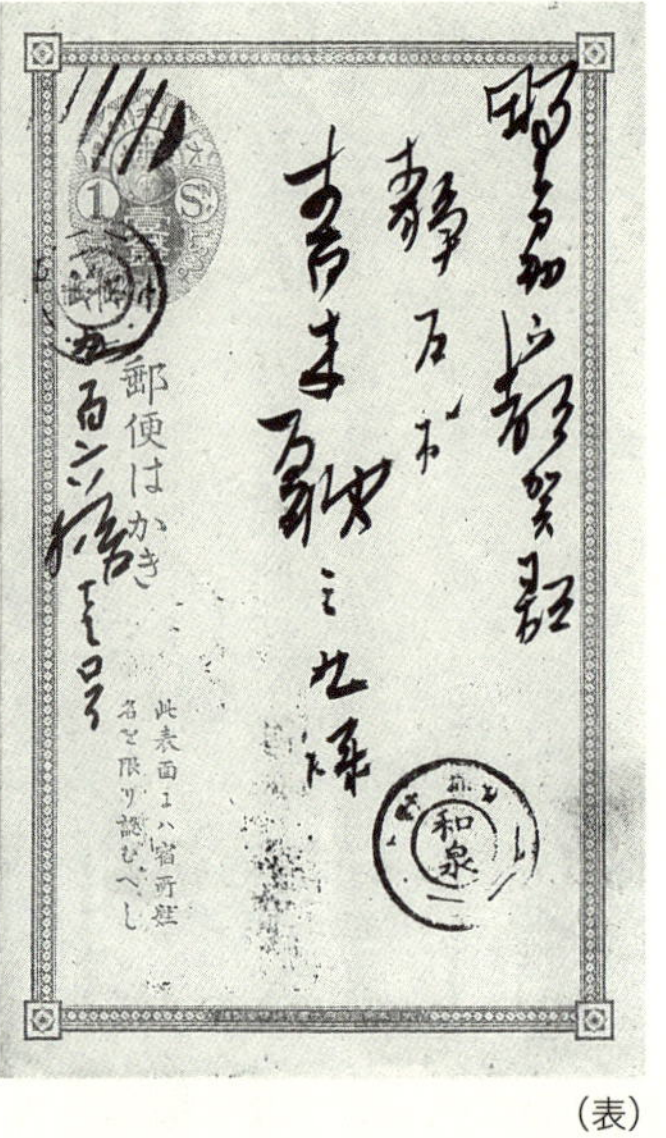

（表）

（裏）

【図版⑨】

法木に注文した『芳譚雑誌』（明治十一年七月創刊、愛善社）・『驥尾団子』（明治一三年一月創刊、団々社）について、両雑誌とも休刊、どうするかという問い合わせである。明治十六年（一八八三）四月に出された「改正新聞紙条例」は多くの雑誌類を廃刊・休刊に追い込んだ。『驥尾団子』は翌五月九日発行の二三五号を最後に廃刊となった。同号に添えられた「附録」は廃刊の口上となっていて、そこに「此度本号限り都合ありてト奥歯に物の挟み詞ヒキトコマカヅクミキヤガワオセケと致し来る十六日即ち水曜日より驥尾を廃して団々珍聞一天張と相定め」と見える。片カナ部分は十八世紀の深川遊里で流行った「からごと」で、「ひとまづみやわせ」という言葉をひそませているが、復刊はなされなかった。

『芳譚雑誌』は、この葉書にあるとおり、また発行が継続され、明治十七年十月十一日発行の四〇〇号まで続いた。青木歌（司）三九については未詳である。彼に宛てた法木徳兵衛葉書は他に三通手許にあるが、両者の頻度の高い往来、かなりの取引量をうかがえる。本葉書でも「勉強社屋ニてハ」などと戯れた表現があるのも納得できる。

明治二十一年（一八八八）七月二十六日消印の葉書には「新聞雑志発売会社」という肩書きが記されているが、大正元年『東京書籍商組合史及組合員概歴』に「法木書店　法木徳兵衛　二代（文久二年十一月二十七日生）東京市日本橋区住吉町二十番地　創業明治五年五月五日／生国ハ江戸深川ニシテ幼ニシテ法木ノ養嗣トナル、明治四年毎日新聞ノ横浜ニ於テ発行スルヤ、同社長島田覚寛トハ姻戚ノ関係上同新聞ノ東京支局主任トナリ、又東京日々、郵便報知其他ノ新聞雑誌ノ発行セラル、ヤ率先シテ其レガ売捌ヲナシ、傍ラ新聞紙ニ連載セル小説ヲ単行本トシテ発行セシモ事情ノ為メ明治二十年十二月閉店シ」(6)とあるように、法木は新聞・雑誌の取扱に長けた本屋であった。

葉書は、刊行頻度の密で、また鮮度が重要な刊行物に関わる連絡に最適な通信手段であったようだ。

四　配送案内

注文を受けた商品の出荷状況等を注文主に報せるのも葉書の用途として適したものであったろう。安定的な通信・運送インフラの整備は、遠隔地との取引を日常的なものとした。地域を異にする取引において、両者の信頼関係を維持して取引を円滑にするために、細やかな連絡はあってしかるべきものであり、葉書はその用を弁ずるに最適なものであった。

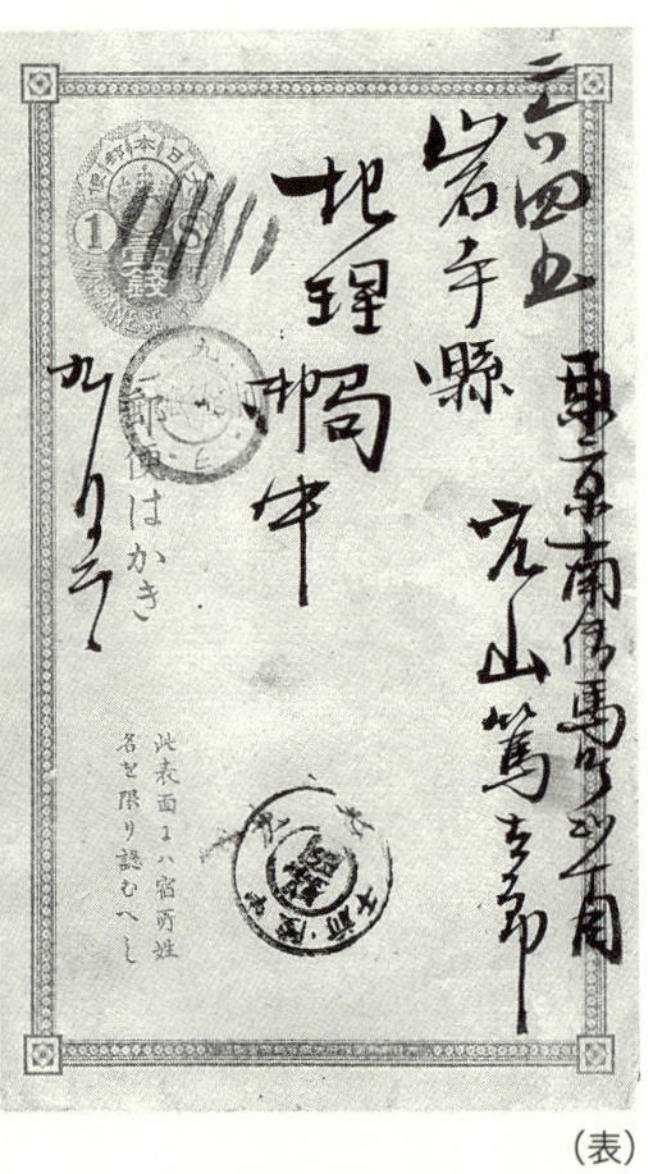

（表）

（裏）

【図版⑩】

10　岩手県地理局宛穴山篤太郎葉書（明治十八年九月二日投函）

次の葉書は、岩手県地理局に宛てた穴山篤太郎のものである。ボタ印のほか、消印は「東京／一八・九・三・ヲ」「盛岡／陸中　九　七　午前」。明治十八年（一八八五）九月三日に東京局発、中三日で、東京から盛岡に届いている。表書は「岩手県／地理局御中／九月二日／東京南伝馬町弐丁目／穴山篤太郎」となっている。

拝啓。陳者、今回御注文之樹木要領、目今第四巻迄発兌、第五巻者本月中刷了相成、第六巻者来月上旬ニ刷了之見込ニ付、本日第四冊郵送致候間、貴着御改御落掌願上候。就テハ請求書之義者全部出来相納メ之後、改テ請求可致候間、此段御了承願上候。

但シ壱冊付金拾弐銭五厘、郵税ハ別ニ申受候。

穴山篤太郎は、大正元年『東京書籍商組合史及組合員概歴』に「有隣堂　穴山篤太郎　二代（明治十七年四月二十五日生）　東京市京橋区南伝馬町二丁目十三番地　創業明治七年二月十八日／初代ハ大和国郡山ノ藩士ニシテ生形外記ノ二子、幼ニシテ穴山ヲ襲グ、後チ藩ノ属官トナリ専ラ勧業及ビ郡村政ニ参与セシモ、辞シテ京都ニ出デ書籍業村上勘兵衛兵衛ニ雇ハレ、更ニ東京ノ支店ニ廻勤ス。明治七年独立シテ現在地ニ書籍業ヲ開始シ専ラ殖産興業ニ関スル図書ヲ出版販売ス」とあるように、明治七年（一八七四）の創業、農書をはじめとする殖産興業関係書の出版を得意としていた。

「樹木要領」は、穴山が出版した今川粛『日本樹木要領』全六巻。明治十七年（一八八四）十月の出版であるが、この葉書によれば、全巻一度に刷り上がったのではないようである。書籍の送付も送付の案内も郵便、郵便事業の成功は、遠隔地との間の円滑かつ速やかな書籍の直接取引を可能にした。

11　丸善洋書店書籍積入案内葉書（閑谷黌宛、明治二十年十月二十日投函）

これは、丸善洋書店の荷を請け負った回漕店からの葉書である。表書きは「備前和気郡／閑谷黌／御中」、つまり、閑谷学校の後身閑谷黌宛のものである。明治三年（一八七〇）閉校した閑谷学校が閑谷黌として再開校したのは明治十七年（一八八四）のことである。再出発したこの学校は、蔵書の充実に努めていたものかもしれない。消印は、「東京／二〇・一〇・二一・ヌ」、「三石／備前　一〇・二四・ろ」。明治二十年（一八八七）十月二十一日の消印で、三石局にはその三日後に届いている。裏は活版印刷、金額日付等個別に記入しなければならない箇所は空欄となっていて、そこに墨書や印で記入がある。

積入御案内
［十］月［廿二］日出航［近江］丸積
丸善洋書店
［一白木函　書籍入　壱個］
［朱印（相済）］［印（岡山橋本町川岸□□
（屋標）寺尾廻漕□□）］
右之通回漕仕候間、貴着御査収被下度。万一延着ノ節ハ該取次店ヘ一応御照命被下度、此段御報奉申上候。
尚此上共御愛顧ヲ以当地ヨリ御取寄荷物並ニ御積出荷物共、下店ヘ御用披仰付度、精々注意仕、大切ニ取扱
候間、御引立ノ程、偏ニ奉願上候也。
明治二十年［十］月［廿］日

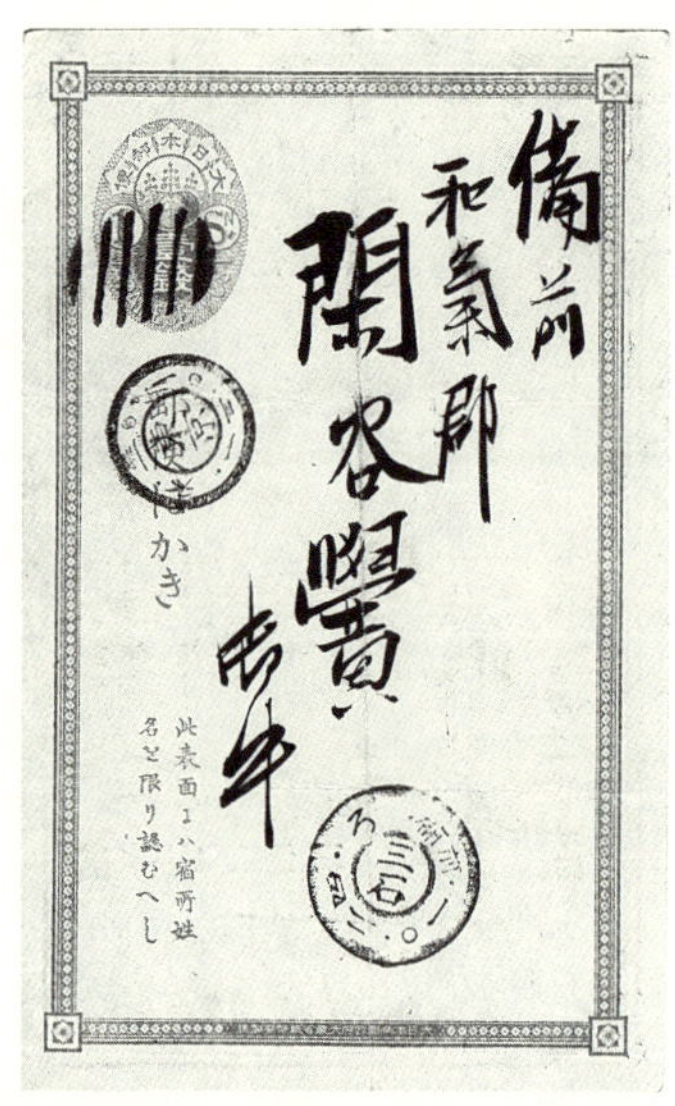

（表）

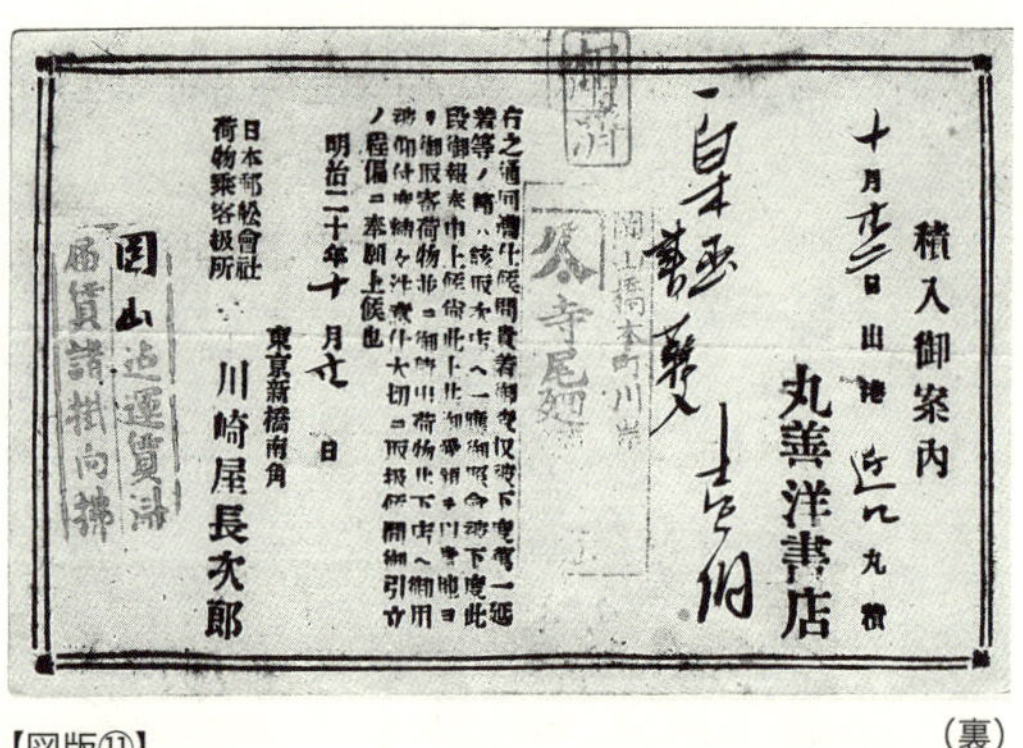

【図版⑪】　（裏）

日本郵船会社荷物乗客扱所　東京新橋南角　川崎屋長次郎
［印（［岡山］）迄運賃済／届賃諸掛向払］

日本郵船会社は、明治十八年（一八八五）十月創業。東京の丸善から出荷された商品は、船便で岡山に回漕したものらしい。この葉書は、何月何日出航の何という船に託して発送したかを報知するためのものである。このような連絡が慣例化していたことは、固定した様式で印刷されていることからも推測できる。

五　書籍代金の領収書

12　安生武兵衛宛岡島真七葉書（明治十九年六月二十三日投函）

代金領収の葉書はよく見かける。大阪の岡島真七の葉書をみてみよう。消印は「大坂／一九・六・二三・リ」、「大林／下野・下都賀・六・二九」。明治一九年〈一八八六〉のものである。表書きは「栃木県上都賀郡深程村多屋村々長／安生武兵衛様行／大坂本町四丁目／岡島真七」となっている。

裏は次のごとし。

証

［印］金四円五拾銭［印］　民事覧要
三部代

右代価正ニ請取候也［印］
明治十九年六月廿三日
大坂本町四百五十九番地
岡島真七［印］

（表）

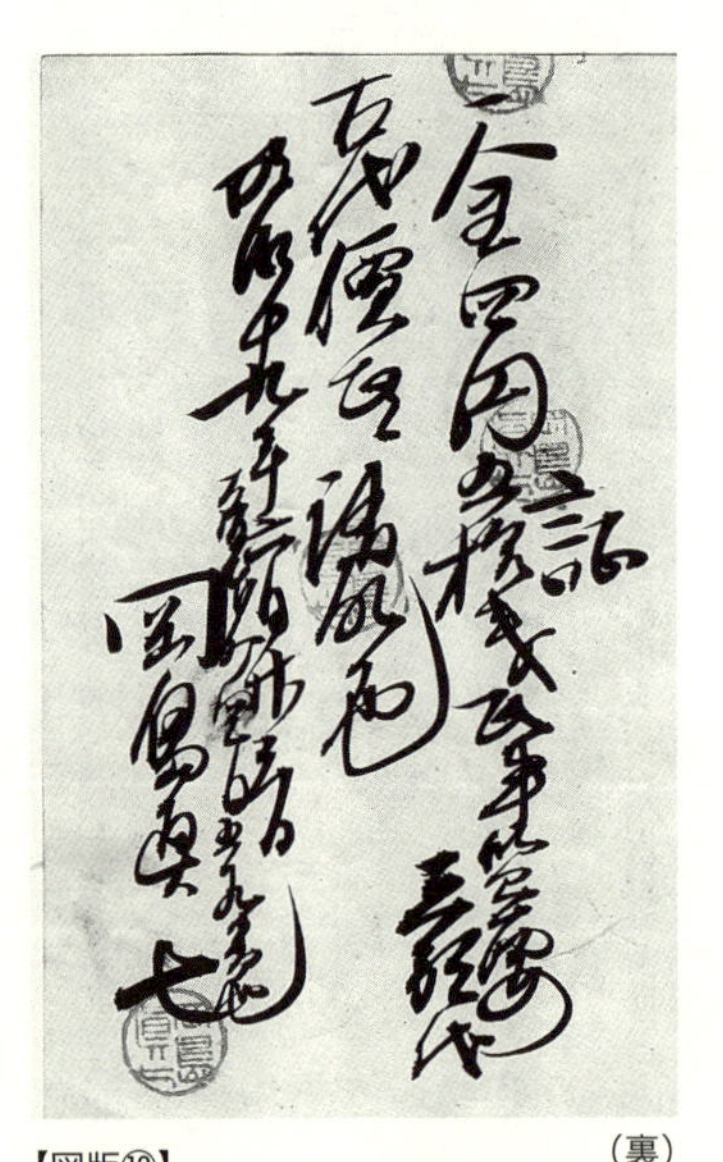

（裏）

【図版⑫】

河内屋岡島真七は河内屋喜兵衛に奉公し、慶応二年（一八六六）に暖簾分け、独立して本屋商売を始めた。『玉淵叢話』で、河内屋三木佐助は、同家出身の岡島真七について「別家の中でも繁栄しましたのは、岡島真七でございます、其全盛時代には全く飛ぶ鳥も落す程の勢で、一時大阪書林の雄鎮と呼ばる丶程でありました」と語っている。

『民事覧要』は、浅井佐一郎編、明治十一年（一八七八）岡島真七刊。内務省『出版書目月報 五号』明治十一年

五月分の無版権之部に甲編の記載があり、そこに「全編ヲ甲乙二巻トシ明治元年ヨリ十年ニ至ルノ告達及ヒ伺指令ヲ類纂スル者ニシテ此編ハ諸告達ヲ纂ム」と説明がある。乙編については、六号同六月分に記載され、説明に「此篇ハ明治六年ヨリ九年ニ至ル司法省へ伺、指令、同省日誌及ヒ指令録等ヨリ民事ニ関スル者ヲ抜輯ス」とある。増補改正版もあり、この場合はおそらくそれであろう。宛名が「村長」であり、三部の注文であるので、おそらくは公用の購入と思われる。

六　同業者間の往来

13　前川源七郎宛菱屋平兵衛葉書（五月二十六日投函）

これは一銭脇なし二つ折葉書で、消印は「名古屋／尾張・愛知／五・二六」。これは明治七年（一八七四）二月より発行された様式の葉書である。明治八年（一八七五）五月に葉書の体裁が改正されるので、この葉書は明治七年か八年のものであろうと思われるが、旧来の葉書も使用可であるので、葉書の様式のみで年次の特定は難しい。表書きは「五月廿六日／大坂心斎橋書林／前川源七郎様　／ひし屋平兵衛」となっている。裏は次のごとし。

勧善之義、四ッ引ニ候ハヽ、下ニ而ハ別段御働ニ候故、最早致方なし。蓋是非御引合ニ不相成候ハヽ、御預り置可被下候。其内従下申上候歟、又ハ売口候ハヽ、御捌可被下候。稽古大急行御遣し可被下候。

菱屋平兵衛は、名古屋本町八丁目の本屋で堂号は文泉堂。安政期の創業のようである。(7)

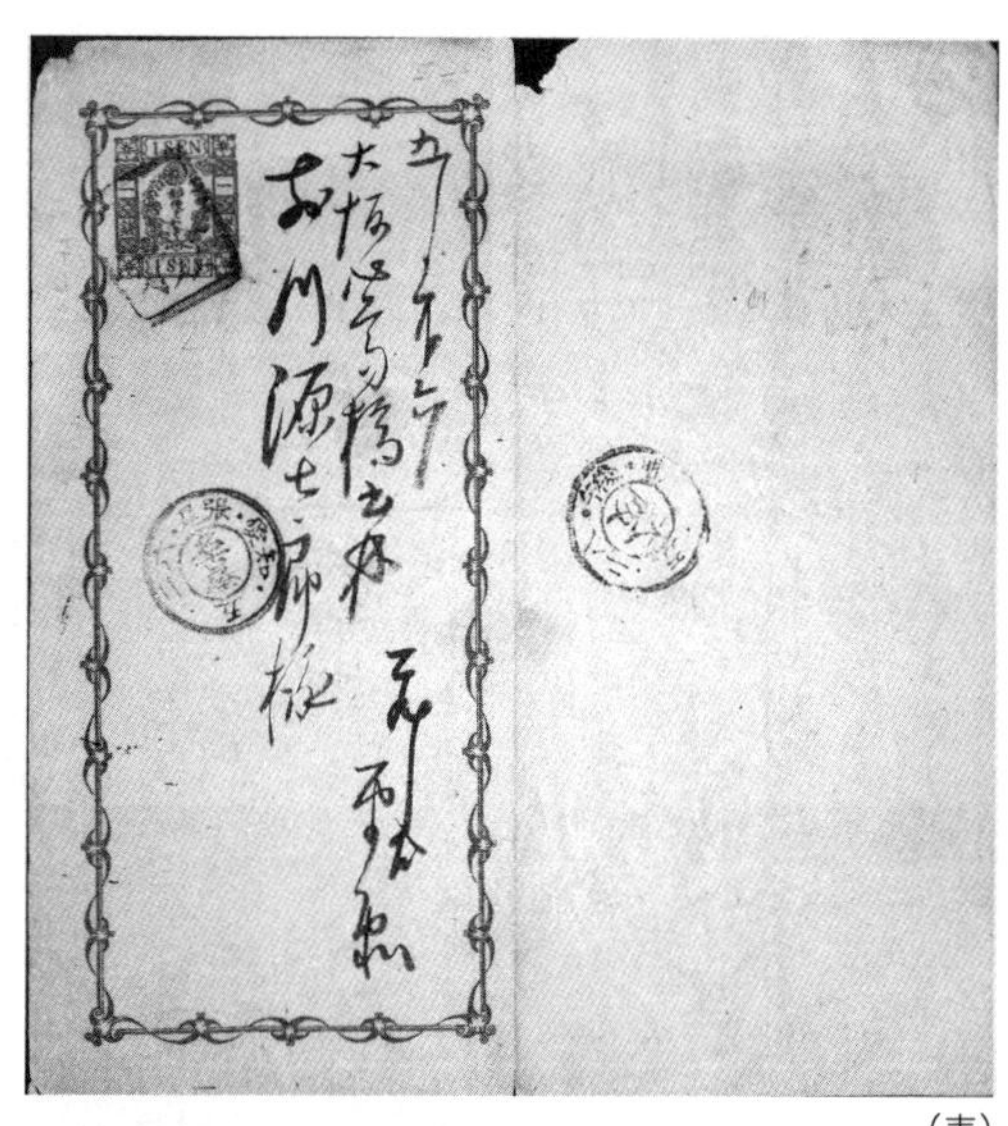

（表）

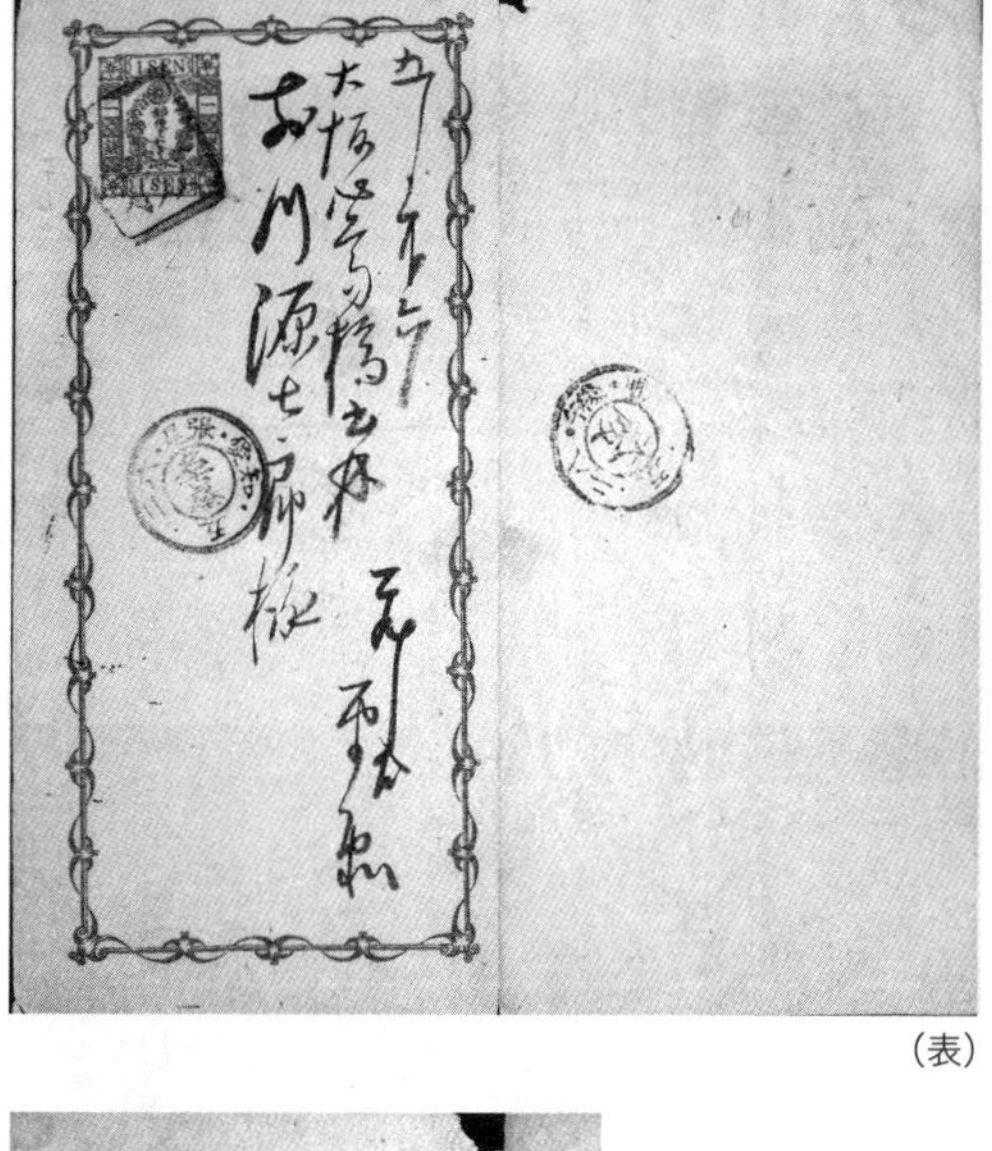

（裏）

【図版⑬】

「勧善」は、ヒコック著、箕作麟祥訳『泰西勧善訓蒙』であろう。愛知県学校蔵版で、初編三巻三冊は明治四年（一八七一）八月刊、東京中外堂柳川梅二郎発兌。菱屋平兵衛発兌の明治六年（一八七三）再刻本が確認できる。また明治八年（一八七五）十二月には、見返に「愛知県旧蔵版　二書房求版」（「二書房蔵版」とのみのものもある）、刊記に出版人として、柳河梅治郎と鬼頭平兵衛二軒併記のものが出版されている。愛知県学校が版権を下げ渡したものかと思われる。なお、続編四巻四冊は、永楽屋正兵衛と菱屋平兵衛蔵版で明治七年（一八七四）の刊行である。

明治七年四月刊『戊辰以来新刻書目便覧』に「泰西勧善訓蒙　箕作麟祥　五十銭　三」として掲出されるが、後印本では価格が三十七銭五厘に改刻されている。

この葉書は、前川源七郎との『泰西勧善訓蒙』の取引に関わるもので、「四ッ引」とは、おそらく前川が提示した割引率なのであろう。書籍個別、それぞれの書店間で交渉して卸値を決めるのであるが、葉書はそのようなやりとりに適した通信手段であった。

最後に至急送付を請うている「稽古」は義太夫の稽古本ででもあろうか、よくわからない。

14　岸田吟香宛出雲寺万次郎葉書（明治十六年五月十六日投函）

ここに紹介する葉書は、岸田吟香宛、出雲寺万次郎のものである。五厘葉書で、消印は「東京／□（難読）・一六・五・一六」とボタ印。表書きは「京橋銀座弐丁目／薬舗／岸田吟香様／書籍店御中」とある。裏は、

貴店出板之画史彙伝并ニ墨林今話、各々正ミ何程ニて御遣し相成候哉。乍御手数一寸はがきで御返じありたし。

五月十六日午後出

（朱印）東京両国横山町一丁目一番地

書林　（屋標）　出雲寺萬次郎

ということで、出版書の卸価格についての問い合わせである。両国から銀座、江戸時代であれば、丁稚を走らせるところであろう。「一寸はがきで御返じありたし」などとあるあたり、日常の商用の手軽な通信手段として葉書が定着していることを感じさせる。

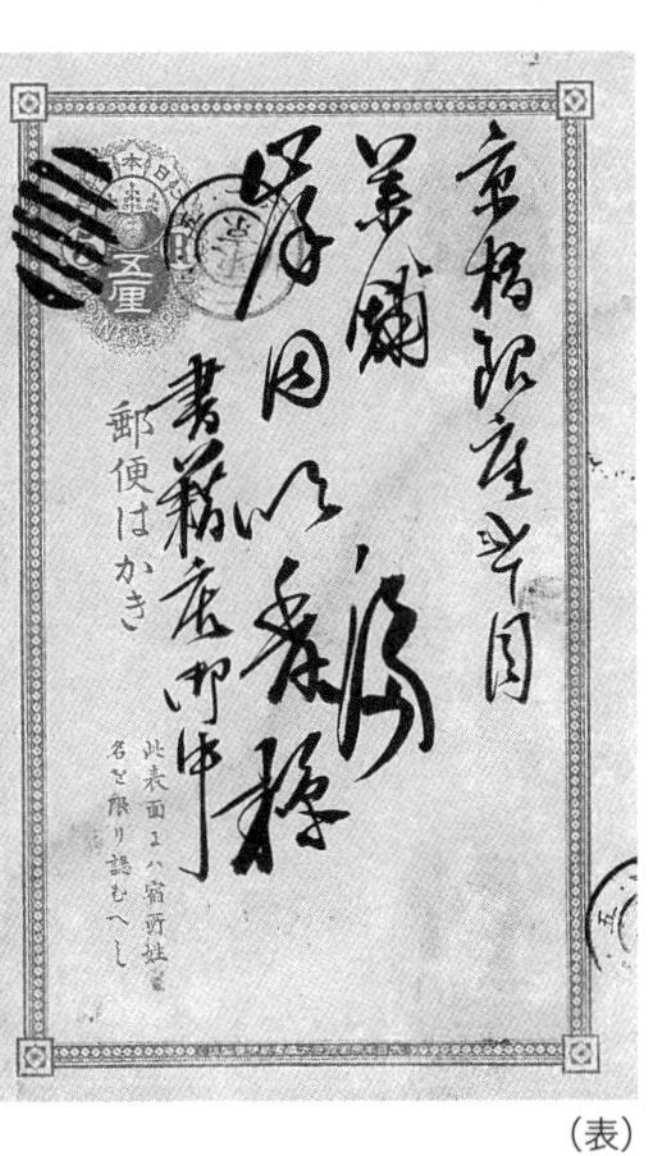
（表）

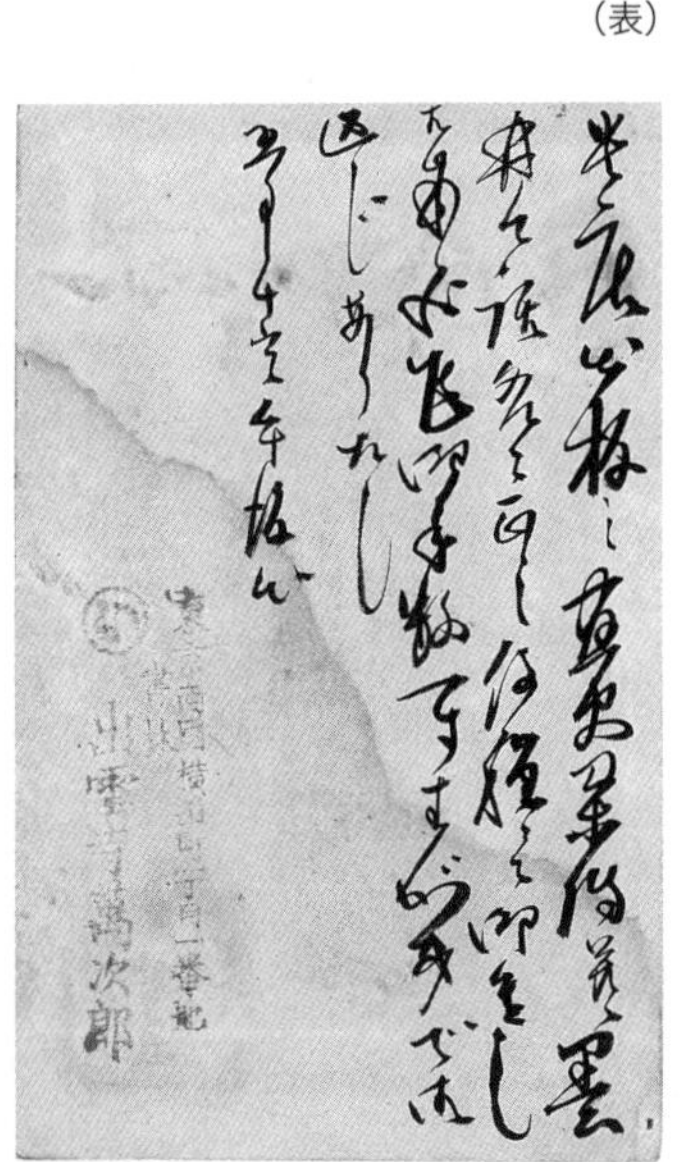
（裏）

【図版⑭】

『画史彙伝』は明治十五年〈一八八二〉、岸田吟香刊。『墨林今話』は蒋宝齢撰のもので楽善堂輸入の唐本であろう。楽善堂の新聞広告、たとえば、明治十六年七月十一日の『郵便報知新聞』掲載「楽善堂書房告白」に「墨林今話　六冊　定価金一円」と見える。この広告、書目の後に「右之外東京大坂各地出板ノ書籍類并ニ唐本類色々販売仕候間御購求可被下但シ唐本ノ義ハ本舗ニ所持不致候品ニテモ速ニ上海支店へ申遣シ速ニ清国ヨリ取寄セ差上可申候間多少ニ不拘御用被仰付被下度奉冀候」とある。

15　吉田治兵衛・同直介宛柴原宗助葉書（明治十六年五月三十一日投函）

この葉書は、五厘葉書、切手を追加貼付して使用している（但し剥離）。消印は「高梁／備中・□（難読）房・六・一」、「大阪／一六・六・三・ロ」。表書は「大坂江戸堀犬斎橋／北通り壱丁目／吉田治兵衛様／同直介様／高はし／柴原」。裏書は次のごとし。

土方先生
　南北亜米利加暗射図　揃　壱包
一小学裁縫教授書　五部
右至急御積入可被下候
　五月三十一日
松花園報大急キ〳〵也

吉田治兵衛は吉田次兵衛とも。大阪の書肆である。直介は同家の人間のようであるが未詳である。「柴原」は備中高梁本町の柴原宗助であろう。高梁には、他に加島屋保之助という本屋があったが、今のところ明治十年（一八七七）刊『日本地誌略字引』（華井ちく・山本重助版）が売弘書肆として名前を確認できるもっとも時代が下っ

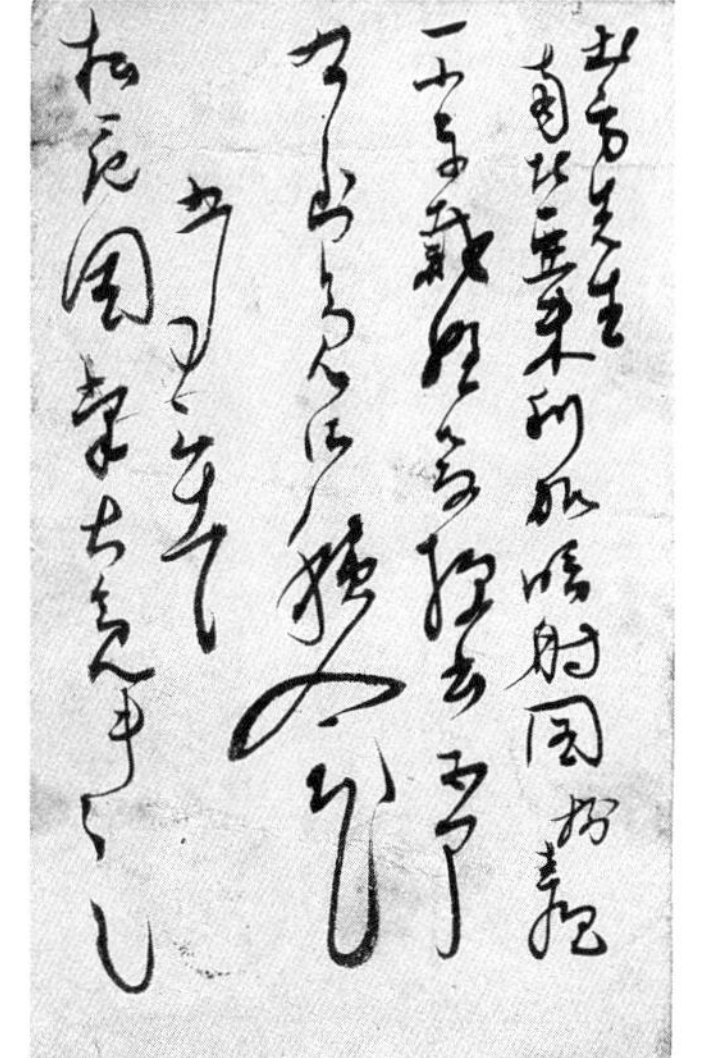

（表）

（裏）

【図版⑮】

たものである。それに対して柴原の名は明治十年より確認できる。おそらく、加島屋に代わって高梁の書籍流通の要となり、教科用書・掛図納品の御用も務めていたものかと推測される。なお『小学裁縫教授書』は、明治十六年（一八八三）淡路新聞社刊のものがあるが、これであろうか。「松花園報」は未詳。

七　本支店間の連絡

16 丸屋善七宛丸屋善八葉書（明治八年十二月二十八日投函）

丸菊一銭葉書、消印は「横浜／武蔵　一二・□□　ク」「東京／明治八・一二・二八・り」の二印。明治八年十二月二十八日出の葉書であることは裏書きで判明するが、横浜・東京は一日で連絡がつくのである。表書は「東京日本橋通／三丁目／丸屋善七殿／寛吉様／横浜弐／丸屋善八」となっている。裏は次のごとし。

一評論新聞六冊、只今銀三持参仕候。跡廿冊至急御送り可被下候。昨日者廿五冊ト申上候。廿六冊入用ニ付尚廿冊と申上候なり。昨日も申上候通り、後レテハ不都合ニ付、成ル丈ケ早ク奉願上候。万一出来ザレハ、一応御申越可被下候。

十二月廿八日

ヒン氏薬物学并アルメレンス薬物学之義、早速被仰下、難有奉存候。

横浜弁天町二丁目に丸屋書店と薬店を早矢仕有的が開いたのは明治二年（一八六九）のこと。輸入の薬品と書籍の取り扱いが営業の柱であった。その支店として東京日本橋通三丁目に丸屋善七店を開店したのは明治三年（一八六八）のことである。

なお、『丸善百年史』(8)には、明治七年（一八七四）六月七日付の善七宛善八葉書が図版で紹介されている。本状と同様、東京支店への発注リストで、『官員録』・『人民必携』・『物理訓蒙』などの書名が見える。『評論新聞』は明治六年（一八七三）三月の創刊。不足分の連絡に応じて「銀三」が横浜に六冊持ってきたというのであるが、「銀三」は使用人の名前であろうか。「昨日者廿五冊ト申上候」とあるが、葉書でのこのような連絡は毎日のように交わされていたものなのであろう。新聞は鮮度が命、「至急」「成ル丈ケ早ク」の用を弁ずる役割を葉書が担っているのである。

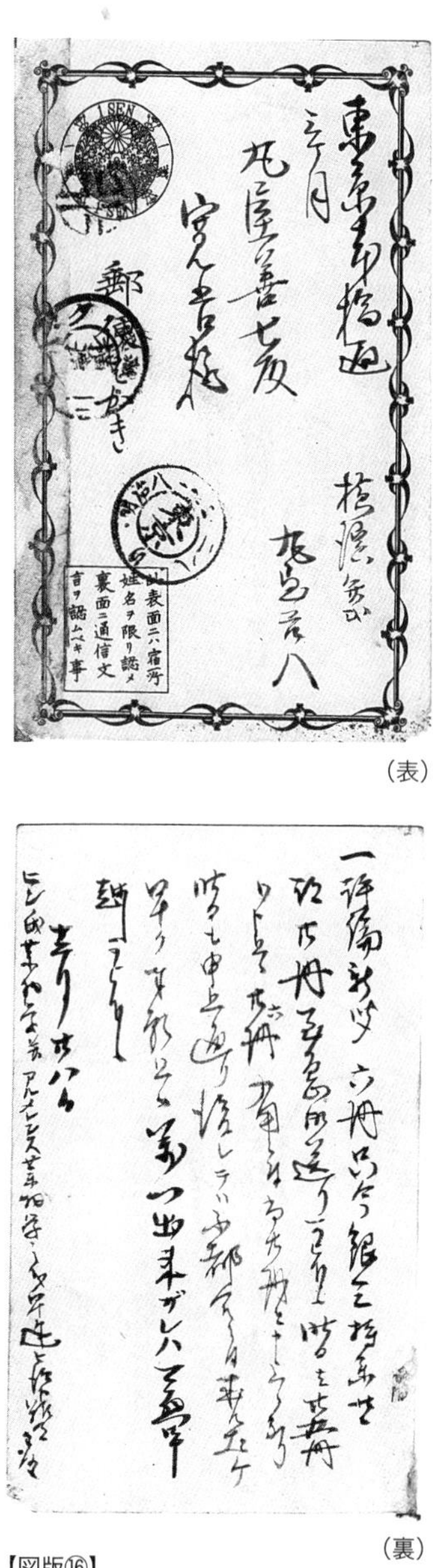

（表）

（裏）

【図版⑯】

17 内藤半七宛内藤彦一葉書（八月十三日投函）

丹波亀岡の内藤半七に宛てた京都内藤彦一の葉書である。一銭小判葉書、消印は「京都／山城・八・一三・に」。何年のものかは特定できない。ただし、この葉書に捺されている、いわゆる白抜十字のボタ印は、明治十四年（一八八一）九月より用いられたものなので、翌十五年（一八八二）以後であることは確かである。宛名書は、「丹波亀岡西町／内藤半七殿行／八月十三日」となっている。差出人は朱印で捺されているが印肉が薄く、判然としない箇所がある。「下京区□□……／四条□□……／書籍□□内藤彦一」と一部見えるだけであるが、京都御幸町四条下ル町貞安前ノ町の本屋内藤彦一のものである。裏は次のごとし。

過日差出し候読本字書三十部ハ記載致し候。余リ弐十部ゟ入置不申、甚不都合之段御断申上候。残リ拾部ハ後便ニ而差出し申候。本日紙包正ニ請取。其内地誌畧字引、入日記ニ弐十五部記有之候内壱部不足ニ御座候間、後便ニ而御差出し被下候。御依頼申上候。頓首

内藤店ゟ

『出版文化の源流 京都書肆変遷史』(9)の内藤奎運堂（内藤彦一）の項は、「内藤半七（半月堂）が同じ傾向教育書を主に発行している。なお明治十九年には半七、彦一の相合版（十八史略字類大全）を刊行している所をみると、何んらかの繋がりがあった様に考えられるが、それ以上の事は判然としない」としているが、この葉書にも明らかなように、京都四条の内藤彦一は、丹波亀岡の内藤半七の支店である。丹波の内藤は、現在の内藤印刷で、同社のホームページによれば、内藤は明治五年亀山に創業、木綿商より出版業に転じたようである。おそらくは、地

元の教科書制作と流通から書籍業の規模を広げていったものと思われる（明治七年翻刻の『小学読本 三』を確認している）。この葉書は、支店から本店への連絡の葉書である。「読本字書」は『小学読本』の字引であろうが、今のところ特定できていない。「地誌畧字引」は『日本地誌略字引』であろう。詳細はとらえにくいが、本店から京都支店に出荷された書籍の過不足とその調整の段取りについての連絡のようである。丹波地方にて使用される教科書とその参考書類が当初の営業の柱であったのであろうが、京都府下の需要とそこからさらに広がる流通をも視野に入れて、本店制作のものの流通拠点としての京都支店開業であったと思われる。なお、『出版文化の源流 京都書肆変遷史』に「明治二十八年の名簿（京都同盟書肆）を最後にそれ以後の消息は不詳」とあるが、明治末までには支店をたたんだものなのであろうか。

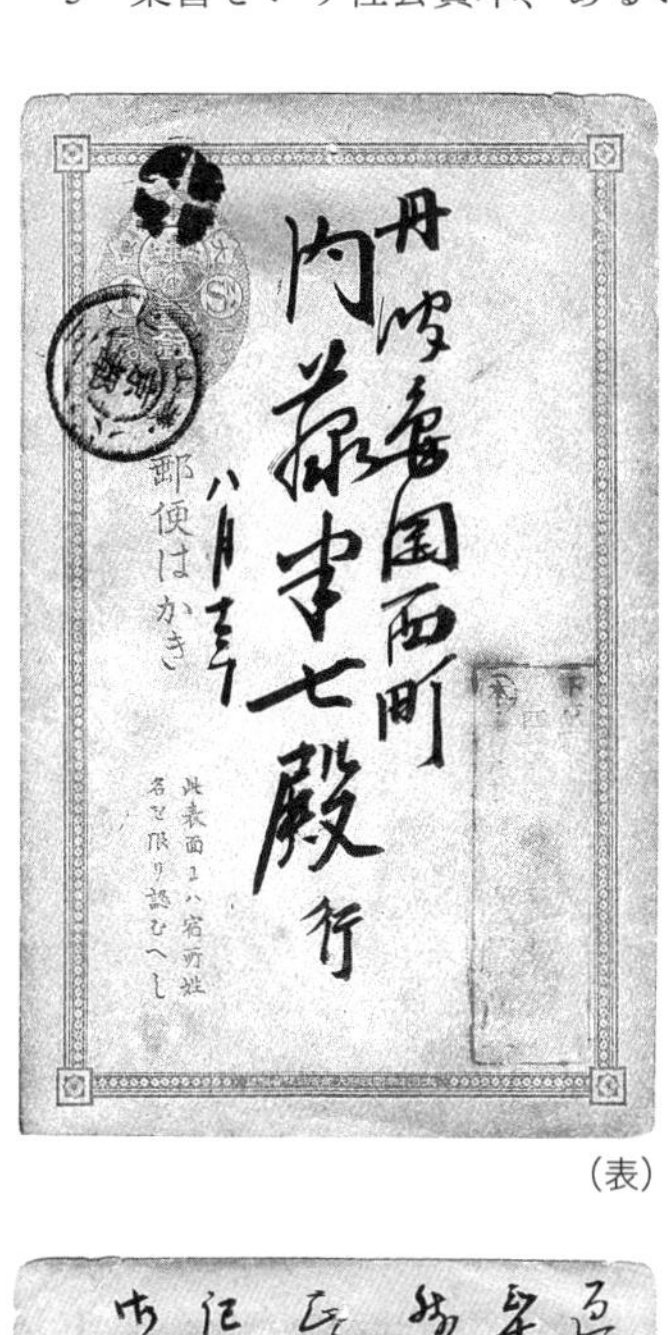

（表）

（裏）

【図版⑰】

八　信頼をつなぐ――予約出版の場合――

明治十年代なかば、翻刻ものについて予約出版という方法が大いに行われた。(10)

18　坂猛三宛集成館葉書（明治十六年五月二日投函）

明治十六年（一八八三）に大田南畝の随筆『一話一言』の予約出版を企図した集成館の葉書を見てみよう。五厘葉書一葉、五厘切手を追加貼付してある。ボタ印のほか、消印は「東京　一六・五・三・イ」。明治十六年五月三日である。宛名書は「日本橋区坂本町／八番地渋沢店／坂猛三様」となっている。裏は活版印刷で次のごとし。月日等は空欄になっており、そこに墨書で記入されている。

> 拝啓。一話一言第一（墨書）帙八冊　部本日府内物品配達ニ付シテ出荷仕候条此段御案内申上候也。
> 但爾後毎月大三十一日／小三十日ヲ以テ確然出版仕候ニ付、毎帙金員ノ義モ予テ御締約ノ日限迄ニ其時々御振込被下候様、此段奉冀置候也。
> 明治十六年五（墨書）月二（墨書）日　京橋区滝山町三番地
> 集成館

磯部敦「『一話一言月刊同盟現員表』――集成館の予約者名簿――」(11)は、集成館版『一話一言』の出版経緯を考証して有益な論考である。以下、この論考によって略述すると、最初の予約募集広告は明治十五年（一八八二）

九月二十日『朝野新聞』掲載のもの。同年十一月三十日までに五百人の予約者を募り、全五十冊を六ヶ月間で刊行する目論見であった。同年十二月になっても予定の予約者に達せず、実施を延期、四月一日着手、四月三十日第一帙発行ということになった。

この葉書は、第一帙発行時に出されたものである。一円の振り込みを要求しているが、予約者は三月三十一日までに予約金一円ないし一円五十銭（前者は「白紙摺」、後者は「大半紙摺」）を納め、一帙出来ごとに一円を支払い、六回で、七円ないし七円五十銭の「実価」を納め終わる段取りなのである。

朱で訂正してあるところがある。二行目「内物品配達ニ付シテ出荷仕候条此段」のところを脇に朱で「出来仕候ニ付、第一帙金壱円御振込傍、御受取人御遣シ被下度」と直している。もともと「府内物品配達」に託して出荷するということを印刷していたのであるが、第一帙代金一円を振り込み、かつ受取人をよこして品物を受け取ってほしいと直しているのである。

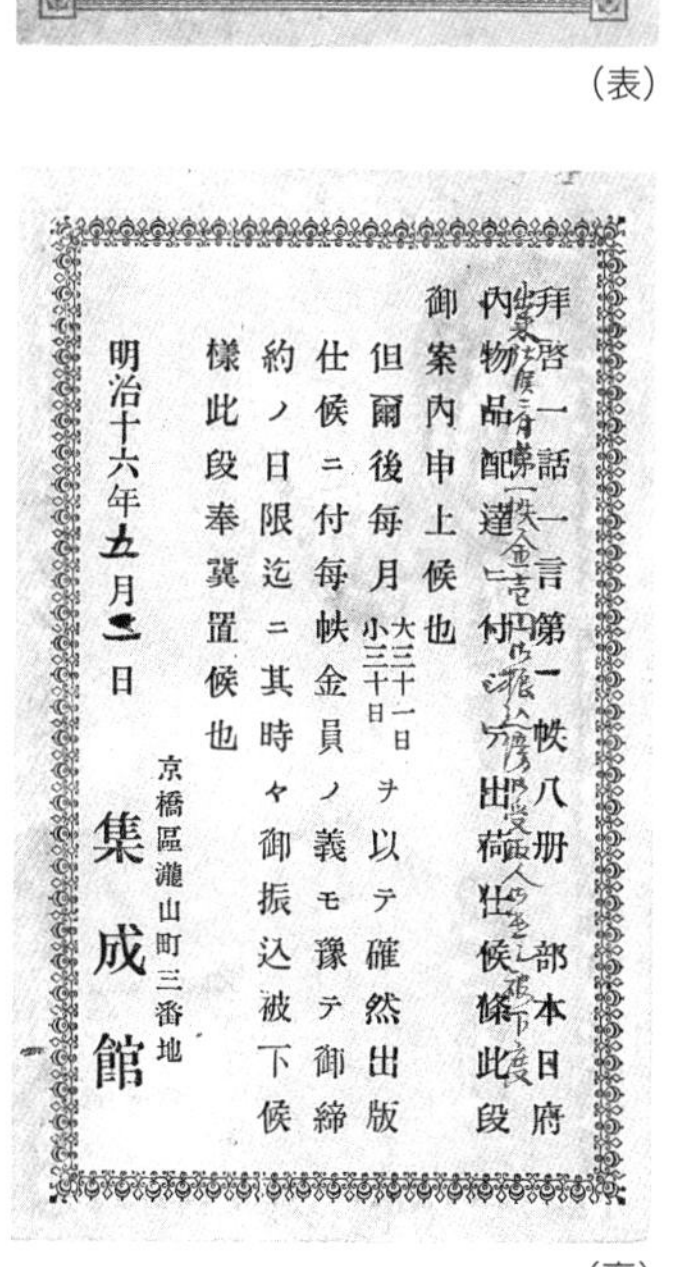

（表）

拝啓一話一言第一帙八冊部本日府内物品配達ニ付出荷仕候條此段御案内申上候也
但爾後毎月大三十一日小三十日ヲ以テ確然出版仕候ニ付毎帙金員ノ義モ豫テ御締約ノ日限迄ニ其時々御振込被下候様此段奉冀置候也
明治十六年五月二日
京橋區瀧山町三番地
集成館

（裏）

【図版⑱】

磯部論考が紹介している明治十六年三月三日『朝野新聞』所掲出版規約によると、運賃先払いにて、府内は物品配達、府外は内国通運で発送するとあって、葉書の文面はその原則に則ったものであるが、これらの運送手段に頼らず、自前で品物を受け取りにくることにも柔軟に対応していたのであろう。

磯部論考は、予約者の名簿である『一話一言月刊同盟現員表』（明治十五年十二月）を紹介している。この名簿中に「東京坂本町八番地渋沢店　◎坂猛三君」という記事があって、葉書の宛名の予約者中の一人であることが確認できる。なお「◎」は大半紙摺の注文者である。

予約出版は、大きな資本の用意を要せず、うまくいけば着実な出版方法なのであるが、出版社と購入者との間の信頼関係というきわめてデリケートなところに成立する脆弱な出版方法でもあった。磯部論考は、この『現員表』配布は、予約状況を予約者に報知することによって、予約者との間の信頼関係を維持することを意図するものであったとする。この葉書も同様の効果を期待してのものである。このようにこまめに予約者に状況報告をかねた連絡をとるなどして、満尾に至るまで予約者をつなぎ止め、出版資金を確保し続けなくてはならないわけである。

19　景山助市宛花井卯助葉書（明治十八年十一月十日付）

一銭小判葉書。大阪ボタ印に、消印は「大坂　一八・一一・一〇・リ」「掛合　出雲・□□（難読）・一一・一五」の二顆。表書は「出雲国飯石郡／吉田町／景山助市様」。裏書は活版印刷で、数字を墨で書き入れている（墨書は［　］で示した）。上欄には「［乙］第［弐七壱三］号」とある。

証

一金［壱円也　但シ本綴ノ分］
今般予約出版 鼇頭伺指令内訓 大日本六法類編［壱］部加盟金トシテ正ニ受取候。追テ製本落成ノ上ハ、直チニ御照会申上候ニ付、跡金及ビ此証御送達相成候上ハ、速ニ通運会社若シクハ汽船便ヲ以テ逓送致シ候。
依テ御加盟ノ証トシテ差出シ候也。
明治十八年　　大阪府下東区安土町四丁目十一番地
［十一］月［十］日　予約申込所　花井卯助［印］

予約加盟金の請取書である。小松恒編『鼇頭伺指令内訓現行類聚大日本六法類編』は、予約募集広告が諸新聞や『出版新報』に掲載されている。『出版新報』第十三号（明治十八年十月二十五日、博聞社）から少々引用してみる。詳細な内容紹介に二段分ほど費やしたあと、予約に関する細則が一書きで十六条列記されている。

（表）

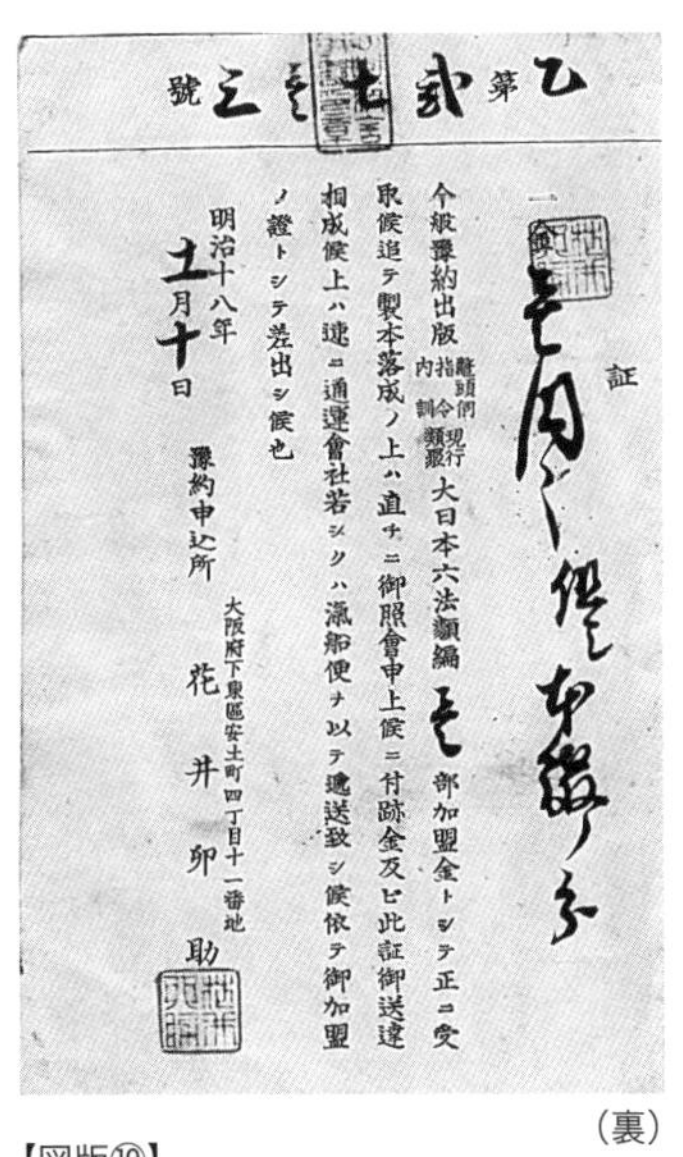
乙第弐七三號

證

一金壱円但シ本綴ノ分
今般豫約出版 鼇頭伺指令内訓 現行類聚 大日本六法類編 壱 部加盟金トシテ正ニ受取候追テ製本落成ノ上ハ直チニ御照會申上候ニ付跡金及ビ此証御送達相成候上ハ速ニ通運會社若シクハ滊船便ヲ以テ逓送致シ候依テ御加盟ノ證トシテ差出シ候也
明治十八年
十一月十日
豫約申込所
大阪府下東區安土町四丁目十一番地
花井卯助

（裏）

【図版⑲】

予約方法及細則

一本書ハ上中下ノ三冊トシ西洋綴背部羊皮金文字入美本紙数二千ページ余十五行三十字詰鼇頭伺内訓指令中
型本

一本書今回五千部限予約方法ヲ以テ非常廉価ニ加盟諸君ニ頒ツ

○定価金六円也予約御加盟諸君ニ限リ非常低価則チ金弐円五十銭ヲ以テ頒ツ最トモ逓送費共

一予約申込期日明治十八年十一月廿日ヲ以テ限リトス

一製本落成ハ明治十八年十一月三十日と定ム

一本書逓送ノ義ハ明治十八年十二月五日ヨリ向廿日限御加盟申込ノ順序ニ随ヒ通運会社或ハ汽船便ヲ以テ逓送ス

（中略）

一御加盟ノ諸君ハ本書御申込ノ御加盟金トシテ金壱円ヲ御送附アルヘシ但仮綴ノ分御申込ノ諸君ハ御加盟金
トシテ金五拾銭御送附アルベシ且為替ノ義其他御都合ニテ銀行又ハ郵便為替ニテモ不苦候

一予約御加盟金郵便切手代用セラルヽ諸君ハ壱円増シ

一本書製本竣功ノ上ハ郵便端書若シクハ諸新聞ヲ以テ広告ス

尚本社ニ於テハ為念加盟諸君ニ限リ特別端書ヲ以テ本書落成ヲ広告ス

（中略）

大阪東区安土町四丁目十一番地

予約出版申込所本部　　花井卯助

予約申込取次所

大阪東区唐物町四丁目
同志出版社
東京京橋区銀坐四丁目
博聞本社
西京寺町御池上ル
山田安貞

予約を募るに際して、出版書の内容・仕立についての細大漏らさぬ情報、また予約出版に関わる規則を新聞等の広告をもって報知し（見本も請求できる）、予約加盟者には、新聞広告意外に、別途葉書をもって諸連絡が行き渡るような万全さである。予約出版の成否は、信頼関係を継続していけるかどうかにかかっており、このような万全の措置を講じてはじめてそれが可能となるのである。

20 中近堂葉書（明治二十二年一月五日消印）

中近堂版『和漢三才図会』は、明治十七年七月に第一帙が出来上がる。同年七月七日『時事新報』に掲載した広告は次の如し。

和漢三才図会第一回報
第一回紙数一千四百余ページ印刷製本出来、予約金御払込ノ順序ニ因リ送本ス。猶、予約金並第二回分御払込無之分ハ、速ニ御送金被下度○附言、本書ハ専ラ紙質ヲ撰ミ、印刷モ亦鮮カナル、見本ト比較シテ判然タリ。第二第三回共印刷ニ着手ス。図画及彫刻全揃ニ付、今後送本ハ速カナル見込ニ御坐候也。

明治十七年　東京銀坐二
七月　丁目六番地　㊥中近堂

第二帙は翌十八年七月の発行、『朝日新聞』明治十八年七月十八日広告には次のようにある。

○和漢三才図会
全三帙上中刻成　予約定価八円
弊店予約出板ノ三才図会、上中下全部三冊ノ内上中二帙迄ハ製本成リ、目下配達中ナリ。大尾下帙印刷中、該書ハ諸君ノ了知セラルヽ如ク調法無類ニシテ、森羅万象全備ノ大帙ナリ。其印刷製本体裁ノ美ニシテ鮮明ナルハ、予約諸君ヨリ続々高評ヲ賜ハル処ニシテ、弊店ノ栄之ニ過ギザル処ナリ。猶予備ノ残本若干アレハ、持合セ限リ予約ノ御相談可仕候。且又予約ノ有無ニ関ラズ、左ノ本支店へ備へ置候間、御一覧ノ上、其業ノ大ニシテ煩労ノ尠ナカラザルコトヲ御推察ノ上、成程是ナラバ安イモノナリトノ御評ヲ頂キ、御注文被下度、伏テ奉希候也。
東京銀座二丁目六番地　中近堂本店
大坂備後町四丁目　中近堂支店
尾州名古屋東本重町　中近堂支店

「印刷製本体裁ノ美ニシテ鮮明」を広告にうたうわけであるが、実際そのとおりであっても、広告は広告、そこに虚構が含み込まれる余地のあることは、すでに新聞読者も承知の上である。明治十八年にもなれば、破綻する予約出版、あるいは破綻を含み込んだ上での予約募集が横行し始めるころである。中近堂は、本支店で現物を一覧したうえでの注文を勧めている。ここに「下帙印刷中」とあるが、これはかなり遅れての発行のようである。ここに紹介する中近堂の葉書は、この『和漢三才図会』最終冊に関わるものである。一銭小判葉書で、消印は「武蔵／東京／廿二年一月／五日／ル便」で、表書は「日本区大伝馬町／三十弐番地／西山重助様方／西山重吉様」となっている。裏書は次のごとし。

兼而予約之三才図会三期分出来ニ付、表面之方へ送本致し宜敷候哉。至急御回答待入候。
［朱印］（東京　京橋区銀座□（難読）丁目六番地／書肆中近堂）

宛先の西山重吉はかねてよりの予約者であったのであろうが、前回から三年半というかなりの時間があいてしまっているので、送付先の確認である。中近堂は、「予約加盟ノ諸君ニハ製本配達仕候。然レトモ最モ多数ノ儀ニ付、若シ配達方相洩レ居候御方モ有之ハ、速ニ御通知ヲ乞。」という広告を一月、二月、各新聞に掲載している。

おわりに――書籍流通史料としての可能性――

『日本開化詩』（明治九年〈一八七六〉十月版権免許、中村熊次郎蔵版）に次の七絶二首を見出すことができる。

　○郵便
八十余州各府県　東西無地不郵伝
都鄙定額通常例　渾自一銭至四銭
　○其二
郵便便処利猶深　似占脚夫若干金
此際不憂親戚隔　三銭印税了郷音

郵便は開化の象徴のひとつであった。国家の制度として、行き渡らぬ所もなく、郵税も定額で低廉、遠く隔たった郷里との音信に三銭あればよいのである。

『明治開化和歌集』（佐々木弘綱編、明治十三年〈一八八〇〉五月六日出版御届、同年七月出版、山中市兵衛版）にも「郵便」題の歌がある。

　郵便（いうびん）　　　　秋夫
かりがねの翅にかけしそれよりもはやきたよりのある世なりけり

つくしよりおくえぞかけて日数経ずゆきかへりけり雁の玉づさ(12)　茂成

「日数経ず」の往来は旧来の通信手段とのもっとも大きな違いであった。『俳諧開化集』（西谷富水編、明治十四年〈一八八一〉四月二十五日御届、五月十五日刻成、金花堂中村佐助発売）には「郵便端書」題の句が見える。

余の事は後のたよりや年始状　林華
ひとひらに事足る用や筆の花　富水(13)

「ひとひらに事足る用」とは言い得て妙である。この程度で足りる用向きを簡便に伝えられる葉書は商用にももってこいの通信手段であった。葉書用に特化した用文章も多数出版されるが、そのうちの一つ『開化はがき用文』（明治二十年〈一八八七〉二月、米山栄吉版）に収められた例文の項目を列挙してみる。年始状・開店報知之文・品物注文之文・其二職方へ注文之文・注文品催促之文・誂物延期之文・旅行報知之文・遠国旅立之人に遣す文・他国より自国に遣はす文・荷物運漕報知之文・金子相達之文・金子為替之文・為替金受取之文・花見に催す文・藤花に客を招く文・梅雨中碁を催す文・避暑舟遊之文・同返事・展覧会に友を招く文・菊見之文。先に掲げた『郵便端書一寸用文』もそうであったが、いずれも簡便な用途の短文が並べられており、中でも商用をはじめとする事務的な通信文の割合が多い。

『脩道館事務雑誌 第七号』にも次のように見える。

○本館ヘ日々到来ノ書状百ヲ以テ算シ書籍注文期限ノ際ハ千ヲ以テ算シ候様ノ郵便ニ付御照会ノ書面等可成短簡ニシテ一打書キニ被成候得ハ決シテ御照会ノ廉落失致サス本館非常ノ便利ニ付可成前件御承知ヲ乞フ

繁多な業務の中では「短簡」が望まれるし、寸法の規格化された「カード」は整理もつけやすいものであったと思われる。

さて、以上、幾例か示してみたように、葉書は、書籍流通のたいへん細かいところを示してくれるという意味で他に見出しがたいものを持っている史料である。ただし、この史料はけっして扱いやすいものではない。それは、情報が断片的であり、また、当事者間でのみ了解し合っている内容のものが多く理解が困難であることが多いからである。

それから、その葉書をめぐる状況が読みとりにくいこともあるであろうが、文字、文面が読みにくいものが非常に多い。大急ぎで書き殴ったような散らかった文字のものも珍しくはない。公的な文書に比べると、当事者の間だけでわかり合えればよいという体のもので、私的な性格が強く、臨場感はあるものの、第三者には厄介な字面なのである。

また、最初にあげたことと重なってくるが、大げさにいえば、一時一時のきれぎれの史料であり、当該の本屋、また発信・受信の両者の関係性の大きな部分を覆う史料ではないことが史料の有効性に大きな制限を与えている。わかりやすく言えば、一片の葉書のみでは「ストーリー」を紡ぎ出せないことが多く、かっこいいことがなかなかか言えない。かなり中途半端でもどかしい史料なのである。

しかし、書籍流通の具体的なところ、実相が明らかになっているとはいえない研究現況においては、見過ごすわけにはいかないなまなましい史料であることは確かなのではなかろうか。

注

(1) 上田由美「新聞万華鏡（二十二）横浜共同新聞販売会社」（横浜開港資料館『開港のひろば』九十一号、二〇〇六年二月）は、明治二十四年（一八九一）四月二十三日の『横浜貿易新聞』掲載「横浜共同新聞販売会社設立広告」を紹介しているが、その中に鈴木の名前を確認できる。

(2) 架蔵の両文社引札は明治九年（一八七六）創刊時のものと思われるが、そこには「支局　横浜相生町六丁目角田吉本」とあって、鈴木鴻文堂の名は見えない。その後、鈴木鴻文堂が、いつどのような経緯でこのような関係を両文社と結んだものかは未詳である。

(3) 明治三十五年（一九〇二）夏三木佐助自刊。『書誌書目シリーズ4　明治出版史話』（一九七七年三月、ゆまに書房）に影印が収められている。

(4) 『リプリント日本近代文学64』（二〇〇六年四月、国文学研究資料館発行）による。同書磯部敦解題によると、明治九年十二月、文光堂出版『郵便端書通信文言』の求板解題本。

(5) 『古本屋』三号（一九二七年十一月、荒木伊兵衛書店）。

(6) 日本書誌学大系2『東京書籍商伝記集覧』（一九七八年四月、青裳堂書店）所収。

(7) 太田正弘『尾張出版文化史』（一九九五年三月、六甲出版）による。

(8) 一九八〇年九月、丸善株式会社刊。

(9) 一九九四年十一月、京都府書店商業組合発行。

(10) 予約出版については、ロバート・キャンベル「規則と読者――明治期予約出版の到来と意義――」（『江戸文学』二十一号、一九九九年十二月）、磯部敦『出版文化の明治前期——東京稗史出版社とその周辺——』（二〇一二年二月、ぺりかん社）、「信濃出版会社と脩道館——予約出版の蜜月と落日——」（中央大学文学部『紀要 言語・文学・文化』一一一号、二〇一三年三月）等に詳しい。

（11）日本出版学会・出版教育研究所共編『日本出版史料』七（二〇〇二年八月、日本エディタースクール出版部）。

（12）『新日本古典文学大系 明治編4　和歌 俳句 歌謡 音曲集』（二〇〇三年三月、岩波書店）による。

（13）同右。

6　袋屋東生亀次郎と上方書商との交易
――書籍輸送の実際――

はじめに

『近世物之本江戸作者部類』（一九八八年、八木書店刊、木村三四吾編『近世物之本江戸作者部類』）に、大坂河内屋長兵衛が購入した『八犬伝』の板木を大坂へ運ぶに際し、「そを船積にして大阪へとりよせなは風波の禍料りかたしとて飛脚問屋へこれを委ねて陸荷にして取りよせけれは脚賃も又弐拾余金を費せしといふ」という記事がある。陸送はかなりの費用を要するわけである。江戸時代、物資の輸送の大きな柱は、破船や水濡れのリスクはあっても水運であった。それは明治になっても同様で、書籍類の輸送もそれに外れない。

いま、手許に東京書肆袋屋東生亀次郎宛の葉書が少々ある。上方の書店から来たものも多い。集まった限りのものなので、取引のごく一部に過ぎないが、書店名だけ列挙すると、まず京都は、出雲寺文治郎・田中次兵衛・北村四郎兵衛・佐々木惣四郎・細川清助。大阪では、大野木市兵衛・柳原喜兵衛・三木佐助・中川勘助・松村九兵衛・前川源七郎・岡田茂兵衛（岡田江津）・岡島真七・田中九兵衛・辻本秀五郎・熊谷孝輔、それに神戸の熊谷幸助である。そして、これに加えて、大阪・東京の回漕店からの葉書が多数ある。

これらのいくつかを用いて、明治前期における東京上方間の書籍交易の具体相、そして大方予想のうちではあるが、書籍輸送の実際をたどりながら、東西の書籍交易の一端をうかがってみることにする。なお、東生亀次郎については、大正元年『東京書籍商組合史及組合員概歴』（日本書誌学大系2『東京書籍商伝記集覧』一九七八年、青裳堂書店）、三代目東生真之助の条に詳しい。

袋屋　東生真之助　三代（明治二十年十二月生）　東京市本所区林町二丁目七十一番地　創業安政五年十月初代ハ東生亀次郎ト云ヒ、摂津国東生郡（今の東成郡）ニ生レ、安政元年十月出京シ刷工ニ従事スルコト四年、同五年日本橋通旅籠町一番地ニ袋屋ト称シ書籍業ヲ創メ、明治ノ初ニ『西国立志編』及ビ『筆算訓蒙』ヲ発行ス。二代ハ東生亀次郎ト称シ、江戸ノ産、明治九年以来『国史略』、『元明清史略』、『日本政記』、『皇朝史略』等ヲ発行シ、同十八年火災ノ後、日本橋区浜町二丁目十一番地ニ移転ス。

摺師を四年間務めて、幕末に書店開業、明治になってから、売れ行きのよい書籍を多数出版、一廉の書店として活躍したわけである。

一　大坂松村九兵衛との交易

敦賀屋松村九兵衛は、大坂心斎橋通に店を構える書店である（【図版①】）。まず、この松村との取引に関わる葉書を何枚か検討してみる（翻刻に際しては、新字を用い、適宜句読点を施した。以下同じ。）。

まず、明治十三年（一八八〇）八月二日付松村発の葉書（【図版②】）。一銭小判葉書で、小ボタ印のほか二重丸の消印「大坂　攝津・八・二・ほ」「東京　一三・八・四・ち」が捺されている。表書は、

八月二日　　大阪
　　　　　　松村九兵衛
東京大伝馬町三丁目
東生亀次郎様

東京
大教院出版書籍
賣捌取次所
浪花心斎橋南
敦賀屋　松村九兵衛

（表）

【図版①】　敦賀屋松村九兵衛引札

となっている。左端に「返じ済」とあるが、亀次郎発信の葉書の筆跡とは異なるので、同家使用人によるものであろう。商用の葉書によくある覚書である。

裏書は次のとおり。

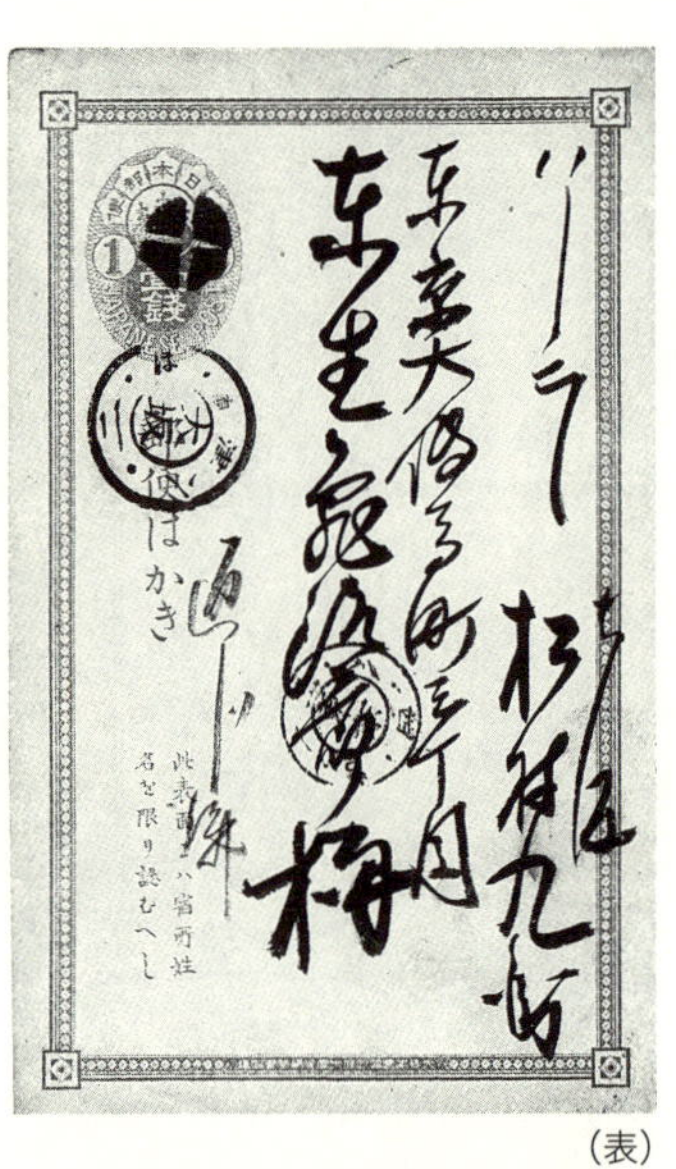
（表）

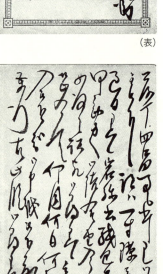

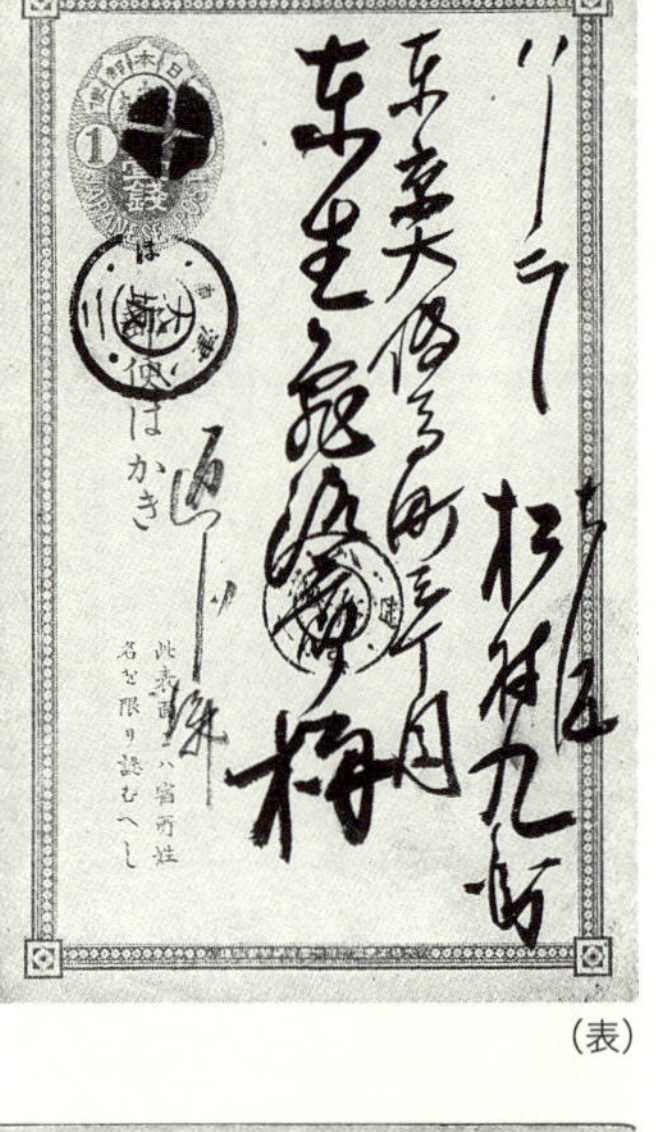
（裏）

【図版②】　東生亀次郎宛松村九兵衛葉書（明治13年8月2日付）①

落丁四品差出し申候。御入掌可被下候。跡ハ一寸隙取可申候。過日申上候岩弥出紙包、其後河勘方へ御積入候由、今ニ不着、如何之訳歟御尋申上候。甚御面倒恐入候へ共、何月何日何船へ御積入被下候哉、御申越被下度候。余り□（難読）行故、此段御尋申上候。

最初の話題は「落丁四品」の件、松村から東生へ出荷した書籍に落丁本があったのであろう。その旨の連絡を受けて、補入用の落丁分を送付したものと思われる。

「岩弥出紙包、其後河勘方へ御積入候由、今ニ不着、如何之訳歟御尋申上候」とあるのは、東京岩本屋内田弥兵衛の松村宛紙包みが、大坂河内屋勘助宛ての東生の荷物に同梱されている旨の連絡があったものの、それがまだ着荷しないということなのであろう。

幸便ニ詰合せ

本屋同士、輸送に関して互助的に荷物を託し合うことは一般的だったと思われる。次に掲げる京都の田中次兵衛と東京の春陽堂の葉書などその好事例と思われる。田中次兵衛の葉書は、表書に「拾八年二月十二日／東京大伝馬町三丁目／東生亀次郎様／御家内」とあって、明治十八年（一八八五）二月十二日付、「諸国書舗一京寺町四条上／田中次兵衛」という朱印が捺され、「二月廿日　返報済」の文字が左に記されている。裏書は次のごとし（【図版③】）。

増御盛大奉賀候。陳者、今度御注文之内、明治国史略字類目今仕入中ニ付、出来次第差出し可申候。元明清字類積合、都合にて四十五部丈、貴地和田篤太郎殿へ幸便ニ詰合せ候間、則左ニ。

酉第一号仮記

一拾四円八十五銭　元明清字類

四十五部

〆

右之通、本日前文ニ申上候幸便ニ詰合候間、貴着、乍恐同家之店ニ御遣し被下、御改之上御入手可被下候。該品出来次第差出し可被下候。先者右御案内迄如此ニ御座候也。尚先日より度々申上候東生鉄五郎殿にて、漢字軌範十三部昨年不足之分御取寄せ、御手数恐入候得共、御註文申上候品々と共ニ御遣し被下度、此段改テ奉願候。弊店御註文申上候品、改正左ニ。

一明治国史略　大本　　五部

半／並　十

一寸正字通 薄用洋本　十

一漢文キハン　廿

右之通、何卒大至急御出荷被下度奉願上候。

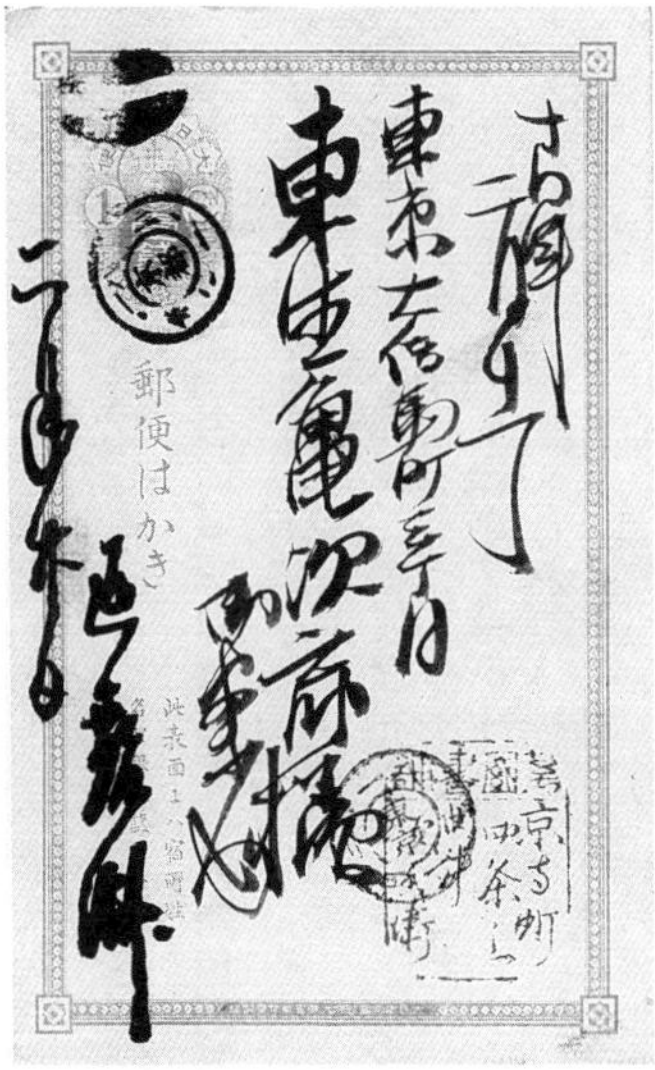

（表）

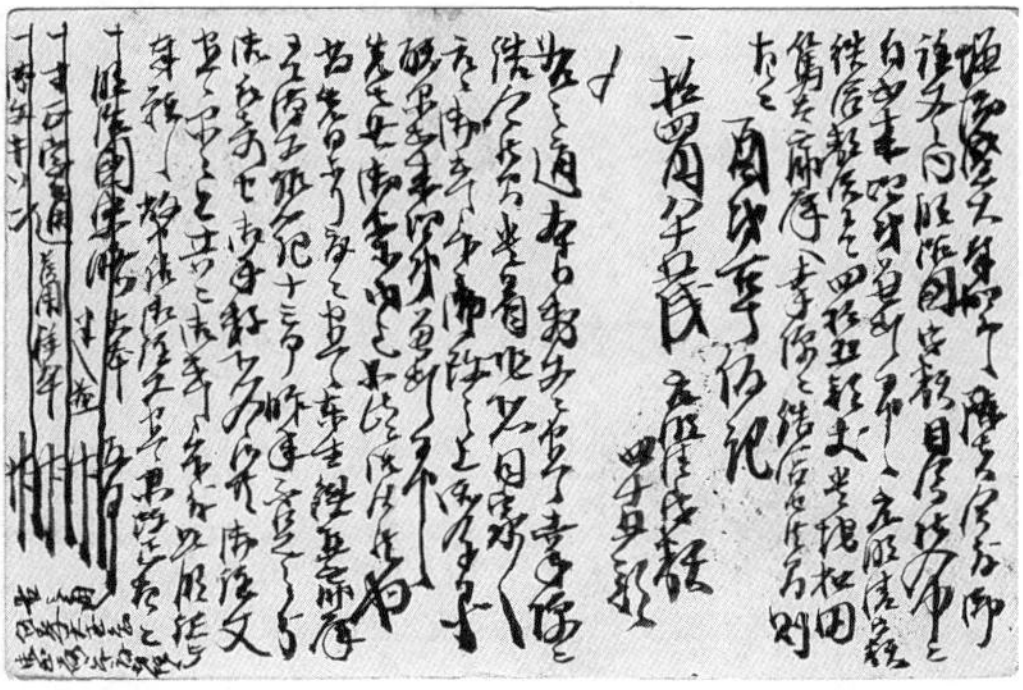

（裏）

【図版③】　東生亀次郎宛田中治兵衛葉書（明治18年2月12日）

一つ書にはそれぞれ縦棒が引かれていて、これは処理済みの心覚えと思われるが、これを含めて後段の注文についての記事についてはさて置く。今注目したいのは、『元明清史略字類大全』を、「都合にて四十五部丈」、春陽堂和田篤太郎へ「幸便ニ詰合せ候」というところである。「貴着、乍恐同家之店ニ御遣し被下、御改之上御入手可被下候」というわけで、春陽堂に使用人を遣わして、田中発の荷物を受け取ることになる。

二月二十四日消印、東生亀次郎宛春陽堂葉書（【図版④】）は、裏書に「田中治兵衛殿荷物到着ニ付、早々御受

取ニ御出可下候也／二月廿四日午後三時投函」とある。この連絡を受けて、東生は使いを春陽堂に差し向けたものなのであろう。

さて、話を先ほどの松村九兵衛の葉書の件に戻そう。後段に「甚御面倒恐入候へ共、何月何日何船へ御積入被下候哉、御申越被下度候」とある。このように、差出と受取が錯綜した荷物であれば余計に、それをたどる手立ての確保が必要となる。何月何日の何という船に積み入れたかという情報が欲しいというわけである。このような情報のやりとりに、葉書という速やかで手軽い通信手段は大いにその機能を発揮したのである。

さて、積み入れや着荷の情報は荷扱いの回漕問屋からも葉書で逐次配信される。七月三十日付熊谷伊太郎発の葉書を例として掲げよう（【図版⑤】）。同日の大坂消印、八月二日の東京消印が備わる（「　」内は印捺）。

（表）

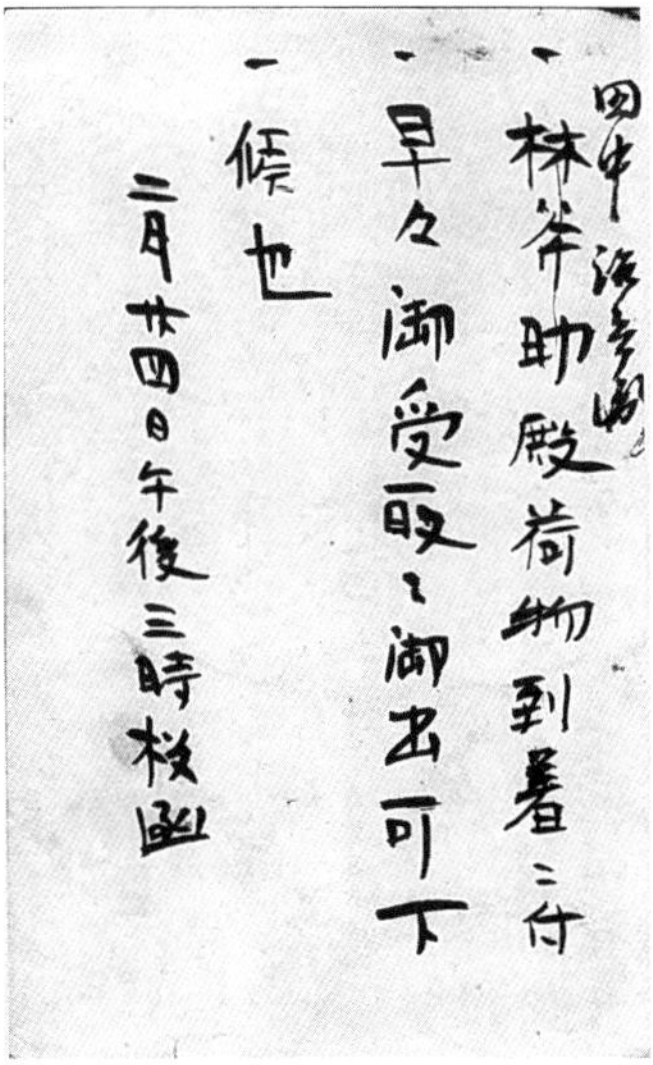

（裏）

【図版④】　東生亀次郎宛春陽堂葉書
（明治18年2月24日付）

東京大伝馬町二丁目
「本　東生亀次郎様
御店中様
着報
「大阪今橋西川岸
熊谷伊太郎
輸入係」（印）
七月三十日

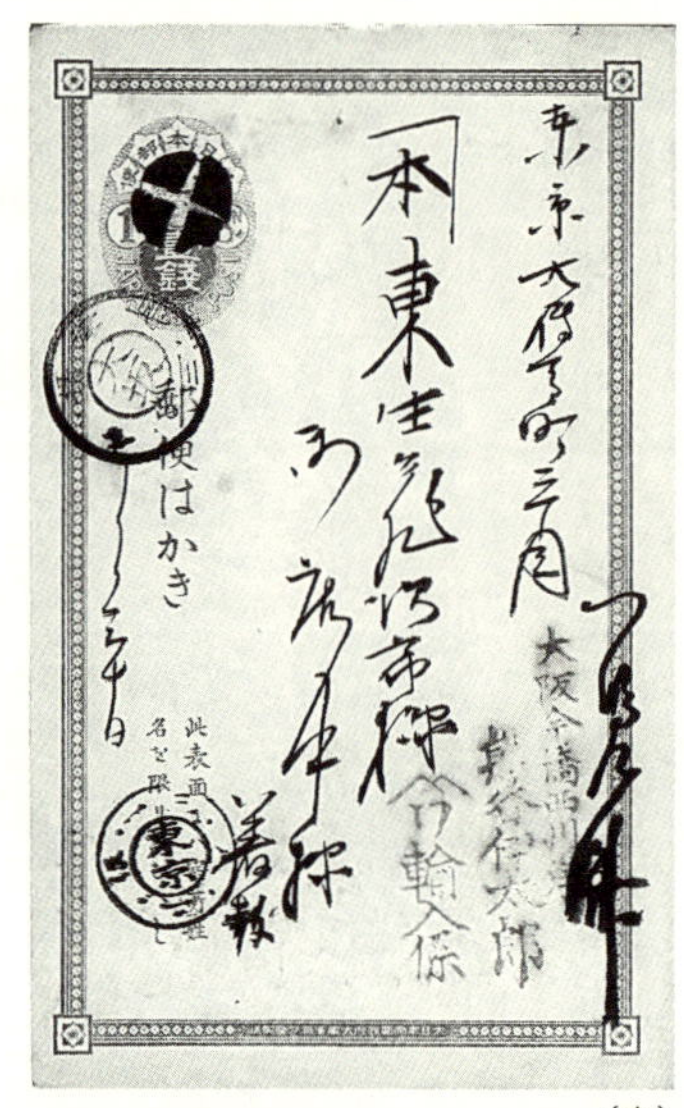

（表）

（裏）

【図版⑤】　東生亀次郎宛熊谷伊太郎葉書（7月30日）

鍵型に「本」は、東生亀次郎の屋標である。熊谷伊太郎は回漕問屋で、「輸入係」とは、大坂着荷を取り扱う部署の意と思われる。「着報」とも書き添えられていて、東生発の荷物を受け取った旨の報告である。裏は次のごとし。

廿八日入港〈廣嶋丸〉
「本　莚包　壱個
六十五号
〆
〃日入港〈和歌浦丸〉
㔟　莚包　壱個
　中川殿行
右正二配達仕候間、此段御報知申上候。猶不相変御愛顧以テ御貨物精々御差向之程、伏而奉希上候也。

船名はハンコ、「右正二……」は印刷である。何日入港のどの船でどの荷物が届いたかを、極力手間と時間を掛けずに葉書で速報するわけである。七月二十八日入港の広嶋丸から荷揚げされたのは「莚包　壱個」、東生の屋票と「六十五号」の番号が荷物に記されていたと思われる。この番号は当然東生側にも記録されていたはずで、どこ向けの何がどこまで運ばれたかを確認できるわけである。

同日着の和歌浦丸に積まれていた莚包一個は、「中川殿行」ともあって、大坂中川勘助宛のもの。〇に勘の屋標は、中川勘助のものであるが、おそらく中川から東生宛の荷物に使われた容器をもって、東生からの荷物を中川宛に発送したものなのであろう。

さて、広嶋丸・和歌浦丸の二船の入港は二十八日、着荷報告の葉書は三十日発である。二船は、神戸港に入港し、そこから荷物が大坂に回送されたものと思われる。今橋西川岸に付けられる小船に積み替えられて運ばれたのであろう。

ただし、書籍の輸送手段は船だけではない。明治十六年（一八八二）十二月一日付の東生亀蔵宛熊谷伊太郎葉書を見てみよう。大坂ボタ印、二重丸の消印「大坂　一六・一二・一・ト」が捺されている。表書に「心斎橋南壱丁目／東生亀蔵様／大阪今橋西川岸／熊谷伊太郎（朱印）／第十二月一日」とあって、端に「一覧済」と記されている。裏書は次のとおり（【図版⑥】）。

毎々御引立ニ預リ、難有御礼申上候。陳者、本日入港
［名護屋丸］ニテ　東生殿出
　書籍入　壱個
［汽車引取之
　手配仕候也］
右積来り候間、此段御報知奉申上候。

（表）

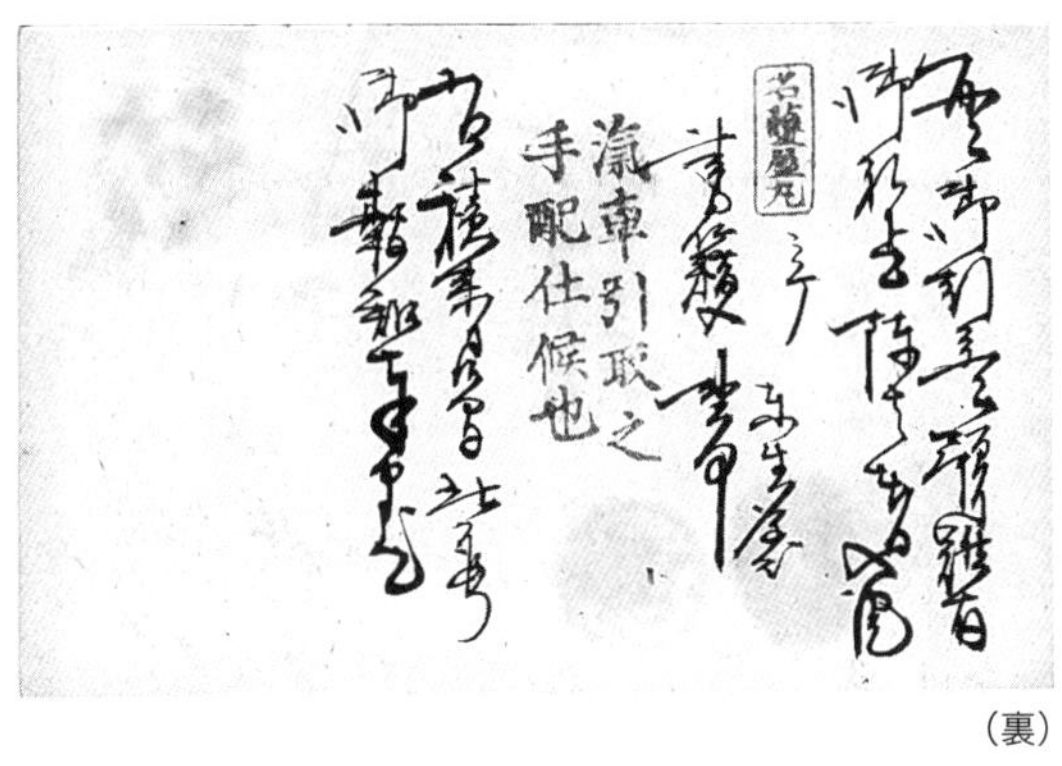

（裏）

【図版⑥】　東生亀蔵宛熊谷伊太郎葉書（明治16年12月1日付）

東生亀次郎から大阪の東生亀蔵に向けて名護屋丸に積み込まれた荷物について、「汽車引取之手配仕候也」（印捺）と亀蔵に連絡しているのである。すでに神戸・大阪間の鉄道は開通していたが、これを利用したのであろうか。なお、亀蔵については後述する。

次に、先に掲げた葉書と同日、明治十三年八月二日付の松村九兵衛葉書を見てみよう（【図版⑦】）。一銭小判葉書で、表には白抜き十字の小ボタ印、「大坂　攝津・八・二・ほ」・「東京　一三・八・四・ち」の二重丸印が捺されている。先に紹介したのが「は」便で、こちらは「ほ」便、前便に遅れての差出であるが、東京着印は同じく「ち」で、同時に届いたものなのであろう。表書は「八月二日　大阪／松村九兵衛／東京大伝馬町三丁め／東生亀次郎様」とあって、左端に「返じ済」と記されている。裏は次のとおり。

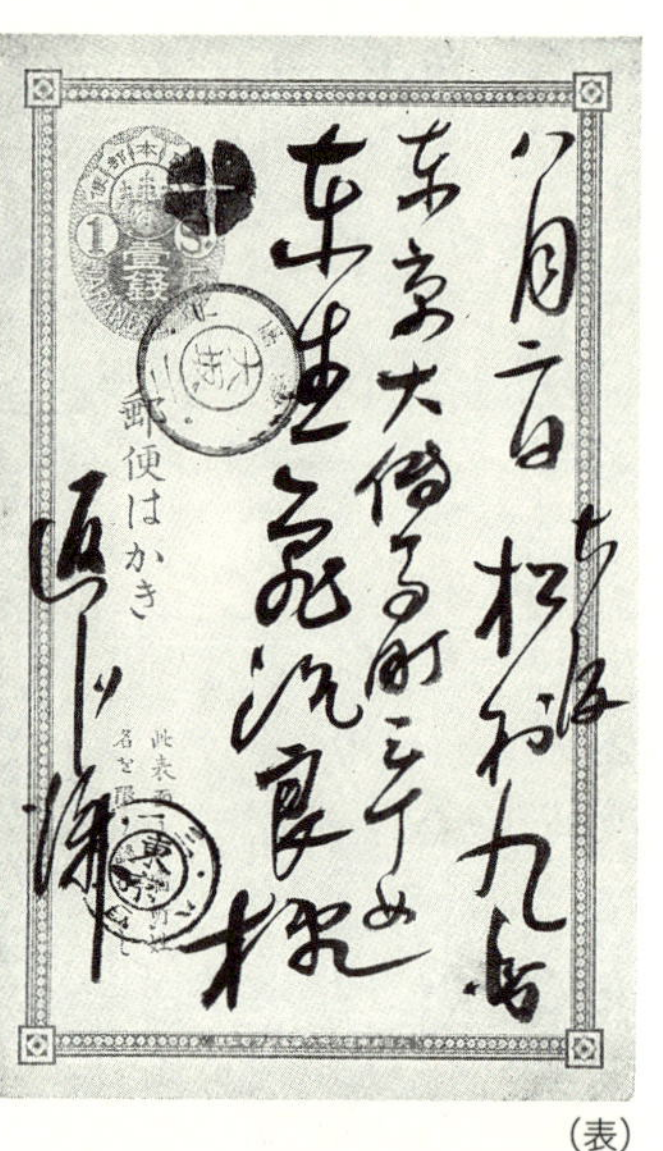

（表）

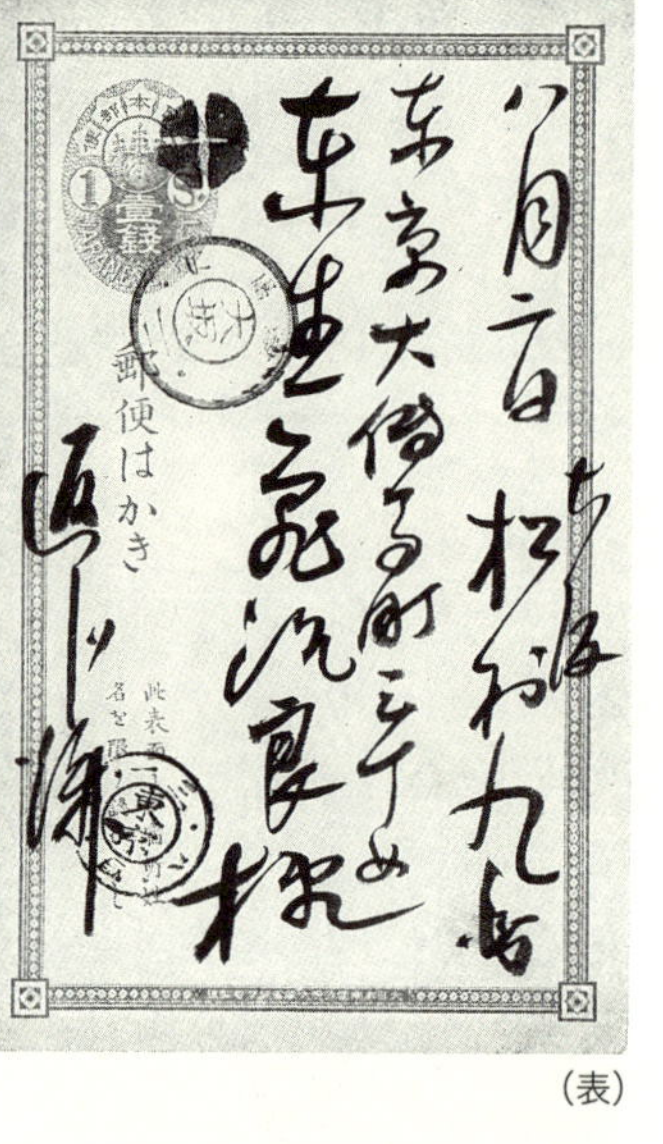

（裏）

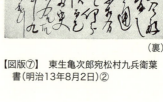

【図版⑦】　東生亀次郎宛松村九兵衛葉書（明治13年8月2日）②

> 過日壱櫃無事着、御安心可被下候。尚又今般二嚢御積入之由、岡田屋より案内有之。追而着入手可仕候。毎度〳〵申上候通、入日記御遣し無之故、何品入歟不相分、過日之壱櫃封印之侭土蔵へ入置候。何分当節ハ大ヒマニテ、毎日〳〵新聞読而已、外ニ用事なし。金ヨリ能売レル外史デモ当節さつぱり不売様之仕合故、外品モ矢張同断、随テ金融あしく、実ニ閉口、依テ無闇ニ荷物御遣し御無用。此段申上置候。

前便の「岩弥出紙包」が、岡田屋より案内のあったという「二嚢」なのであろうか。岡田屋については後述する。届いた「壱櫃」については、内訳の案内が無いため、梱包を解かず、封印したまま土蔵に入れてあるとのことである。「毎度〳〵申上候通」とあって、同様のことは過去にもたびたびあったらしい。自店注文品とは限らないので、うかつに梱包を解けないということなのであろうが、後段を読むと、いらいらの原因は、もう少々ほかにもあるようである。「金ヨリ能売レル外史デモ当節さつぱり不売様之仕合故」という文言はなかなか興味深い。『日本外史』が売れ行きのよい書籍の定番であったこと、しかしそれすらも動きが悪くなっている状況が語られている。暇つぶしに新聞を読むしかない「実ニ閉口」な商況の中、「無闇ニ荷物御遣し御無用」というわけである。注文品の出荷だけではなく、見計らいも含めて、売り捌いてほしい書籍を取引先に送り付けるという商行為は普通に行われていたのであり、松村の不機嫌は、商売不調の中、こういった望んでのものではない荷物の到来にも発するもののようである。

後で紹介する東生亀次郎宛佐々木惣四郎葉書は、松村九兵衛気付で出されている。大阪の書店の中では、亀次郎にとって一番関係の深い昵懇の店であったのであろう。だからこその遠慮無しの葉書の文言であったと思われる。

もう少し事例を追加してみよう。明治十三年五月六日付、東生亀次郎宛熊谷伊太郎葉書を検討する。一銭小判葉書で、表には、白抜き十字小ボタ印と二重丸印「大阪　摂津・五・七・い」「東京　一三・五・一〇・は」が捺されている。「東京大伝馬町三丁目／東生亀次郎様／五月六日／大阪今橋西川岸／熊谷伊太郎（朱印）」と、宛名、発信人の朱印がある。「一覧すみ」とあるのは、東生側の覚え書きである。裏は、次のごとし（【図版⑧】）。

本月三日入港　社寮丸（朱印）
一（〇九）本櫃　弐個

拾八号

拾九号　松村九兵衛様行

一（山形に田）〃　壱個

田中治兵衛様行

〆

右正ニ配達仕候間、此段御報知申上候。猶不相変御愛顧以テ御貨物精々御差向之程、伏而奉希上候也。

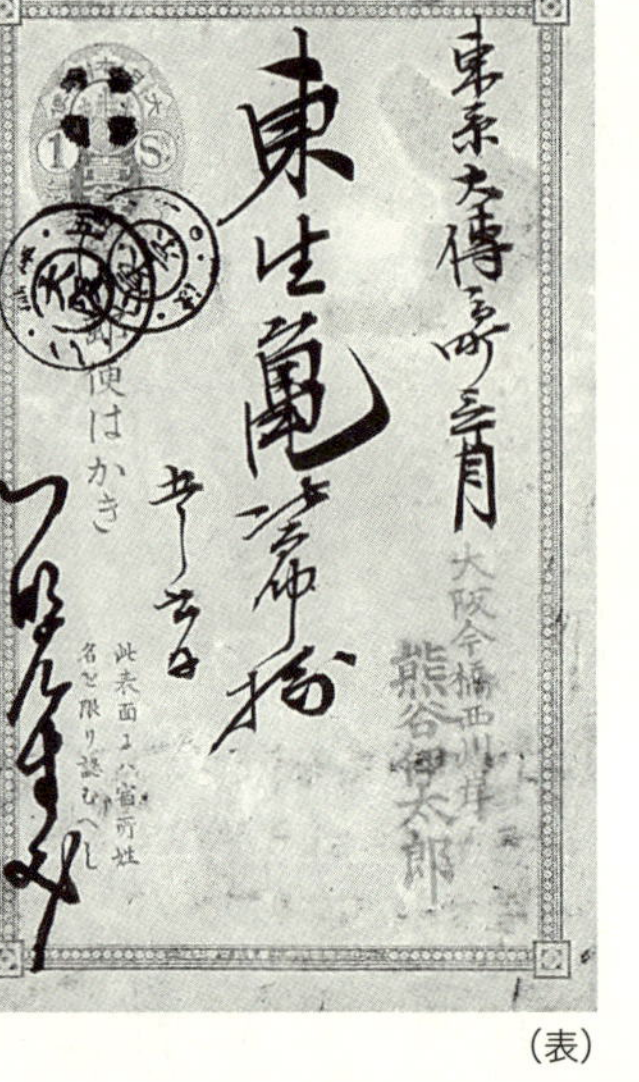

（表）

（裏）

【図版⑧】　東生亀次郎宛熊谷伊太郎葉書（明治13年5月6日付）

松村九兵衛宛の本櫃二つ、田中次兵衛宛のもの一つ、入港の社寮丸に積み込まれていたものをそれぞれ配達するという着荷報告である。先に掲げた熊谷伊太郎葉書もそうであったが、本櫃等荷物に番号が振られていることが

【図版⑨】　菱屋藤井孫兵衛店頭（明治18年10月改正『五車楼蔵版発兌書目』）

わかる。年が改まるごとに番号が一から始まるようである。所蔵しているこの年の熊谷伊太郎はがきの下限は、十二月二十日付のもので、これには、「「本　莚包　木綿入　壱個／第八十九号」とあり、八十九以上の荷が、明治十三年中に、東生から出荷されたことになる。

なお、本櫃であるが、廻漕問屋の葉書に屋標が記されているように、各書店で自店の屋標を記した本櫃を作っていたようである。図版に掲げるのは、明治十八年十月改正『五車楼蔵版発兌書目』に掲載されている菱屋藤井孫兵衛の店頭図である（【図版⑨】）。車に積み込む本櫃に、菱形に「本」の屋標が見える。これをもって発送し、またこれに交易品を入れて返送していたものと思われる。

田中次兵衛

さて、この葉書に見える京都の田中次兵衛も東生と交易の密な書店であったようで、手許に田中から東生に発した葉書も多数ある。ここで明治十二年十一月八日付の一枚を紹介しておく（【図版⑩】）。

一銭小判葉書で、小ボタ印と二重丸の消印「京都　山城・一一・八・へ」「東京　一二・一一・一一・リ」が捺されている。表書は、「十一月八日／東京大伝馬町三丁目／東生亀次郎様／右急用」と宛名を記し、「諸国書舗

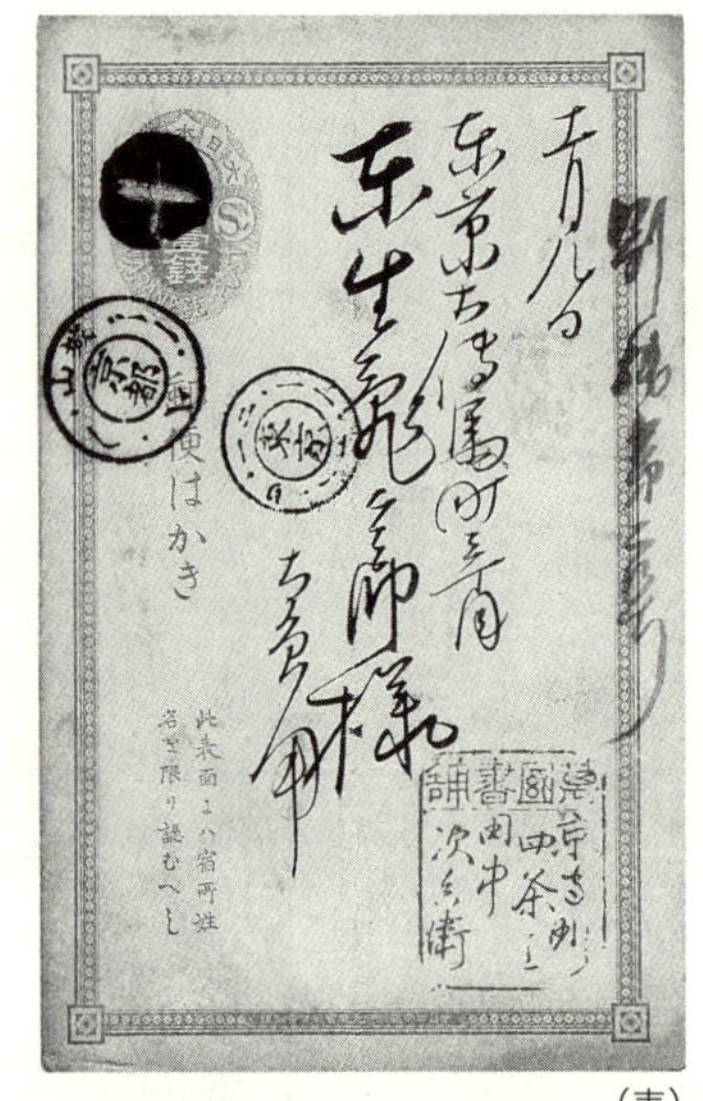
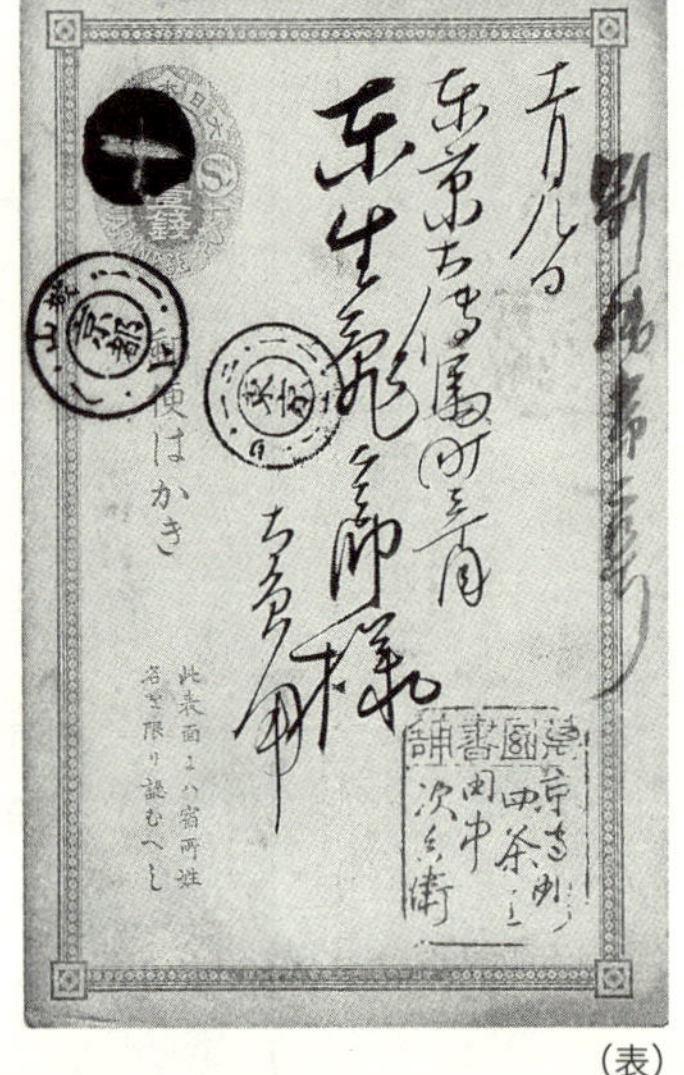

（表）

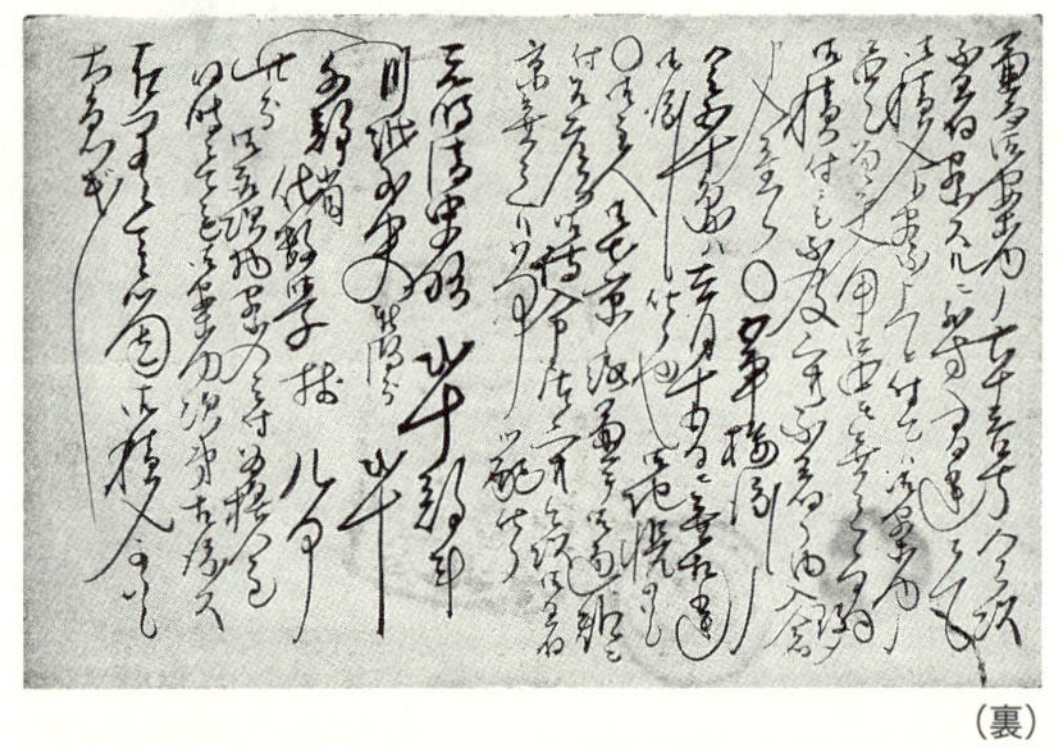

（裏）

【図版⑩】　東生亀次郎宛田中治兵衛葉書（明治12年11月8日付）

一京寺町四条上／田中次兵衛」という朱印が見える。右端に「別紙第二号」と朱墨で記されている。

裏は次のごとし。

兼而御案内ノ六十三号、今以不着。察スルニ、外方へ間違ニて御積入ト察上候。付てハ、御案内ノ品々、差テ入用品モ無之候間、改メ御積付ニも不及候へ共、不着ノ由、入念申入置候。〇五車楼渡しノ金五十円ハ、

去月十五日ニ、無相違御渡し仕候也。御記帳可被下候。

○御主人御出京之儀、兼テ御通知ニ付、乍□（難読）御待入申居候ヘ共、今以御着京無之ハ如何、心配仕候。

元明清史略　弐十部斗

川越外史新摺分　弐十

文部省代数学揃　八部

此分、御取次物、早不入候ニ付、為換金、何時ニても御案内次第相渡候。

右早々壱箇御積入可被下候。

大急ギ〳〵。

【図版⑪】『元明清史略』

「六十三号」として出荷した旨、東生から連絡があったものの、未着。誤配があったものと推測するが、案内を見る限り、さほど必要な物でもないので、再送に及ばないとのことである（先の松村九兵衛葉書に「御遣し無之」とあった「入日記」がその「御案内」なのであろう）。見計らいで東生が出荷したのであろう。その代わり、『元明清史略』（明治十年版権免許、東生亀次郎刊）・川越版『日本外史』・文部省版『代数学』の至急の注文である。石村貞一編『元明清史略』もこの当時売れ行きの良かった東生版である（【図版⑪】）。もう十一月のことではあるが、この時点で「六十三号」という番号から、田中との交易も密度が濃かったことが推測される。

二　松村九兵衛からの荷物

次に、松村九兵衛から東生亀次郎への出荷の事例を見てみる。まず明治十三年七月六日付東生亀次郎宛熊谷伊太郎葉書を紹介する（【図版⑫】）。白抜き十字ボタ印と、消印「大坂　摂津・七・六・と」「東京　一三・七・九・り」が捺されていて、裏書きは次のごとし。

　　　貨物積入記
七月六日出港　東海丸
「本　本櫃　㊈出　壱個
十四号

[東京日本橋区西川岸
（山形に吉）　岡田屋吉兵衛殿
　　　荷捌所]
[右積入仕此段御報知申上猶不相変御荷物御仕向奉希候也七月六日]

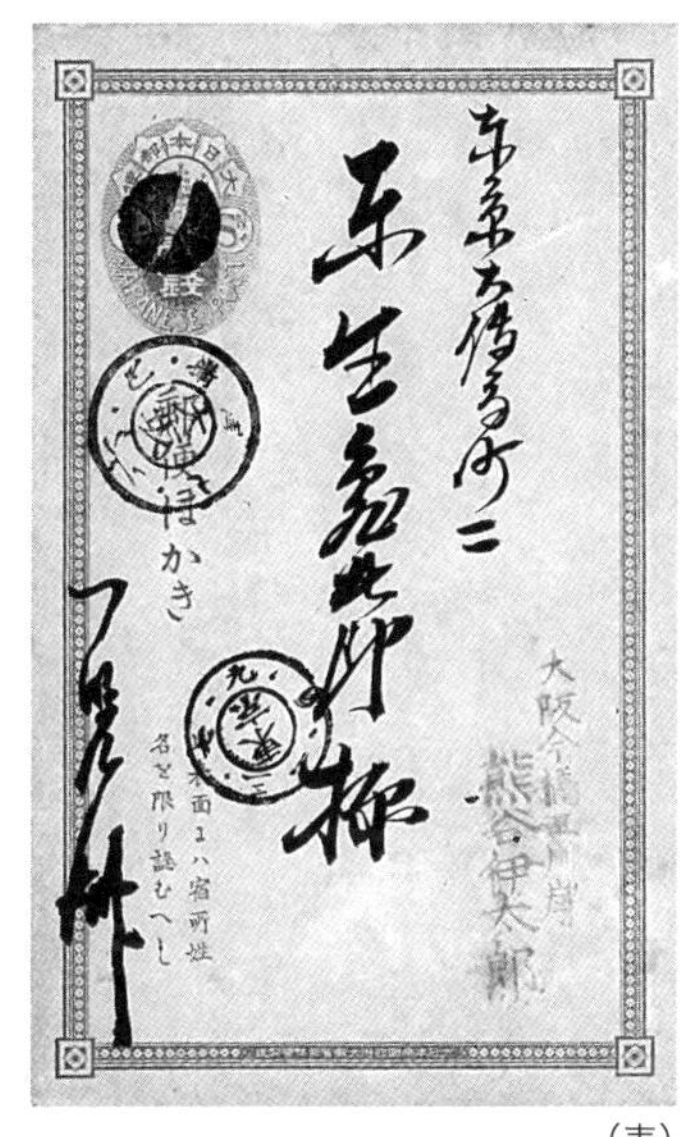
（表）

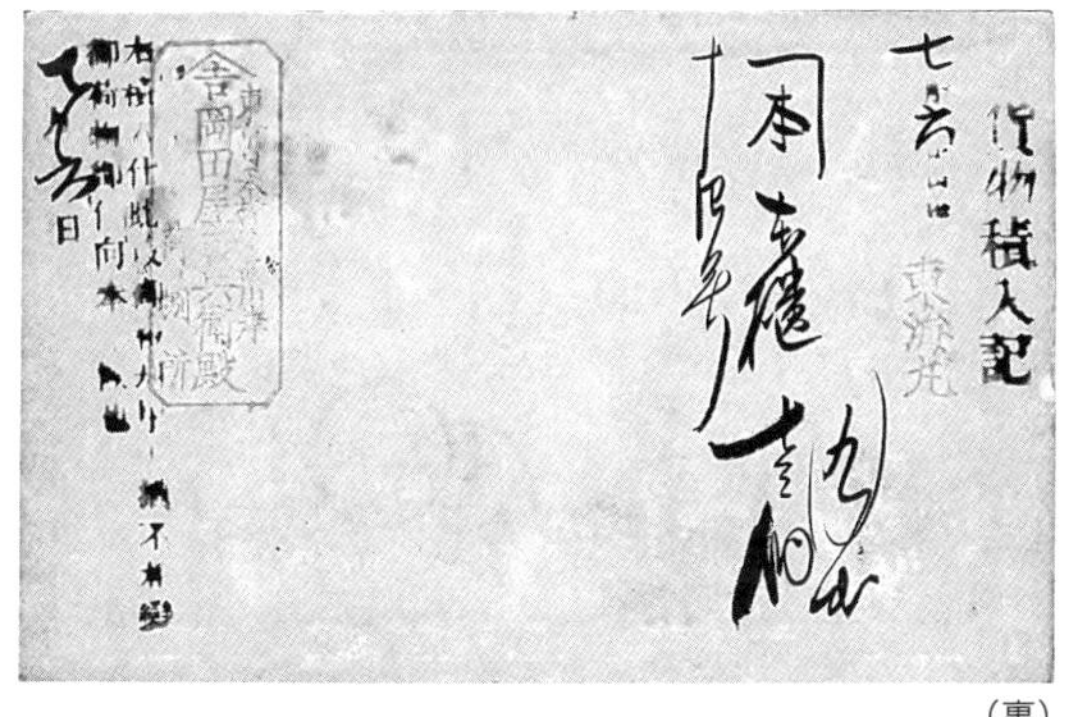
（裏）

【図版⑫】　東生亀次郎宛熊谷伊太郎葉書（明治13年7月6日付）

松村九兵衛出の「十四号」本櫃を東海丸に積み入れたこと、東京における荷捌きは西河岸の岡田屋吉兵衛であることが要領よく報知される。七月六日神戸出港の東海丸に積み入れられた本櫃は、横浜入港後、小船に積み下され、東京湾・隅田川を通って日本橋西河岸に荷揚げ、岡田屋吉兵衛によって店まで陸送される手筈なのであろう。

明治十四年（一八八一）一月二十日付の松村九兵衛葉書を次に掲げる（【図版⑬】）。一銭小判葉書で、表には小ボタ印と「大坂　十四・一・二二・い」「東京　一四・一・二五・□」の二重丸印が捺されている。「壱月廿日

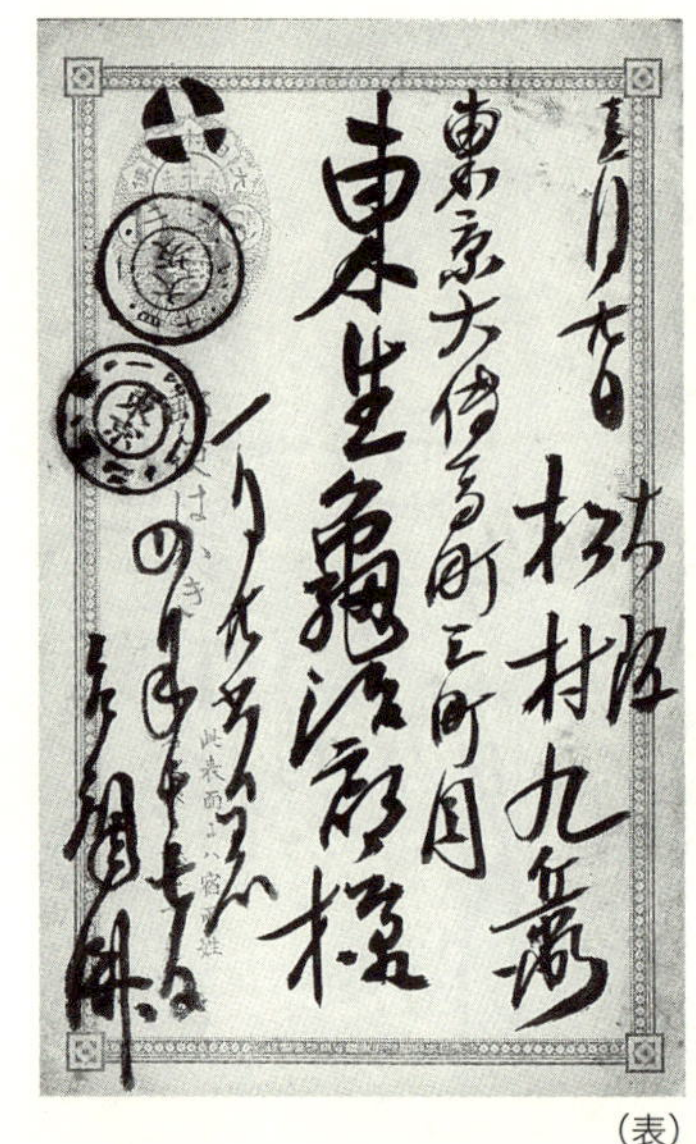

（表）

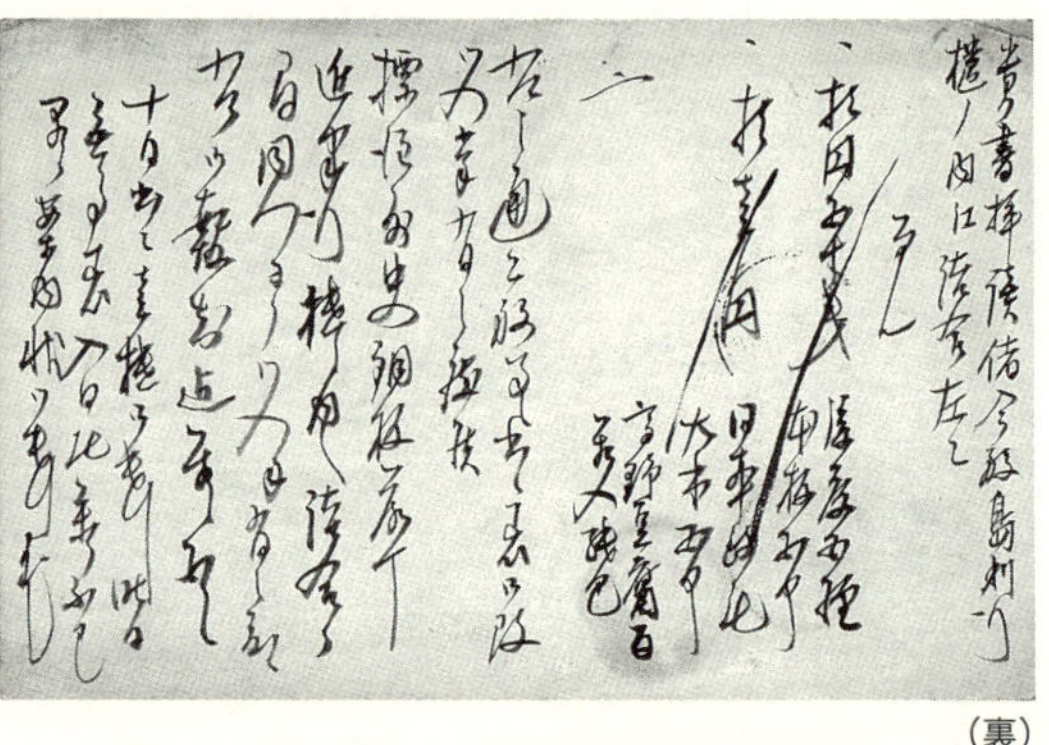

（裏）

【図版⑬】　東生亀次郎宛松村九兵衛葉書（明治14年1月20日付）

大阪／松村九兵衛／東京大伝馬町三町目／東生亀治郎様」と表書きがあり、それに「一月廿五日着／四月十七日／取調済」と東生側の覚え書きが記されている。裏は、

貴書拝読。偖今般島利行櫃ノ内江詰合、左ニ。

覚

一拾円五十銭　後藤五経
　　　　　　　本板五部
一拾壱円　　　日本政記
　　　　　　　大本五部
〆　　　　　　高野豆腐百
　　　　　　　箱入紙包
右之通ニ船差出候。着御改御入掌有之度候。
標注外史銅板落丁、近半行櫃之内へ詰合候間、同人ヨリ御入手有之度候。
右御報知迄。万々不一。
　十日出之書櫃御遣し、昨日無事着、入日記参り不申候。早々案内状御遣し可被下候。

島屋利助宛の書櫃の中に、東生の注文品と思われる「後藤点五経」と「日本政紀」が同梱されている。高野豆腐は自家用であろうか、松村に購入してもらったのであろう。また、「標注日本外史」の落丁分は、近江屋吉川半七宛の櫃の中に入っているので、近江屋から受け取ってほしいとのことである。東生の出荷についても同様なのであるが、他店宛の荷物と同梱され、運送料軽減のための便宜が図られている。「十日出之書櫃」が、昨日、すなわち十九日に届いている。これが当時の輸送力である。

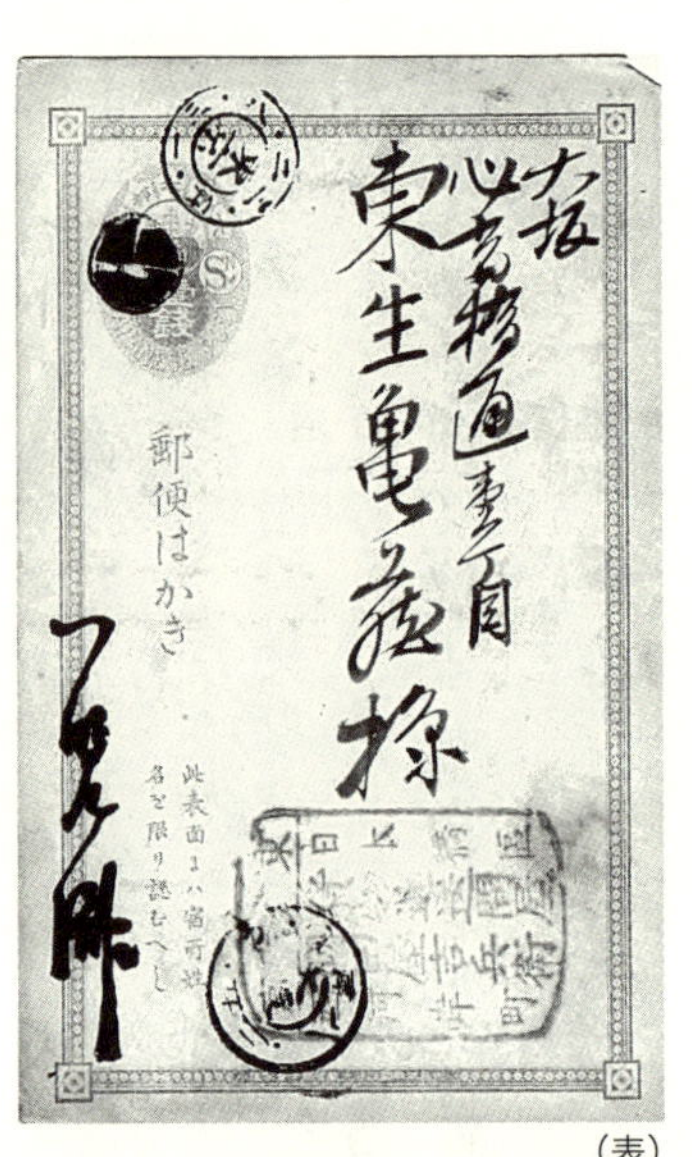
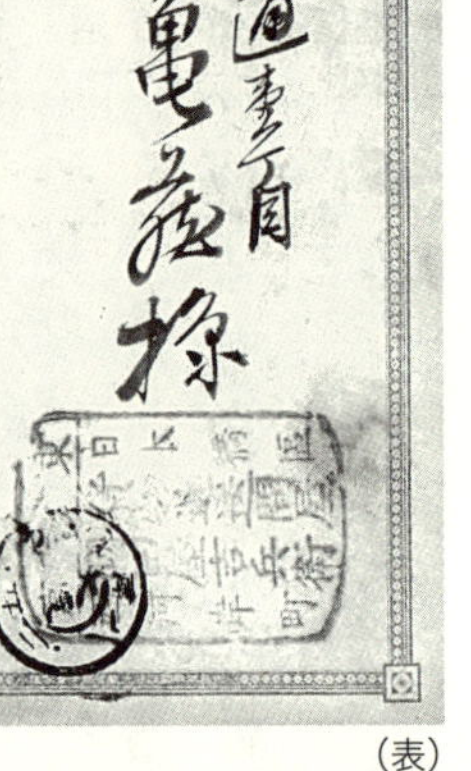

（表）

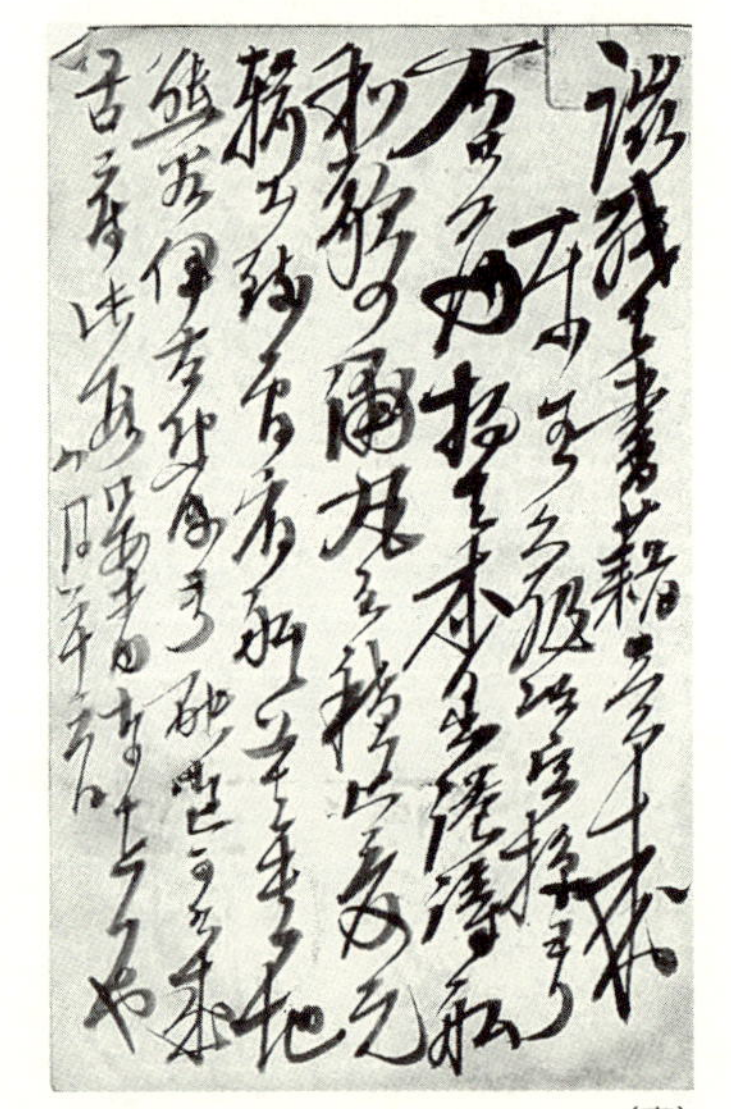

（裏）

【図版⑭】　東生亀次郎宛岡田屋吉兵衛葉書（明治13年8月23日付）

荷扱岡田屋

さて、先掲明治十三年八月二日付松村九兵衛葉書に見えていた松村に案内を出した「岡田屋」とは、この東京の荷捌き業者である西川岸の岡田屋吉兵衛であろう。

「東京日本橋区西川岸／(山形に吉) 岡田屋吉兵衛殿／荷捌所」と書き加えられた熊谷伊太郎葉書がこの明治十三年に見られる。すなわち、四月十八日付、七月六日付、七月八日付、九月十三日付の四枚である。

明治十三年八月二十三日付の岡田屋吉兵衛葉書は、一銭小判葉書で、小ボタ印に、「東京　一三・八・二三・は」「大坂　摂津・八・二五・□」の二重丸印が捺されている。「大坂／心斎橋通壱丁目／東生亀蔵様」と宛名が記され、「東京一日本橋区／貨物運送問屋／岡田屋吉兵衛／西河岸町」の印が捺されている。裏は次のごとし(【図版⑭】)。

渋紙包書籍壱封
　　東生亀次郎様ヨリ
右御荷物者、本日出港待船和歌の浦丸被積込、爰元輸出致候間、着船候上者、貴地熊谷伊太郎殿ヨリ配達可被成。右ニ付、此段御案内奉申上候也。
　　八月二十三日

岡田屋は、東京発の荷物の取りまとめと積み込み、東京着荷の荷捌きを行っているわけで、大阪における熊谷と同じ役割である。また、この場合、大坂着荷後、熊谷伊太郎が配達する旨を報じており、岡田屋と熊谷は、提携関係にあって連携して荷物の輸送に従事していたものと思われる。

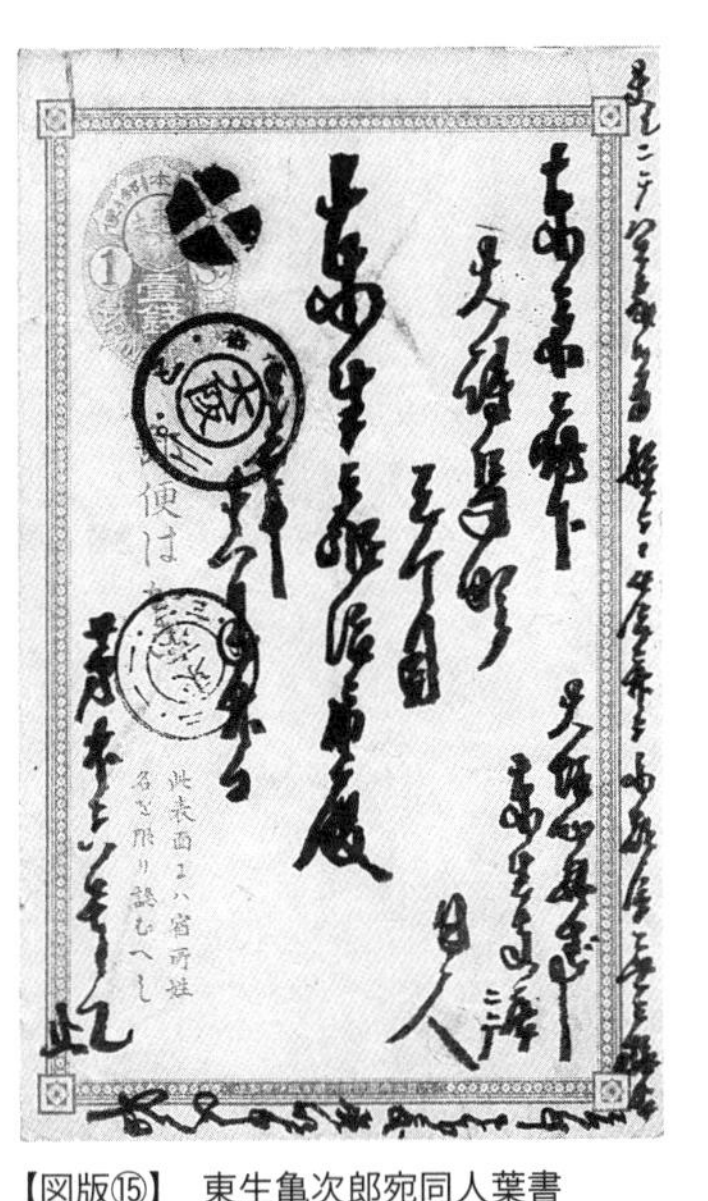
【図版⑮】　東生亀次郎宛同人葉書（明治12年11月20日付）

三　東生亀蔵

さて、この葉書の宛先は大坂心斎橋通一丁目の東生亀蔵であった。大坂に出張した亀次郎が自店宛に送った明治十二年十一月二十日付の葉書がある。差出住所が「大坂心斎ばし／東生支店ニテ／同人（印）」となっている（【図版⑮】）。亀蔵は、東生亀次郎が大坂に構えた支店であった。関西、そして関西以西への流通の便宜のために、東京の書店が大坂に支店を設けることは、金港堂や兎屋誠等々も同様で、珍しいことではない。明治十六年十一月二十五日付吉川半七葉書は大坂亀蔵方亀次郎宛である（【図版⑯】）。消印は「東京　一六・一一・二五・ト」「大坂　一六・一一・二八・リ」の二印に東京ボタ印。表書は「大阪心斎橋一丁南ニテ／東生亀蔵様方／東生亀次郎様　尊下／東京書肆／吉川半七」となっている。裏書は次のとおり。

寒気相増候処、先以尊大仁、海陸無事大坂表江御着と奉推察候。昨日、尊宅江御尋申上候処、御一同無事、下店も無事、御安意可被下候。御下り候節、海上荒浪ニテ、御難渋之由、御察申上候。乍併、無事四日市江上陸之由、店一同安心仕候。
大阪ニ、上色板木市、十二月四日ニ有之由ニ候間、殊ニ上都合、定テ買入之御都合ト推察仕候。売買品相分リ候得者、御報奉願上候。拙モ出坂いたし度、下はんじ候得者、何分不印、困入候。追々寒気相増候間、随分御養生之上、御帰店奉願候。乍憚様、松村氏、東生亀蔵様、并御母御一同江、宜敷御仰□□(難読)奉願上候。先ツ、右斗ニテ、跡者後次奉申上候也
十六年十一月二十五日午後

当然、亀次郎大坂出張の際は、亀蔵店にいるわけで、吉川はそこに葉書を送ったわけである。横浜から四日市までの海路を経ての大坂行は、吉川も心配するように、けっこう難儀な旅である。『玉淵叢話』で三木佐助も語っているように、この当時の書店は、商機があれば、移動を惜しまない。吉川の依頼にあるように、板木市での仕入れも大きな目的の一つであったろう。

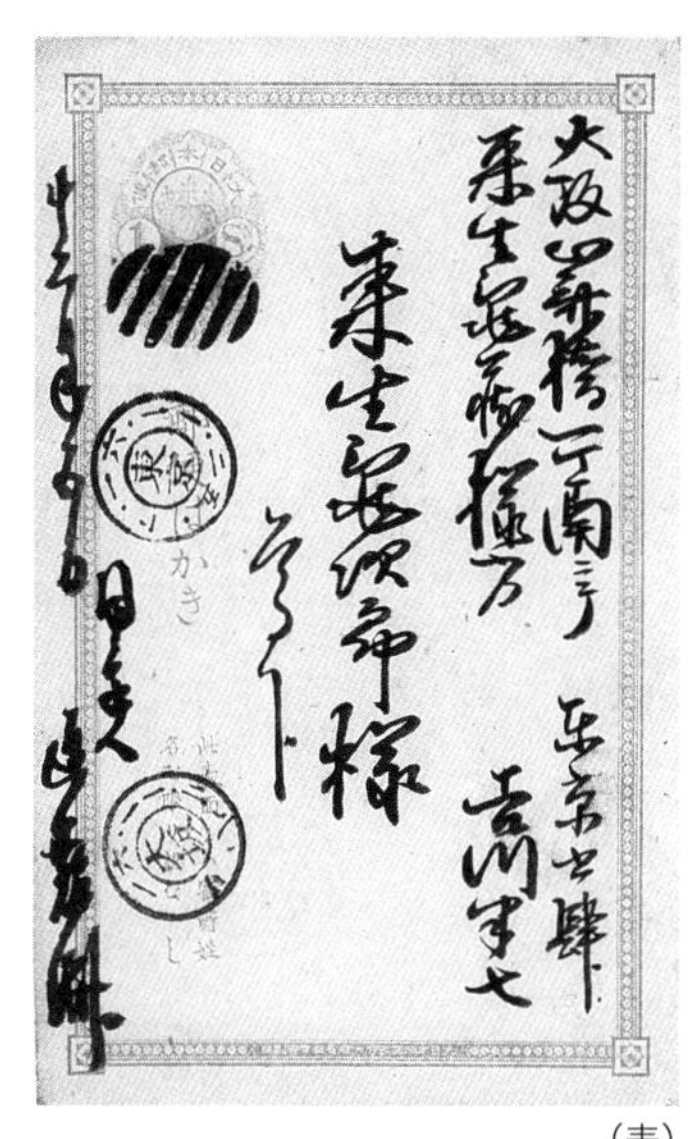

（表）

（裏）

【図版⑯】　大坂亀蔵方亀次郎宛吉川半七葉書
（明治16年11月25日付）

明治十七年（一八八四）十二月二十八日付の亀蔵葉書を見てみよう（【図版⑰】）。一銭小判葉書で、消印は「大坂　一七・一二・二九・イ」「東京　一七・一二・三一・へ」と大阪ボタ印。表書は「東京大伝馬町／三丁目弐番地／東生亀治郎様／御案内／東生亀蔵／七年十二月廿八日」。裏は、

愈月白与相成候。嘸々御繁多之事、奉察入候。然者、此度母様御差図ニ相任せ、左之通御預り品ヲ御積送り

申候。
一本邦法令　七十部
一習文語法　廿七部
一日本外史　七部
一珠算校本　上下十部

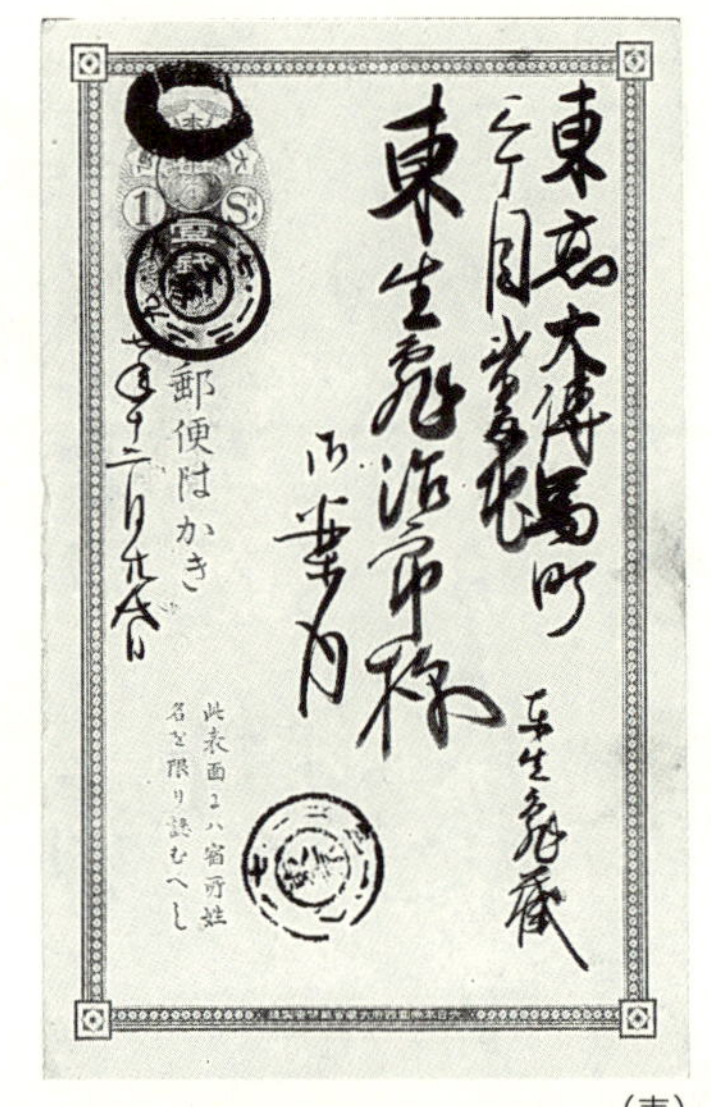

（表）

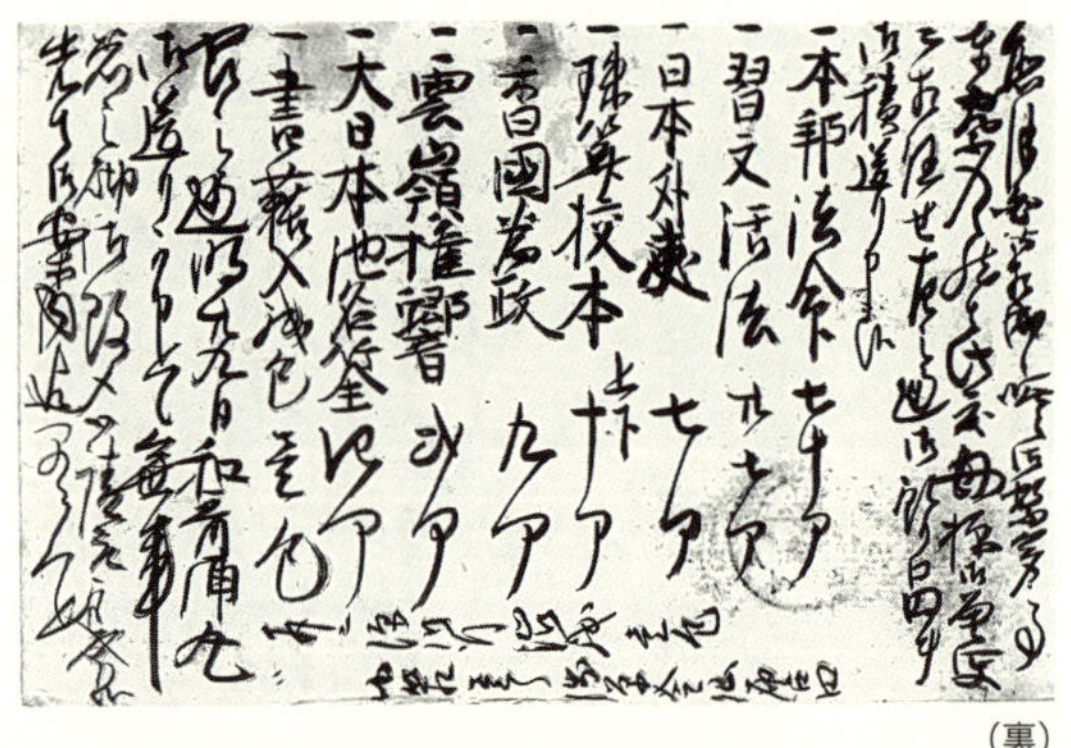

（裏）

【図版⑰】　東生亀次郎宛亀蔵葉書（明治17年12月28日付）

一香国為政　九部
一雲嶺権響　弐部
一大日本地名筌　四部
一書籍入紙包　壱包
　外ニ深川行渋紙壱包
　　小箱壱つ浅草金仙届品
右之通、明廿九日和歌浦丸ニ御送り可申上候。無事着之砌、御改メ御請取可被成下候。先者御案内迄、早々
以上。

となっている。大坂にて東京向けの書籍を調達し、送っているのである。このように上方書籍の仕入れの役割も、亀蔵の大阪支店は果たしていた。前に紹介した吉川半七葉書にも、「東生亀蔵様、并御母御一同江宜敷」の文言もあったが、ここにも「母様御差図ニ相任せ」とあり、おそらくは、亀蔵は亀次郎の兄弟で、母も大阪に住まわせていたものなのであろう。

この出荷を知らせる葉書に大きく関係すると思われる東生亀次郎宛熊谷伊太郎葉書がある（【図版⑱】）。十二月二十九日付である。「貨物積入記」には、「本 出の「本 印の荷物を、本日、すなわち二十九日出港の和歌浦丸に積み入れた旨が記されている。東京での荷扱は東京新材木町の岡田屋松太郎である。明治十三年ころは、西河岸の岡田屋吉兵衛の扱いであったが、この頃には岡田屋松太郎が扱っている。両者の関係については未考である。

貨物廻漕店
大阪全福西詰
熊谷伊太郎
輸出係
此表面ニハ名宛ヲ限リ記ス

（表）

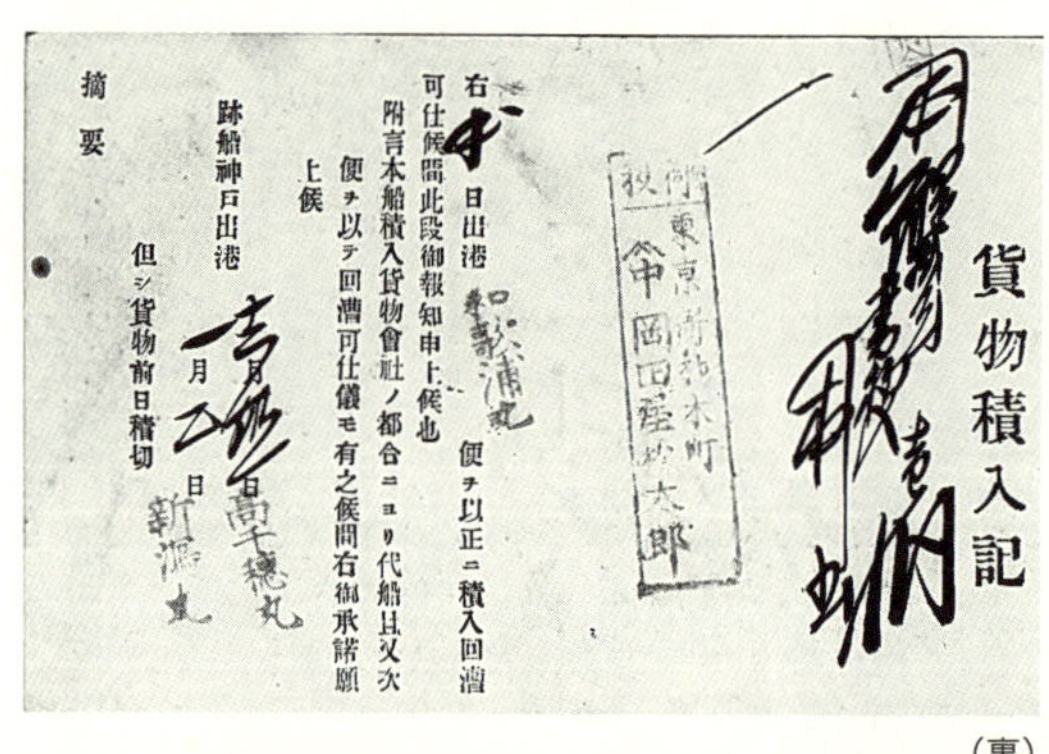
貨物積入記
右　日出港　便ヲ以正ニ積入回漕可仕候間此段御報知申上候也
附言本船積入貨物會社ノ都合ニヨリ代船且又次便ヲ以テ回漕可仕儀モ有之候間右御承諾願上候
跡船神戸出港　月　日
但シ貨物前日積切
摘要

（裏）

【図版⑱】　東生亀次郎宛熊谷伊太郎葉書（明治17年12月29日付）

明治十三年四月十九日付亀次郎宛熊谷伊太郎葉書は、十八日入港の豊嶋丸積み込みの、京都佐々木惣四郎宛貨物を配達した旨の内容である（【図版⑲】）。佐々木も、東生亀次郎の有力な取引先であった。

四　『明治新刻国史略』

明治十六年十二月十二日付佐々木惣四郎葉書は、「大阪心斎橋南一丁目／松邑九兵衛様ニテ／東生亀次郎様行」である。先に述べたように、松村は亀次郎の懇意にしている店であった。裏書は次のごとし。

前略御免被下度。過日御越シ被下、何之内情モ無之候段、真平御用捨可被下候。然ル処、本日貴書忝拝見仕候。御手紙之趣承知仕、荷着次第、夫々御届ケ申上候。処カ、過日本替之日本政記、頼山陽ト心得居候処、全ク間違ニテ、弊店ニテ売捌六ケ敷候間、其品丈ケハ、平ニ御断申上候間、其替リ、心理新説ト国史略申請候間、不悪御承知被成下度。日本政記十部御預リ申置候間、京地何方ニテモ御渡シ申上候。又杉本甚助様方ヘ相渡シ申候カ否、此端書着次第、貴書奉待入候。尚又弊店ノ書物、本月迄差出ス筈ニ御座候処、表紙や職人過日ゟ病気ニ付、休ミ居、其ゆへ大延引仕、漸ク昨日ゟ取掛リ居候次第ニ御座候間、今暫ク御待被下度、出来次第出荷仕候也。

（表）

（裏）

【図版⑲】　東生亀次郎宛佐々木惣四郎葉書（明治13年4月19日付）

（表）

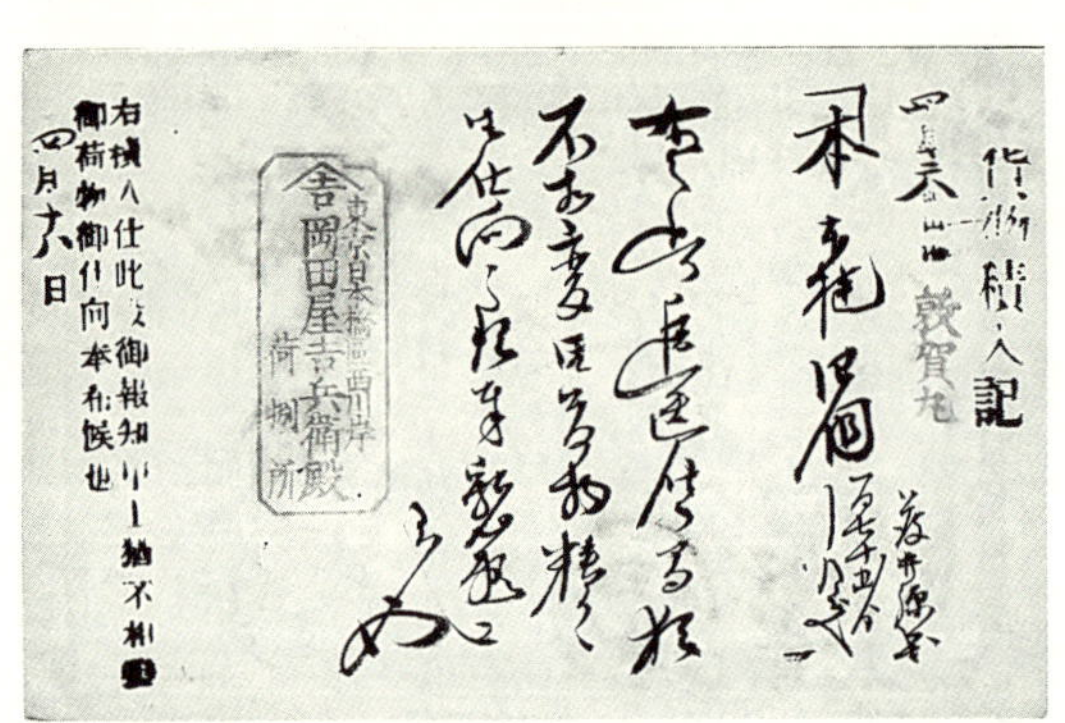

（裏）

【図版⑳】　東生亀次郎宛岡田茂兵衛葉書（明治18年9月26日付）

なかなか興味深い文面である。東生亀次郎が送った手紙には、佐々木宛の荷物の中に他店向けの品も同梱されているということが書かれていたものと思われる。また、おそらく亀次郎が京都に赴いた時のことと思われるが、東生手板の『日本政記』十部相当の品を本替として佐々木手板の品を調達することにしたものと思われる。佐々木は頼山陽のものと思って取引したものの、届いた品はそうではなかった。おそらく明治十一年（一八七八）に東生亀次郎が出版した大郷穆編『明治新刻日本政記』であったのであろう。自店では売捌が難しいので、これではなく代替品として『心理新説』と『明治新刻国史略』を届けてくれとのことである。また『明治新刻日本政記』十部については、京都の書店であればどこでも渡して差し上げるとも言っているが、ここで特に杉本甚助の名を挙げているのはなぜか分からない。

佐々木の本替品であるが、これは表紙屋職人が以前から病気で休んでおり、ようやく昨日から製本に取り掛かったところなので、今暫く待ってほしいということである。佐々木店は専属の製本師を抱えていたことが分かる。

次の明治十八年九月二十六日付東生亀次郎宛岡田茂兵衛葉書も本替に関するものである（【図版⑳】）。

> 拝呈。時下、夜冷日々相催候処、先以貴堂倍々御多祥、奉慶賀候。陳ハ、過日交易ノ義御伺申上候処、早速御返翰相成、難在奉存候。偖而、御状拝読仕候処、三千題ノ事御注文云々御申越、右品ハ弊店方ゟ望ニ付、此程御本がへ分持合アラハ頂戴仕度ニ付、御尋問申上候。然ルニ、此度弊店へ本がへ御申付ハ如何ノ義与不得存候。尤、明治国史略ハ、御貴店丸板、口銭ノ夥アル品ニ付、交リ品ハ御同様弊蔵梓御取しらへ御更而相成候ハ、至当ニ相心得申候。何卒左様御承引ノ上、宜敷奉祈上候也。

「過日交易ノ義御伺申上候処」とあるのは、後の文章に照らしてみると、本替によって『明治新刻国史略』を仕入れたいということであったろう。それに対する東生の返翰は、「三千題」を本替品として注文したいとのことであったようである。「三千題」は『数学三千題』（明治十三年、三浦源助版）であろう。版を重ねて、当時最も売れ行きの良かったものの一つである。ところが、この本は、岡田茂兵衛のほうが、持ち合わせがあれば本替してほしいと東生に尋ねていたもので、ここに食い違いが発生したもののようである。

続く「明治国史略ハ、御貴店丸板、口銭ノ夥アル品ニ付、交リ品ハ御同様弊蔵梓御取しらへ御更而相成候ハ、至当ニ相心得申候」という岡田の文章が興味深い。『明治新刻国史略』は東生単独版なので、交易にかなりの利分があるわけで、同様に岡田蔵版のものとの本替が当然であるというのである。

先に紹介した東生亀次郎宛田中次兵衛葉書にも注文書として『明治新刻国史略』の書名は見えていたが、他の葉書にも頻繁に出てくる。

明治十三年十二月十四日付の大阪書肆柳原喜兵衛葉書には次のように書かれている（【図版㉑】）。

> 前刻電報ヲ以申上置候得共、万一不分明ニテハト存、又候申上候。明治国史略、大本、半し、小本之内、何ニテモ不苦候間、御出来ニ相成候分廿部、大至急入用ニ付、是非ニ御積入被下度、此段呉々願上候。万々一、以上ノ捨置被下候テハ、大ニ当惑可仕候間、是非々々御積入願上候。

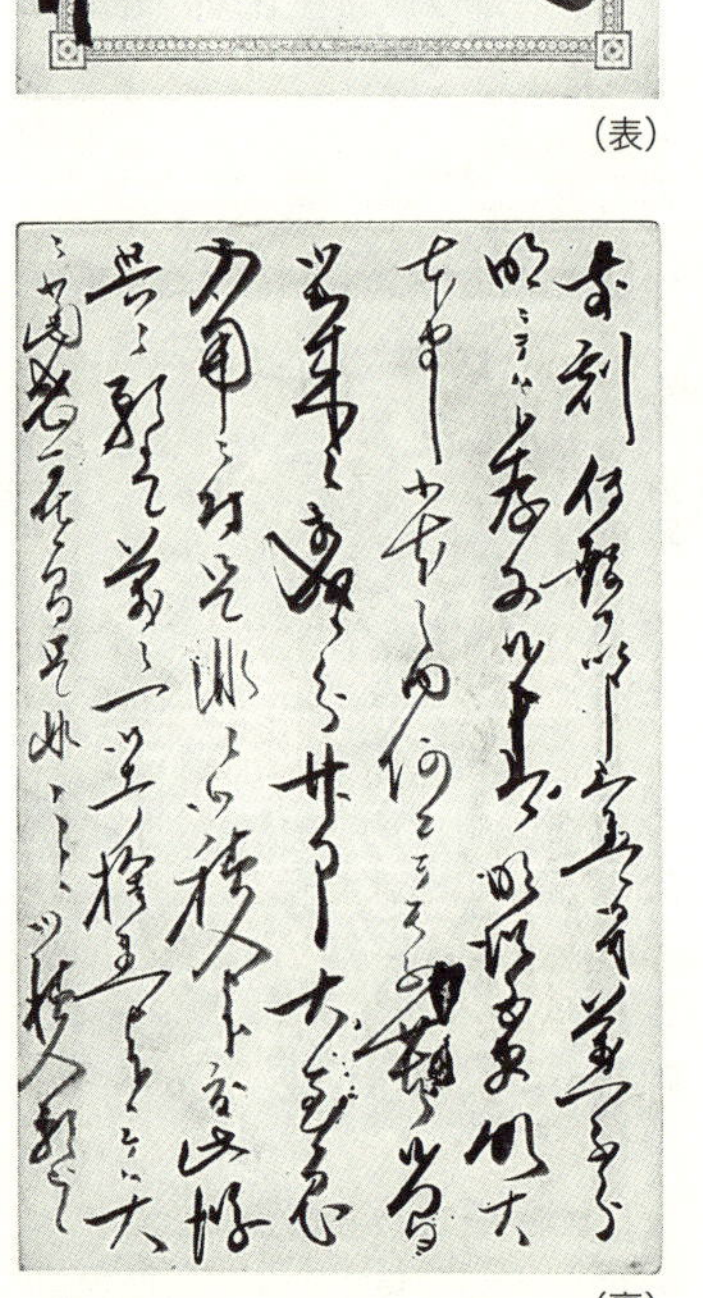

（表）

（裏）

【図版㉑】　東生亀次郎宛柳原喜兵衛葉書（明治13年12月14日付）

大本でも半紙本でも「小本」（中本）でも、何でもよいので二十部至急届けてくれとのことである。電報でも依頼したようで、よほど切迫した状況かと思われる。それだけ引き合いが強く、品薄になっていたものかと思われる。

明治十八年十一月十三日付、大阪前川源七郎葉書も至急出荷の催促である（【図版㉒】）。

冷気相増候処、御全家様御揃、愈御清福、奉賀候。陳ハ、先般御依頼申上置候前勘定差引御貸之処へ、明治国史略半紙十部、元明清史略半紙五部、御注文仕候ニ、今ニ何之御沙汰モ無之。尤御貸ハ昨年中之差引ニ有之候ニ付、御推察之上、至急便より御廻送被成下度奉願上候。右ハ至急御依頼、如此ニ御座候。尚又不相変御注文仰越被下度、奉願上候。早々。

十一月十三日

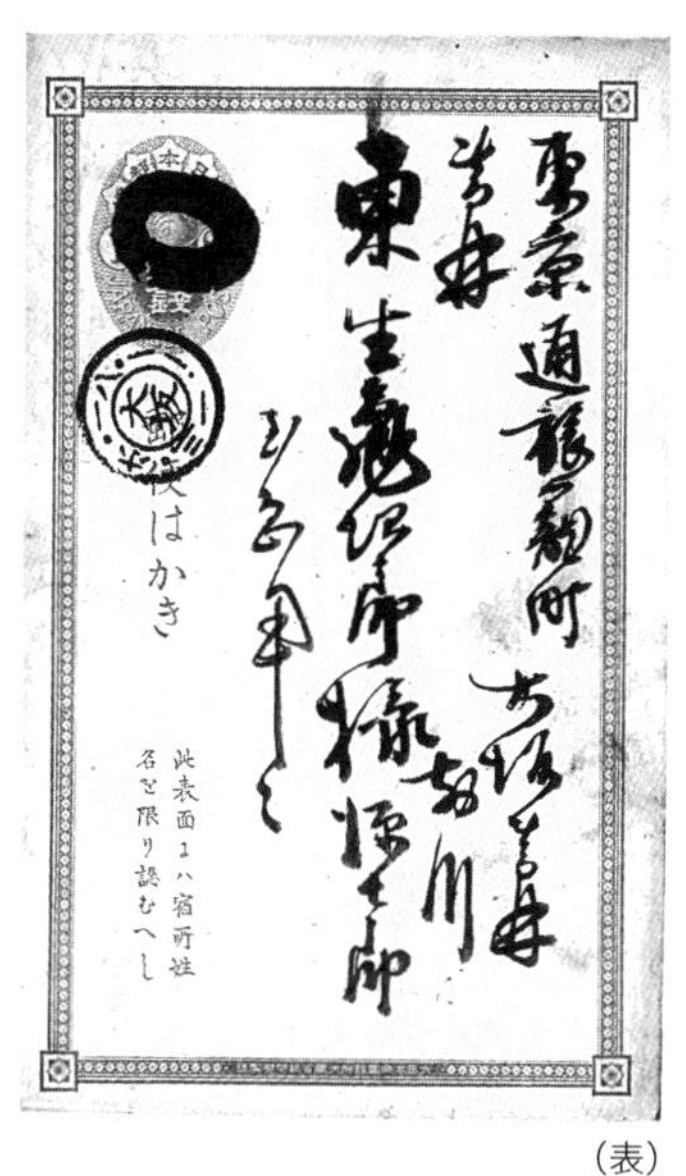

（表）

（裏）

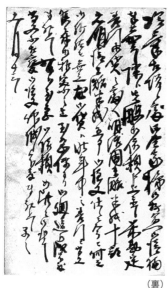

【図版㉒】　東生亀次郎宛前川源七郎葉書（明治18年11月13日付）

以下、部分的にいくつか紹介しておこう。まず、明治十七年一月十一日消印の京都細川清助葉書に「昨冬交易ノ明治国史略、小本、半紙共、昨冬中ニ着致シ候様仰ニ相成申候共、今ニ着致シ不申候」と催促の記事がある。『（明治新刻）国史略』の需要は明治二十年を過ぎても衰えなかったようで、明治二十一年（一八八八）五月二十八日消印の京都出雲寺文治郎葉書には「扨過日御願申上候明治国史畧廿、未御遣無之□□（難読）、何卒至急入用ニ候間、此はかき届次第、即ニ廿御出荷奉願候」、同年七月六日付同人葉書にも「兼而御注文申上候明国史略半紙、至急ヲ要し候間、何卒此端書着次第大至急御送本被下度候也」とある。さらに九月二十九日付葉書には「兼而御注文申上置候明治国史略者、未タ製本出来ズ候事哉」と催促している。

明治二十一年四月十四日付、大阪岡島真七葉書にも「陳ハ、明国史略五十、右御注文申上候間、早々御製本被下度、代金来ル廿日頃ニ土田屋方迄差出し可申候間、引替ニ御渡し可被下候」と見える。

明治二十二年九月七日付、大阪中川勘助葉書には「然ハ、明治国史畧五拾部買入度、製本出来合候や、承り度、前直代金五拾弐円五十銭前金差出可申候。即刻御返事可被下候。可相成者、此便り一筥御遣し被下候ハ、大々都合ヨシ。御金者早速送り可申候。一ツ筥ニ四十部以上入ルト察候。必五十部揃わず共宜敷候。櫃代と荷作り者御まけ被下度願候」などとある。

浅倉屋久兵衛「明治初年東京書林評判記」には「袋亀（大伝馬町三丁目東生亀次郎と云ふ）明治国史略を出板して大層の売行なりし」とあって、石村貞一編『（明治新刻）国史略』（明治九年〈一八七六〉刊）が大当たりの出版物として特記されている。

『（明治新刻）国史略』は、明治九年（一八七六）板権免許のものが初版で（【図版㉓】）、長く摺・版を重ねていく。第四別版は、本文を活版で組んだもので、その刊記には次のように版次を記述している（【図版㉔】）。

第一版板権免許　明治九年十月廿四日
第二版板権免許　明治十三年　月十七日
第三版板権免許　明治十五年五月九日
第四版板権免許　明治廿二年十月十日
同　出版発兌　明治廿二年十月二十日

【図版㉓】　石村貞一編『明治新刻 国史略』明治9年初版

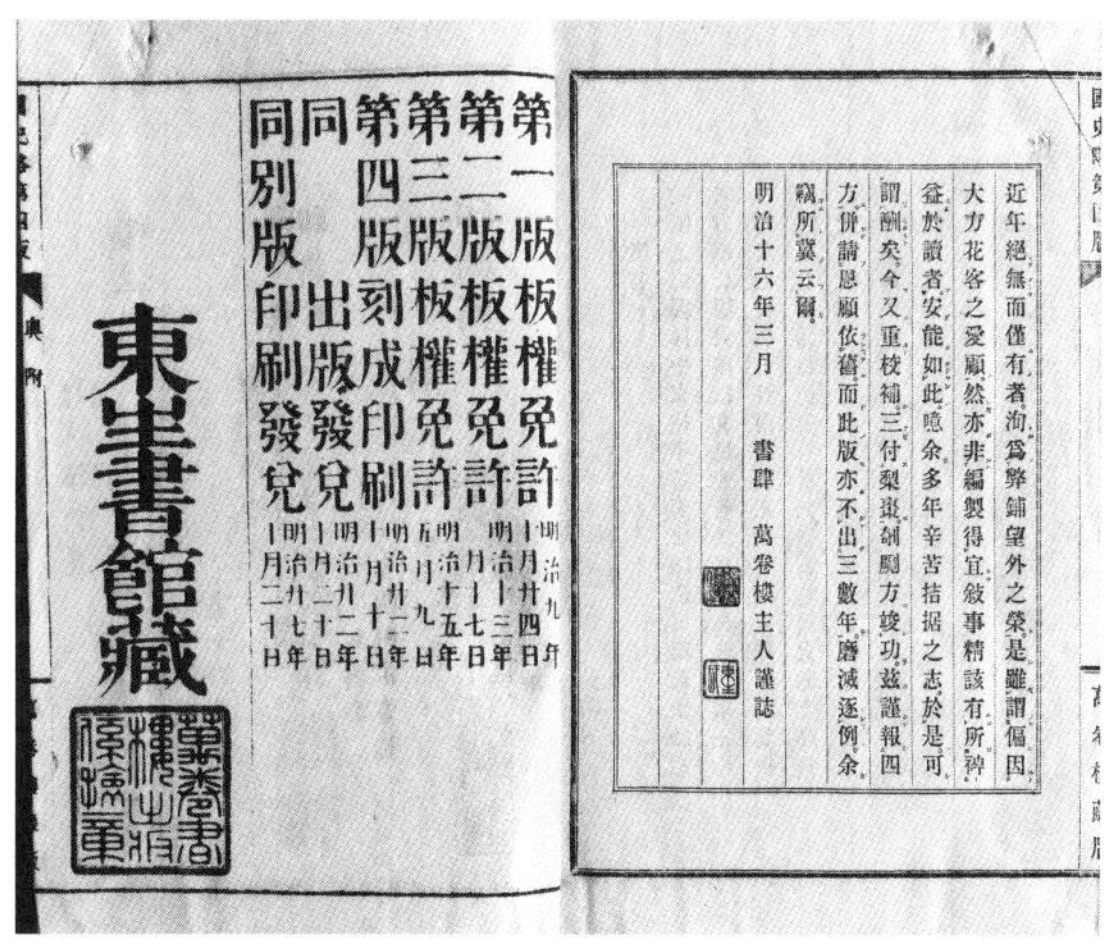

近年絕無而僅有者洵爲弊鋪望外之榮是雖謂偏因
大方花客之愛顧然亦非編製得宜敍事精該有所裨
益於讀者安能如此噫余多年辛苦拮据之志於是可
謂酬矣今又重校補三付梨棗剞劂方竣功茲謹報四
方併請恩顧依舊而此版亦不出三數年磨滅逐例余
竊所冀云爾

明治十六年三月　書肆　萬卷樓主人謹誌

第一版板權免許　明治九年十月廿四日
第二版板權免許　明治十三年　月十七日
第三版板權免許　明治十五年五月九日
第四版刻成印刷　明治廿二年十月十日
同　出版發兌　明治廿二年十月二十日
同別版印刷發兌　明治廿七年十月二十日

東生書館藏

【図版㉔】　『明治新刻 国史略』第四別版刊記

同別版印刷発兌明治廿七年十月二十日
東生書館蔵［印］

この書籍を筆頭として、他にも『元明清史略』等有力な手板があって、東生の地域を越えた交易は盛んになっていったのである。摺を重ねるほど本替の利の強くなるこれらの商品は、ますます東生の流通力を高めていく。大量の本替は、上方の商品を有利に大量に東京にもたらす原動力ともなって、本店の扱う商品の充実、盛況にも直結するのである。

大阪に支店を設けたのも、この引き合いの強い商品を軸としたひっきりなしの交易に対応するためであったろうし、関西以西への流通の基点として、また関西の商況を日々体感しながらの仕入れについて、重要な役割を演じたものと思われる。

かくして、書店の屋標を付けた本櫃を積み込んだ汽船が、ひっきりなしに東西を往復する状況が続いていったのである。

7 「信州西筑摩郡上松村字寝覚浦島旧跡臨川寺図」出版の顚末

はじめに

かつて、信州木曽の書籍文化について共同研究を行なったことがある（研究成果は、一九九六年三月発行の報告書『近世後期における書物・草紙等の出版・流通・享受についての研究――木曾妻籠林家蔵書、及び、木曾上松臨川寺所蔵板木の調査を中心に――』にまとめた）。その時のテーマの一つが、臨川寺の略縁起・境内絵図、また景勝地寝覚之床に材をとった摺物、そして同寺所蔵のこれらの版木についてであった。臨川寺境内・寝覚之床の絵図の諸版は、研究成果報告書の船戸美智子報告「木曽上松臨川寺の摺物とその板木」に整理してある。これによって概略を粗述すれば、【A】無刊記「寝覚山臨川寺図」（宝暦頃刊か）、【B】木曽福島 雪匠清高写「信州筑摩郡木曽庄 浦島旧跡 寝覚山臨川寺図」（文政三年以後刊）、【C】木曽福島 祐川池信親写「信筑摩郡木曽庄 浦嶋旧跡 寝覚山臨川寺図」（同所 芦澤兵次刻、文政六年以前刊、異版あり）、【D】木曽福島 雪匠清高写「信 筑摩郡木曽庄浦島旧跡 寝覚山臨川寺図」

【図版①】　明治十七年版「信州西筑摩郡上松村字寝覚浦島旧跡臨川寺図」

(同所 中村包廣刻)、【E】豊田義峯画「信州西筑摩郡上松村字寝覚浦島旧跡臨川寺図」(明治十六・十七年水野智令刊)、【F】見浦朴山編刊「長野県西筑摩郡駒个根村 臨済宗妙心寺派 寝覚山臨川寺之景」(石版印刷、明治三十四年三月刻、異版三種あり)となる。

【E】「信州西筑摩郡上松村字寝覚浦島旧跡臨川寺図」は、刊記に「画工 愛知県士族 豊田義峯 愛知県名古屋区裏門前町四十三番邸／彫刻 愛知県平民 豊原堂 愛知県名古屋区下長者町二丁目／著者兼出版人 長野県平民 水野智令 長野県西筑摩郡上松村二百六十一番地」とあり、臨川寺第十一代住職水野智令が、名古屋の豊田義峯に描かせ豊原堂に版を誂えたものである(【図版①】)。以前の版が摺刷に耐用できなくなって、新たに制作したものなのであろう。木曽路一番の景勝地である寝覚之床に訪れる人々は、明治になっても途絶えることはなく、臨川寺来訪記念の絵図は無くてかなわぬものであった。

これに、刊年記事の異なる三種類があることは舩戸報告にあるとおりである。すなわち①「明治十六年十一月十五日出版御届」、②「明治十七年二月廿二日出版御届」、③「明治十七年三月廿五日出版御届」の三種類である。きわめて近接した時期に同じ絵図が三種も作成されているのは奇妙なことである。

臨川寺に残されている版木は②のものである。船戸報告にあるようにこの版木に入木の跡は見られないが、絵図を比較してみると②と③は同版で、③の「三」の字の二画めの横棒を削除して「二」の字を作り、また同様に、「五」の字の上下の横棒のみを残して間を浚い、「二」の字にしたもののようである。つまり、②は③の修訂版で、日付の遅いほうが先行することになる。

釈然としないことはこれだけではない。その後、この絵図を所々で確認したが、これまで目睹しえたのはすべて②の版である（筆者所持の三枚もすべてこれである【図版②】）。①③の絵図は臨川寺所蔵のもの以外確認できていないのである。

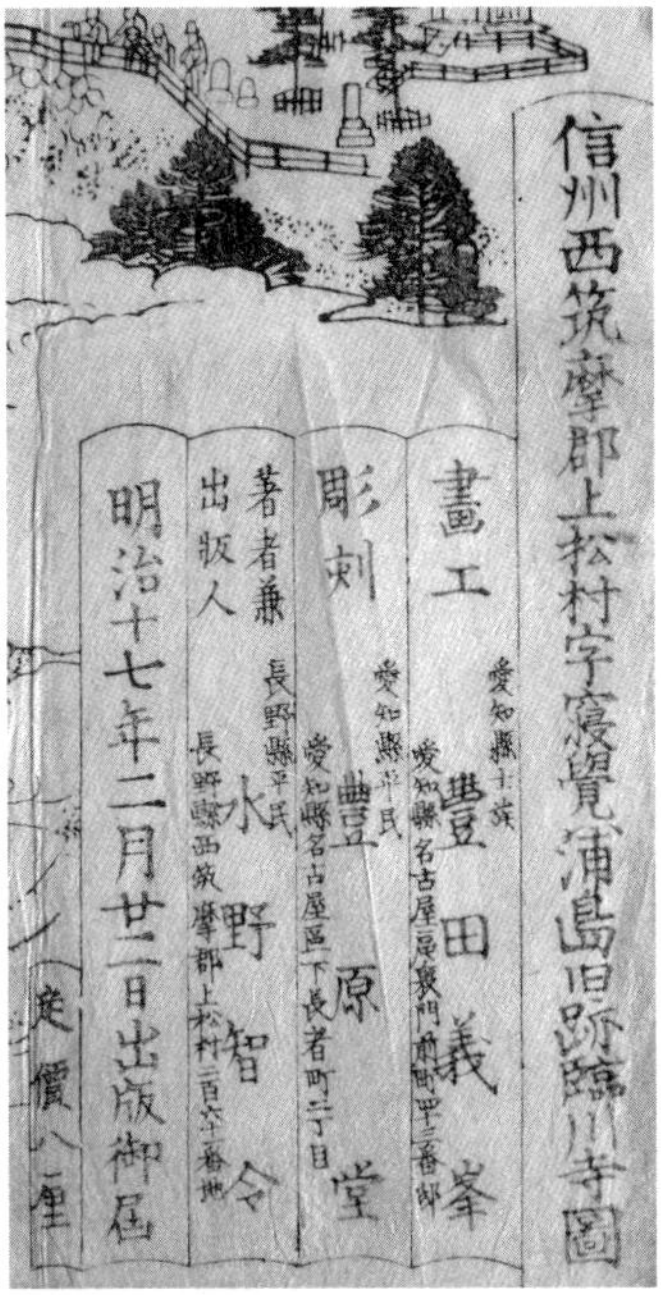

【図版②】 同図刊記

腑に落ちないまま放っておいたのであるが、最近になり、長野県の行政文書の中にこの絵図の出版に関わる文書群を見出すことができ疑問の大方は解消した。すべては当時の出版法規と出版手続きに関係することであった。本報告は、この文書に依拠して積年の宿題の一つを片付けるものである。

一　明治十六年版の絵図

明治十七年（一八八四）の長野県行政簿冊『公文編冊 庶務掛 図書出版之部』（長野県立歴史館所蔵、明17 A-23-1・3）には出版関係の文書がまとめられている。この中に、この絵図の出版に関わる文書が収められていた。時に綴の順序を無視することになるが、以下、なるべく時系列に沿って文書を紹介しながら事の次第を検討していくことにする。

まず、①「明治十六年十一月十五日出版御届」という刊記の絵図に関わる文書を検討していこう。これらは、「別帋附箋之通ニ付下戻候事／明治十七年一月廿八日　内務省［印］」（木版印刷、数字のみ墨書）と「長野県／書面願之通最前納本及添書共却下候条此旨本人へ可相達候事／明治十七年一月廿八日」（朱書）という二つの附箋を付して、内務省から県に戻されたものである。直下にあるのが次の書類である（翻字に際し句読点を付加した。以下同じ）。

「明治十七年／一月三十一日　丙天第一三〇号」（上欄朱書）

納本却下御願

一床岩風景全図　　水野智令著

仝　納本　　三部並添書

右者、昨明治十六年十一月十五日附ヲ以テ出版御届書本県へ進達御願申上置、右図刻成ニ付、十二月一日御省へ納本仕候処、書式少々相違之廉ニテ、十二月四日本県ヨリ書面却下相成、納本之儀齟齬仕候ニ付、更ニ上願仕度候間、乍恐何卒納本御却下被成下候様只管奉願候也。

長野県平民

明治十七年一月五日　水野智令

信濃国西筑摩郡上松村
二百六十一番地

内務卿山県有朋殿

刊記の日付どおり明治十六年十一月十五日付で水野智令は出版届を作成して長野県に届け（明治八年改正出版条例第五条「出版届版権願トモ其所在ノ地方庁（本籍又ハ寄留ノ地方庁）ヲ経由スヘシ」）、十二月一日付で出来上がった製品を内務省に納本した。ところが、県を経由して内務省に達するはずの出版届に、どのようなことであるのか不明であるが、「少々相違」があったため、十二月四日に県が却下としたものらしい。出版届が内務省に達しないまま納本が行われるということになったのである。そこで、内務省に納本そのものの却下を願い出たのがこの一月五日付の書類である。この願を受けて内務省が納本却下の決済を一月二十八日付で行なったことは附箋に見えるとおりである。内務省から差し戻された納本添書は次のとおりである。

納本添書

一床岩風景全図　水野智令著　全壱枚

右ハ、明治十六年十一月十五日出版御届仕候処、今般刻成ニ付、三枚納本仕候也。

長野県平民

明治十六年十二月　水野智令

信濃国西筑摩郡上松村
二百六十一番地住

内務卿山県有朋殿

①「明治十六年十一月十五日出版御届」の絵図が、臨川寺所蔵のもの以外確認できないのも道理で、この一枚を寺に残したきり、以後この版木は使用されることなく終わってしまったのである。

二　明治十七年版の絵図

明治十七年二月二十二日付で、水野智令はこの絵図の出版を再び願い出ている。内務省宛出版届から見てみよう。

出版御届

一床岩風景絵図　壱枚　竪八寸九分　横一尺二寸六分

明治十七年三月廿五日出版

右私著信濃国西筑摩郡上松村字寝覚仙床ノ景色概畧ヲ記載致シ、一切条例ニ背候儀無之候間、今度出版致度、此段御届申上候也。

長野県平民

明治十七年二月廿二日　著者兼出版人　水野智令［印］

信濃国西筑摩郡上松村
二百六十一番地住

　　内務卿山県有朋

長野県宛願書を次に掲げる。

　　　御願

別紙出版届書差出候付、其筋ヱ御進達被成下度、此段奉願上候也。

　　西筑摩郡上松村二百六十一番地

明治十七年二月廿二日　　　水野智令［印］

　西筑摩郡上松村戸長　　　原十郎［印］

　長野県令大野誠殿

この二つの書類は、左の書類を添えて西筑摩郡役所から長野県庁に二月二十五日に回達された。

　甲第一一三号

　　　　　　　　上松村平民

一出版届書進達之儀願ノ件　　水野智令

右願書候ニ付及御送致候也。

明治十七年二月廿五日　西筑摩郡役所［印］

長野県御中

長野県にて審査され内務省への進達が決済されたのは、次掲書類によれば三月三日のことである。

明治十七年甲摩第六二号
立案二月廿九日　決議三月三日　施行三月四日［印］
主務　御用掛　沖満津［印］
令［印］　庶務課［印］
書記官　庶務掛［印］
審査部［印］［印］

西筑摩郡上松村平民水野智令願出版届進達ノ件
別紙西筑摩郡上松村平民水野智令ヨリ出版届進達願書候ニ付、取調候処、不都合ノ廉無之被存候間、右案奥書進達相成可然哉。

案
前書之通届候ニ付進達候也
月　日　当県県令大野誠

出版条例では、第二十条に「図書刻成ノ上ハ製本三部ヲ内務省ヘ納ムヘシ」と規定されているわけであるが、この絵図は納本が遅れたまま、出版許可が棚上げになっていたようである。遅延の理由はよくわからないが、新たに豊原堂に誂えた版木の調製に手間取ったものなのかもしれない。

西筑摩郡役所が長野県に送った五月十五日付の書類をみてみよう。

「（上欄朱書）明治十七年五月十九日受付　丙天第五二九号ノ二」

乙第四四二号

本郡上松村平民水野智令ナルモノ、曽テ出板届書期限経過、未タ納本致サヽル哉ノ旨云々、丙天第五二九号御照会ニ拠リ、本人ヘ相達候処、今般直チニ納本致候旨、別紙届書差出候ニ付、及御送致候条、可然御取計相成度、此段及御回答候也。

明治十七年五月十五日　西筑摩郡役所［印］

長野県庶務課御中

ここにあるように、二月に出版届を出したきり、いまだ納本が行われないため、県から郡役所に照会があって、それにようやく対応したもののようである。

右の書類を添えて送った長野県宛の届は次のごとし。

御届

明治十七年二月廿日御届

仝年三月二十五日出版

一床岩風景絵図面　　水野智令著

定価八厘

右全図刻成ニ付、今般内務省図書局ヱ直ニ納本仕候間、此段御届申上候也。

長野県西筑摩郡上松村二百六十一番地

平民

明治十七年五月十二日　水野智令［印］

西筑摩郡上松村戸長原十郎代理

筆生　松原倒二郎［印］

長野県令大野誠殿代理

長野県大書記官鳥山重信殿

この長野県宛届と同じ日付で、次の添書とともに原本三部が内務省に納本された。

納本添書

一床岩風景全図　水野智令著　全壱枚

右ハ明治十七年二月廿(二)（朱書補入）日出版御届仕候処、今般刻成ニ付三枚納本仕候也。

長野県平民

明治十七年五月十二日　水野智令［印］

信濃国西筑摩郡上松村
二百六十一番地住

内務省図書局長何礼之殿

明治十六年十二月付の添書の宛名が「内務卿山県有朋殿」となっているのに対し、この文書では内務省図書局長宛となっている。明治八年の出版条例では、出版書は内務省に納本することが定められていたが、明治十七年二月二十八日内務省告示で「出版図書刻成ノ儀ハ自今当省図書局へ差出スヘシ」と改正されたことに対応したものである。

さて、これらの書類の一番上に「別紙付箋却下済」という朱書の付箋とともに、次の朱書の付箋が貼付されている。

絵図中出板届月日相違ニ付、懸紙ニ準シ改刷之上更ニ納本可致旨本人へ御通被成度候事。

但発売ノ分モ本文同様ノ事［印］

明治十七年五月廿三日［印］

出版届が内務省で却下となり、この付箋を貼付して書類が一括県に下されたのである。却下の理由は、納本された絵図刊記の月日が、出版届と齟齬をきたしていることであり、「改刷」の上、あらためて納本せよとのことである。このことは、二十八日付で県から郡役所経由で水野智令に示達された。

（上欄朱書）「明治十七年六月十三日受付　丙天第五二七号ノ三」

乙部五〇〇号（朱書）
本郡上松邨水野智令出板届図面月日相違ニ付、改刷之宗客月廿八日附御附箋ニ拠リ、本人へ示達ノ書別紙届書願出候条、御回答旁御送附出申上候也。
十七年六月十日　西筑摩郡役所［印］
長野県庶務課御中

最後に、県に提出した水野の届を紹介する。

御届
本年五月十二日附ヲ以テ、内務省図書局ヱ納本仕候処、月日相違之廉ニ而御却下相成候間、別帋図面之通月日改正更納本同添書共本月附ニ而同省ヱ相納候間、此段御届奉申上候也。
西筑摩郡上松村
明治十七年六月九日　水野智令［印］
西筑摩郡上松村戸長　原十郎［印］
長野県令大野誠殿

これらの書類には「明治十七年二月廿二日出版御届」という刊記の絵図（②）が添付されているが、これが、月日を改めた「別帋図面」であろう。③「明治十七年三月廿五日出版御届」という刊記のものが却下となってこのように修訂されたのである。少々不格好な字体となったが、入木の手間を掛けずに修正できたのは不幸中の幸いであった。出版条例第二十一条では「何年月日出版或ハ何年月日版権免許ト」記載することを義務づけている。この絵図の場合、刊記を「出版」とだけしておけばよかったものを、「届出」という言葉を下に付けてしまったため、書類と食い違うことになったものと考える。出版届の日付は「明治十七年二月廿二日」なのである。③の絵図が①の絵図と同様臨川寺蔵本以外確認できないのももっともなことであった。

出版に不慣れな素人の事業であったことが近接した時期の三種の絵図を生んだ第一の理由ではあろう。しかし、それにしても、書類の不備、書類と製品との間の文言のささやかな齟齬によって、二版が却下となったことには同情を禁じえない。法と行政の整備の賜物、お土産用の絵図（もちろん無版権）さえも、売物にする以上、国家の規定に則ることが求められる時代となった。地域の慣例的秩序と良識に多くが委ねられていた時代は終わり、国家規模の一律のルールが木曽山中出来の墨摺一枚の絵図にまで及ぶ世の中となったのである。

附記　臨川寺見浦宗山師には、再度の調査でもお世話になりました。末尾ながら記して謝意を表します。

第二部　書籍文化史料片々

ものを集めるのに執する癖は物心ついたころからで、それはますます昂じつつ、いまだに収まる気配はない。最近では、とくに研究に関わる範囲のものだけに対象を絞ろうとはしているのだが、ひょっとしたら役に立つかもしれないという欲目や、移り気の色目から、その範囲は自ずとずるずるゆるく広がる一方である。

遠い時代の書籍の文化を正確に描き出すためには、現代的視点をいったん捨て、書籍やそれをとりまく状況を、当時のままに把握する必要がある。そのためには、当時の資料、遺物に直に接するのが一番の方法であると考えている。しかし、研究蓄積の乏しい書籍の流通や享受にかかわる資料は思うようには出現しない。何が資料として有効であるかも手探り的に判断していかざるをえず、ひょっとしたら使えるかもというようなガラクタまでもとりあえず手を出したりしているのである。

そんな次第で、集めたものの中で論文等に生かせるものはむしろ少数、独り立ちできずにくすぶっている片々たるものが部屋を埋めている。それら片々たるものたちは思い思いに散らかりすぎていて、大きな世界を描き出すための素材とはなかなかならない。しかし、それぞれほんの一コマではあるが、書籍文化史の生々しい一相をちらりと垣間見せてくれたりするのである。それらを気の向くまま選んで日の目を見せてやろうというのが第二部の目論見である。

1　書籍の価格
——岡田屋嘉七の請取と通帳（かよいちょう）——

書籍流通に関わる史料は総じて残りにくい。特に、流通末端、小売の現場等を再現してくれるような生々しい史料にはなかなか出くわさない。商品を取り巻く状況はめまぐるしく変化しており、帳簿類は、営業のための資料としての情報価値を速やかに失っていく。溜め込んでも邪魔なだけであり、とくに蔵のスペースもないような小規模の商家では永年蓄積すべきものではない。節季で決済が終了した営業文書には、保存すべき理由を見いだしがたいわけで、ほどいて裏紙を利用し別の文書に仕立て直したものや、両面使い終わって、屏風の下張りになっている文書紙片など、よく目にするところである。

さて、現場の生々しさは金銭のやりとり抜きにはありえない。誰がいつ何をどこで、そしていくらで買ったのか、これを知ることができれば、書籍流通の現場にかなり近付いたことになろう。書店の帳簿がなかなか見いだしにくいとすれば、客の手許に遺されたものに頼ることになろう。請取（領収書）や通帳（かよいちょう）である。ここでは、江戸芝神明前の書肆岡田屋嘉七の発したこれら文書を取り上げてみる。

書籍の価格

価格は、書籍を購入する際の判断材料としてもっとも重要な要件のひとつである。業者間における取引の際についても同様である。

しかし、江戸時代において、書籍に定価はなく、いかほどで卸され、また販売されていたものか不明のことが多い。書籍の価格に関わる資料を収集し、データを蓄積しつづけて、もうかなりの歳月が経つ。けっこうなデータ量とはなってきたが、星の数ほどあるタイトルからみれば、九牛の一毛程度のものであろう。

そして、たまたま価格を知りたい書籍のデータがあったところで、使いものになるかどうかは分かったものではない。なぜか。まず、一口に書籍の価格といっても、業者と本替する際の基準的価格、現金卸の価格、小売値等いろいろあるのである。それから、書籍の価格を決定づける要素は多々あり、それらは、時々刻々、また地域間で大いに異なってくる。書籍商は、新本も古本も扱うのが普通であるが、このことはどちらについても同様である。まず、需要と供給との関係が大きく価格を左右する。需要に対して品薄となれば、価格が上昇するのは他の商品同様当然のことであろう。時流からはずれて見向きもされなくなり、市場にだぶつきがちな書籍は投げ売りされる。新品同様なのか使用感が半端じゃないものなのかといった書籍自体の状態も価格を大きく左右する。そしてまた仕入に要したコストは、価格に反映されるわけで、これによって地域間の格差も生じるわけである。

また、地域によって、また時期によって、金銀銭の相場がめまぐるしく変化し、どこでいつどういう通貨で決済するかで、書籍の価格は大いに異なったものとなる。

そして、それらを総合しての判断、つまり、価格は、書店によってまちまちなのである。

岡田屋嘉七発行請取書

しかし、さらにデータの蓄積が増していけば、さまざまなケースをそこから拾えることにもなるはずなので、新たな史料の掘り出しとともに作業は継続していかなくてはならない。

さて、書籍購入の際に書店が発行する請取書は、その中でも嬉しい史料である。確たる小売りの価格がそこにあるし、なによりも流通末端の現場に居合わせたかのような感覚を、このひらひらした一枚から覚えてわくわくするのである。

まず、ここに紹介するのは、岡田屋嘉七の請取である（【図版①】）。

覚
一　七匁五分　医方集解
　　　　　　　右上本六冊
一　四匁　　　名医方考
　　　　　　　古本六冊
〆十一匁五分
　此金弐朱ト
　　四百十二文
　金壱分預
　　つり三百六十五文
右之通慥ニ受取申候
亥四月七日　岡田や

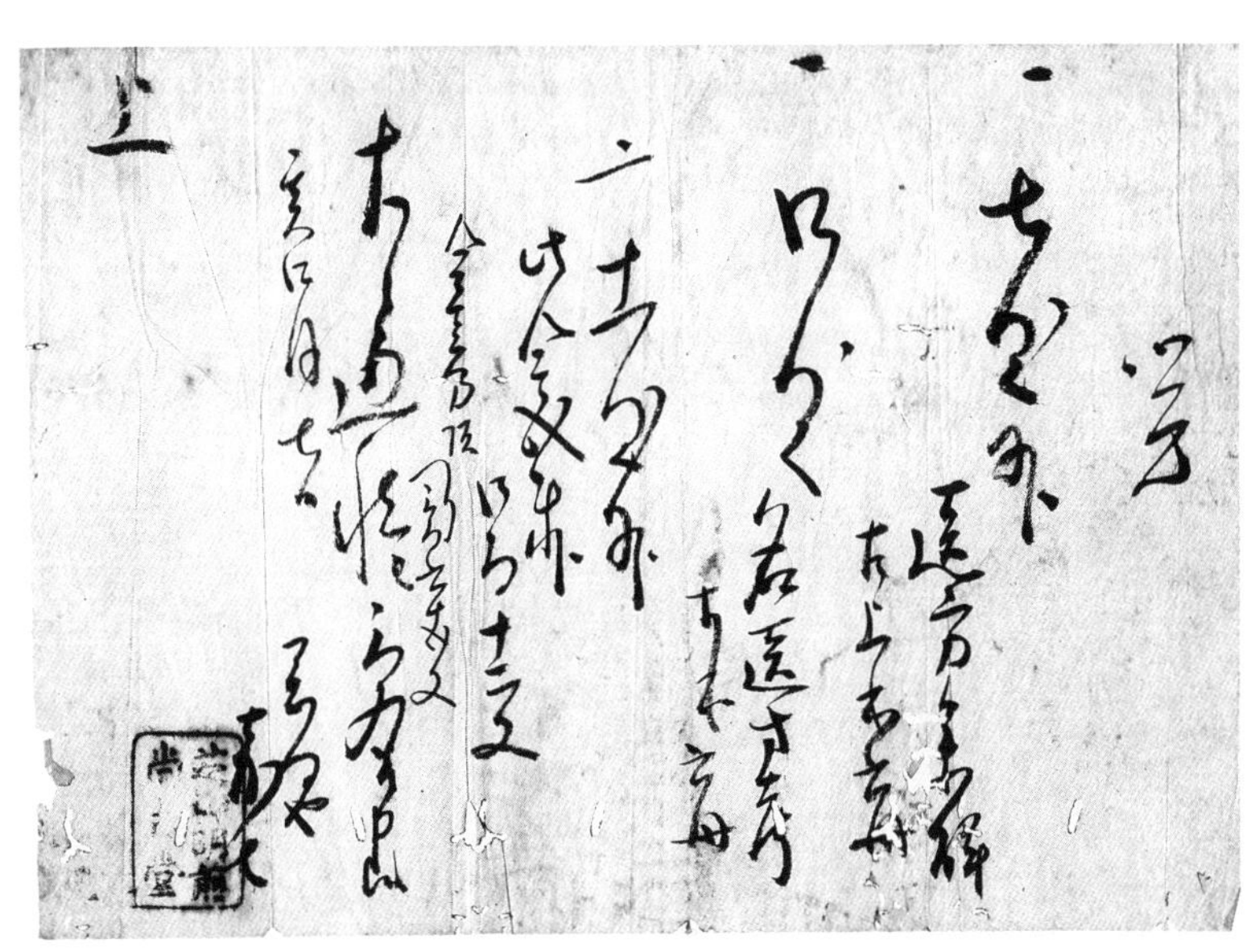

【図版①】　岡田屋嘉七請取。16.5×23.5糎。

嘉七［印］

上

宛先は「上」で、誰が購入したのかは分からない。また「亥」が何年なのかも判然としない。『医方集解』『名医方考』は中国医書の名高い古典である。いずれも和刻本であろうが、どの版であるかは分からない。前者には、「上本」の注記があり「七匁五分」という価格である。「上本」なりの値段付けなのであろうが、残念ながら、比較の材料を持ち合わせていない。

印文は「芝神明前／尚古堂」。尚古堂岡田屋嘉七は、芝神明前に店を構えている書物屋である。天保三年（一八三二）正月二十一日付篠斎宛馬琴別翰に、

当地書肆も、唐本多く仕入候者、泉庄と岡田やのミニ候処、泉庄ハちと衰候故、岡田やのミニ成候。岡田やハ名代の高うりニ候へども、ことの外繁昌の見せニて、よく売捌申候故、少しもまけ不申候。『二度梅』抔も、それ故ニ高料ニ御座候。とかく唐本ハ、大坂下直ニ御座候。

（『馬琴書翰集成』第二巻、二〇〇二年十二月、八木書店）

「名代の高うり」であるが、繁盛しているので、値引きをしない店ということである。馬琴は同様の評価をあちこちでしている。

天保五年（一八三四）二月十八日付篠斎宛書簡では、

何分、当今払底の唐本故、なき物ほしやニて、不相応之高料に御座候。三十年前とちがひ、ネキ物の小説も、只今ハ一倍貴く成候。『紅楼夢』抔、文化中ハ金一分壱朱ニて手ニ入候処、当正月中、『紅楼夢』、芝岡田やニ有之候。悴立寄候節、承り候へバ、金壱両と申候よし、呆れ申候。大坂ニてハ、金弐分弐朱くらいのよし、先年河茂申候ひキ。唐本ハ大坂の方、いづれも少しハ廉之様ニ存候。

（『同』第三巻、二〇〇三年三月、同）

と、その高値に呆れている。しかし、その品揃えの良さ、集書能力の高さは頼りになる存在であったようである。天保十一年（一八四〇）八月二十一日付篠斎宛書簡を見てみよう。

先『政記』『通議』之事、日本橋須原屋・両国山田屋・浅くさ和泉屋・芝神明前岡田屋等ヲ聞糺候処、大方ハ取扱候事無之候間、知らずと申候。此内山田屋佐助申候ハ、右『政記』『通議』は活板

ニ而出本すくなく、且素人之蔵板ニて、引受売候者無之候間、何方ニて摺出し候や、仲間者に知り候者は有間敷候。但シ『政記』之出本、新本ニてハ金壱両弐分、『通議』も新本ニて銀拾匁も致べしと申候由に御座候。又岡田屋嘉七申候は、右之二書稀ニ出候事有之、只今手前に無之候へども、『政記』ハ表紙折付之見捨本ニ候へは代金弐分二朱、『通議』は八九匁位ニ候へとも、板元ハ知らず、市抔にて見受候ヲ仕入候由申候間

（『同』第五巻、二〇〇三年九月、同）

書籍の情報についても詳しく、集書能力も高く、在庫も豊富で頼りになる店であったというのであろう。反町茂雄編『紙魚の昔がたり 明治大正篇』に収められた浅倉屋吉田久兵衛「和本生活半世紀の思い出」には、

お話が変に飛びますが、よく祖父が申しますのには、芝の神明前に岡田屋という店がありました。佐久間嘉七さんという人で、土蔵が三つうしろに並んでいました。古本屋で仏書も売りました。「大智度論」がいつも十部位は備えてあると言って威張っていたそうです。この沢山の書物が糸一本も切れていないとよくきかされました。主人は毎日早朝に店員を連れて江戸中を廻り、店の品切れの物は必ず仕入れて備えて置き、お客様に満足を与えたとの事でした。お客様に、他になかったら何時でもいらっしゃい、その代り、ちっとお高うございますが、と言っていたそうです。店は例の泉市の向うでした。二代目の方は慶應義塾の初期の学生で余り早くハイカラになり過ぎたため、古くさい事はしませんで廃業して、のち通事になられたようでした。

とあって、馬琴の言をやや裏付けることが出来る。ちなみに「祖父」は明治三十八年（一九〇五）に八十三歳で歿ということであり、ここの話は幕末から明治初年の様子と受け取ってよかろう。

椀屋喜兵衛の納品書

国文学研究資料館史料館所蔵出羽国村山郡山形宝幢寺文書5061「購求書物受取書」二十二通のうちに、明治

三年八月十九日付椀屋喜兵衛の書籍納品書がある。上袋に「明治三年／購求之書物之書類／但他年参考之もの也」とあり、書状は次のごとし。

覚

芝神明前岡田屋ニ而求

一　御預り之品

古訓古事記　金三分弐朱

都城弁々　銀五匁

神寿後釈　金一分

玉あられ　銀五匁

〃弁　〃弐匁五分

〃論　〃弐匁五分

〆金壱両壱分弐朱

右御届ケ申上候

八月十九日

椀屋喜兵衛

上

冒頭「芝神明前岡田屋ニ而求」と注記があるので、岡田屋嘉七に誂えた書物を、依頼を受けて椀屋喜兵衛がとりまとめて届けたものなのであろう。

さて、『古訓古事記』が金三歩二朱というのは高いのか安いのか。井上頼定『上京往来日記』天保十三（一八四二）年四月二十一日条に「壱歩　銀拾四匁也　銭弐百文ツリ受取　古訓古事記代　河南へ十四匁払」（鈴木理恵『近世後期の旅に関する教育史的研究――西日本の旅日記を素材として――』）とあり、河南四郎兵衛店では一歩の価格であった。文久三（一八六三）年の『瑶翠亭酒井氏蔵書目録』にも「価壱分　〇古訓古事記　三冊」（田崎哲郎『三河地方知識人史料』）と見える。八木正自紹介安政六（一八五九）年八月の史料「安政万延外国人買物」（「幕末外国人の和本購入価」『日本古書通信』一〇一五号、二〇一四年二月）「一　拾五匁　古訓古事記　八冊」とあり、冊数が腑に落ちないが、前記二史料に近い価格ではある。とすれば、岡田屋の売価はかなり高めである。

銀五匁の「都城弁々」は本居宣長の『天祖都城弁々』。国立国会図書館所蔵文政五（一八二二）年九月改『東壁堂蔵版目録』に「天祖都城弁々　壱　弐匁」とある（岸雅裕『尾張の書林と出版』）。また、福島県立歴史資料館内池輝夫家文書に収められている『内池家蔵書目録』

（一八八四）には「天祖都城弁々　壱巻　弐匁五分」とあって、内池永年は天保四（一八三三）年に二匁五分で求めている。また、『宝貨記』に「四匁　新　都城弁々　一」とあり（梁瀬一雄「宝貨記——村上忠順の購入書控——」『本居宣長とその門流』和泉書院、一九八二年九月）、村上忠順は天保十三（一八四二）年に四匁で新本を購入している。

金一歩の「神寿後釈」は『出雲国造神寿後釈』。先掲『上京往来日記』の金銀換算を、無理を承知で仮にそのまま適用すれば、金一歩は銀十四匁ということになる。『宝貨記』には、天保八（一八三七）年の記事に「五匁五分　出雲国造神寿後釈　二」と見える。弘化二（一八四五）年の記事には「六匁五分　嘉永三年庚戌夏交　出雲国造神寿後釈　二　二部村木岡七」とあって、状態が違うのかもしれないが価格は上昇している。弘化二年の『内池家蔵書目録』には「出雲国造神寿後釈　一巻　六匁八分」とある。年不明のものであるが、国文学研究資料館史料館所蔵甲斐国下井尻村依田家文書（書物代請物覚）（3998）に甲府書肆村田屋孝太郎の買取の覚があり、「一　神寿後釈　弐冊／代七匁七分」と、七匁七分で村田は依田家より買い取っている。岡田屋の売価銀十四匁は安くはない。

銀五匁の『玉あられ』も本居宣長の著書で寛政四（一七九二）年の刊行である。天保四（一八三三）年十一月『内池家蔵書目録』には「玉あられ　壱冊　三匁　ちん五分」とあって、代価三匁に送料が書籍価格の六分の一かかることがわかる。『宝貨記』天保二（一八三一）年記事には、「三匁五分　新　玉あられ　一」とあって新本が三匁五分であった。慶応二（一八六六）年八月『高山氏蔵書目録』（『京大坂の文人 続』）には「下あられ　一巻／価銀弐匁」と見える。

それぞれ二匁五分で購入の「玉あられ弁」「玉あられ論」であるが、どちらか、あるいは合わせて『玉あられ論辨』であろうか。『宝貨記』には、「弁玉霰論」を二匁八分で購入した記録があるが、これはまた別ものか。というわけで価格比較の材料は持ち合わせない。

瀬戸久敬宛通帳

取引が継続され、節季等での決済になる場合、通（かよい）

【図版②】　瀬戸久敬短冊

帳(ちょう)が作成される。ここに紹介するのは、瀬戸久敬宛のものと古書店の目録にあったもの。たしかに後表紙に、

　岡田屋嘉七［印］（芝神明前／尚古堂）

瀬戸様

　御取次中様上

とある。はたしてこの「瀬戸様」が瀬戸久敬なのかどうか、他に判断の拠りどころはこの文書にはないが、N雲書店さんの仕事は確かであろうからそのまま鵜呑みにしておく。瀬戸久敬は肥前島原藩士。三田住であるので、芝の岡田屋嘉七との関係は地理的にごく自然ではある（【図版②】）。

表紙に、

　安政七申年

御書物之通

二月吉祥日

とあって、安政七（一八六〇）年二月に作られた通帳であるが取引は三月から始まっている。四丁綴じられているが、墨付きは一丁半、以下翻字してみる（【図版③④】）。

　肇

三月廿二日

［印］

鏨工名譜

　弐匁八分

三月廿四日

鏨工譜略

　三匁五分

閏三月九日

一詩経説約

三拾九匁
〃
一義之十七帖
七匁五分
四月十九日
一おあん物語
三匁」
〆五拾三匁［印］
右之通慥受取申候［印］
代正太郎［印］
申ノ　七月十三日
七月廿五日
一［合］壱匁弐分　半紙本毛引
九月廿三日
一［合］五十匁　左伝校本
新本十五
同月廿六日
一冊闕
一［合］壱分弐朱　草聖彙弁
帙入六冊
十月十七日
一歌林雑木抄（抹消）
〃六日
一［合］壱匁弐分　婦人手紙文言
一冊
〃七日
一［合］弐匁五分　女手習かゝみ
一冊」
十七日
一［合］拾五匁　歌林雑木
手写本八
十一月十二日
一［合］拾三匁　秋の寝覚
古本三
〆壱両三分与壱匁
右之通慥受取申候［印］
十二月廿八日　代正太郎［印］
（以下余白切取）」

「鏨工名譜」は知らない。いずれ次の『本朝古今鏨工譜略』（栗原信充編、天保十五〈一八四四〉年刊）とともに金

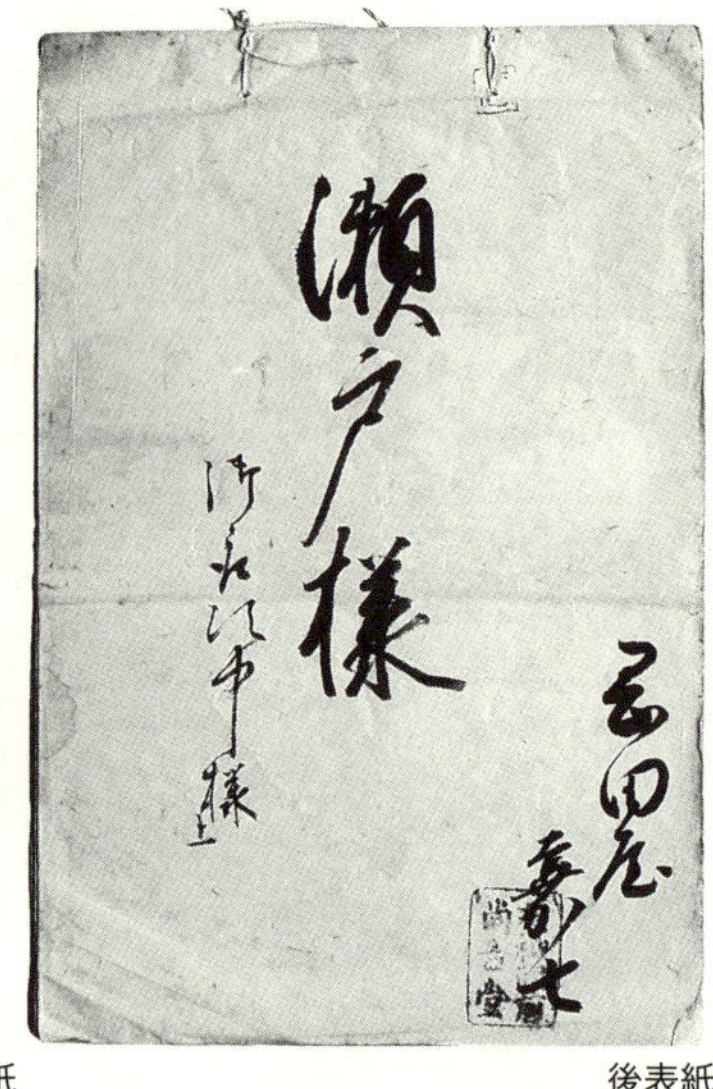
後表紙

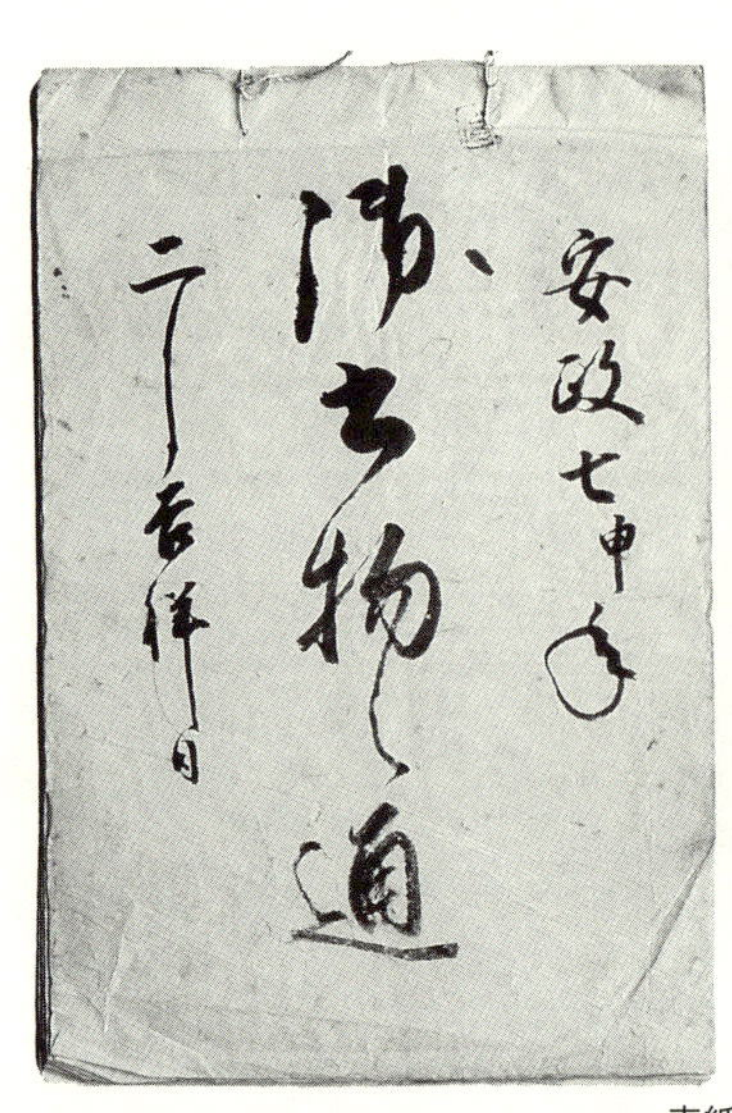
表紙

【図版③】　岡田屋嘉七通帳　後表紙・表紙

工書なのであろう。武家らしい集書としてよかろうか。残念なことに、これらの価格を比較評価する材料を持ち合わせない。

『詩経説約』は和刻本であろうが、どの版かはもちろんわからない。架蔵に『自適庵叢書価附』という史料がある。何者なのかはいまだ特定できないが「自適庵」なる者の書籍購入記録で、天保九（一八三八）年の記事に「一詩経説約　十四本　二分三朱」と見える。単純に価格のみを比較すれば岡田屋のもののほうが若干高値ということになろう。

七匁五分で購入の「義之十七帖」は法帖であろう。『近世後期書林蔵版書目集 下巻』に収められている山城屋佐兵衛の『玉山堂製本書目』にこの法帖が掲出されており、そこに墨書で「五五」と卸値と思われる価格の書き入れがある。すなわち五匁五分である。もちろん、同じ法帖とは限らないが。

四月十九日に三匁で購入した「おあん物語」であるが、『近世後期書林蔵版書目集』に収められた元治元（一八六四）年の年紀のある和泉屋金右衛門の『玉巌堂製本頒行書目』に同題の書籍が掲出されている。これは、

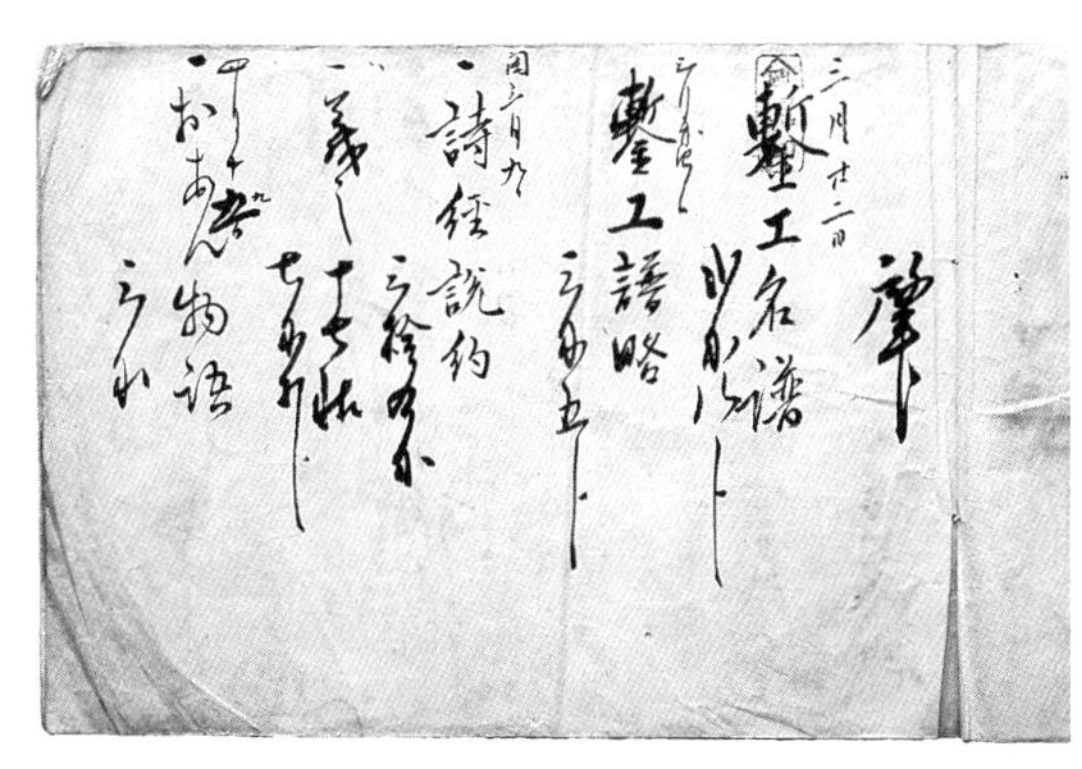

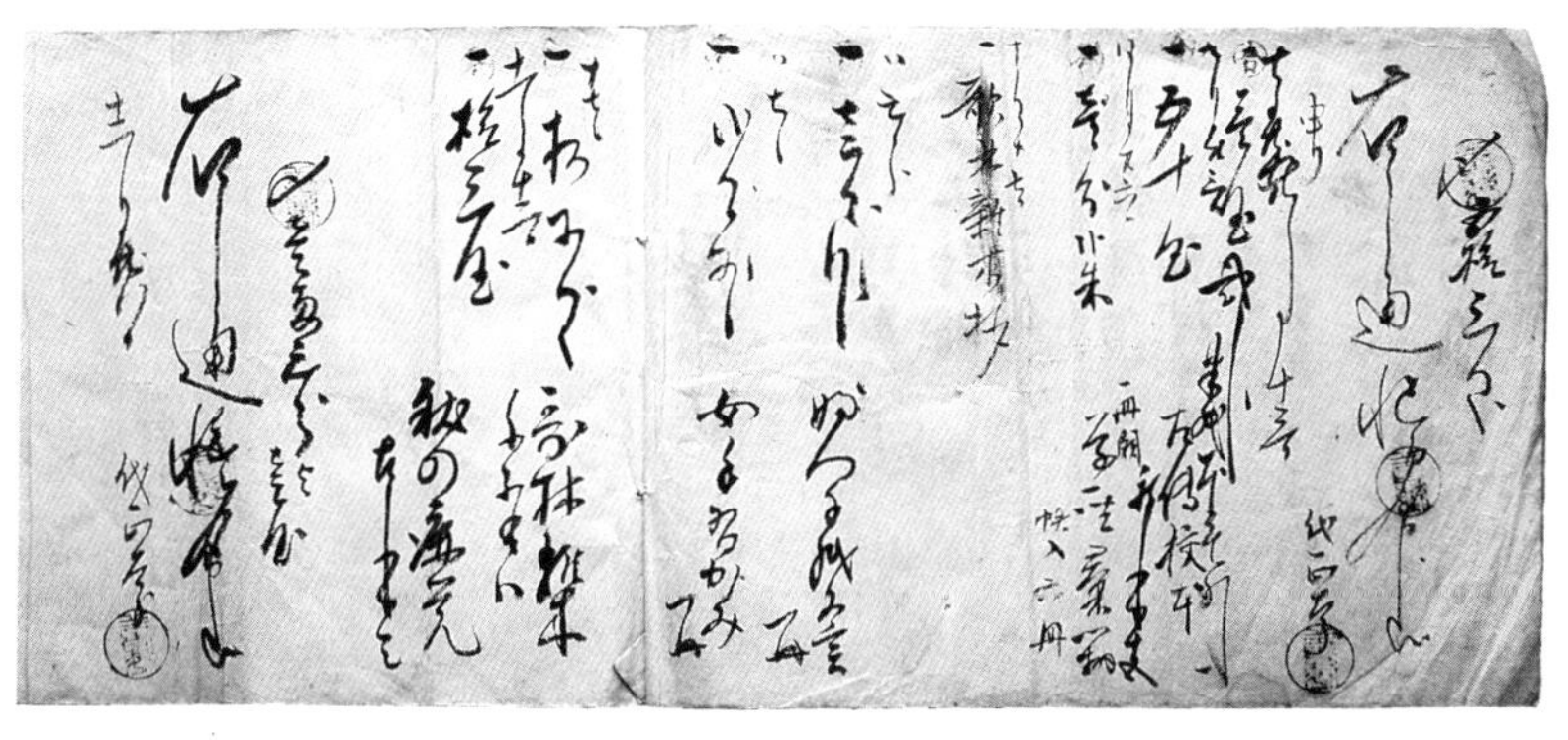

【図版④】　岡田屋嘉七通帳

弘化二年和泉屋金右衛門版である。そこに「六〇」と書き入れがあり、和泉屋金右衛門版は六匁で卸していたと思われる。瀬戸が三匁で購入した「おあん物語」は、これとは別版であろう。「おきく物語」と合刻した、共表紙の安政四（一八五七）年刊本が多く出回っており、これはそれかと思われる。一匁二分で購入の「半紙本毛引」は、罫紙を綴じた帳面であろう。

「左伝校本」すなわち『春秋左氏伝校本』は、新本で五十匁。国文学研究資料館史料館 武蔵国多摩郡後ヶ谷村杉本家文書2277の「覚（須原屋書籍代金覚）」（午十二月十九日付）に「一　左伝校本／代四両三歩也」とあって、これはやけに高く、唐本でもあろうか。しかし『宝貨記』安政五（一八五八）年の記事には、「金三分二朱　新左伝校本　十五」とあって、一歩＝

十四匁とすれば、だいたい同様の価格であり、妥当な比較の材料であろう。

一歩二朱で購入の『草聖彙弁』は天保九年刊の和刻本であろうか。一歩＝十四匁とすれば二十一匁となる。この書名は『近世後期書林蔵版書目集 上巻』所収の須原屋茂兵衛『千鐘房蔵版書籍』と須原屋佐助『金花堂蔵版目録』に見られ、前者は八冊で五十匁、後者は七冊で四十五匁と書き入れがある。通帳に記された冊数は六冊で、これはどちらとも異なるものであろうか。

一匁二分の『婦人手紙文言』は文政三（一八二〇）年刊、一九編の往来物であるが、価格を比較できる資料を知らない。二匁五分の「女手習かゝみ」は『女手習教訓鏡』であろうか。これも比較の材料はない。

十五匁の写本八冊「歌林雑木」は有賀長伯の歌学書『歌林雑木抄』（元禄九〈一六九六〉年序）を筆写したものであろう。『宝貨記』によれば嘉永四（一八五一）年に十三匁五分で村上忠順は購入している。『瑶翠亭酒井氏蔵書目録』には「百五十文　歌林雑木抄　夏一冬一恋一　売　破本也　三巻」とあるが、これは三冊のみの端本なので比較の対象にならない。

十三匁で購入の「秋の寝覚」も長伯の『歌枕秋の寝覚』であろう。これには「古本三」と注記がある。『内池家蔵書目録』には「増補歌枕秋の寝覚　八巻三本　十三匁　凡賃壱匁五分」と見えて、はからずも同じ値段である。

岡田屋の本は高かったのか

岡田屋の「高売り」を確かめたく、あれこれやってみたが、書籍の価格がいかに捉えがたいかを示したようなもので、あまりはかばかしい結果とはならなかった。たしかに、明らかにかなり高めであるという書籍もあり、総じて安くはないという感触は得たが、そもそも比較に適う史料も多くはなく、ぬるいラーメンを食べてしまった時のような不本意感は拭えない。まあ、馬琴や吉田久兵衛の言を否定すべき要素は見あたらなかったということをよしとして、箸を置くことにする。

2　石見国医師の読書生活
――『松峯筆記』の「書物見聞覚帳」――

書籍への接し方は人それぞれ、容易に一般化できない。読書記録から立ち現われてくるのは、まず記録者の個性である。

ここに紹介する読書記録は文政期のもので、その記録者は石見国邑智郡湯谷村の医師らしい。この密度が濃くまた多様なジャンルにわたる読書記録からは、異様なほど読書に執する者の姿が見えてきそうである。

どうみても普通ではない。しかし、時代なりの一般の中にあることは確かであり、時代の「普通」がここから浮かび上がってこないものではない。

『文政三余松峯筆記』とその筆者

ここで紹介する読書記録は『文政三余松峯筆記』と題された写本の中にある（【図版①】）。見返に「文政十丁亥正月ヨリ／同十三庚寅年マテ／三余筆記」とあるように、文政十年（一八二七）から同十三年（一八三〇）までの三年間の雑記留である。諸書からの抄録が過半を占めていることが大きな特色で、筆者は相当熱心に書籍に接していた人物であったことがうかがえる。巻首には、亀をあしらった蔵書印があり、「湯渓」という印文がある（【図版②】）。

同一人物による『天保筆記無端能他念』と題した写本もあって、これは天保三年（一八三二）十一月からの筆記である。「むだのたね」とでも読ませるのであろう。ここに、筆者についての大きな手掛かりがある。まず見返に次のように見える。

天保三壬辰仲冬ヨリ
群書的要三余筆記無端能他念
松峯　蔵六亭一瓢
小田逸平
源良利（花押）

【図版①】『松峯筆記』表紙

名乗りが一通り記載されている（本稿では「松峯」で統一する）。そして、匡郭を刷り出した料紙の版心には「石州邑智郡湯谷村小田氏」とあって、彼が石見国邑智郡湯谷村の住人であることがわかる。ここは、石見銀山を間近にしていて、この時代は幕領であった。現在は川本町の一部となっている。蔵書印に見えた一号「湯渓」は湯谷に由来するわけであろう。この写本の中に「石州銀府人名録」と題する三丁がある。これは版本『石見人名録』の抄録ではない。本文中に「田龍　石田氏石見人名録ヲ開板ス／大田ハツミヤ権右衛門」という記事があり、石田春道の『石見人名録』に刺激を受けて（松峯はこれに洩れている）、自分流に編んでみたのであろう。自分の記事が

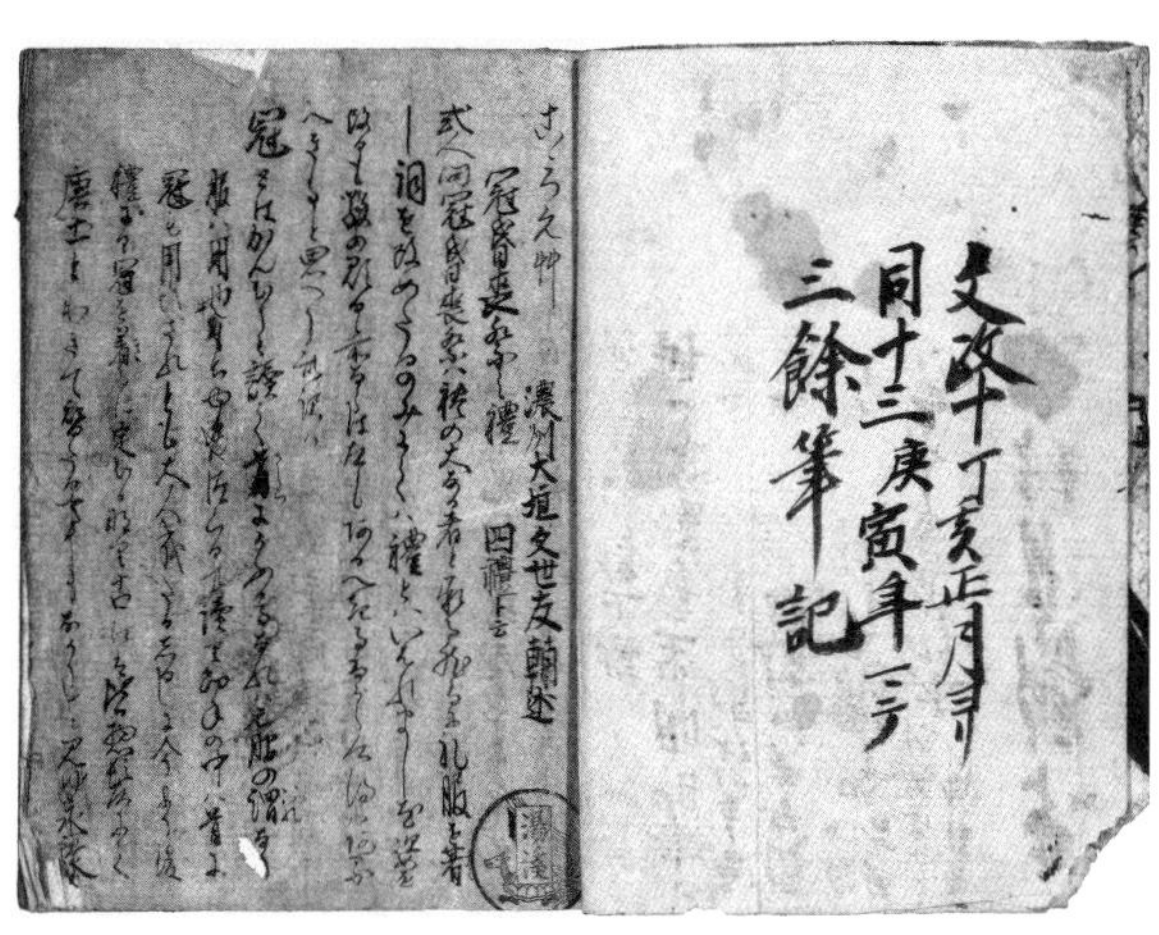

【図版②】『松峯筆記』見返と巻首

一番詳細で「湯渓　姓小田名良郷字如雲通称文秀隠居称無事庵自休好書／筆跡近国所々ニ散在ス学ハ古学ヲ好ミ字義クワシ作和語千字文」とある（【図版③】）。

【図版③】「石州銀府人名録」

【図版③】「石州銀府人名録」部分拡大図

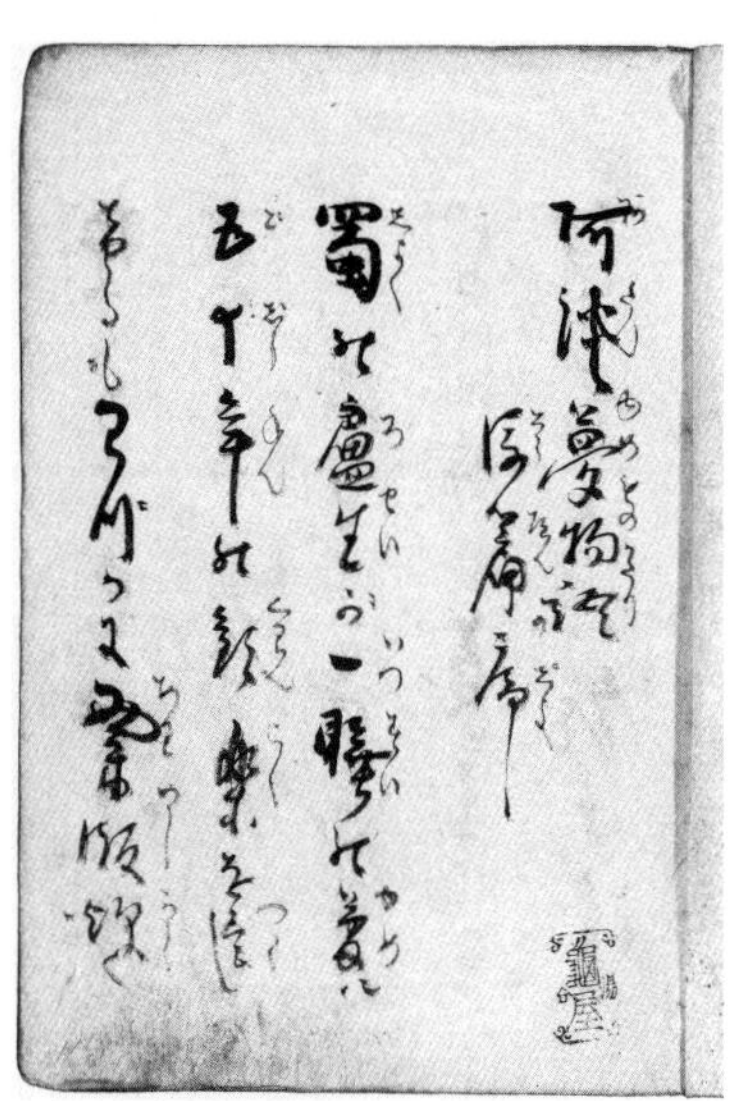
【図版④】『阿淡後朝夢　一』に捺された「亀屋」印

この写本も諸書からの抄録を主としているが、『絵本彦山権現霊験記』の序を書き抜いたところに「天保三壬辰十一月二日浄竿堂／一瓢亀窟斎薬林於而写」とあって、「亀窟斎」という「薬林」を営んでいたことがわかる。「亀窟斎」は「亀屋」であろう。この屋号の印も松峯所持の本に押捺されているし（【図版④】）、この後紹介する読書記録にも「亀や帰宅」という文言が見られる。つまり亀屋という薬店の主ということになる。さて、【図版①】に掲げた『文政三余松峯筆記』の表紙は、いろいろな紙片の貼り混ぜで仕立てられている。その中に薬の効能書の断片と思われるものがあり、そこに「石陽銀府　大江河元之半途／湯谷村医師　亀窟斎（以下切れ）」とある。どちらが主業とも分からないが、診療もしながら薬を販売していたということになろうか。

『天保筆記無端能他念』巻末には「天保三年壬辰冬　出放題愚吟集」と題する自編の狂歌集を収めているが、その末尾の歌は次の如し。

　祝

商売のかふもみゑけり医師亀やゑらくたんたんの
ほる身上　松月

「書物見聞覚帳」

そのような人物がどのような読書生活を送っていたのか。この『文政三余松峯筆記』の中に五丁にわたる「書物見聞覚帳」と題された記録がある（【図版⑤】）。少々長いが、ほかに紹介する機会も無いだろうから、全文を翻字しておく。

書物見聞覚帳　文政十亥七月より

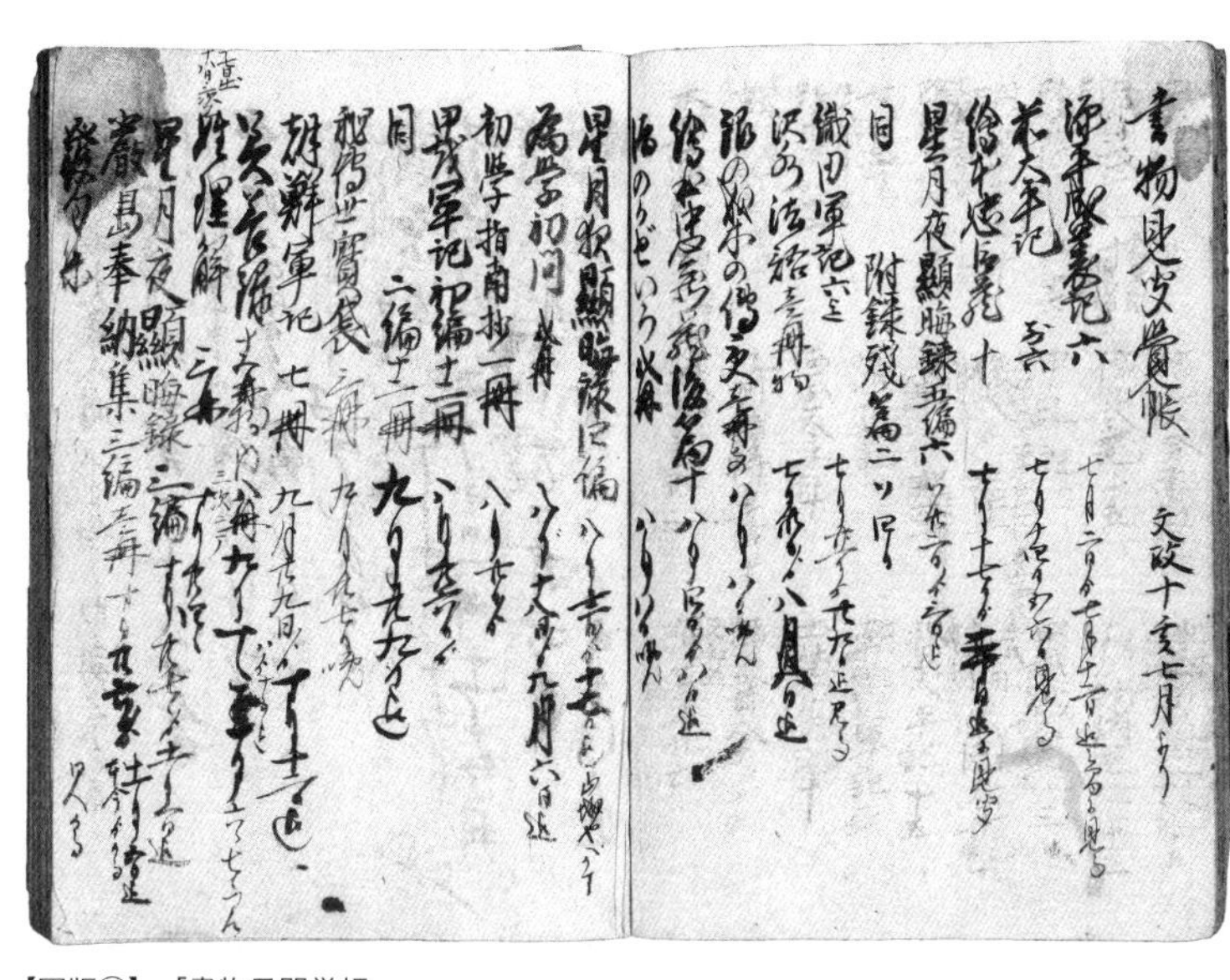
【図版⑤】「書物見聞覚帳」

源平盛衰記　六　七月二日ヨリ七月十二日迄之間に見る
前太平記　前六　七月十四日五六日見る
絵本忠臣蔵　十　七月十七日ゟ二十日迄に見聞
星月夜顕晦録　五編六　〃廿二日ゟ三日迄
同　付録　残篇二　〃四日
織田軍記　六迄　七月廿一日ゟ廿九日迄見る
沢水法語　壱冊物　七月卅日ゟ八月八日迄
銀の成木の伝受壱冊もの　八月八日晩
絵本忠臣蔵 後篇十　八月四日ゟ八日迄
法のかぜいろ 弐冊　八月八日晩」
星月夜顕晦録 四編　八月十一日ゟ十七日迄 山城やへ
かす
為学初問 弐冊　八月十八日ゟ九月六日迄
初学指南抄 一冊　八月廿日ゟ
甲越軍記初編 十二冊　八月廿六日ゟ
同　二編 十二冊　九月廿九日迄
秘伝世宝袋 三冊　九月廿七日晩
朝鮮軍記 七冊　九月廿九日ゟ十月十二日迄
美善録 十五冊揃内八冊　九日十日　八ヨリ十五迄
十月六日七日見

性理解 三冊　三次ニテ　十月廿四日〔上欄補記
「十七日出
十八日三次着」〕
星月夜顕晦録 三編　十月廿七日ゟ十一月一日迄
厳島奉納集 三編壱冊　十月廿六日ゟ十一月
五日迄本今ヨリかる
発句集　同人かる」
和漢故事文選 八冊　十一月七日ゟ内三冊見てかへす
楠家伝七巻書 五冊　十二月四日ゟ十三日迄
問屋往来 一冊　十二月十七日
世話千字文 一冊　同十二日
初学訓　子正月廿八日ゟ
諸職往来　正月内に見る
嶌原軍記　二月十一日ゟ十三日迄見る
赤壁賦　二月十日一冊十一日十三日　一冊
前太平記　七ゟ十二迄　二月廿三日廿六日迄
勧孝録　二十七日ゟ三月四日迄」
太平基軍伝　三月五日ゟ三月廿四日迄
星月夜 初篇　三月十六日七日見る
同　二篇　三月十八日ゟ見る
江戸往来　三月十九日見る
養草　三月廿七日ゟ四月朔日迄
都々鳥集 壱冊　三月廿五日ゟ廿七日迄
篤老温泉津日記　三月之内ニ見る
群書一覧　四月七日ゟ
絵本太閤記 三篇　四月十四日五日見る」
太平記 初六　五月十二日ヨリ五月十九日
同二篇 五　五月廿日ゟ
明和時津風 四冊　五月始ころニ日見る
太平記 三篇　六月廿八日ゟ　七月済
易学小筌　八月廿五日ヨリ
聚類参考梅花心易掌中指南 五巻
洛下賤者馬場信武述
八月廿九日ヨリ」
太平記　四編　七月末ヨリ
鎌倉殿中答問記　九月十六日晩十七日朝
安倍仲麿生死流転絵本輪廻物語九月十一日晩柳平
見聞スル
日印　答　道日問　日靜記録　日蓮註　高時時代
要草 壱冊　手嶋堵庵作忠孝教　九月十七日暁十八朝
国史畧　五冊　十月始ゟ　松苗選
弁道書　弁々道書　十二月四五六日
十一月十五日ヨリ年内中ニ詩弐十九詩作」

千字文 七行十字　丑正月三日四日写
唐詩選 七言七行五十詩　正月五日六日写
和語千字文　正月十三日晩　壱冊　四行六字　住
　田屋常蔵板
同七行十字　正月十五日夜　壱冊
智永千字文　正月十六日　五百四十六字書写
古文真宝　素読佐々木氏ニ而　二月ヨリ
心学道二話　丑六月一日ゟ六月五日迄
　前初へん二二へん二三へん弐〆六冊
同後 九冊
同童蒙訓 三冊」
青砥藤綱模綾案 前五冊　六月八日
三十三問答　六月ニ見る
神武権衡録三　六月廿一日
教の近道　同日
天明秘録　七月二日三日
真田三代記 四篇　壱ヨリ拾冊
医道日用綱目　四月一日ヨリ
かな手本忠臣蔵 七ツ　七月四日見る
国せん爺 簾之城　三日

医事或問　二冊
復讐千丈松　五冊」
唐詩選五絶解　見聞
いもせ山　六　八月廿二日
古文後集　十一月一日ゟ素読
唐詩選 五絶　九月始より三月昼夜講釈 十一月四日夜講
同七言
傷寒論
孟子
呉越軍談 八冊三次ニ而見る十二月
十八史略 壱冊文政十二年丑十二月廿一日三次出立ニテ廿三日川本亀ノ丸へ着廿四日亀や帰宅
武訓 壱冊　亀ノ丸ニ而　文政十二年寅二月廿六日」
阿波名所 弐冊　二月廿九日
絵本漢楚軍談 十冊　八月八日ヨリ廿二日迄
絵本裏見葛の葉 五冊　八月七日川本ニ而見る
毛利物語 一冊　八月十一日　同
絵甲越軍記 三篇十二冊　八月廿三日八月晦日迄
浄留り本 世話言漢軍談 壱冊　七月

同　ひらかな盛衰記

武王軍談 十九　文政庚寅年九月ヨリ　十二月十六年号天保改元ある卯正月十四日触達ある

呉越軍談 十八　十月晦日迄

聖徳太子伝 六　十月十日ゟ十七日迄

三国志 四十　一冊目ヨリ四十四冊　四冊見る

これ以外にも、書籍抄記の年月日が記載されている記事もあり、読書の記録はもう少したどれるが、これくらいにしておこう。

「見聞」

さて標題「書物見聞覚帳」の「見聞」とはどういうことか。

冒頭の「源平盛衰記 六」は「七月二日ヨリ七月十二日迄之間に見る」と彼はこれを「見」ている。続く記事も「前太平記　前六　七月十四日五六日見る」となっている。次の記事は「絵本忠臣蔵 十　七月十七日ゟ二十日迄に見聞」と、これは「見聞」。「読」んでいる記事は、「古文真宝 素読佐々木氏ニ而　二月ヨリ」と、「古文後集　十一月一日ゟ素読」の素読二件だけである。

つまり、「読む」とは文字列を声に発して追うことを意味するわけで、彼はほとんど黙読しているのである。声に出さず目で追うだけだから「見る」。「聞く」は、「唐詩選五絶解　見聞」や「唐詩選 五絶　九月始より三月昼夜講釈十一月四日夜講」という記事もあるが、講釈も含めて他の者が「読む」声を聞くのである。『絵本忠臣蔵』の件は、読み手がそばにいることもあったという記事と受け止められる。こういった記事を「読書記録」と称する現代人の言語感覚は、読書といえばほぼ素読を意味していた江戸時代の人間にとってはむしろ理解されにくいであろう。文政十年七月から同十三年十月までの三年と少々の間、かなり精力的な読書三昧の日々を彼は送った。おそらくは、この時期、自分でも特別に思うくらい読書に傾注したからこそ、それを記録にとどめようとしたのであろう。

書籍の入手

これだけ多くの書籍を彼はどのようにして手に取ったのであろう。

「厳島奉納集 三編壱冊　十月廿六日ゟ十一月五日迄本今ヨリかる／発句集　同人かる／和漢故事文選 八冊　十一月七日ゟ内三冊見てかへす」などというところがある。「本今」は本屋であろうから、見料を支払ってここから借りたものなのであろう。では、ことさら入手先を断っていないこれ以外の大半の本はどうしたのであろうか。購入した自身の本であろうか。

『松峯筆記』の見返は反故を使っている。幸い表紙から剥がれていて、裏側の記事が見える（【図版⑥】）。

京伝本註文心当
忠兵衛梅川 赤縄奇縁伝木乃花草紙　三冊
熊谷 発心吟龍奇談　五冊
渡守矢口話説　五冊
玉手箱錦浦嶋　三冊
手相即坐考　蘆塚斎著　ひらかな　一冊
神代巻塩土伝　谷重遠著　二冊

存在したものかどうか確認できないものもあり、何から得た情報か分からないが、「註文」候補のリストには違いない。「註文」は貸本希望の意なのかもしれないが、購入の心づもりである可能性も大いにある。

さて、手許にある写本『阿淡後朝夢　一』の扉には「全部六冊／阿淡後朝夢／亀窟蔵書（印〈湯渓〉）」とあり、巻首下方には「湯／亀屋／谷」という印が捺されているので松峯が所持していたことは間違いない（【図版④】）。他に印記はない。表紙には蔵書標が貼付

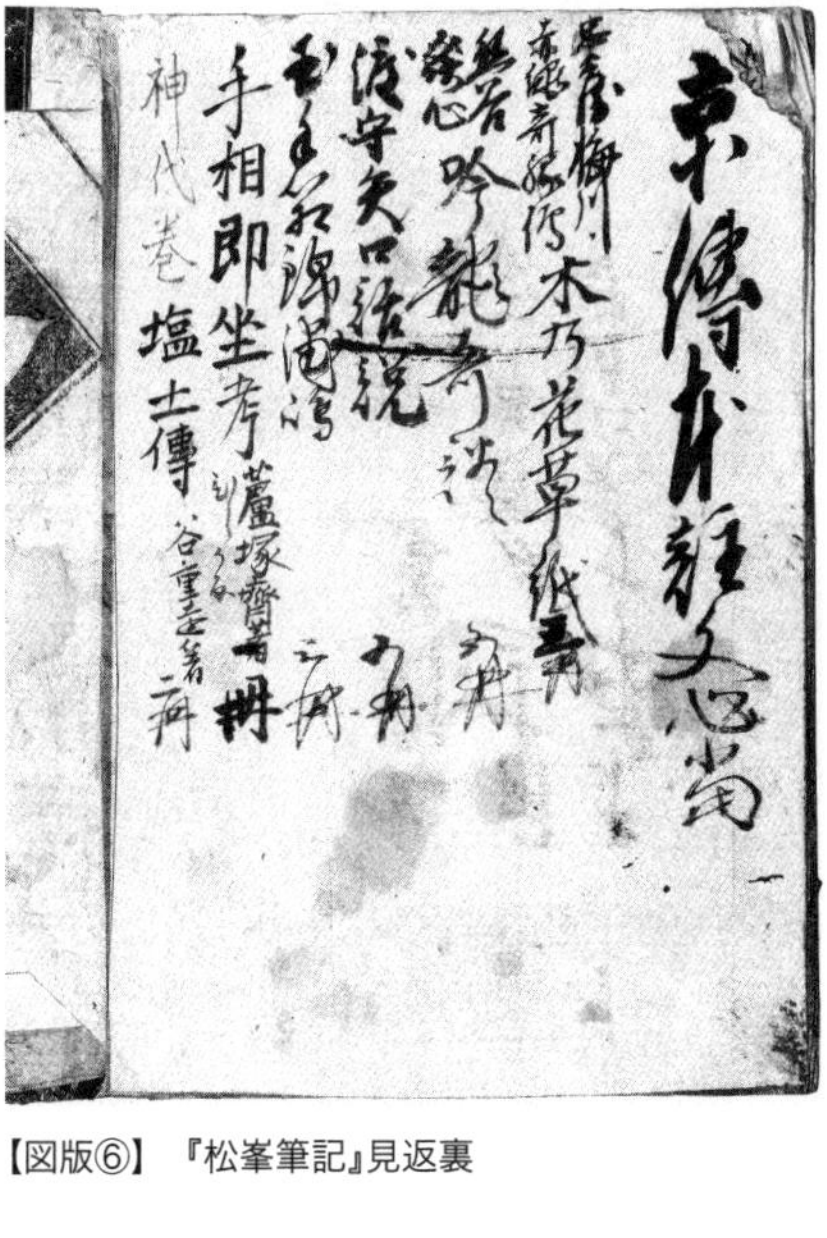

【図版⑥】『松峯筆記』見返裏

【図版⑦】『阿淡後朝夢　一』表紙の蔵書標

されていて次のように印刷されている（【図版⑦】）。

> 演代
> 和漢軍書神仏農家
> 要書心学書其外諸
> 道書国学辞書類御
> 望次第入御覧候且
> 御楽書堅御用捨奉
> 希候穴賢［書］［林］

左端に「阿ノ九番／六冊」と墨書されていて、題名の頭字でいろは順に大分類し、さらに一点ずつ番号を与えて蔵書が整理されていたことがわかる。かなりの蔵書量であることが想像できるし、印刷部分の末に「書林」とあるところから普通に判断すれば、これは貸本屋の蔵書ということになる。しかし、繰り返しになるが、松峯の印記しか見あたらず、貸本であったものを松峯が購入したとも思いにくい。おまけに見返しには「見料壱匁二分」、目録末の余白に、のしこし山の出来損ないのようないたずら書きが見られて、いよいよ貸本ぽいのである。亀屋は貸本屋も兼業しており、商売物として本を仕入れ、その仕入れた本を松峯は読みふけっていたのではなかろうか。

歴史の学び

さて、この読書記録に記載されている書籍は、往来物、心学書、俳書、浄瑠璃本等々、かなり雑多で、まさに乱読とも言えそうであるが、大きな傾向性を指摘できる。それは、和軍書、通俗軍書、読本の類がきわめて多いということである。貸本屋の蔵書は、一般的にこれらが柱となっているが、彼の読書の柱もそれに重なるわけである。つまり普通といえば普通なわけである。読本では、馬琴のものなど「江戸読本」と国文学の世界では称されるものも多いが、それよりも多いのが「絵本読本」と称される速水春暁斎などによる上方出来のものである。これらについては、序文等の抜き書きを盛んに行っており、松峯は熱心に読んだものと思われる。これらは、国文学の世界では「小説」に分類される。この読書記録を見ると、彼は熱心な小説愛読者のように見えるだろう。しかし、それはいかがであろうか。

高井蘭山の『星月夜顕晦録』も全編にわたってこの間に読んでいるが、その読み方をたどってみると、五編、四編、三編、初篇、二篇という順に読んでいる。初編から読み始めることができない事情があったのであろうが、それでも、現代の小説読書のイメージからは、かなりずれている無頓着さである。現代のわれわれが小説と接するのとは、異なるものが彼の読書にはあったのではないか。すなわち、彼にとって『星月夜顕晦録』や絵本読本、さらには江戸読本は、娯楽を得るためのものというより、歴史を学ぶためのもの、史書としてあったと思われるのである。もちろん、われわれが小説を読んで得る快感と同様のものを彼が得ていなかったというわけではなく、それがあったとしても、彼にとってのこれらの読書の本義は歴史の学びであったのではなかろうか。

「書物見聞覚帳」の前に「日本軍書時代物」と題する一丁半にわたる記事がある（【図版⑧】）。「王代一覧七巻」から「蒲生軍記　六」まで七十八点、軍書を中心に整理してある。このようなものは、吉田一保『和漢軍書要覧』（明和七年、吉文字屋市兵衛・同次郎兵衛）や「本朝軍記考」（花屋久治郎）などの出版物が多数あり、また年代記や節用集の附録記事にも簡略なものがしばしば掲載されている。松峯は、こういったものに基づいて心覚えの記事を作成したものなのであろう。軍書を配列して歴史の流れを示し、それらの軍書を通じて、歴史を学ぶ。これは江戸時代においてごく普通に行われていた発想であった。稗史小説、読本もそこと地続きのところにあったのである。松峯の読書の一番の眼目はここにあったとしてよいであろう。

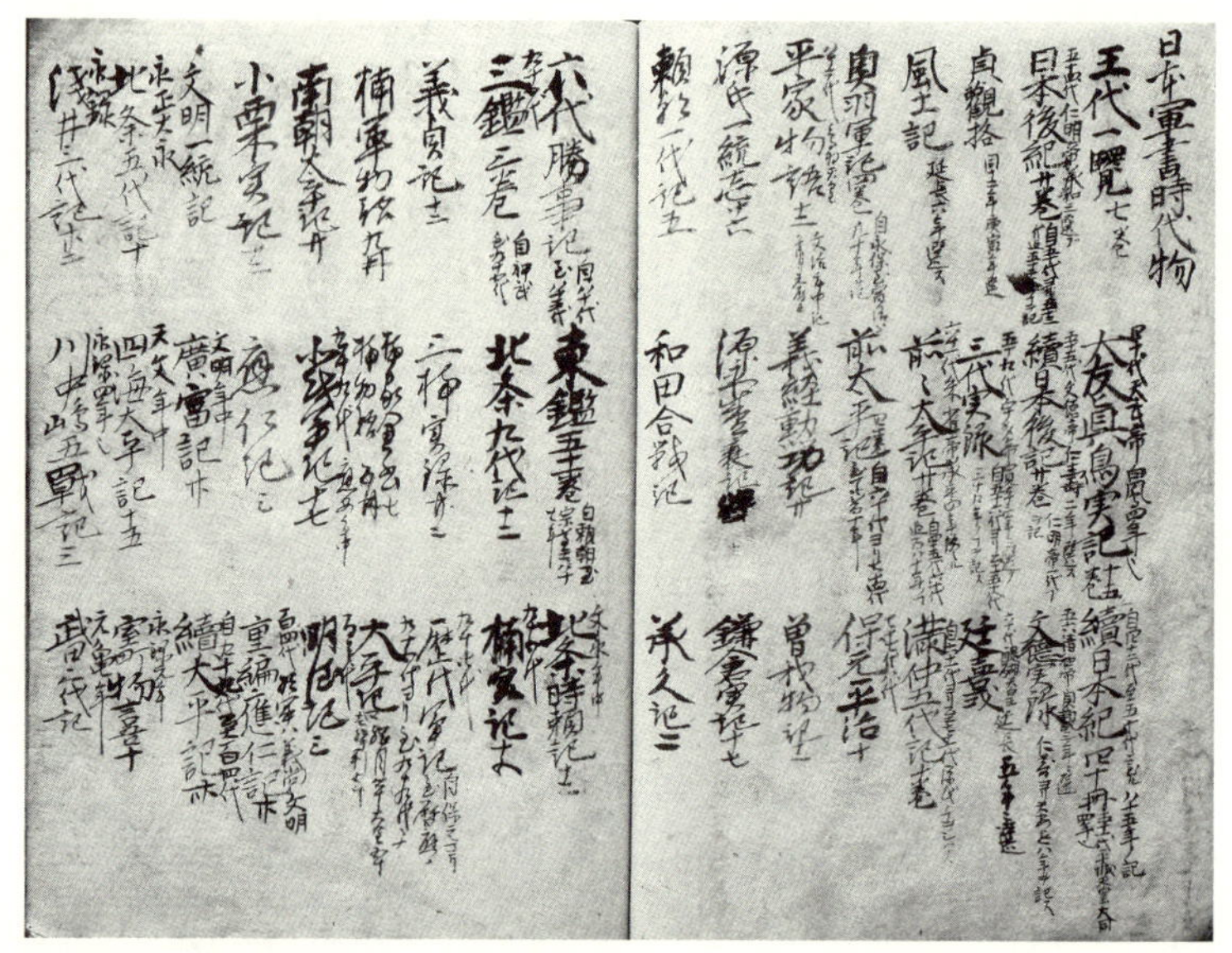

【図版⑧】『松峯筆記』の「日本軍書時代物」

そうしてみた場合、娯楽的読書の普及が貸本屋という書籍流通によってなされたというごく普通の理解は、それはそれで正しいとしても、一面で言い足りていないところがあったのではないかと思えてしまう。そしてその言い足りていないところのほうが当時においての、あるいは当事者においての本質であったということもありうる。現代は文芸書と歴史書とを截然と切り分けていて、それが普通の感覚であるが、その普通の感覚を捨てて江戸という時代を観測し直さなくてはならないだろう。

3　草紙類の流通と広告
——甲府二文字屋藤右衛門引札——

十九世紀になるころから、三都や名古屋等早くから書籍業の盛んであった地域以外にも書店が多数出来はじめ、地域において盛んな営業を展開していった。それは、全国規模で書籍流通網がきめ細かく整備されていくことを意味する。書籍の生産地から、需要に応じて、書籍がすみずみにまで行き渡るような態勢が整い始めたわけで、書籍受容者層の厚みが広範に増していったことを物語る。そしてそれは、都市の文化が広く共有され、全国規模で情報が均一化されていくことでもあった。往来物、また浮世絵や草双紙などの草紙類は、その状況を切り開く尖兵の役割を演じたのである。

ここでは、甲府の書店が発行した引札を取り上げ、江戸の都市文化がこの地にも及んでいる様相を眺めてみる。

甲府二文字屋の引札

ここでは甲府の書店二文字屋藤右衛門の引札を紹介する（【図版①】）。これは、じつはすでに『書籍流通史料論 序説』（二〇一二年、勉誠出版）に図版として掲出したものなのであるが、そこではろくな解説も加えなかったので、ここであらためて。

墨摺一枚、二三・〇×三一・四糎のものである。右上に暖簾が描かれ、そこに差金違い山形に「古」字の屋標とともに「二もんじや／二文字屋」と書かれている。適宜句読点を補いながら翻字してみよう。

（暖簾の絵）　和漢書籍絵草紙錦絵品々
同店傘雪踏小間物数品

本舗　各位諸賢の厚寵を懐て、日に倍栄を護し、慶幸喜慰筆謝に尽し難く候。是全く昇平の沢華、翰林の盛祥に浴する所なり。二酉五車の書帙を蔵して　諸君の開口に応ぜんと欲すれども、陶朱が富に隣せざれば、一庫の巻冊を貯ふのみ。螢窓に書を課し玉ふ漢籍、臨池に筆を揮ひ玉ふ法帖、詩学は円機礎類の杖あれば唐宋の峯にも登る

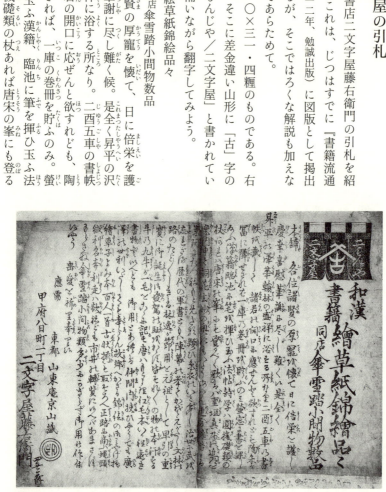

【図版①】　甲府二文字屋藤右衛門の引札。山東京山の案文。

べく、歌は八重垣真砂の近道を案内申て、詞花玄妙の奥にもいたり候はん。連歌誹諧は葉問にたづねもとめたる類ひ、糸衣のいと多し。治世に武を忘れざる歴代の軍書ともは、陣幕の挙てかぞえがたく、文林の路のたど〳〵しきは林逸が節用を元祖として、早引の重宝に御誕生御発駕の恥をかゝず。皆それ〳〵の物の本、汗する牛の九牛が一毛をこゝに記す。唐はもとより紅毛本、いか程遠き書物といへとも、御用とあれば仲間内、狭ひやうでも広沢の世利いだしても奉らん。故郷へかざる錦絵の御みやげ物、絵草子よみ本百人一首古状揃も取そろへ、正路に商ふ蝿頭微利、名奔利走は欲ねども、市井の転貨に候へば、あまさずもらさぬ傘雪踏小間物類、多少にかぎらず御用被仰付候やう
　垂愛を祈り奉り候。
　　応需　東都　山東庵京山識［印］
　　　甲府八日町一丁目
　　　　二文字屋藤右衛門

引札の文章は山東京山（明和六年〈一七六九〉～安政五年〈一八五八〉）に依頼したものである。制作時機は不明であるが、山東京山の活動時期を勘案すれば、弘化から嘉永期あたりのものであろうか。

京山の文章は、二文字屋の営業品目を狂文の中に折り込んでいく趣向である。漢籍、法帖、また「円機活法」などの詩作書、「和歌八重垣」「浜のまさご」といった和歌作法書、「俳諧線衣」などの俳諧作法書、さらに軍書や節用集など「物の本」の各種類を並べ、それに「紅毛本」、つまり洋学書を加えている。書物のひととおりを並べて。書物類の充実ぶりをまず広告しているわけである。

そして、最後に主力商品である錦絵、また「絵草子よみ本百人一首古状揃」と、往来物を含む草紙類を取り扱いの商品として並べている。

二文字屋の営業と甲府の書店

有昌堂二文字屋藤右衛門は、甲府の書店の中でも比較的早期からの営業である。日本銀行金融研究所日本貨幣博物館所蔵の文書「預り申金子之事（甲金預り証

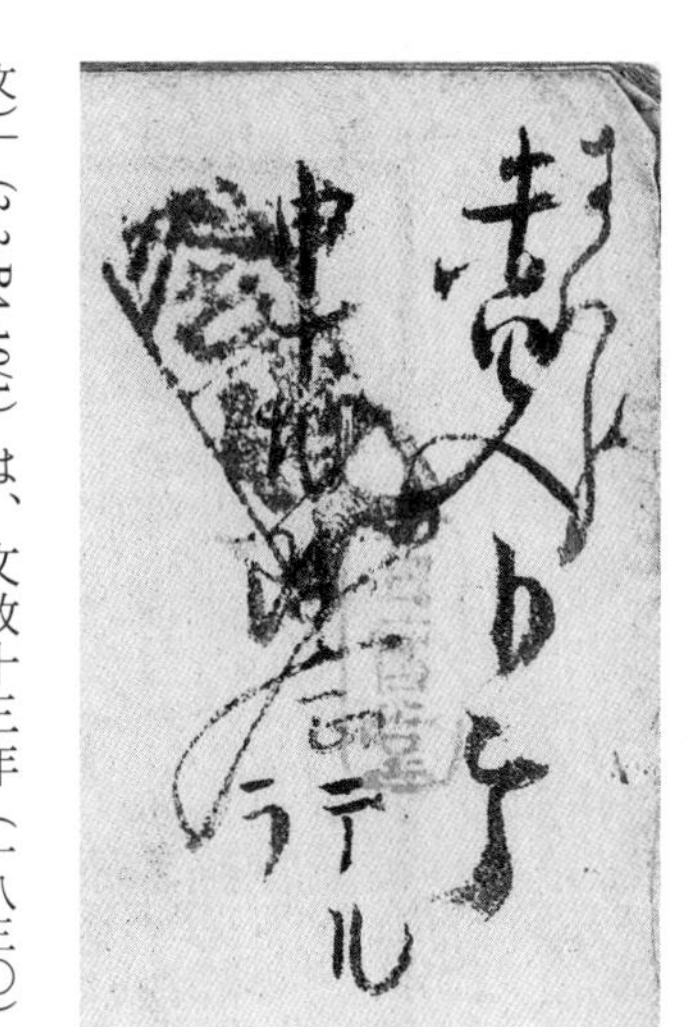

【図版②】　架蔵『三体文淵遺珠』に残る二文字屋の仕入印。

文」」(3-3-B4-10/1)は、文政十三年(一八三〇)十二月付、二文字屋藤右衛門の甲州金預かり証文であるが(同館ホームページに画像が公開されている)、そこに押捺された印文には、差金違い山形下に「古」の、すなわち引札の暖簾に描かれたものと同じ屋標の下に「書舗」と見える。この時期にはすでに本商売が主体の営業を行っていたわけである。

架蔵の『三体文淵遺珠』(天明三年、江戸吉文字屋次郎兵衛他版)の後表紙見返裏に、この店の仕入印を見付けた(【図版②】)。仕入印は、書籍を仕入れた時に、その書籍に落丁等不備が無いことを確認して押捺するものので、おそらくは同時に帳簿への記入も済ませたのであろう。多くは、仕入れ値や仕入れの年月等、心覚えのための事柄を店ごとに異なる符牒をもって書き添えてある。この二文字屋の仕入印は二顆あり、件の屋標の下に「仕入」とある墨印が先で、それに伴うと思われる符牒に「未四入」の文字が見える。いつの未年かわからないが、その年の四月の仕入れである。もう一顆「有昌堂」という印文の朱印は、その後(墨印に被せてある符牒によれば、申年の十月)に再度商品を改めた時に押捺したものであろう。結局いつごろのことであるかは分からないが、一時期この書籍が二文字屋にあったことを証する動かしがたい証拠ではある。この「有昌堂」の印は、他にも、『絵本心農種』(享保十二年、野田屋理右衛門・柏原屋清右衛門版)、『幼学詩韻 再刻』(天保五年、勝村治右衛門・秋田屋太右衛門・須原屋茂兵衛・須原屋伊八版)、『孟子』(中本、天保十四年、山城屋佐兵衛・西宮屋弥兵衛版)の三点の架蔵本のほか、中央大学御橋文庫『林註老子』(宝永六年、大野木市兵衛)に見出せた。書物類の在庫の厚みが想像される。

甲州の書店については『山梨県史 通史編4 近世2』(二〇〇七年、山梨県教育委員会)に詳しい。これによると、二文字屋には、天保五年（一八三四）刊『江戸かい道』、同十三年（一八四二）刊『西国秩父坂東百番御詠歌』、同「懐宝甲斐国絵図」、同十四年（一八四三）刊『寿昌商売往来大全』などの出版がある。また同八年（一八三七）刊『蚕養秘録』に売弘所として名を連ね、また弘化二年（一八四五）江戸和泉屋半兵衛刊『諸国道中旅鏡』の売弘書肆一覧記事の中に名前を見いだせる。

弘化四年（一八四七）版の『実語教童子教』が手許にある（【図版③】）。刊記に、

弘化四丁未年仲冬刻　二文字屋藤右衛門
小西屋庄右衛門
井筒屋豊兵衛
村田屋孝太郎
甲陽書肆

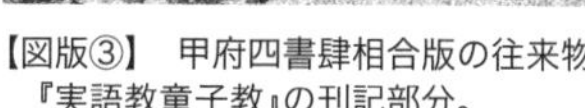

【図版③】　甲府四書肆相合版の往来物『実語教童子教』の刊記部分。

とあり、甲府四肆相合版である。この四軒が甲府では古くから営業している書店である。書籍を営業の柱に据えた、複数の店が同時に営業を存続できるような時代になっていたわけで、この地域における市場の豊かさを物語っていよう。明治になって大いに活躍する藤屋内藤伝右衛門は若干遅れて、徽古堂東浦栄二郎はさらに遅れての参入となる。

明治五年（一八七二）序の『甲府買物独案内』（江戸小川半助・甲府藤屋伝右衛門刊）に、藤屋伝右衛門・井筒屋豊兵衛・村田屋孝太郎・小西屋庄左衛門・嶋屋吉右衛門の五軒は書店として掲載されているが、二文字屋は見えない。これまでには営業をやめたものかと思われ、明治以降、この店の存在を示すものは見当たらない。

さて、この引札の見出しでも「傘雪踏小間物数品」とうたっており、山東京山の文章にも「傘雪踏小間物類」と、営業品目が挙げられているように、この店の品揃えは書籍類だけではなかった。これはこの店に限

ることではなく、書店の普通の業態であった。たとえば『甲府買物独案内』の嶋屋吉右衛門の記事には「暦取次所／錦絵ゑぞうし／和漢西洋書物／西青沼町／小間物店　嶋屋吉右衛門」とあって、この店も小間物兼業である。それは江戸時代からのことであったろう。小間物や薬品は、本商売と相性がよいようで、この兼業の例は多数見いだせる。つまり、相互乗り入れの複線的な流通を保持しているわけである。

江戸の広告文化

引札は有力な広告手段であった。現代の広告同様、いかに惹きつける紙面を構成するかが工夫のしどころ。たとえば、蛭子大黒など目出度い絵を添えてみたり、奇警な惹句を大書してみたり、一流絵師に依頼して錦絵同様の豪華なものを制作したり、また暦や道中付など実用性を備えるものを組み込んだり、さまざまなものが見られる。戯作者に依頼した狂文をもって制作する引札もその一つである。

狂文による引札は平賀源内が先鞭を付けた。うねるような、またはねるような源内ならではの文章による引札文が多く作られた。引札そのものの遺品は知られていないが、没後に大田南畝によって編まれた源内の狂文集『飛花落葉』（天明三年〈一七八三〉刊）に多数収められている。源内が手を染めて以来、多くの戯作者や狂歌師がこれに携わり、江戸という都市の文芸の一類として定着していった。江戸という都市の繁華を誇り、移りゆく都市の流行を描くモチーフとして、この町の商店や商品に関する話題はそもそも適していた。江戸という都市に密着して通意識を表出する戯作という文芸の本質的なところと奇妙に親和し、戯作と連続する地平に引札の居場所が定まったわけである。引札の案文に携わることは戯作者や狂歌師にとって誇らしいこととなった。大田南畝、山東京伝、十返舎一九、式亭三馬等々、売れっ子たちはほとんど引札に関わっている。

江戸が誇る戯作者によるお洒落な表現によって江戸の商店や商品を持ち上げるこの手の広告メディアは、商品・商店情報を伝達する媒体というにとどまらず、江戸っ子意識を巧みにくすぐって、江戸人の生活上のお楽しみともなっていった。

草紙類の全国流通と情報の共有

二文字屋の引札で、冒頭一番目立つように記されているのは「絵草紙錦絵品々」の語である。この店で一番力を入れている分野、すなわち主力の商品である。浮世絵や草双紙をはじめとする江戸の草紙類は、「地本」と称されるだけあって、そもそもは江戸という都市の中で消費されることを前提としていた。浮世絵は江戸の特産品として恰好の江戸土産とはなったが、江戸以外の地に販売網が広がることはしばらく無かった。それが変化し始めるのは、十八世紀末、寛政期ころのことであったと思われる。上方で江戸の草紙類の卸を行う店が出来たり、江戸の近隣にも絵草紙屋が出現したり、江戸出来の草紙類を商う商店が全国的にも一般化していくのである。もともと諸地域と結ぶ流通を持っていなかった商品であったものが、その商品自体の魅力によって、流通が自ずと開けていったのである。先ほど触れた『甲府買物独案内』に掲載されている甲府の書店のほとんどが江戸の草紙類を営業品目として大きく掲げている。

それは、江戸発信の文化が広く全国的に共有されるということをも意味する。京伝や一九以来、江戸の戯作者は全国に名が通るようになり、山東京山もこの当時は人気作者として名を轟かせていた。戯作者の案文を主とした、江戸で一般に受け入れられていた引札の様式が甲斐の国に及ぶようになるのも必然であった。江戸の草紙が全国的に流通するようになり、江戸の都市文化が全国規模で一般化していることを、この引札は端的に物語っている。

4 信州松本の貸本商売
――穀屋儀七貸本広告と貸本印――

貸本は、新本・古本の売買とともに書籍流通の両輪をなして時代の書籍文化を支えていた。貸本を行う店の業態もしなじなで、書籍売買と同時に貸本を行う本屋もあれば、太物や薬種を商いながら貸本を行う店もある。どこに比重を置くかで、店の趣はずいぶん違ってくるが、そのような片手間の貸本商売にしても、いや、だからこそかもしれないが、地域の書籍流通の細やかなところを支えていたのである。

出版を行ったり、広域的な流通に関与したりするような本屋は、記録に残りやすいが、貸本だけを扱うような店はなかなか視野に入ってこない。貸本に捺された貸本印、また貼り込まれた注意書きや広告などで、その営業を捉えるしかない。しかし、それらを集めてみると、地域における書籍流通の厚み、また書籍享受の実相が立体的に浮かび上がってくる。

ここでは、信州松本城下に地域を絞って、貸本商売の様子を見てみたい。

貸本という書籍流通

書籍を購入して手許にとどめるか、借りて読むだけにするか、それぞれ個人の都合、勝手に属することにはちがいない。ただし、買うべきものと借りるべきもののとのけじめは、時代なりに存在しよう。現代ではほとんど絶滅の危機に瀕している貸本業であるが、つい昭和期の貸本屋を思い出していただければ、雑誌や漫画、また小説類といった、消閑のための、また娯楽のための書籍が品揃えの柱であったことは了解いただけるであろう。漫画など、この流通に特化したものが制作されていたことも周知のことであろうが、このようなものを除けば、購入するも借りるも、個人的な都合に属しよう。

江戸時代にしても、娯楽に供するものが貸本屋の品揃えの柱となっていることについては似たような傾向を指摘できるが、けじめの意識にやや様相を異にする部分があった。まず、神書・仏書・儒書をはじめとする書物類は、内容についても価格についても価値を失わない（はずの）財産として家に蓄蔵されるものであった。一般の貸本には不向きである。草双紙など、貸本用に半紙本・厚表紙に仕立てられたものもあるが、大方は一般の購入を想定して制作されていた。ということは販売価格も個人購入に無理の無い線が維持されていたわけである。しかし、絵の少ない小説類、半紙本の読本であるとか中本の滑稽本や人情本、また写本の軍書類などは、はじめから貸本向けの流通を想定して制作されていた（もちろん個人の購入を妨げるものではない）。元禄期の好色本も八文字屋本も同様である。価格も高価に設定されている。つまり、購入する書籍と、借りて読み捨てにする本とのけじめが社会的に広く合意されていて、それが安定的な書籍制作・流通を支えていたともいえるわけである。貸本という書籍流通はあなどるべきではない。書籍の流通には、新本・古書の売買と貸本という太い二本の流れが存在し、その二本は、微妙に接したり、明確な一線を画したりしながら、書籍の産業の根本を動かし支えていたのである。

穀屋儀七の広告

さて、ここに穀屋儀七という店の広告がある。自店の貸本の巻首に綴じ込むように制作された一丁で、架蔵の写本『三河後風土記正説大全』に見出した。端本で購入したものである。

表丁には店頭図が描かれている（【図版①】）。廂の上の「誂向」と書かれている看板は足袋の形、足袋を製造・販売している店である。その下に提げられている暖簾には、かねに「大」の字の屋標と「穀屋」の文字が染め抜かれている。日除けには「太物類」とあり、足袋とともに太物を商っていることがわかる。また、店舗右に提げられた看板には「もゝ引きやはん はらかけ／江戸角町御仕立物所／御注文御望次第　弘文堂」と見えて、主な取り扱いの仕立物が具体的に判明する。そして、左側には出し箱と呼ばれる箱形の看板があり、そこに「古本売買／和漢軍書」と見える。古書売買も同時に行っており、まさに多角経営である。

裏丁（【図版②】）には次のような口上がある（適宜、句読点と読み仮名を加えておく）。

舌代

一私店之儀、数年太物類并足袋商売仕候処、御贔屓を以、追々繁昌仕、難有仕合奉存候。然処、今般江戸職人召抱、もゝ引・きやはん・腹掛類商売相始、江戸仕立当時流行之品沢山所持仕候。猶亦、御誂物任御好ニ、随分叮嚀ニ仕立、奉差上候間、不限多少ニ、幾久敷御用被仰付被下置候様、偏奉希候。以上。

午の十二月　松本本町通壱丁目

穀屋儀七

貸本用の書籍には、自店の商い物であることを明示する何らかの目印を付けるのが一般的である。見返に注意書きや見料の規定とともに自店の名前を印刷した札を貼付することも多い。

また「貸本印」と呼んでいる印章を巻首や巻尾等に目立つように押捺するのが一般的である。この店の貸本印は、巻首に朱で捺された矩形のもので、上部中央に、かねに大の屋標、その両脇に「信／松」とある。信州松本の意である。その下に「本町一丁目／弘文堂

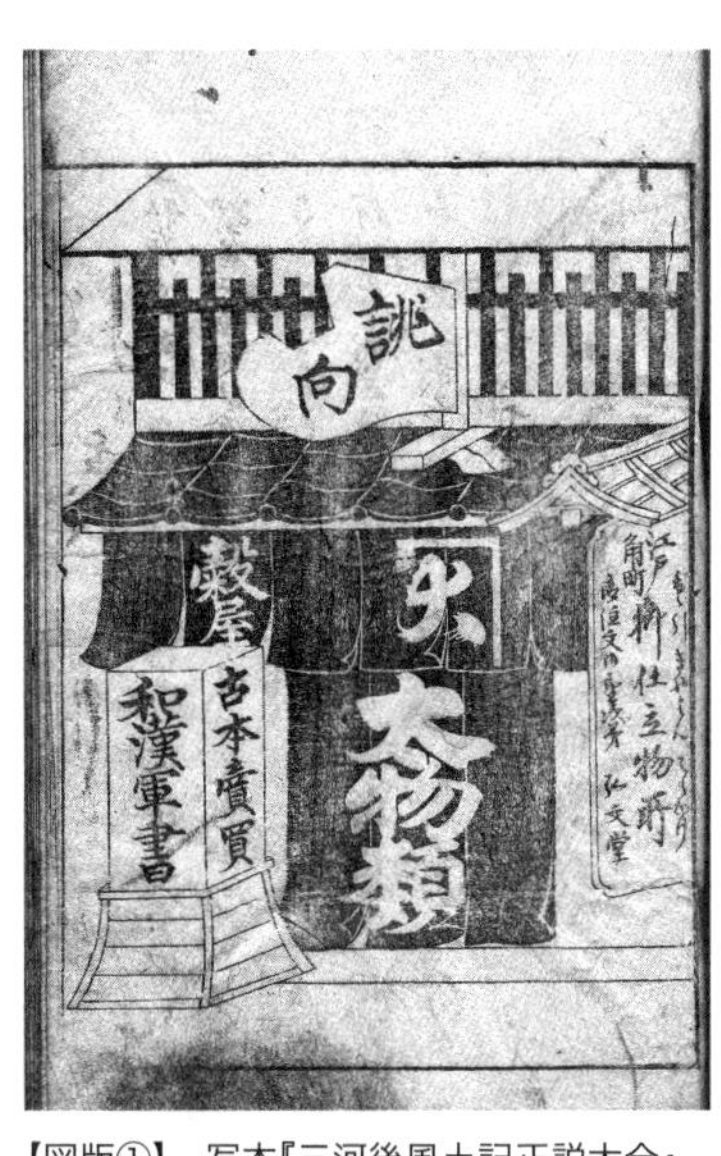

【図版①】　写本『三河後風土記正説大全』に綴じ込まれた穀屋儀七の広告（表丁）

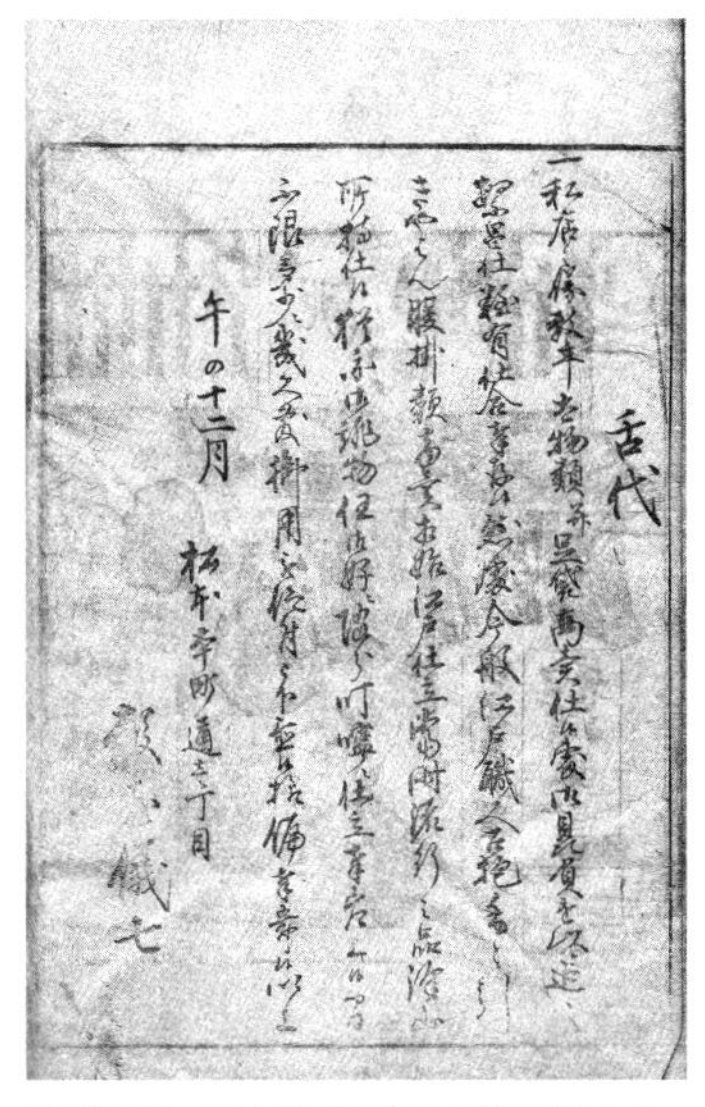

【図版②】　写本『三河後風土記正説大全』（裏丁）

／穀屋儀七」と見える（【図版③】）。

先に紹介した穀屋の広告は、巻頭に一丁綴じ込む形のもので、店の営業全般の広告となっている。この店には見返に貼付する紙片もある（【図版④】）。二枚の看

【図版③】　穀屋儀七の貸本印（『三河後風土記正説大全』より）

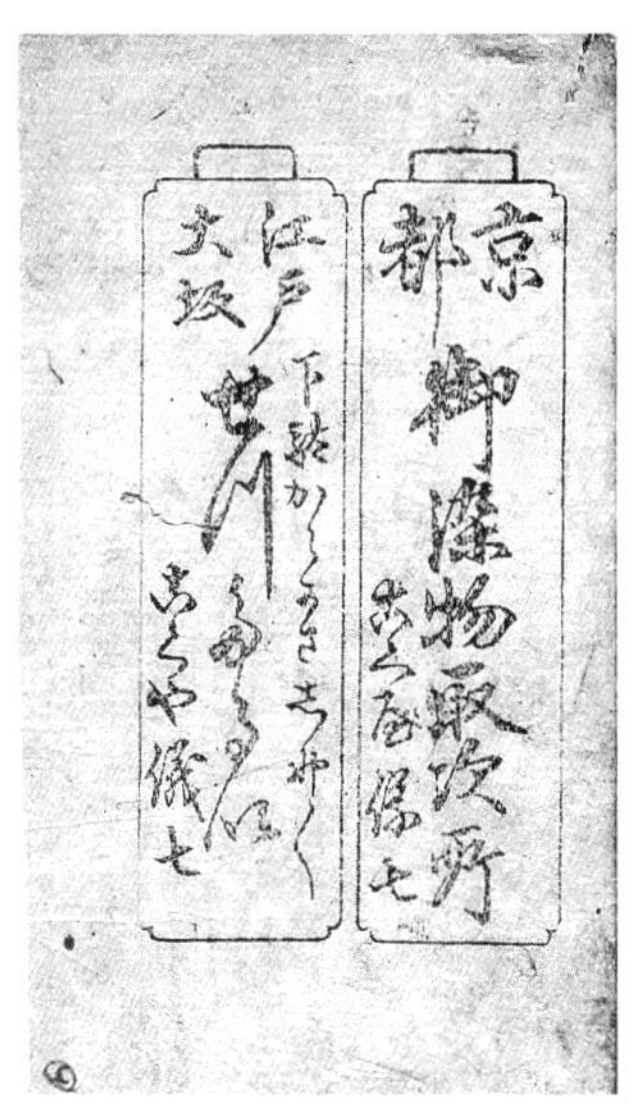

【図版④】　穀屋儀七の広告（見返貼付用）

板を模した中に「京都御染物取次所／こくや儀七」「江戸大坂下駄からかさしな〳〵／せつたるい／こくや儀七」と摺られている。貸し出す書籍がそのまま自店の広告媒体として想定されているわけである。

穀屋儀七の営業

本町は、松本町の中央、松本城に向かって東西に延びる通りである。この一丁目に穀屋は店を構えていた。店頭図を見る限り、さほど広い間口の店ではなさそうである。高美屋甚左衛門『年のおたまき』に文化期の本町を記録した記事に「壱間　こくや儀七　木綿類」とあって、一間間口の店である（拙著『信州の本屋と出版』二〇一八年、高美書店参照）。

先に見たとおり、主たる営業は、太物を中心とした、足袋・股引・脚絆・腹掛であり、下駄・雪踏や傘も商っていた。その傍らでの貸本商売である。

これはごく一般的なことで、貸本専業で口に糊をしていたのは、名古屋の大惣のようなとてつもない蔵書規模を誇る店はさておいて、江戸などの大都市における、店舗を持たない得意廻りの貸本屋、むしろ零細な業者であったはずである。

貸本に限らず、書籍の流通は、他の商品とともにあるのが普通であった。売買をもっぱらとしている書店でも、墨・筆・紙等文房具を扱うのはきわめて一般的、薬種や小間物もよくある営業の取り合わせであった。このことは拙著『書籍流通史料論 序説』（二〇一二年、勉誠出版）で詳しく論じたのでご参照いただけると幸いである。

信州松本城下の貸本屋、本屋の貸本営業

松本町には、他にも貸本商売を行っていた店を多く確認できる。

本町二丁目の高美屋甚左衛門は、寛政九年（一七九七）創業の老舗で、いまも高美書店として元気に営業を継続中である。十九世紀における営業の伸長ぶりとそれを後押しした歴史的背景については、拙著『江戸の読書熱』（二〇〇七年、平凡社）に詳しく述べた。現代では新刊本屋が貸本にも応ずるということは無さそう

であるが、この時代においてはごく普通のことであった。高美屋についても、高美家所蔵の写本『扶桑太平記』に「信州松本本町／（○に「甚」の屋標）高美屋」（巻首、円形墨印）という印文の貸本印を確認できる。また、同家所蔵の幕末期の営業文書『慶応元乙丑歳極月 御家中幷御役所書抜』には、松本藩家中の家々から貸本代金の掛け取りを行っていた明証が多数見られる。城下町ならではの営業であるが、武家から町人に至るまで、多数の貸本読者を擁していた町であった。

架蔵の『真田三代実記 初編』には「信州（○に正）松本／米屋／本町」と「米治」という貸本印が押捺されている。また後表紙見返には「米屋／本主／治郎左衛門／此本何方ニ而茂御覧被成候ハヽ、一冊ニ付御見料拾弐文ツヽ、高直ニ候得共被□（難読）可被下候以上」という、見料の高直を揶揄するいたずら書きがあり、「米屋」「米治」が、米屋治郎左衛門であることがはっきりする。『古今田舎樽 初編』は嶋屋与市名義で高美屋甚左衛門が出版したものであるが、その刊記に、

信州松本本町
嶋屋与市板
江戸通油町
義太夫抜本問屋
売所　浜松屋幸助
ちゝのなき子をそだてる薬
取次所　信州松本 米屋治郎左衛門

と米屋取次ぎの薬の広告が見える。薬品と兼業の貸本商売であった。

本町二丁目の嶋屋幸助は、高美屋の隣家で、初代甚左衛門の生家である（初代はここから高美家に養子に入った）。太物中心の営業であったようであるが。高美家所蔵の『西遊記後編 一』に「松本／（○に「幸」の屋標）嶋屋／本町」という貸本印が見られるほか、架蔵の『太平記』には、この印のほかに「（○に「幸」の屋標）仕入｜本色〳〵古本売かい／本町二丁目 島屋幸助」（【図版⑤】）、「かし本所（筆写）｜信州松本本町二丁目西側 嶋屋幸助」という細長い貸本印も見られる（【図版⑥】）。また、「新板本類品々古本売買／松本本町二丁目／しまや幸助」という仕入印の押捺してある書籍（高美家蔵、集思堂蔵刻『毛詩正文』）や、「松本／（商標）嶋屋／本町」という貸本印にも使用していた印を仕入の印として使用してい

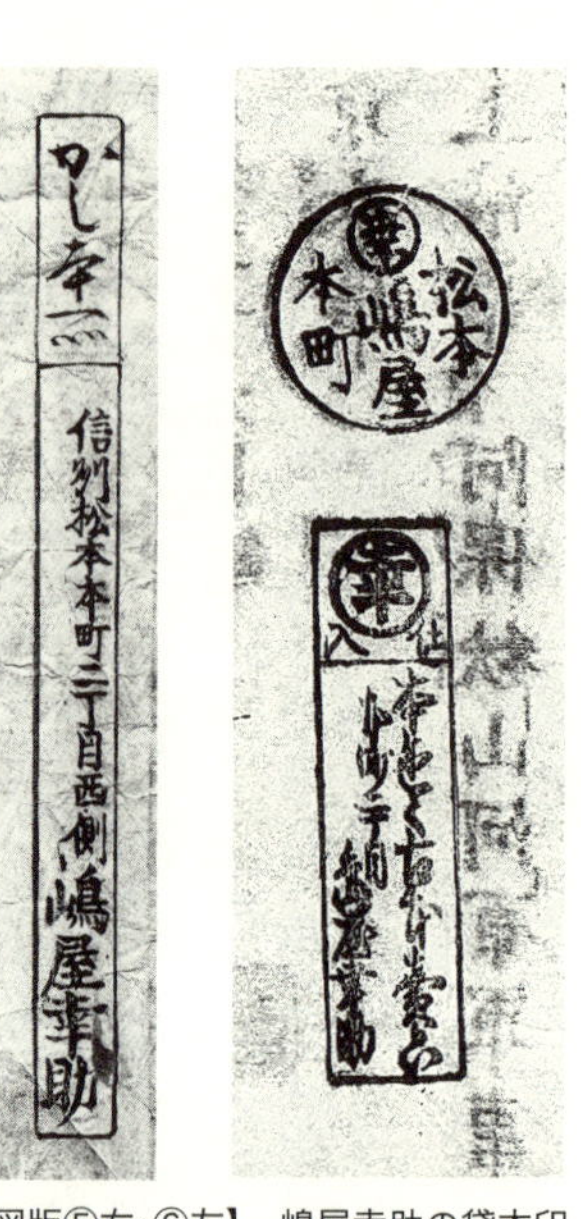

【図版⑤右・⑥左】　嶋屋幸助の貸本印
（『太平記』より）

【図版⑦】　嶋屋幸助の仕入印
（松屋幸助版『長うたけいこ本
高尾さんげの段』より）

るもの（架蔵浜松屋幸助版『長うたけいこ本 高尾さんげの段』）などが見うけられ（【図版⑦】）、書籍については、貸本のみならず、新本・古本も扱う店であったようである。なお、明治になっても、変わらぬ書籍商売を確認できる。

松翠堂という店が中町にあったようで、架蔵の『続太平記狸首編』には、「信（○に太の屋標）州　松本／松翠堂／中町」、「（○に太の屋標）貸本」の二印を確認できる。この店の営業の具体的なところは分からない。これには、「信州松本中町／（井に「大」）豹子洞／井筒屋勝定之助」と「（井に「大」）豹子洞」豹子洞井筒屋勝定之助の二印も見られる（【図版⑧】）。写本『太閤真顕記』にも両者の印が見られる。いずれも松翠堂から井筒屋に譲渡された貸本のようである（【図版⑨】）。

「仙会堂／松本本町／通第一街／書肆鶴屋／治右衛門」という貸本印を『前々太平記 二・三・四』に見つけたと高野肇氏にご教示いただいた。本町一丁目の店である。

「信州松本本町三丁目／借本所／升屋金兵衛」という貸本印を架蔵の『朝鮮征伐記』と『英賊石川一代記』に見出した。前者には「松本／本町／浜松屋」という貸本印も押捺されており、浜松屋という貸本営業を行う店もあったことが確認できる（【図版⑩】）。架蔵の長唄稽古本『越後獅子』（名古屋美濃屋伊六版）には「信松／

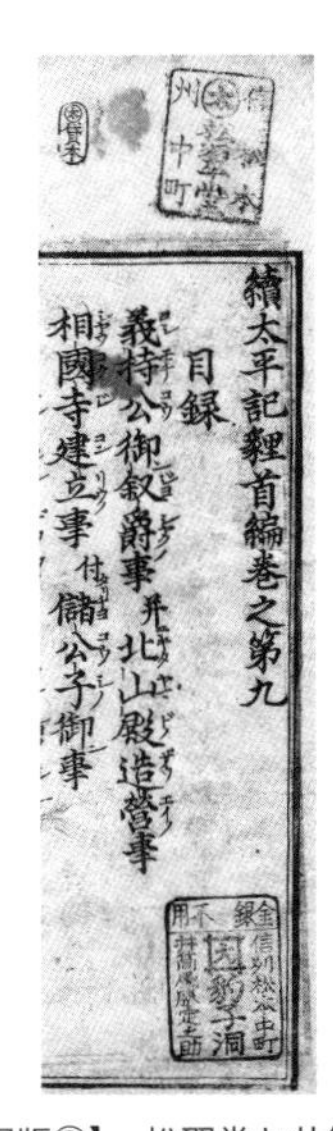

【図版⑧】　松翠堂と井筒屋勝定之助の貸本印（『続太平記貍首編』より）

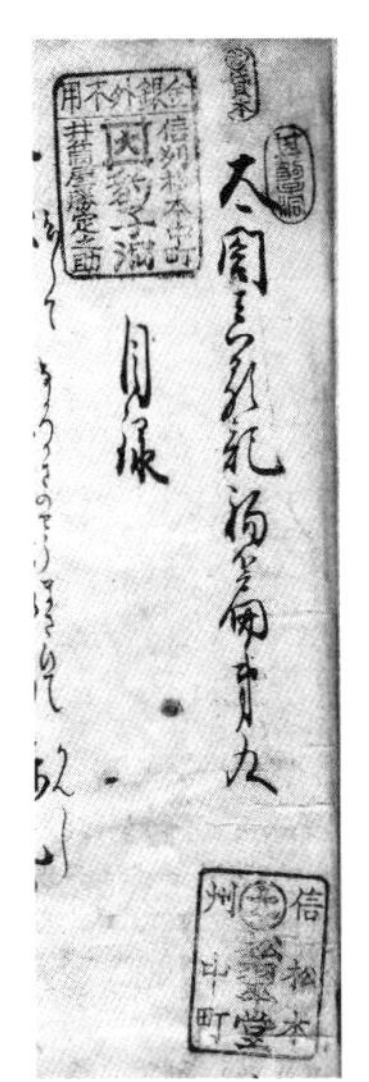

【図版⑨】　松翠堂と井筒屋勝定之助の貸本印（『太閤真顕記』　より）

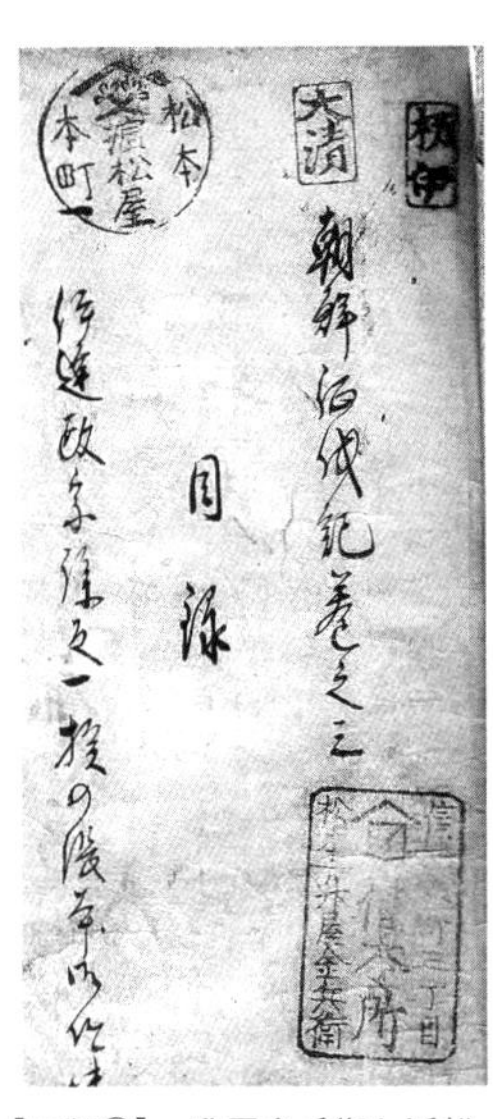

【図版⑩】　升屋金兵衛と浜松屋の貸本印（『朝鮮征伐記』より）

（〇金）舛屋／本町」という仕入印があるので、このような簿冊の手軽い新本の商いも行っていたようである。

明治の貸本業――鶴林堂の場合――

明治に入ったところでも、貸本業が滅びるはずはなく、江戸時代以来の業態がしばらく存続する。上記の店も、明治まで存続したものは、そうであったろう。『信濃松本商法便覧』（明治八年、高美屋刊）に、「卸（屋標）小売／見料貸本所／和漢書物類／博労町／鶴屋政右エ門」という記事があり、販売とともに貸本を行う店があることを確認できる。

大名町の鶴林堂は、明治二十三年、高美屋の支店であったところを、その使用人に任せて創業させた店であった。この店の引札（活版印刷）がある（【図版⑪】）。

誠実勉強は
最上之商略
一心不乱大安売
弊舗儀、開店以来日未タ浅キモ、幸ニ四方顧客ノ
高庇ヲ荷ヒ、業務日ニ繁ヲ加ヘ、商運月ニ進ム。

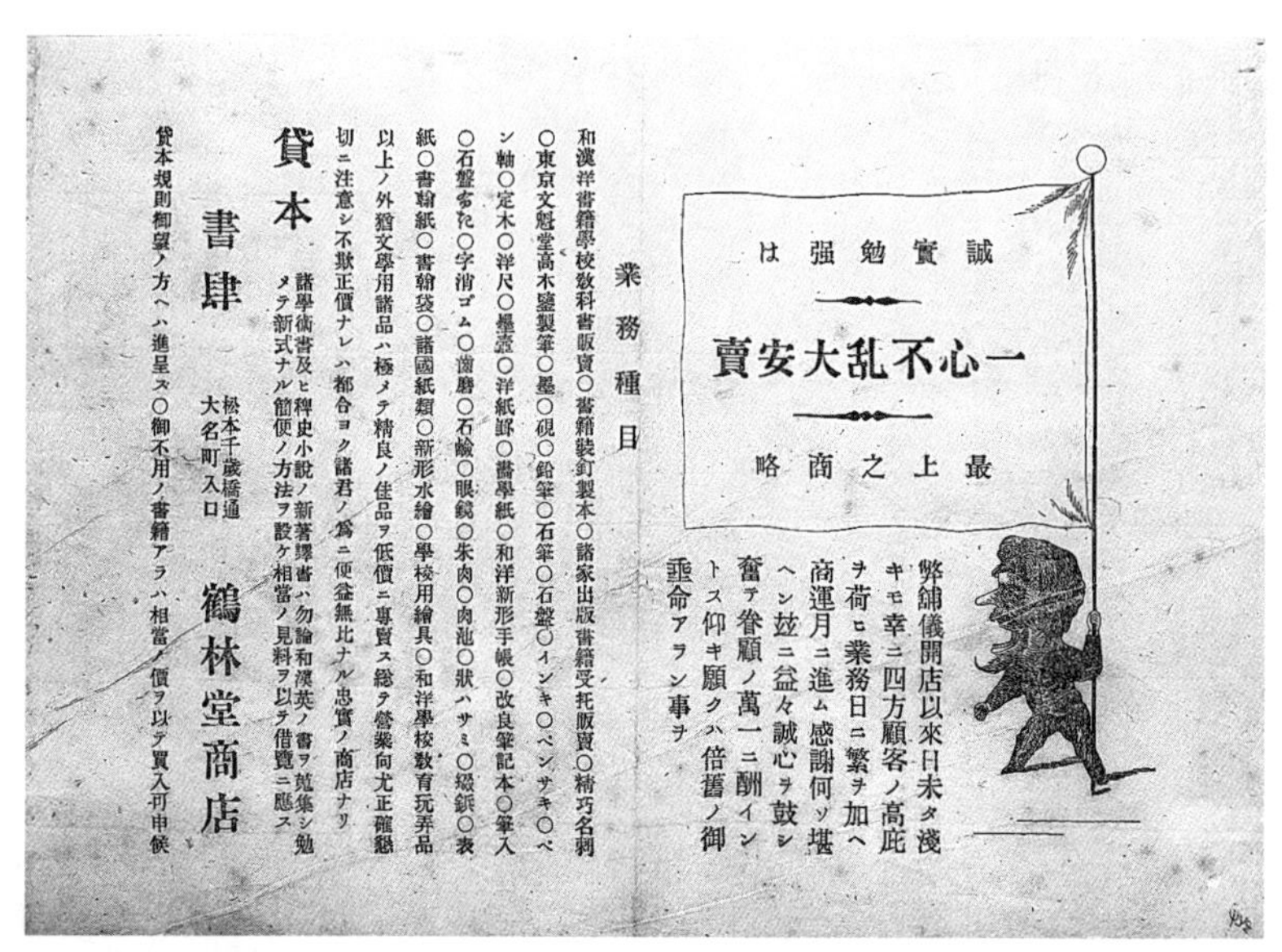
誠實勉強は

一心不乱大安賣

最上之商略

弊舗儀開店以來日未タ淺キモ幸ニ四方顧客ノ高庇ヲ荷ヒ業務日ニ繁ヲ加ヘ商運月ニ進ム感謝何ソ堪ヘン茲ニ益々誠心ヲ鼓シ奮テ眷顧ノ萬一ニ酬イントス仰キ願クハ倍舊ノ御垂命アラン事ヲ

業務種目

和漢洋書籍學校教科書販賣○書籍裝釘製本○諸家出版書籍受托販賣○精巧名刺○東京文魁堂高木鑑製筆○墨○硯○鉛筆○石筆○石盤○インキ○ペンサキ○ペン軸○定木○洋尺○墨壺○洋紙罫○畫學紙○和洋新形手帳○改良筆記本○筆入○石盤ふき○字消ゴム○歯磨○石鹸○眼鏡○朱肉○肉池○狀ハサミ○綴鋲○表紙○書翰紙○書翰袋○諸國紙類○新形水繪○學校用繪具○和洋學校教育玩弄品
以上ノ外猶文學用諸品ハ極メテ精良ノ佳品ヲ低價ニ專賣ス總テ營業向尤正確懇切ニ注意シ不欺正價ナレハ都合ヨク諸君ノ爲ニ便益比ナル忠實ノ商店ナリ

貸本 書肆　諸學術書及ヒ稗史小説ノ新著譯書ハ勿論和漢英ノ書ヲ蒐集シ勉メテ新式ナル簡便ノ方法ヲ設ケ相當ノ見料ヲ以テ借覽ニ應ス

松本千歳橋通大名町入口　鶴林堂商店

貸本規則御望ノ方ヘハ進呈ス○御不用ノ書籍アラハ相當ノ價ヲ以テ買入可申候

【図版⑪】　鶴林堂引札

感謝何ソ堪ヘン。茲ニ益々誠心ヲ鼓シ、奮テ眷顧ノ万一ニ酬イントス。仰キ願クハ、倍旧ノ御垂命アラン事ヲ。

業務種目

和漢洋書籍学校教科書販売○書籍装釘製本○諸家出版書籍受託販売○精巧名刺○東京文魁堂高木鑑製筆○墨○硯○鉛筆○石筆○石盤○インキ○ペンサキ○ペン軸○定木○洋尺○墨壺○洋紙罫○画学紙○和洋新形手帳○改良筆記本○筆入○石盤ふき○字消ゴム○歯磨○石鹸○眼鏡○朱肉○肉池○状ハサミ○綴鋲○表紙○書翰紙○書翰袋○諸国紙類○新形水絵○学校用絵具○和洋学校教育玩弄品

以上ノ品外猶文学用諸品ハ極メテ精良ノ佳品ヲ低価ニ専売ス。総テ営業向尤正確懇切ニ注意シ、不欺正価ナレハ、都合ヨク諸君ノ為ニ便益比ナル忠実ノ商店ナリ。

貸本　諸学術書及ヒ稗史小説ノ新著訳書ハ勿論、和漢英ノ書ヲ蒐集シ、勉メテ新式ナル簡便ノ方法ヲ設ケ、相当ノ見料ヲ以テ借覧ニ応ス。

書肆　松本千歳橋通大名町入口

鶴林堂商店
貸本規則御望ノ方ヘハ進呈ス○御不用ノ書籍アラハ相当ノ価ヲ以テ買入可申候

「貸本」の文字を大書しているが、学校用品、新本・古書売買のほかに貸本も盛大に行っていこうというわけである。では、「新式ナル簡便ノ方法」とは具体的にどのようなものであったのか。『東洋民権百家伝』に貼付されていたと思われる規定書がある（【図版⑫】）。各書籍ごと、その定価に対応した貸本料金が定められていたようである。該書は「定価金　拾銭」であり、「貸本見料一覧表」には二日間で七厘、三日で一銭と、期間に応じて細かく定められた見料が記されている。二十日間の貸出で三銭五厘となる。「規則摘要」には「以上ノ期限ヲ過キ御返却ナキトキハ前記正価ニテ売渡シタルモノトス」とあり、定価の金額を保証金としてあらかじめ徴収していたもののようである。

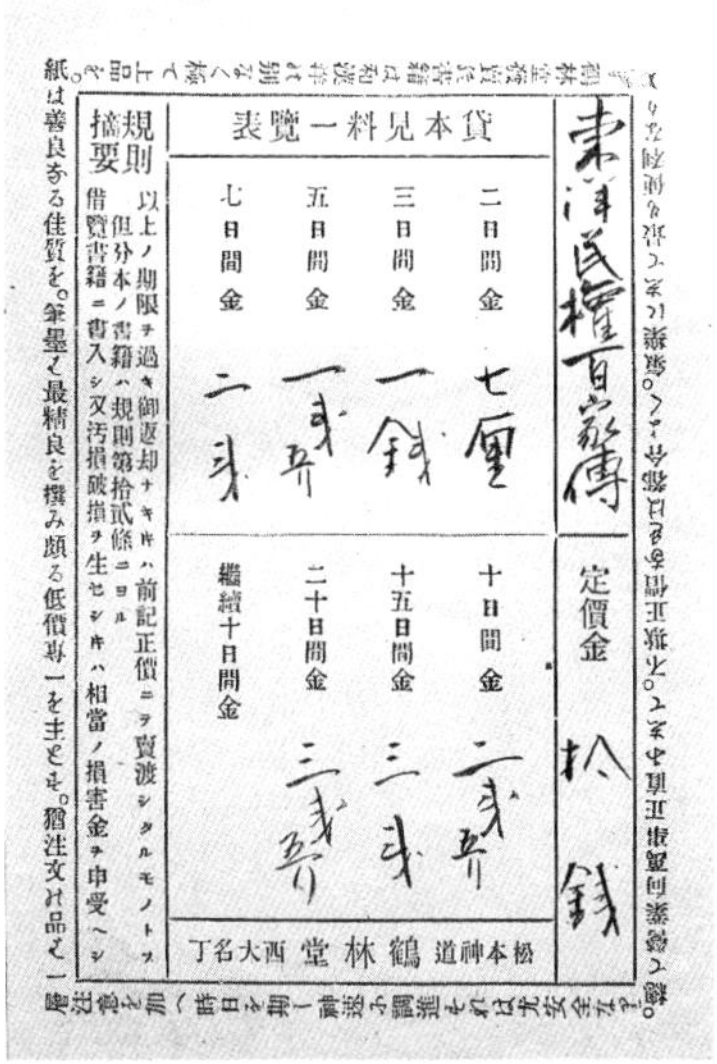
東洋民権百家傳
定價金　拾銭
貸本見料一覧表
二日間金　七厘
三日間金　一銭
五日間金　一銭五厘
七日間金　二銭
十日間金　二銭五厘
十五日間金　三銭
二十日間金　三銭五厘
繼續十日間金
規則摘要　以上ノ期限ヲ過キ御返却ナキトキハ前記正價ニテ賣渡シタルモノトス
但分本ノ書籍ハ規則第拾弐條ニヨル
借覧書籍ニ書入シ又汚損破損ヲ生セシトキハ相當ノ損害金ヲ申受ヘシ
松本神道　鶴林堂　西大名丁

【図版⑫】『東洋民権百家伝』に貼付してあった鶴林堂の貸本規定書。

この紙片の四周には「鶴林堂発売の書籍は和漢洋の別なく極て上品を。紙は善良なる佳質を。筆墨は最精良を撰み頗る低価専一を主とす。猶注文の品は一層注意を加へ時日を期し神速に調進すれは尤安全なり。総て営業向万事正直にして。不欺正価なれは都合よく。気楽にして最も便利なり」と自店の宣伝が記されている。

時代なりに、また市場の変化なりに商売は変化していく。明治もなかば、和紙和装本の制作がほとんどなされなくなり、旧来の貸本商売はその様相を変化させざるをえない。江戸時代的な流通の安定的な棲み分けもいつしか崩れ、また江戸の日常は忘れられていく。

地域の文化と貸本

信州松本という地域に限って、貸本営業を確認できた店を並べてみた。過眼の資料のみであるので、まだまだ他に貸本商売を行う店がこの地にあったはずである。しかし、これだけ並べてみても、けっこうな密度の濃さが感じられる（松翠堂と豹子洞とは同時期の営業ではない可能性が高いが）。各店の貸本用の書目が、もし総合的に把握できたとしたら、城下町固有の、あるいは松本という地域固有の傾向性が浮かび上がる可能性もなくはなかろうが、そのような野望を抱けるような若さは私には無さそうである。

さて書籍流通業者の密度を支えるのは、地域の書籍需要である。書籍需要の濃淡は、地域の文化の広がりと厚みとを推し量る物差しとして有効であろう。購入する書籍と借りて読む書籍と区別されていた時代であってみれば、当然流通も二本立てである。両方に関与する本屋もあれば、片方に薄い本屋もある。両方の流通を押さえないと、地域の書籍環境の様相は浮かび上がってこないだろう。とくに、貸本は地域に密着して成立している営業であるし、片手間の、また零細の営業も多い。痕跡を捉えることはなかなか容易ではないが、けっして不可能なことではない。

5 普通の人々の普通の読書
――貸本屋の営業文書片々――

かつて貸本屋は全国津々浦々に普通に存在していた。地域の普通の人々の普通の読書への窓口として機能していたわけである。しかし、普通のことは記録されにくく、時代の記憶はすぐに薄れていく。これが時代とともにあり、日常普通の生活に根付いていた根強い文化であったという実感は、もはや現代のわれわれにはない。しかし、身近に書籍への回路が普通に配置されていた時代であったということは、普通のことではなく日本歴史上特筆されるべきことである。この事実は、貸本屋の存在、彼らの継続的な営業を示す資料が教えてくれる。書籍から知識と楽しみを得ることが、民間においてごくごく普通のことであったという時代の豊饒をここから読み取ることができるのである。

貸本屋という流通機構

現代でこそ、その数はめっきり減ってしまったが、近世前期から貸本屋は書籍流通の欠かせぬ回路であった。浮世草子や読本、洒落本、滑稽本や人情本などの読み物は貸本屋から借りて読むものであったし、これらの出版物は、ほぼこの流通に依存して生産されていた。

貸本屋の大半は店舗を構えず、得意廻りをもっぱらとする小規模な営業である。個別の営業実態についてはほとんど分からない。前章にて信州松本の貸本屋を取り上げた。貸本印を集積することで、地域の貸本業者をある程度洗い出すことはでき、地域の知の回路の一端をうかがうことが出来ることを示してみたつもりである。同様の試みはどの地域に関しても可能であるし、実際、いくつかの研究成果はすでに備わっている。しかし、それぞれの貸本屋がどのような本をどのような人々に向けていくらで貸していたのかという具体的なところになると、それを語ってくれる史料になかなか出くわさない。大きな商家の文書であれば代々のものが蔵に蓄積されるようなこともあろうが、貸本屋のような零細な業者が代々続くこともまれであり、保存するような蔵も彼らは持ち合わせていなかったろう。また、貸本屋を利用する人々にとって、貸本屋は、あまりにも普通の存在であり、貸本屋を通じての読書は日常的すぎて、わざわざ記録にとどめようとする人もほとんどいないのである（日記に読書記録をことさら残すような人物は、たいてい学者のような変わり者である）。

必ずしも貸本屋に限ることではないが、日々の営業に関わる文書はそもそも残りにくい。ある程度の期間が経過したものは用事がなくなり、裏返して再利用され、それもまた不要になれば、反故として別の用に向けられるのが普通である。

さて、貸本屋の場合、その再利用が、本の補修や表紙補強のためである場合がしばしばある。その紙片から日々の営業の断片が浮かび上がることがあるわけである。これについては『書籍流通史料論 序説』（二〇一二年、勉誠出版）にも何例か示した。文字通り断片的な史料に過ぎず、有意な情報に乏しいものであるが、現場のなまなましさを伝えてくれるものではある。

中山堂駿河屋忠七

今ここに紹介するのは、最近購入した『絵本雪鏡談』（伊丹屋善兵衛版、後印本）の補修用に貼り込まれた紙片である（【図版①】）。この本は、各巻首に「駿河屋忠七」（矩形墨印）（【図版②】）、各巻末に「中山堂」（小判型墨印）という貸本印が捺されている（【図版③】）。また次のような注意書が第五巻後表紙見返に貼り込まれていた（適宜句読点を補った）（【図版④】）。

御得意様江奉願上候。近頃諸本の巻中に聊の白紙あれば、くさ〳〵のらくがき、男女の陰体なとゑがき給ふ事流行いたし、同業のもの誠に難渋いふ斗なく、只一興になし給ふなめれど、家業の品物に疵つき、迷惑致し候間、何卒此段御汲わけ、巻中江戯画、落書之義は偏ニ御用捨奉希上候。

中山堂（印：本忠）

末の「中山堂」の下には「本忠」の印が摺られてあるので、中山堂すなわち駿河屋忠七として間違いなかろう。

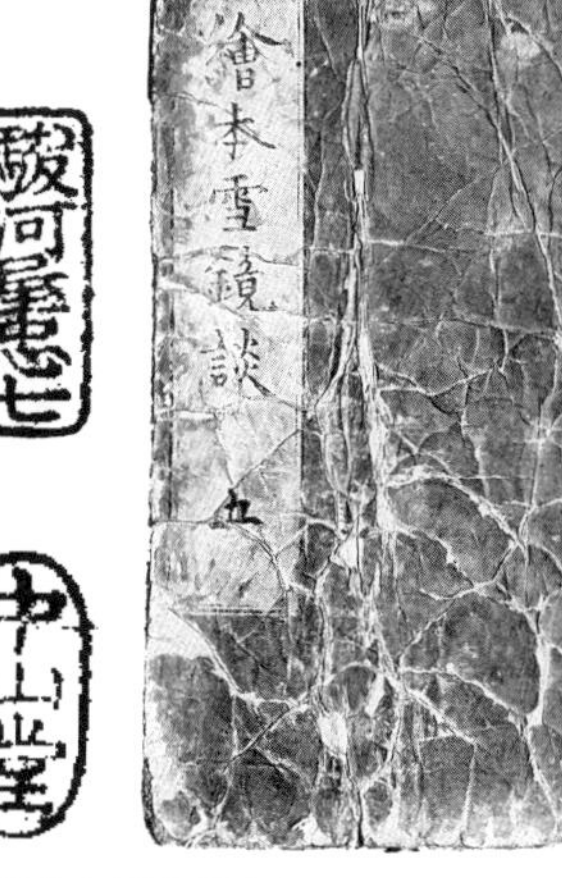

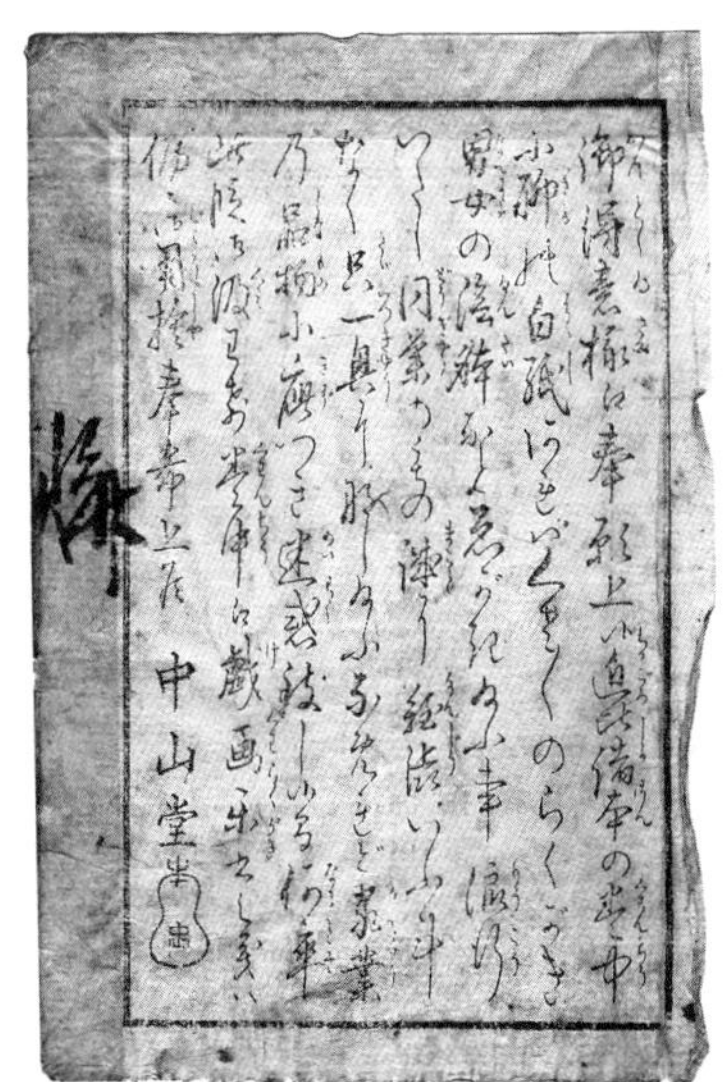

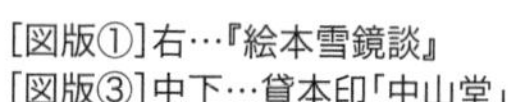

[図版①]右…『絵本雪鏡談』　[図版②]中上…貸本印「駿河屋忠七」
[図版③]中下…貸本印「中山堂」　[図版④]左…中山堂の注意書

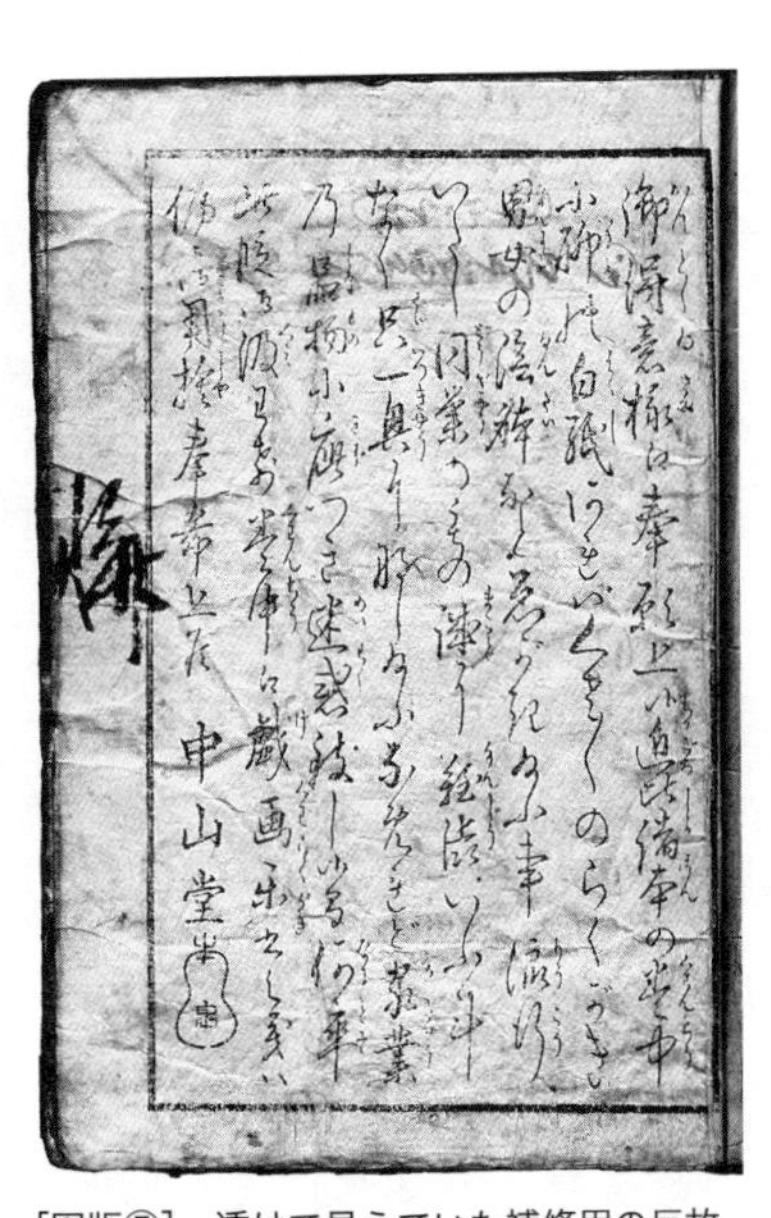

［図版⑤］　透けて見えていた補修用の反故

営業文書の断片

さて、この注意書の下に文書らしきものが透けて見えていたことが購入の動機である（【図版⑤】）。白山通りのN書房で三千円也。不揃いで五冊の購入であったが、文書らしきものは第五巻一冊にしか見あたらなかった。帰宅するや、さっそく綴糸を切り、この一葉を水に浸けて糊を弱らせ、二枚の紙片を得た（本を壊すことに抵抗が無いわけではない。でも、はがしてみたい誘惑には逆らえず、ちょっとした背徳感がちょうどよいスパイスとなって、はがしている最中のわくわく感を高めてくれたりする）。この二枚を仮に①②としておく。この二枚は連続するものではない。それぞれ裏表に記事があり、仮に表としたもの同士、裏としたもの同士が同一の帳簿よりのものとなる。表は得意先回りの時に持参する当座帳の一部であったと思われる。

①表（【図版⑥】）

一　一夕話後　（合）　町田屋様
　一ノ三四五　後篇一五
一　ヱ三国志　（合）　〃
　六篇一ノ十
一　怪□□　（合）　〃
　八ノ十十一五
一　星月夜　（合）　岸岡様
　四篇一ノ
一　菊地軍紀　（合）　さめ屋
　一ノ十　サマ
一　名家畧伝　（合）　〃
　一ノ弐三四
一　尾上伊太八　（合）　〃

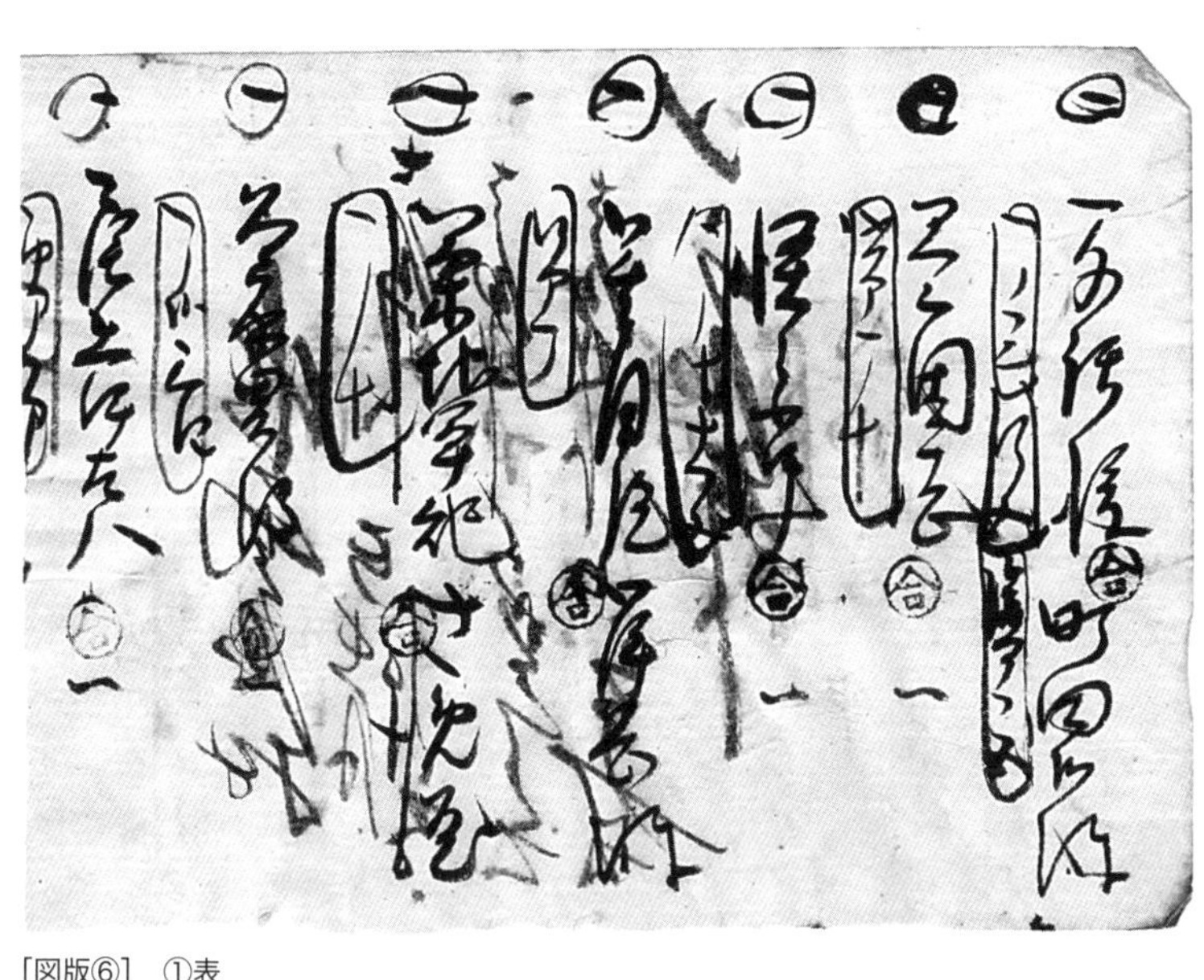

［図版⑥］ ①表

これには、「町田屋」「岸岡」「さめ屋」三軒の貸本利用が確認できる。書名の左脇には編・巻の情報が記される。貸し方・借り方確認の上での記入であったろう。これを囲み、また一つ書の「一」を丸く囲み、〇に「合」の印がそれぞれ捺されている。返却の際の確認作業であろう。

町田屋が借りた「一夕話」は「後」とあるので、二編から成るもの。とすれば、山崎美成作『赤穂義士伝一夕話』（嘉永六〈一八五三〉・七〈一八五四〉年刊）あたりがいちばん可能性が高そうである。「ヱ三国志」は池田東籬亭の『絵本通俗三国志』であろう。六編十冊の利用である。もう一冊「怪」から始まる書名、何と読んだものか見当が付かない。

岸岡が借りた「星月夜」は、高井蘭山作の読本『星月夜顕晦録』。四編は文化五〈一八〇八〉年刊。

さめ屋が借りた「菊地軍紀」は暁鐘成作画の読本『鎮西菊池軍記』。前編五冊は文政十〈一八二七〉年、後編五冊は天保四〈一八三三〉年の刊行である。「名家畧伝」は、四冊ものでもあるようだし、山崎美成の

『名家略伝』（天保十二〈一八四一〉年）でよかろう。「尾上伊太八」は新内節「帰咲名残命毛」の登場人物であるが、新内節正本が貸本とは考えられない。「初篇弐篇」と見えるので、この新内節に想を採った合巻かと思われるが特定できない。

②表（【図版⑦】）

一　海外異聞　（合）〃
　一ノ五
一　安本丹　（合）〃
　初篇弐篇
一　末つむ花　（合）〃
　初篇弐三四五篇
一　ヱ三国狐　（合）　朝久サマ
　一ノ十五
一　ヱ三国志　（合）〃
　一　五六十
　　九十
一　三国狐伝　（合）〃
　一ノ十五

確認できる顧客は「朝久」のみ。『海外異聞』は、

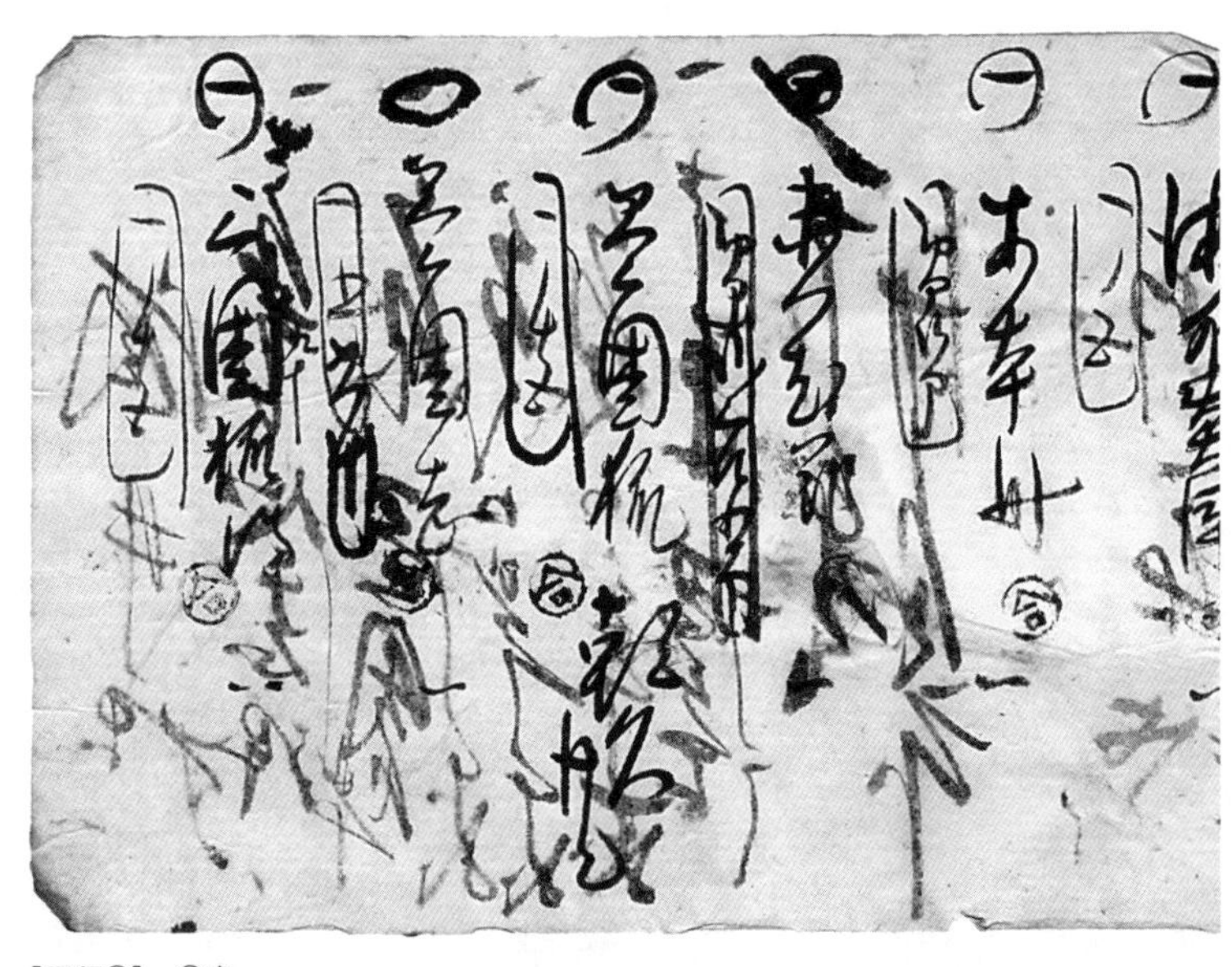

［図版⑦］　②表

靄湖漁叟著安政元〈一八五四〉年刊の五巻五冊本。それを全冊一度に利用している。「安本丹」は、滑稽本『売色安本丹』であろう。一九作の初編三冊は文政十二〈一八二九〉年、為永春笑による後編三冊は弘化三〈一八四六〉年の刊行である。「末つむ花」は、松亭金水の人情本『閑情末摘花』。初編は天保十〈一八三九〉年、五編は同十二〈一八四一〉年刊行である。「ヱ三国狐」は高井蘭山作・蹄斎北馬画の『絵本三国妖婦伝』（文化元年〈一八〇四〉刊）であろうか。三編でちょうど十五冊ある。また、これも十五冊ある「三国狐伝」であるが、特定できない。『悪狐三国伝記』の類の写本であろうか。

裏は、表の当座帳の役目が済んで、その裏側を表に綴じ直して再利用したもの。節季の請求のために顧客ごとに利用代金をまとめた帳面である。

①裏（【図版⑧】）

帳面屋様

一　壱匁弐分　弓張月一－六

一　壱匁弐分　同　弐篇一－六

一　壱匁弐分　同　三篇一－六

［図版⑧］　①裏

〆三匁六分

「帳面屋」は、『椿説弓張月』初編から三編まで、都合十八冊の利用で、三匁六分という見料である。『愛知県史 資料編十八 近世4 西三河』（二〇〇三年、愛知県）に、本屋文吉から足助の小出権三郎に宛てた、嘉永元〈一八四一〉年七月三十日付貸本見料請取書が収められている。『椿説弓張月』の見料は無いが、読本類ばかりなので比べてみるのも一興であろう。

覚

一三拾六文　美少年録三編
一三拾六文　同四編
一三拾六文　同五編
一百拾弐文　同六七八
一六拾文　状袋
一六拾四文　らいごう阿者梨
一三拾弐文　景清
一六拾四文　同二三
一六拾四文　武藏坊
一七拾弐文　新板美少年録九編
〆五百九十六文
内六十八文引
引〆五百廿八文
右之通慥ニ受取申候
申七月卅日

本屋文吉

足助　小出権三郎様

『近世説美少年録』の九編が新版で、古いものの倍の見料であるところなど、これ自体興味深い史料である。さて、おおよそ各編五冊で三十二文から三十六文の見料である。帳面屋が借りた『椿説弓張月』は、各編六冊で一匁二分の見料。仮に銀六十匁を銭四貫文として換算すると、一匁二分は八十文となる。単純に比較すると駿河屋の見料が若干高く思えるが、これも判断が難しいところである。金銀銭の相場は、地域・時代によって異なるし、また日々めまぐるしく変化する。この換算が妥当かどうかもあやしいところなのである。そして、見料は借用の期間によって異なるわけで、期間の情報がない以上、比較して評価することはなかなか難しい。

しかし、いずれにしても、今でいえば、千円札一、二枚の感覚で、五〜六巻ほどの読本読書を行なっていたことはたしかである。それを高いとするか安いとするかの判断は難しいが、貸本屋が安定的に商売を継続しえていたことを考え合わせれば、この程度の対価を支払っての読書がきわめて一般的な時代であったということは言えるのである。

さて、「帳面屋」は、おそらく帳面を仕立てて販売することを家業としているのであろう。この紙片の元の帳面もここから購入したものであったろうか。帳面の需要はどこでもあるが、これに特化した商売は都市部でなくては成立しないであろう。この貸本屋も都市部での営業であったのではなかろうか。

②裏（【図版⑨】）

酒井様

一　壱匁六分　心志録　一ｌ十

一　三匁　ヱ太閤記　一ｌ十五

一　三匁　〃弐篇　一ｌ十五

［図版⑨］　②裏

一　三匁　〃三篇　一―十五
一　壱朱　忍ヶ岡
　　　　　一―二
〆壱朱ト
　十匁六分

こちらは「酒井様」の書き出し。「心志録」は写本の小説『敵討氷雪心誌録』であろう。加えて、この節季中に『絵本太閤記』を初編から三編まで四十五冊読了（読んだかどうかは、実際のところ確認できないが）、それに「忍ヶ岡」の利用で、しめて一朱と十匁六分という料金である。残念ながら「忍ヶ岡」については思い当たらない。これは二冊で一朱と少々高めである。和印・艶本の類ででもあったろうか。

この文書中判明するかぎりもっとも時代の下った刊本は安政元〈一八五四〉年刊『海外異聞』であり、この文書の成立はこれ以後ということになる。

さて、これらが中山堂駿河屋忠七の営業文書であるという保証はじつはどこにもない。中山堂以外の本屋の痕跡がこの本のどこにもなく、しかも注意書とともに貼り合わせられていたので、中山堂のものである蓋然性は高かろうが、まったく異なる店の反故紙を使用しての補修である可能性もなくはないのである。しかし、中山堂という本屋についても、いつどこで営業していたどのような貸本屋であったのか知るところが無いので、どちらでもよいといえばよい話ではあろう。

そして、たった二枚の紙片が備える情報量は極めて少なく、たいしたことがわかったわけでもない。しかし、この生々しさは捨てがたい。どことも知れぬが、町田屋、さめ屋、また帳面屋と呼ばれるおそらく商人のいる町で、彼らを相手に日々町を廻り歩く中山堂という貸本屋が存在した。そして、顧客たちの読書はそれぞれ個性的であるとともに、読本や人情本など、総じて時代の定番のものが主たるものであることも確認できる。ここに、日常の中で普通に本を手にする普通の人々がいる。

ついでながら、試しにCiNiiで「駿河屋忠七」を検索してみると、二件ヒットした。貸本屋の印記までしっかり書誌データとして著録している図書館があったということである。その一は専修大学図書館。所蔵の『飛騨匠物語』の印記に「駿河屋忠七」とある由。

もう一件は、東京大学総合図書館所蔵『瓦礫雑考』。この本に、「青洲文庫」印とともに「駿河屋忠七」の印があるとのことである。このような情報が家でだらけながら知ることのできる世の中になったわけである。もうちょっと暇になったら確認しに行ってみよう。

6　須原屋茂兵衛の薬商売
──引札と広告葉書──

現代において本屋が本以外の商品も置いていることは普通のことである。文房具、印鑑等々。ＤＶＤやＣＤレンタルと兼業の店もある。江戸時代でも同様で、兼業は書籍商売を支え、書籍流通網の存続を支える重要な役割を担っていた。とくに薬種との兼業は多く見られる。

ここでは、大規模な薬種商売との兼業で有名な須原屋茂兵衛を取り上げてみる。

本屋の兼業

江戸時代の本屋で、書籍だけを扱う店は、むしろ珍しく、他の商品も扱っていた。筆・墨・紙といった文房具や、扇や団扇、また小間物類などさまざまな兼業が確認できる。薬種商売との兼業もかなりの割合を占めている。また逆に、小間物屋や薬種商を表看板とする店が書籍を扱っていることもあり、書籍の流通は、これら他の商品の流通と絡み合って、細かくまた太く広範に機能していたのであった。このことについては「近世日本における薬品・小間物の流通と書籍の流通」という小論（『書籍流通史料論　序説』所収）でさまざまな事例を紹介した。ご参照いただけると幸いである。

ここで取り上げる江戸の須原屋茂兵衛は、本屋の片手間の兼業といったものではなく、書籍業と同程度の規模で薬種店を営み続けた店であった。

須原屋茂兵衛製の薬種と薬種商売

須原屋茂兵衛が刊行し続けた年代記『和漢年歴箋』の巻末には、末に「本家調合所　書物薬種　江戸日本橋南壱丁目　須原屋茂兵衛」という刊記が据わるが、その前に、ほぼ決まって「家伝順気散」と「人参長寿円」の広告を掲載している（【図版①】）。日用の重宝をう

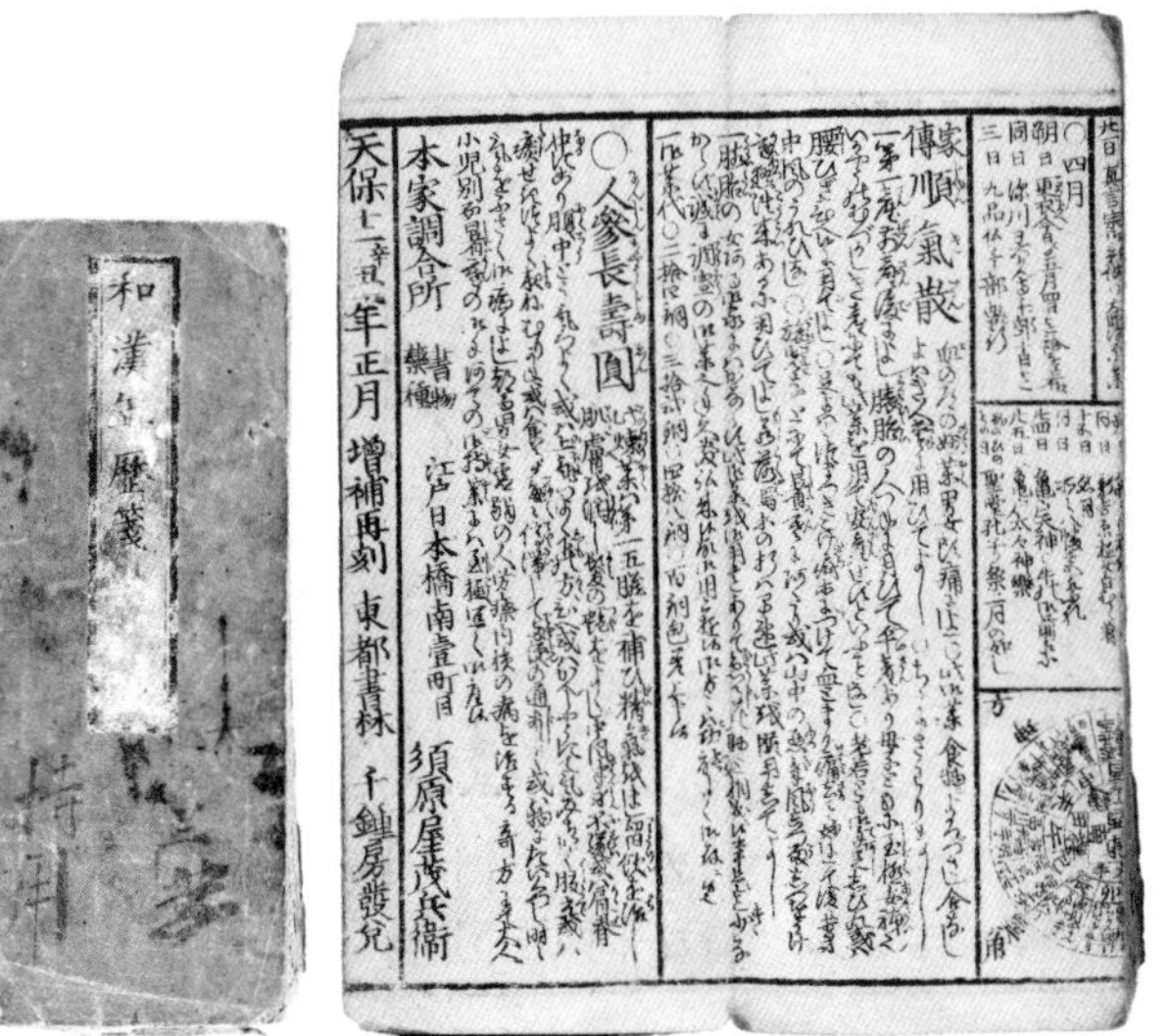

【図版①】　須原屋茂兵衛版『和漢年歴箋』と、その巻末広告

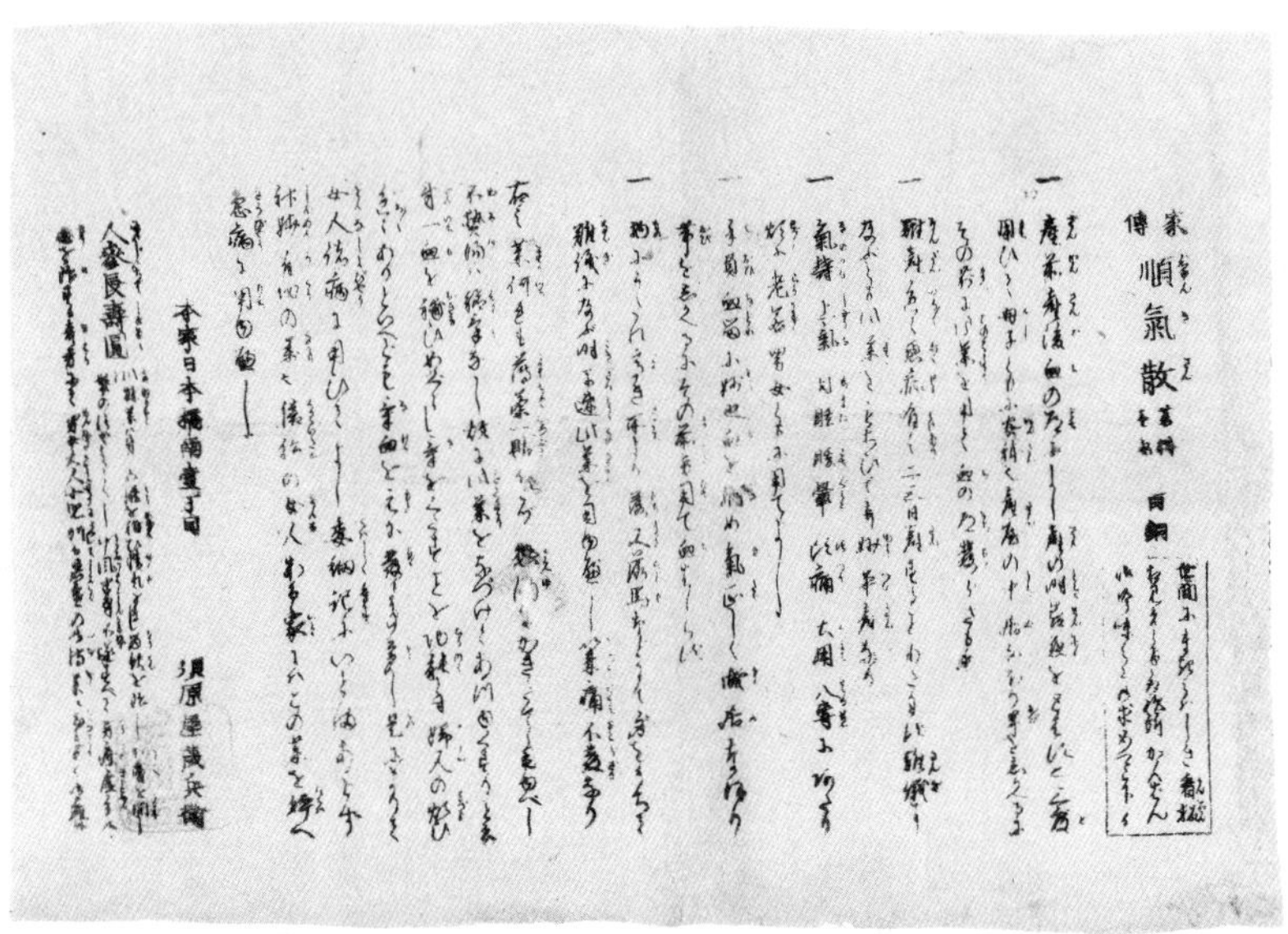
家傳 順氣散

本家日本橋南壹丁目　須原屋茂兵衛

人參長壽圓

【図版②】「順気散」引札。22.3・×34.0糎。

たった『和漢年歴箋』のような、改訂版を次々と発行し、しかも摺部数の多い出版物が広告媒体として有効であることの証左であるが、それはさておき、この二品は、須原屋茂兵衛薬種店を代表するものである。「順気散」の引札を掲げる（【図版②】）。この末にも「本家日本橋南壹丁目　須原屋茂兵衛」とした後に「人参長寿円」の広告記事がある。

「万病解毒紫金錠」も、須原屋店を代表する薬であった。その引札の末には、「書林唐本和本薬種　江戸日本橋南壱町目　須原屋茂兵衛」とあって、書物商売と薬種商売の二本柱の経営であることが明記されている。「取次所」とあるのみで、その下が空白であるのは、そこに取扱店の名を後で摺り入れるためである（【図版③】）。

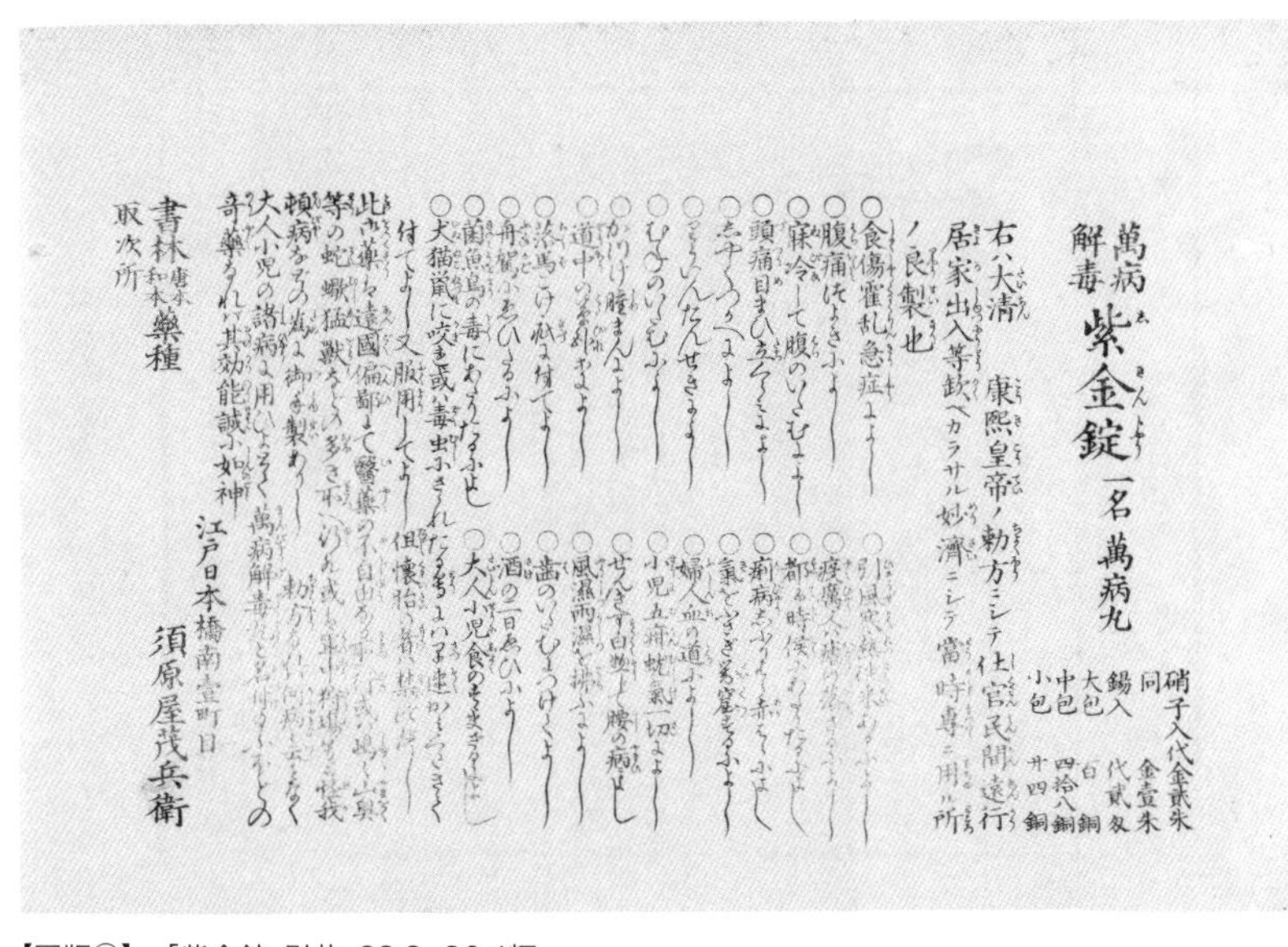
硝子入代金貳朱
同　金壹朱
錫入　代貳匁
大包　白銅
中包　四拾八銅
小包　廿四銅

萬病解毒　紫金錠　一名　萬病丸

右ハ大清　康熙皇帝ノ勅方ニシテ仕官民間遠行居家出入等欠ベカラサル妙濟ニシテ當時専ニ用ル所ノ良製也

○食傷霍乱急症によし

書林唐本和本薬種　取次所
江戸日本橋南壹町目
須原屋茂兵衛

【図版③】「紫金錠」引札。23.8×36.4糎。

須原屋茂兵衛取次の薬品

書籍商売も同様であるが、自店製の薬品だけで、店の経営が成り立つわけではない。薬種問屋須原屋茂兵衛は他製の薬品も取り扱う。下野栃木町柏戸良見製「家伝瘡毒一方丸」の引札がある。薬品名の下に「七日壱廻り／価金」とあって、その下の余白に「五拾六銭」の朱印がある。明治になっての配布であろうが、引札の制作は幕末から明治初期のうちかと思われる（旧価格の記事を削り取って摺刷したものかもしれない・【図版④】）。

末に「取次所」として六店掲出、その中に須原屋茂兵衛店が見える。

京都堺町通六角下ル町　吉野屋勘兵衛
大坂心斎橋筋博労町　河内屋茂兵衛
東京日本橋壱丁目　須原屋茂兵衛
横浜弁天通三丁目　鹿島屋亀吉
常州水戸下町　須原屋安次郎
上州高崎四ッ谷　釜屋与四郎

この顔ぶれはなかなか興味深い。横浜の鹿島屋亀吉はどのような店かわからないが、吉野屋勘兵衛・河内

【図版④】　下野栃木町柏戸良見製「家伝瘡毒一方丸」引札。24.9×35.8糎。

屋茂兵衛・須原屋安次郎は、いずれも江戸時代から続く歴とした書肆である。釜屋与四郎は、焉馬作・北斎画『仮名手本後日之文章』（文化五年〈一八〇八〉、角丸屋甚助版）巻末、武州埼玉郡加須町大和氏門司法橋製「玉置保赤円」の広告に取次として名前を見出すことができる。この店は、薬屋が主業であっても、書籍の流通にも関わっている可能性が少なくない。比重のかけ方に軽重はあろうが、彼らはそれぞれ相互に薬品と書籍流通に関する提携関係を築いていると見なすべきであろう。薬品の流通網は大きく書籍の流通網と重なることを示す好事例である。

明治の須原屋店

浅倉屋久兵衛「明治初年東京書林評判記」（『古本屋』（荒木伊兵衛書店）三号、一九二七年十一月）に、

須原茂（日本橋通一丁目北畠茂兵衛と云ふ）日本橋通一丁目店土蔵にて右、書物屋左、薬種屋にて左右の店に各番頭居り奥に蔵番あり客来れば店員取次蔵番へ告ぐ、蔵番品物を出すと云ふ順序なり、大般若経を買ふ客

人には二階へ通し会席料理を馳走せしと云上店にて男世帯也、家伝須(ママ)気散と云ふ婦人妙薬等ありとあるように、左右に書籍店と薬種店とを配置しての営業は明治に至っても変わらない。

浅倉屋久兵衛が言及した婦人薬「家伝順気散」は依然堅調、ここに明治十一年の「免許状」がある。といっても、印鑑は印文無しの印刷で、おそらくは、薬に添えた広告であろう（【図版⑤】）。

第九万二千二百六十六号（朱書）
東京府第壱大区六小区
日本橋通壱丁目拾五番地寄留
和歌山県平民
北畠茂兵衛
婦人良剤家伝順気散
右免許候事
明治十一年十一月廿二日　内務省

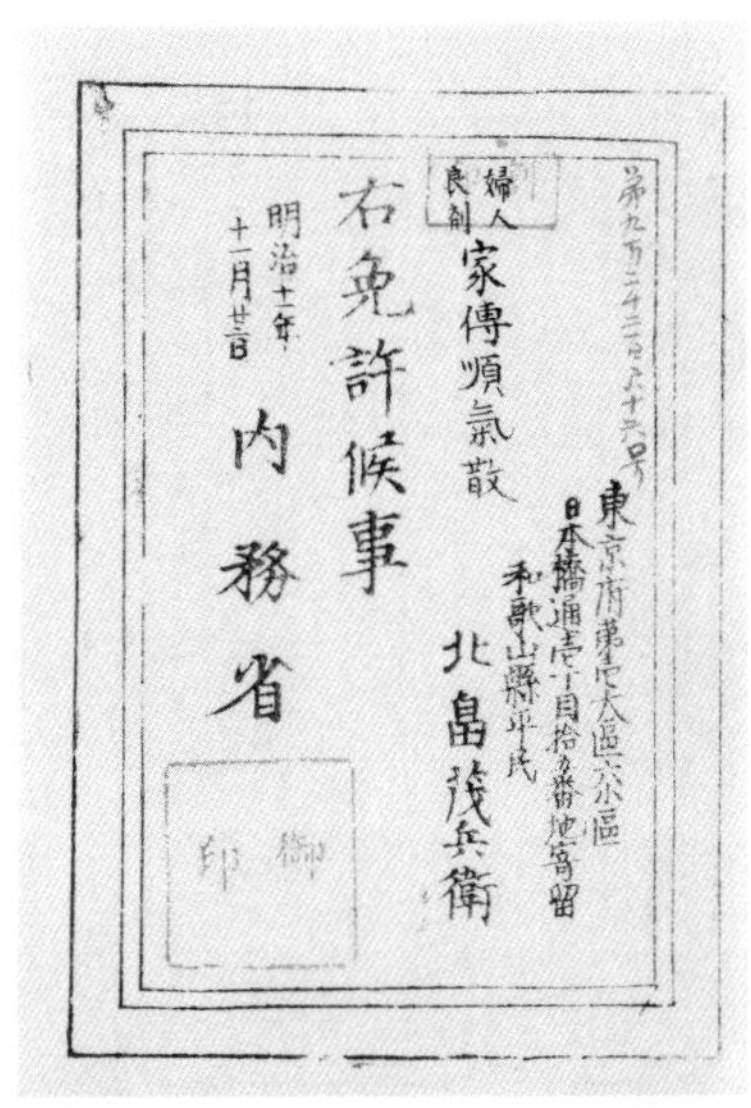
第九万二千二百六十六号
東京府第壱大区六小区
日本橋通壱丁目拾五番地寄留
和歌山県平民
北畠茂兵衛
婦人良剤　家傳順氣散
右免許候事
明治十一年十一月廿二日　内務省
御印

【図版⑤】「順気散」免許状。16.9×12.0糎。

さて、『有喜世新聞』一四六三号（明治十五年十一月二十八日）と一四六五号（同月三十日）の雑報欄では、須原屋茂兵衛と、同じく日本橋西河岸で書店を営む須原屋鉄二とが一人の芸者を取り合った騒動をすっぱ抜くが、一四六三号記事は次のようになっている（引用に際して、私に句読点を補った）（【図版⑥】）。

○両個の書肆が一個の芸妓を当込筋も、一方は外れ勝なる世の慣ひ、日本橋の葛子芸者、近頃やう〱一本立のお喜代に惚たは、西河岸の地蔵様の縁日で見染て買たか如何だか知らぬが、同所の書林須原鉄二で、呼では口説、くどいては又呼近所の料理屋這入。こゝに通一丁目の金招牌、薬種と書籍の両天秤、精錡水から宝丹まで、真似て儲ける惣本家、須原屋茂兵衛も何の間にかお喜代に惚てやいの〱。底で女は真怜悧、鉄二の方をすり

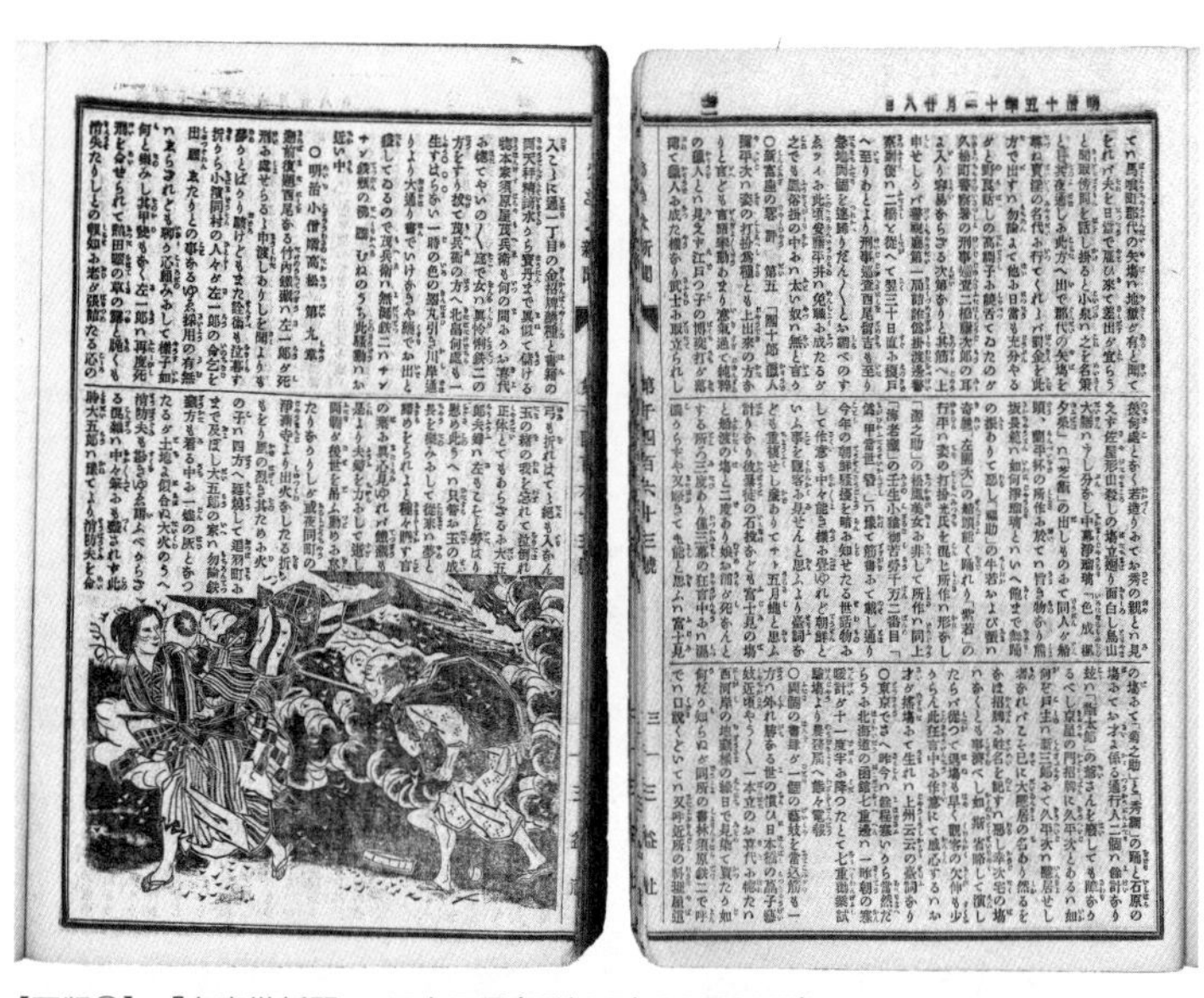

【図版⑥】『有喜世新聞』一四六三号（明治15年11月28日）

抜て、茂兵衛の方へ北畠、何処も一生すはらない一時の色の睾丸引き、川岸通りより大通り、書でいけなきや薬でお出と垂してゐるので茂兵衛は無涎、鉄二はチンチン鉄瓶の沸騰むねのうち此騒動はお近い中。

などと見える。「精錡水から宝丹まで、真似て儲ける惣本家」とあるが、「精錡水」は岸田吟香製の目薬、「宝丹」は守田治兵衛製の万能薬、いずれも明治になって大当たりした薬である。それらの商売のモデルとなったのが須原屋茂兵衛店であるというのである。「川岸通より大通」あたりは、立地がそのまま店の格であることをうかがえ、また、「書でいけなきや薬でお出」あたりは、薬種商売が須原屋店の経営を盤石にしていることがうかがえる。須原屋茂兵衛店は、須原屋鉄二とは段違い、芸者も乗り換える羽振りであるとこの記事は言っているわけである。

この須原屋鉄二にしても、須原屋茂兵衛の薬品を取り次いでいたようで、ここに掲げた紫金錠の引札末尾に「取次所　江戸日本橋　須原屋鉄二郎／信州松本通本町五丁目　玉壺堂　三文字屋宗吉」と見える（【図版⑦】）。

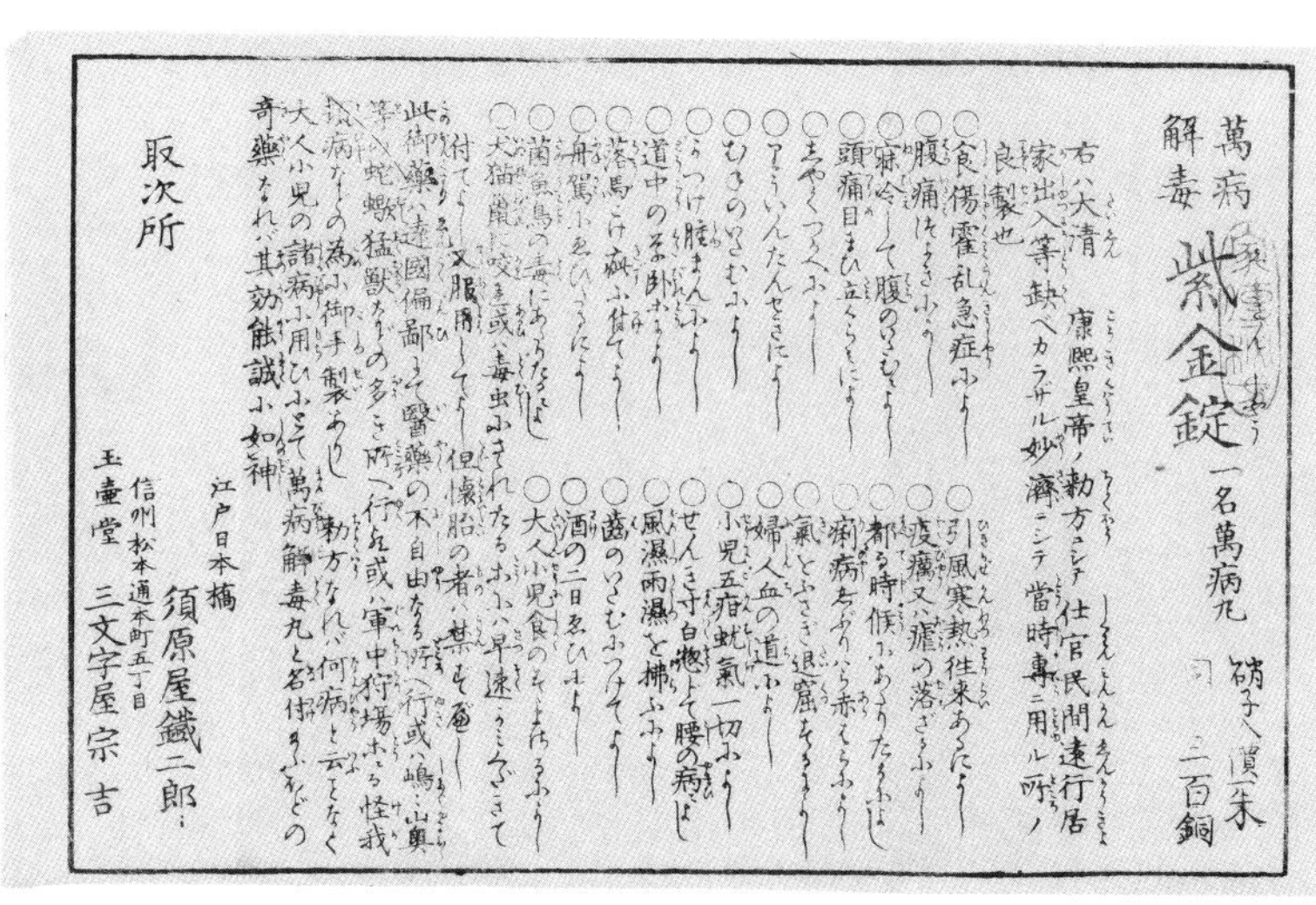

【図版⑦】「紫金錠」引札。15.7×25.9糎。

ついでのことに、もう二例ほど須原屋茂兵衛の薬品広告を掲げて稿を閉じよう。まずは「妙ふり出し」の引札である。活版印刷で、表題に「官許妙ふり出し四季引風一切の神剤明治九年第九月改正　袋入一貼」とあるので、明治九年以後のものである。末尾には「本家調合所　東京日本橋通壱丁目　須原屋北畠茂兵衛謹製」とある（【図版⑧】）。

次は広告葉書である。桐生郡安楽土村の後藤金吉なる者へ宛てた年賀状で明治二十九年一月二日の東京消印が備わる。裏は石版印刷の広告となる。ダイレクトメールである。明治二十九年の略暦を右に配置し、その左に口上を掲げる（【図版⑨】）。

新年之祥慶芽出度申納候。先以錦堂愈御安静御超歳之段、奉敬賀候。さ而旧年は特別之御愛顧を蒙り、難有奉感謝候。尚本年も不相変御厚情御引立被成下度、右は歳首御祝辞申上度、如此御座候。恐惶謹言。

一月　日

東京市日本橋区通壱丁目

書籍薬種売薬営業　須原屋　北畠茂兵衛

江戸一番の書店として、全国に名を馳せてきた須原

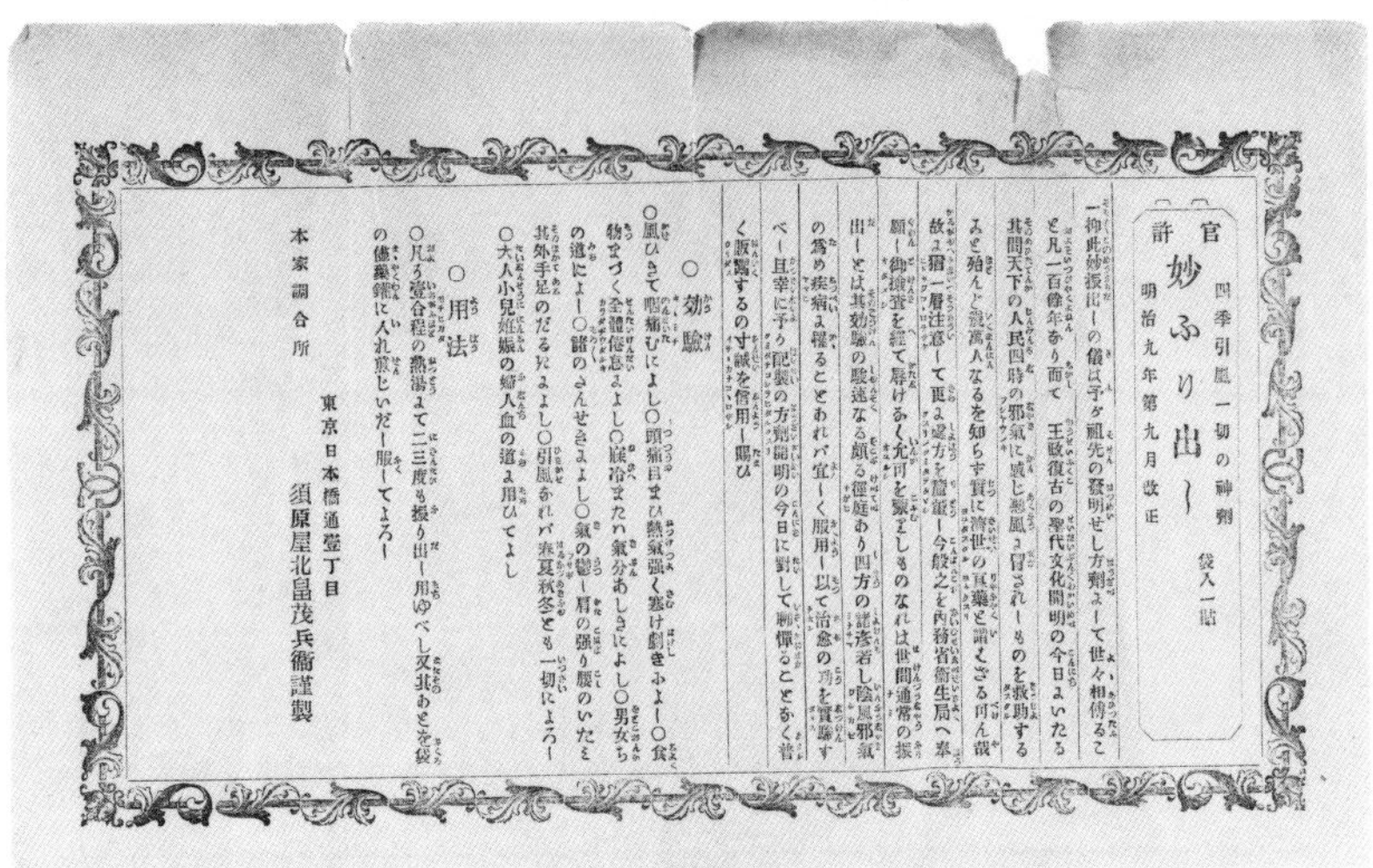

官許　妙ふり出し
四季引風一切の神劑　袋入一貼
明治九年第九月改正

一抑此妙振出しの儀は予が祖先の發明せし方劑にして世々相傳ること凡一百餘年あり而て　王政復古の聖代文化開明の今日にいたる其間天下の人民四時の邪氣に感じ悪風に冒されしものを救助すること殆んど幾萬人なるを知らず實に濟世の良藥と謂ざる可ん哉故に猶一層注意して更に處方を釐正し今般之を内務省衛生局へ奉願し御撿査を經て辱けなく允可を蒙りしものなれは世間通常の振出しとは其効驗の駿速なる頗る徑庭あり四方の諸彦若し陰風邪氣の爲め疾病に罹ることあれバ宜しく服用し以て治愈の功を實驗すべし且幸に予が配製の方劑開明の今日に對して慚愧ることなく普く販鬻するの寸誠を信用し賜ひ

○効驗

○風ひきて咽痛むによし○頭痛目まひ熱氣強く寒け劇きによし○食物まづく全體倦怠によし○腰冷またれ氣分あしきによし○男女ちの道によし○諸のさんせきによし○氣の鬱し肩の張り腰のいたみ其外手足のだるみによし○引風あれバ春夏秋冬とも一切によろし○大人小兒姙娠の婦人血の道に用ひてよし

○用法

○凡そ壹合程の熱湯にて二三度も振り出し用ゆべし又其あとを袋の儘藥罐に入れ煎じいだし服してよろし

本家調合所　東京日本橋通壹丁目　須原屋北畠茂兵衛謹製

【図版⑧】　「妙ふり出し」引札、活版印刷。17.0×28.1糎。

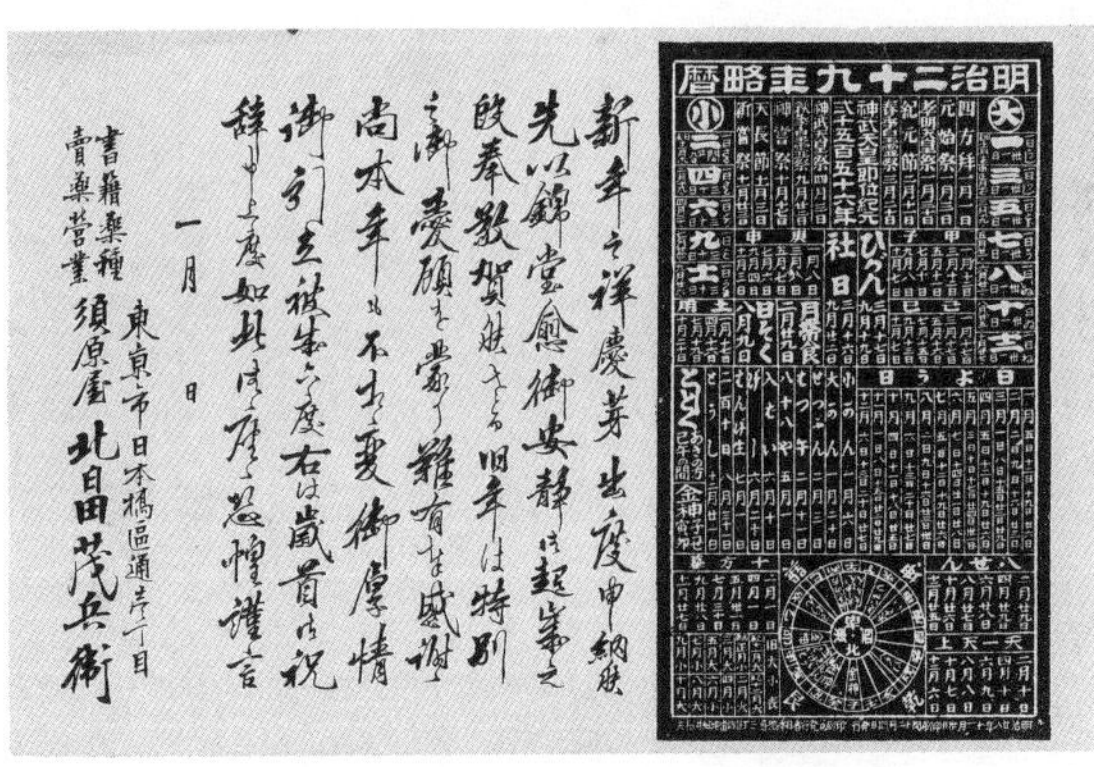

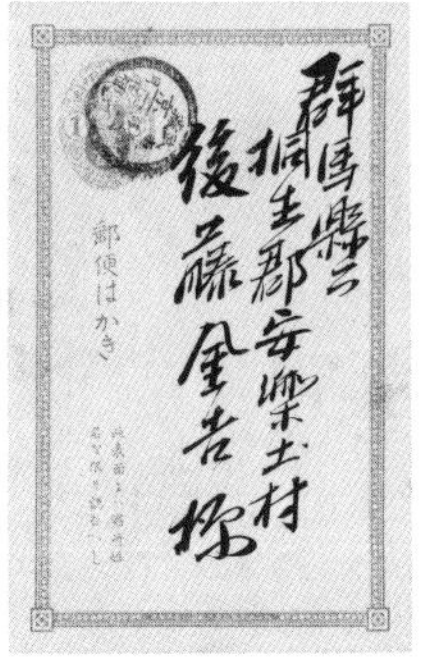

【図版⑨】　須原屋茂兵衛の広告葉書、明治29年正月消印。

屋茂兵衛であったが、その家勢は明治になっても衰えなかった。江戸時代から継続して明治中期を越して店を存続させていった書店は当地では数少ない。須原屋茂兵衛の場合、薬種商売との両輪の経営が強みであったと考えられる。次に掲げるのは、明治二十七年五月改正『須原屋発兌目録』である（【図版⑩】）。最後の三ページは「北畠調製之売薬名一覧」で、ここに「家伝順気散」からはじまって、全部で四十三点の薬品が掲出されている。

しかし、その須原屋茂兵衛店にしても、この目録を発行してから十年ほどで、この東京の店をたたむことになるのである。いよいよ江戸の終わりである。

北畠調製之賣藥名一覽（五九）

北畠調製之賣藥名一覽

	効能		
○家傳順氣散	効能 婦人血の道 男女頭痛によし		一包金一錢五厘○金三錢○金五錢一廻分金十貳錢五厘
○加減順氣散	同 婦人血の道 男女頭痛によし	振出し藥	一包金四錢五厘
○紫金錠	同 酒の二日ゑい其他 諸魚鳥に中たるによし		一包金五錢○金十錢 小硝子七錢五厘○大硝子十五錢
○人參長壽圓	同 たんせき○りういん 其他しんのつかれによし	煉藥	一廻分金四十錢 半廻分金貳十錢
○妙振出し	同 四季引風の妙藥なり	袋入	一包金貳錢
○北畠萬金丹	同 時候にあたりたる時 又は頭痛○眩暈等によし		一包金三錢○金五錢○金十錢
○虎膽丸	同 小兒むし一切其他 百日せきによし		一包金五錢 金十錢
○奇應丸	同 小兒五疳○驚風○氣付 腹いたみ等によし		一包金五錢 金十錢
○金匱救命丸	同 小兒むしけ○くわくらん かんぺき勞症等によし		一包金五錢 金十錢
○胎毒一方丸	同 小兒胎毒の一切藥		一包金三錢 金五錢

【図版⑩】　明治27年5月改正『須原屋発兌目録』。四六判1冊、全98頁。

7 京都の絵草紙屋紙藤（綾喜）
――引札と紙看板――

絵草紙は江戸時代を代表する文化の一つであろう。浮世絵にしても草双紙にしても、日常のお楽しみとして、ごく自然に江戸時代の人々の生活とともに存在していた。これらの制作に関わる彫工や摺師などの諸職や問屋、また小売専業の絵草紙屋を含め大きな産業機構が成立していた。その産業は、木版印刷需要の減少とともに縮小を続ける。絵草紙屋も絵葉書屋に転身、流通のパイプが細くなり、生産量が落ち、職人の後継も育たなくなっていく。いつしか、町々に自然に存在していた絵草紙屋が消え、また生活の中に普通にあった絵草紙の文化も忘れ去られていく。ただし、営業の内容を徐々に変えつつも、かつての絵草紙屋の面影を残し続けていた店も、ごく近年まで存在した。ここでは、京都の絵草紙屋であった紙屋藤兵衛（紙藤）、その後身の綾喜助の店を覗いてみることにする。

草紙の文化と絵草紙屋

江戸時代、書籍は「書物」と「草紙」の二つに大別されていた。「書物」とは、漢籍や儒書をはじめとする学問の書籍や、仏書・神書など宗教の書籍、また「歌書」と総称される日本古典など、長い歴史に裏打ちされた権威あるもの、人生・社会の柱となる倫理を担うものが「書物」であった。

「書物」は公的なものであるが、それに対して「草紙」は私的な領域に配置されるものである。そして「書物」の永遠性に対して、「草紙」は「今」に密着するものである。浮世絵などの一枚摺、また娯楽的小説類や演劇・音曲関係書、日常的な教養や実用に供する冊子や摺物などが「草紙」に含まれる。「書物」が成人男子の公的な世界に配置されるたてまえであったのに対し、「草紙」は私的な世界に位置することが社会上のたてまえであった女性と子どもの領域に属するものという割付けでもあった。

永年不動のテキストとそれゆえに永遠の価値をもつ「書物」は、平和な社会の永続性の根拠として尊重されなければならないものであった。それに対して「草紙」は、日常を豊かにする実際的な役割を負っていた。両者は公私の両輪として役割分担されていたのである。江戸時代らしい構図である。

さて、その草紙類を主たる商品として営業する店が絵草紙屋である。絵草紙屋については『絵草紙屋 江戸の浮世絵ショップ』（平凡社、二〇一一年）で、さまざまな角度から取り上げたので、ご参照いただけると幸いである。浮世絵を掛け並べたこの店が町の賑わいに一役買っている様子は、浮世絵産業の盛んであった江戸という都市の名物的光景であった。浮世絵の流通が全国に及ぶようになり、また上方でも浮世絵が制作されるようになってくる十九世紀にもなると、京・大坂にも絵草紙屋が多数出現してくる。

京都の絵草紙屋

日常に密着した出版物であった草紙類は、それゆえに地域性も強かったりする。江戸出来の草紙類が全国規模で流通するようになっても、また、江戸の草紙類

【図版①】　京都桜井屋治兵衛版「北野天満宮参詣販恵図」

の影響を強く受け、江戸版に近い様式のものを出版するようになっても、京・大坂は、小型の唄本やら合羽摺の双六やら、上方らしい味わいをもつ草紙類の出版が途切れることはなかった（【図版①】）。

京都の絵草紙屋については、桜井屋（和久屋）治兵衛のことを同家の文書を使って詳しく取り上げたことがある（『書籍流通史料論 序説』二〇一二年、勉誠出版）。他にも「吉勘」の通称で親しまれていた吉野屋勘兵衛、往来物まで幅広い出版物が確認できる墨屋小兵衛・同吉兵衛など、草紙類の版元、また絵草紙商売を行っていた店は少なくない。紙藤（のちの綾喜）もそのような店のひとつであった。

絵草紙屋「紙藤」こと「綾喜」

紙屋藤兵衛版のおもちゃ絵が二枚手許にある。一枚は竪長版で芝居絵のこま絵である（【図版②】）。この大判竪半截の判型は上方版に多い。各段六図で九段、都合五十四のこまに分割されているが、横三こまで一つの芝居、つまり各段二つ都合十八の芝居に取材した芝居絵となる。左下欄外には「西京四条縄手角　かみ藤板」とある。

いま一枚は、横長のもので、女形尽くしのこま絵である（【図版③】）。三段で各段九図、都合二十七図。左下欄外には「西京四条縄手角　紙藤板」とある。描かれている女形は、市川右団治（三図）・実川延若（三図）・中村福助（三図）・実川八百蔵（二図）・中村駒之助（二図）・嵐橘三郎（二図）・実川延三郎・中村雁次郎・嵐璃笑・実川正朝・嵐珉子・嵐璃寛（三図）・嵐三五郎・板東寿三郎・嵐璃幸・実川芦雁・嵐団之助。明治十年代前半ころの顔ぶれであろうかと推測するが、芝居に疎い筆者には自信がない。芝居に詳しい人が見ると、演目と役名もすぐに出てくるのであろうし、当時はそのように楽しまれたものであったろう。この二

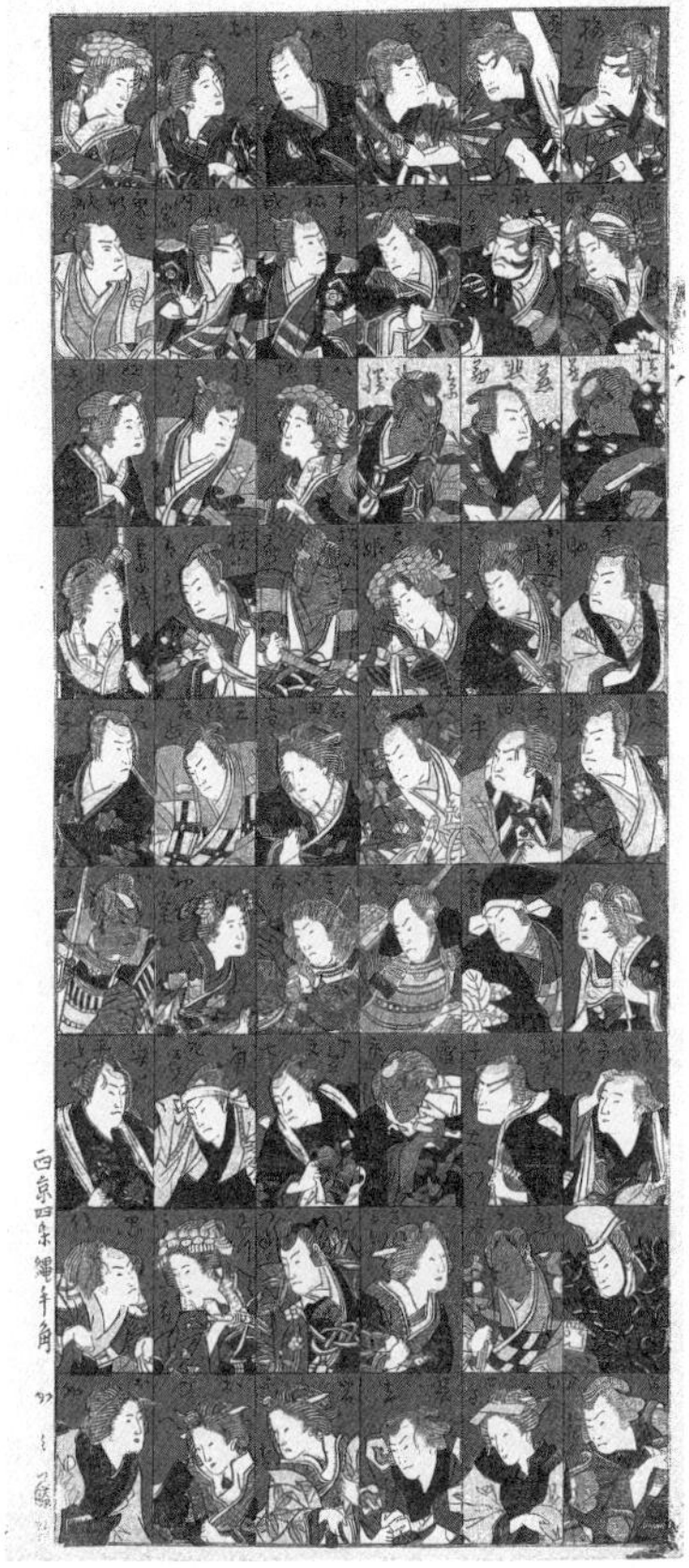

【図版②】　芝居尽くしのおもちゃ絵。全紙37.2×16.9糎。

【図版③】　女形尽くしのおもちゃ絵。全紙17.3×38.3糎。

枚とも京都四条南座にごく近い店のオリジナル商品としてじつにふさわしい。

色数は多くはなく、精緻なものでもないが、この時代らしい背景の赤が全体をきりっとまとめており、楽しく好もしい仕上がりである。紙藤の出版物は他にもあったと思われるが、今のところこの二点のおもちゃ絵以外を知らない。

紙藤こと紙屋藤兵衛の創業がいつのことであったかはわからない。草紙商売は板株にほとんど頓着しない。類版・重版の詮議や出版物の株立にも積極的ではないこともあり、草紙屋の史料はそもそも残りにくい。京・大坂では、「草紙屋中」という同業の組織はあったものの、これは書物問屋仲間に従属する位置付けであった。つまり地本問屋仲間のあった江戸とは異なって草紙屋の仲間はなく、運営や文書管理も仲間のようなわけにはいかなかったものでもあろう（もっとも江戸の地本（草紙）問屋仲間の文書も残っているわけではないのであるが）。

大坂の本屋仲間の記録は残りがよいが、それに比べて京都の本屋仲間の記録は多く失われてしまっている。とくに「草紙屋中」に関わるものとしては、国会図書館所蔵『小草紙証文帳』（『京都書林仲間記録』に収載）が知られているくらいである。これは天保六年（一八三五）暮から嘉永七年（一八五四）までの記録であるが、ここに紙藤の名前は見えない。この間に紙藤版の草紙出版は無かったと見なしてよいわけである。その後の創業であるのかもしれないし、あるいはこの時期は、草紙屋中に関わらない団扇の制作・販売が主業であったのかもしれない。また、小売り専業であった可能性もあろう。

絵草紙屋のゆくえ

手許に引札がある（【図版④】）。大判彩色摺のもので、上部に港の様子が描かれている。船に満載された荷物と荷物の積み下しに働く人々、建ち並ぶ蔵、いずれも商売繁盛の象徴であり、目出度い図柄である。日の丸の旗、真っ赤な朝日が明治らしい。その下に、

　甄物絵草紙類
　　并ニ諸かるた品々

すゞ入羽子板仕入所
ボーロ張花合いろ〳〵
○めん製造卸売
諸団扇仕入所
　　京都四条芝居前
（屋標）紙藤事
　　綾喜助

とある。明治二十年代のものであろうか。「紙藤」の通称を改め、「綾喜助」という名乗りとなる。絵草紙を筆頭に、かるた、鈴入羽子板、花合わせ（花札）、まるめん（めんこ）、団扇といった商いものが並べられている。かるた・花札・めんこ、また団扇も、木版印刷によるものであろう。絵草紙商売との連続性が強いが、玩具類に営業の主軸を移しつつある気味が感じられる。

　中でもかるた、花札はこの店の商売物の柱となっていったようで、次のような広告がある（【図版⑤】）。この縦長の判型は、店頭に貼付する広告、紙看板の様式である。上部に「御届済」と記し、その下にかるたと花札とを描く。右下に赤で、

西京四条芝居前

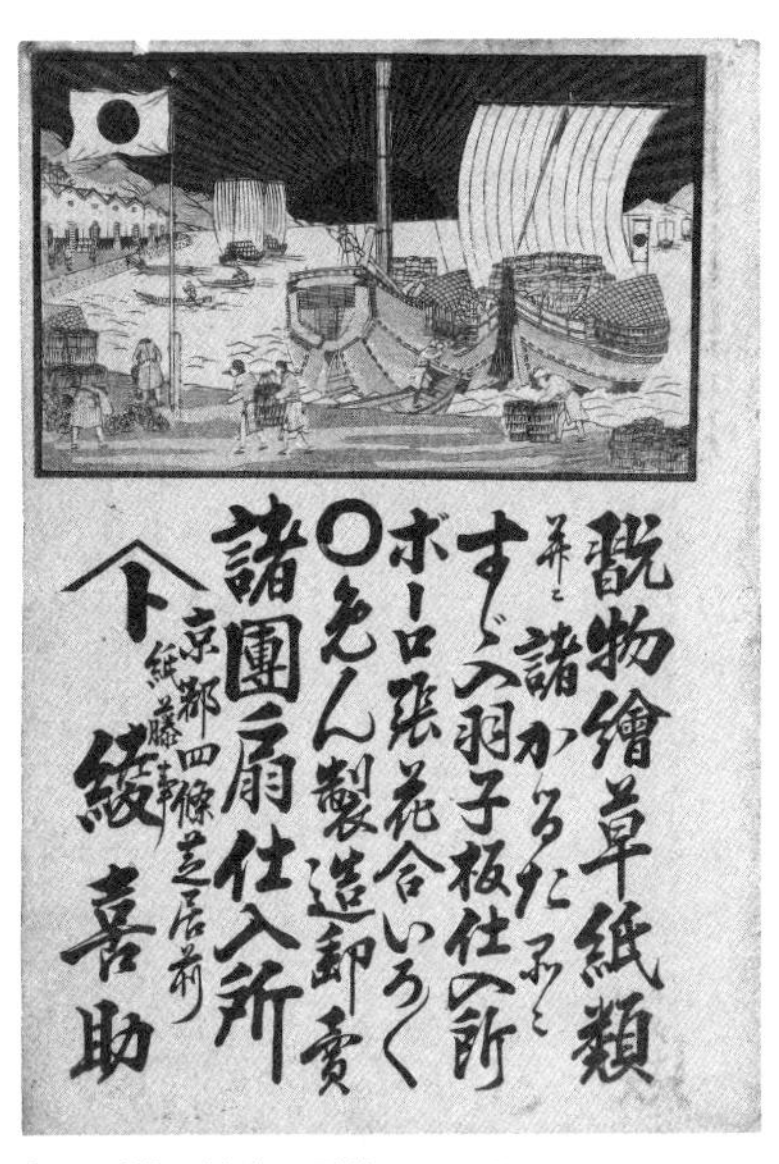

【図版④】　綾喜の引札　その1
全紙37.7×26.2糎。

【図版⑤】　綾喜製かるた・花札の紙看板。
全紙68.5×26.0糎。

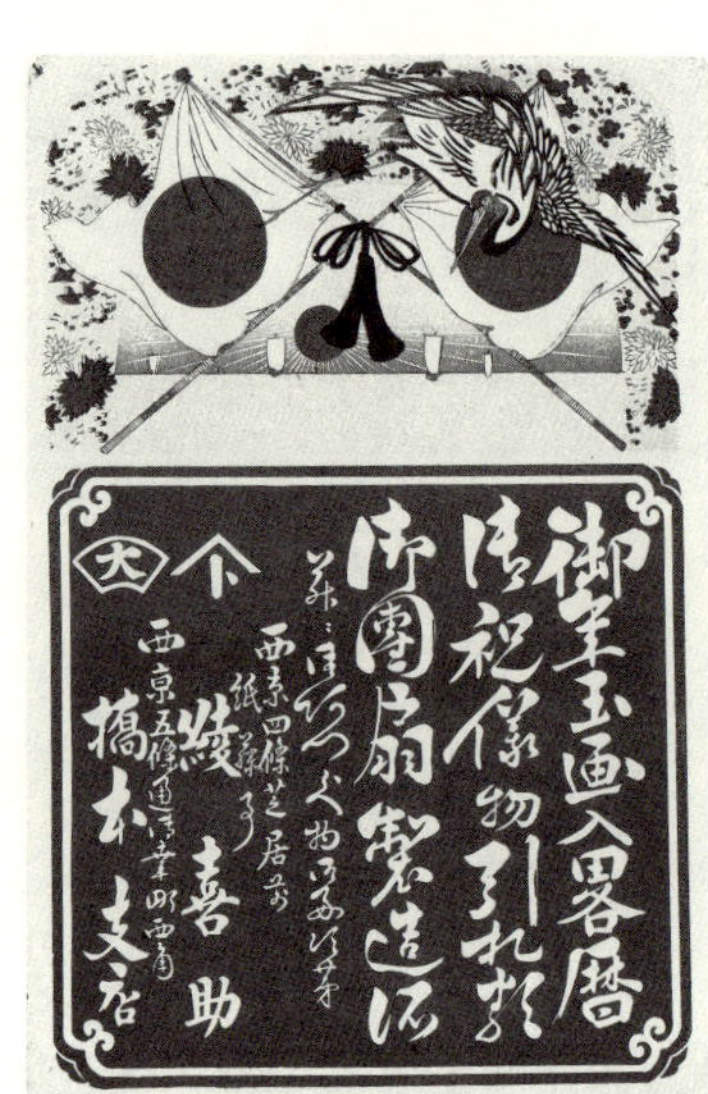

【図版⑥】　綾喜の引札　その2
全紙36.8×24.6糎。

紙藤事

（屋標）綾喜助

と据え、中央に「手遊／四季／花合」、その下に「かるた仕入所／おろし小うり」とある。左に「取次所」とあるが、その下にこの綾喜製の商品を扱う店の名前を入れるのであろう。

さて、さらに引札をもう一枚（【図版⑥】）。これも大判彩色摺のものである。日の丸と初日に鶴が描かれていて、これも正月の配り物とすべく制作されたものと思われる。

御年玉画入畧暦
御祝儀物引札類
御団扇製造所
并ニ御あつらへ物御好次第
西京四条芝居前
紙藤事
（屋標）綾喜助
西京五条通御幸町西角
（屋標）橋本支店

五条通御幸町に支店を構えるなど、事業は拡大している気配である。先に掲げた引札には「絵草紙」が筆頭に掲げられていたが、ここにはもはやない。絵草紙屋が絵草紙屋ではなくなったのである。木版印刷による略暦、引札、団扇の製造は継続しており、摺物所の機能を兼ねた営業は維持されているが、絵草紙と呼ばれる商品は姿を消すのである。明治も後期のものであろう。

ごく近年まで、この店は玩具屋「あやき」として同所で営業を続けていた。団扇の品揃えに、かつての名残をかろうじてとどめていたものである。明治の中ごろ、東堀川今出川から新京極三条角に移転した桜井屋治兵衛が開いた「さくら井屋」も数年前に店を閉じた。木版多色摺の絵葉書や絵封筒、便箋、ポチ袋など、可憐でおしゃれなセンスの小物が魅力で、多くの観光客を集めていた店であった。仄聞するところによると、木版印刷に従事する職人がいなくなり、木版による製品作りが引き合わないものとなったゆえとのこと。今となっては、かつての絵草紙屋の面影をかろうじてとどめている店は、東京谷中の「いせ辰」くらいであろうか。こんな機会でもないと日の目を見ることもないだろうから、ついでにいせ辰の引札を掲げて筆を置こう（【図版⑦】）。

【図版⑦】　いせ辰の引札。全紙16.8×11.8糎。今は本店が谷中にあるが創業当初は神田に店を構えていた。

8　古書漁りの余得
――『官版単語篇』領収書と上野尚志書状――

購入した古書に何やら挟まっている場合がある。それが購入の動機となる場合もあるし、帰りの電車で収穫を確かめている時に発見する場合もある。

仕入印を目当てに買った『十八史略』から、へそくりと思しきもの、一円札が三枚と五十銭札が一枚出てきたことがある。使いようもないがとても儲けた気になった。字指し棒が挟まっていたところは、そこまで素読が進んだという丁だったかもしれない。紅摺の不審紙一片が挟まっていたところは、そこを境目に、不審紙の貼付のある無しが截然と分かれていた。読書の生々しい痕跡である。なぜそこで読書を中断してそのままになってしまったのか、かつてその本を所有していた人間の、ひいては示相化石さながらに当時の読書一般に思いを致す強力な契機となったりする。

ここでは、古書に挟まっていたものを二つ紹介する。

『官版単語篇』の領収書

架蔵の『単語篇』に、明治五年（一八七二）文部省版のものがある。半紙本薄茶色無地表紙で、「官版単語篇一」と刷られた四周双辺の題簽が左肩に貼付されている（【図版①】）。見返は黄檗色の料紙に「明治五年／単語篇／文部省」と印刷、そこにかけて「文部省」という印文の蔵版印が捺されている（【図版②】）。

これに領収書が挟み込まれていた（【図版③】）。この領収書に対応する書籍は、それが挟み込まれていたこの『官版単語篇』以外ありえない。一四・六×一九・二糎の薄紅色の料紙に次のようにある。

記
一　拾六匁七分　単語篇　壱冊
〆　此金壱歩
　　◎弐百八拾三文
右之通正ニ請取申候
以上
　四月七日　五一屋［印］（羽州／五一屋印／山形）
上

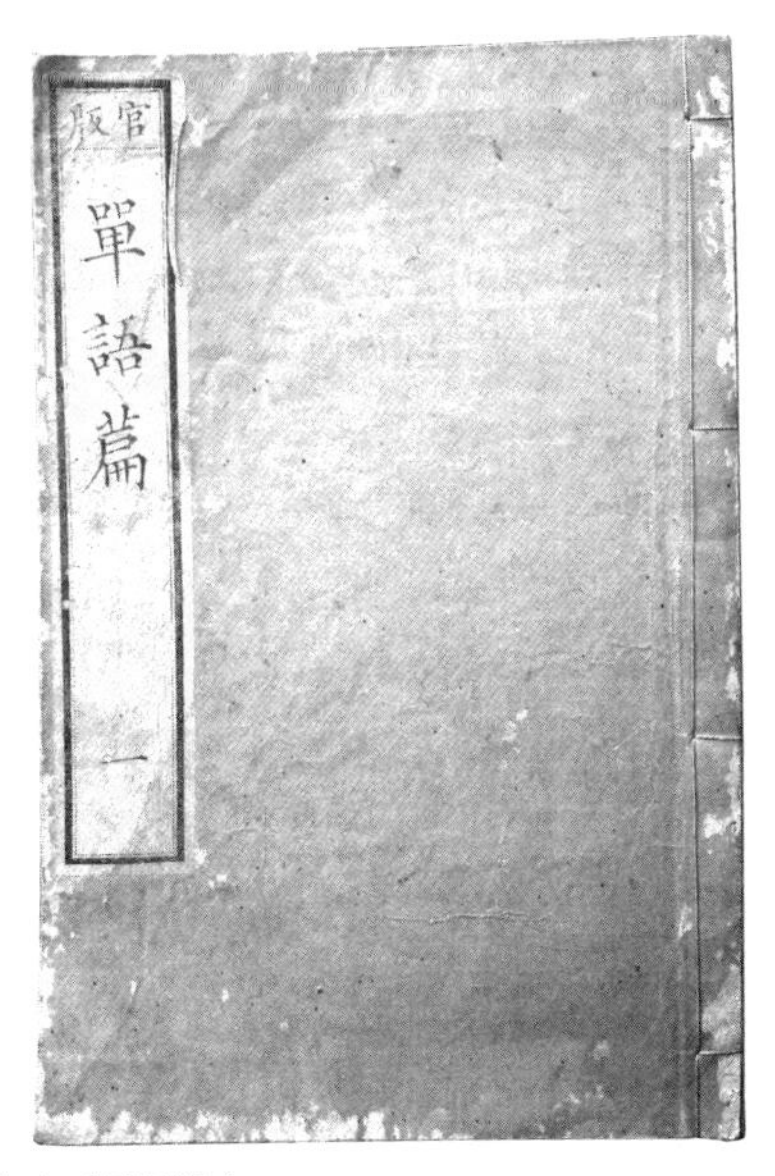

【図版①右・②左】　『官版単語篇』の表紙（右）および見返（左）

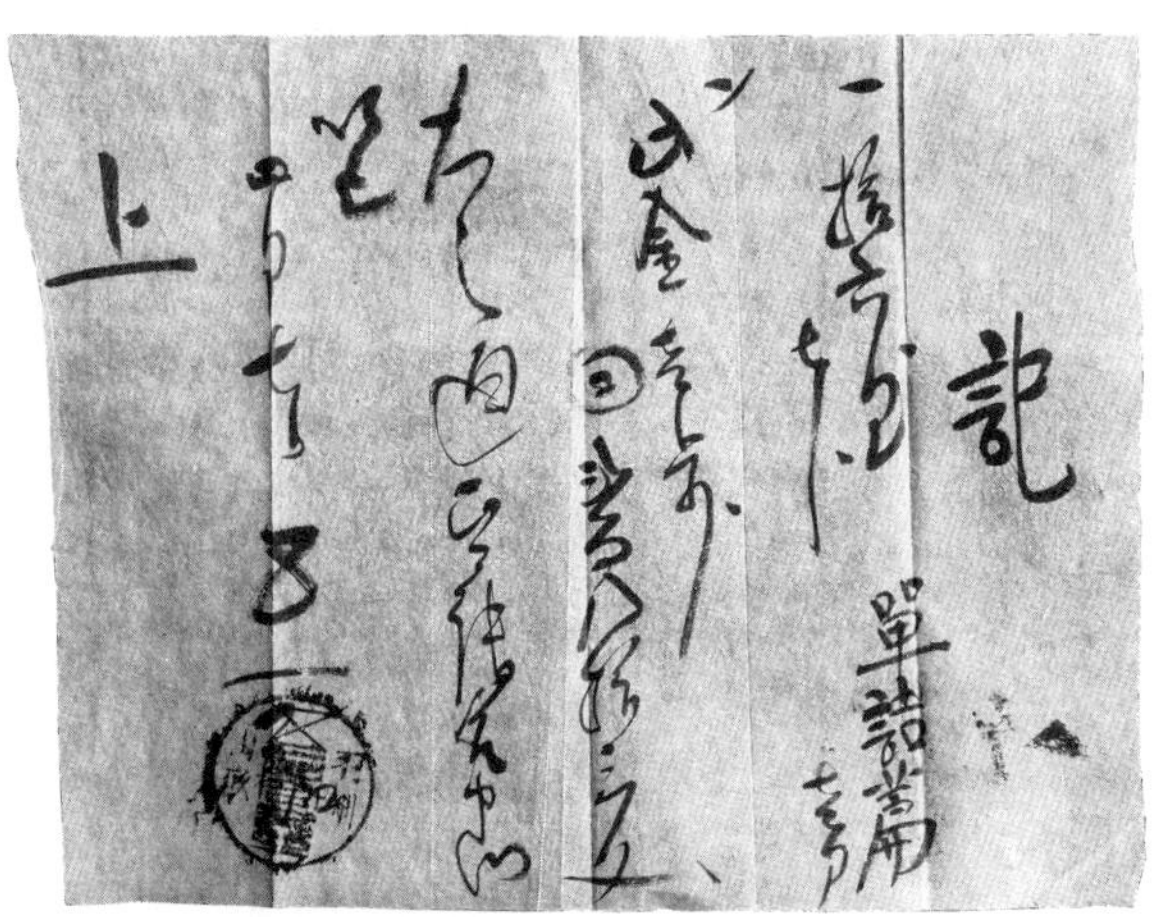

【図版③】『官版単語篇』に挟み込まれていた領収書。

この四月七日は明治六年であろう。便宜上◎で示したところは、○の中に小さい□を置き、銭をかたどっている。「上」がどこの何者であるかは皆目見当が付かないが、使用感の無さからは、子どもが教科書として使ったものとは思えない。

山形の五一屋については書籍営業の痕跡を確認できていない。山形は書籍を扱っている商人が比較的多かったところで、『東講商人鑑』（安政二年〈一八五五〉序）にも何軒か記事が見られる。「太物紙書物／三都小間物類／市村屋五郎兵衛」、「羽州村山郡山形城下諸商人細見」に、「十日町／三都小間物大工道具類／和漢書林／北条忠兵衛」、「四日町／書物小間物店／渡辺屋権太郎」「横町／小間物書物類／山口屋甚兵衛」。いずれも他の商品との兼業である。書籍を主要な商品とはしていない商人も書籍を扱うことはあるわけで、同書に「十日町／呉服太物類／十一屋源助」とみえる十一屋は、明治に入って売弘書肆一覧記事のいくつかに名前を見いだせる。五一屋もそのような商人だったのであろう。

『戊辰以来新刻書目便覧』（明治六年〈一八七三〉、太田勘右衛門・別所平七刊）に「官板単語篇　文部省出版　十五匁五分　三」とある（【図版④】）。この直段附は、『便覧』初刷も修訂版も変わらない。福島県立図書館所蔵山崎清七発行『小学教則書目録』に書き入れられた価格も十五匁五分であった。つまり、五一屋は、この価格より一匁二分高く売っているわけである。

小島宗市郎家「明治五年壬申異聞録」（『町田市史史料集　第九集　明治期村財政・教育・生活関係編』（一九七三年七月、町田市史編纂委員会））に「明治六年三月十七日 学校入用書籍購入価格通知」が記録されているが、そこに「一 単語篇　三冊　壱分」と見える。幸い、件の領収書は金に換算してくれているので比較が容易である。すなわち、銭二百八十三文分高くなっているのである。山形までの輸送に要する経費が売価を押し上げていると考えられる。

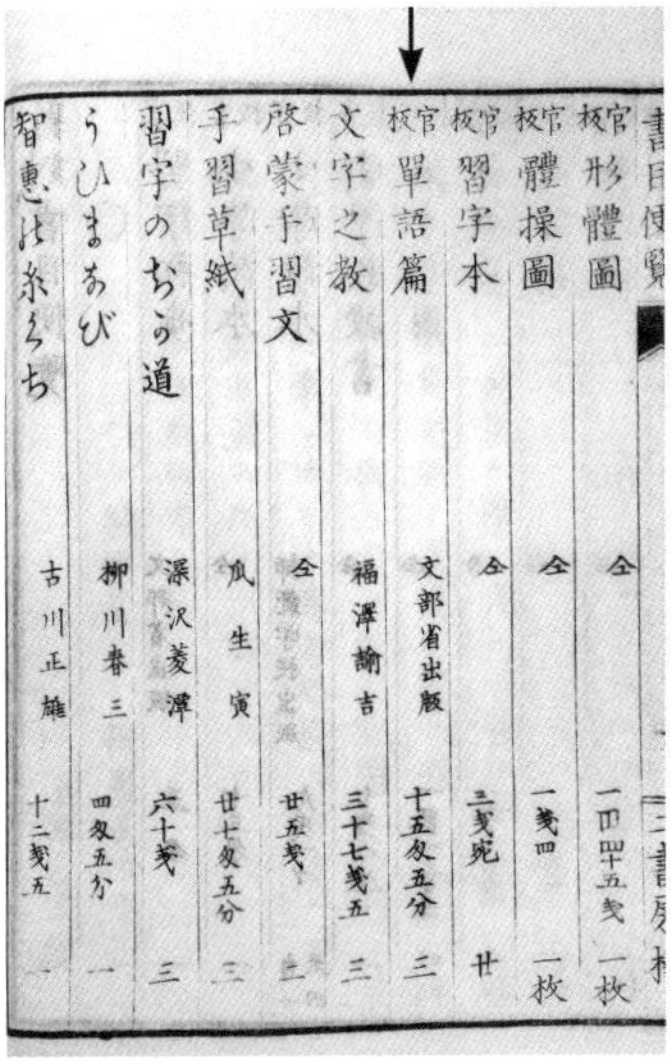

【図版④】『戊辰以来新刻書目便覧』の『官版単語篇』記事

明治六年（一八七三）五月に文部省蔵版小学教科書翻刻許可の布達がなされ（文部省布達第六十八号）、七月に文部省蔵版「小学用書中反刻可差許書目」が公示される（布達第百七号）。『単語篇』をはじめとする教科書類は、山形でも、五十嵐太右衛門や荒井太四郎等によってその後翻刻版が制作されている。文部省版で県下の必要部数を確保することはとうてい無理であったし、これまで見てきたように東京からの調達は割高でもあったのである。

石井清次郎宛上野尚志書翰

上野尚志（たかもと）（文化八年〈一八一一〉～明治十七年〈一八八四〉）は、もと上田藩士で、上田藩校明倫堂で学び、江戸遊学を経て明倫堂の教官となった。安政四年（一八五七）、藩主への政策建言が不興を買って隠居を命ぜられ、また、安政六年（一八五九）には蟄居を命ぜられ、世と隔絶した生活は慶応元年（一八六五）までの九年間に及んだ。明治になってからは地域の教育に専心する日々を送りながら、多くの教育用図書や啓蒙書を刊行している。

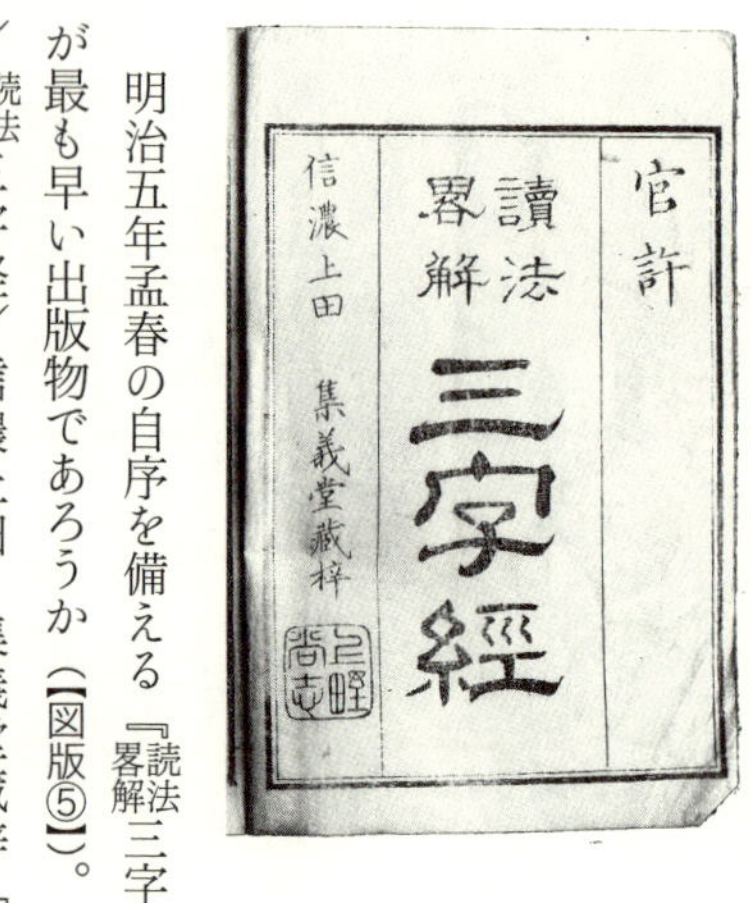

【図版⑤】　上野尚志編『読法畧解三字経』

明治五年孟春の自序を備える『読法畧解三字経』中本一冊が最も早い出版物であろうか（【図版⑤】）。見返に「官許／読法畧解三字経／信濃上田　集義堂蔵梓［印］」とあるように、集義堂すなわち上野の蔵版である。「小学教則」も文部省はまだ示しておらず、地域の教育は地域に任されていたわけで、上野は、地域の教育に資する教科用図書を出版したのである。これ以後の上野の著作もすべて自家蔵版で、続いて『信濃国諳射図記』中本一冊と『信濃国村名尽』半紙本二冊とを世に出す。

長野県立歴史館所蔵長野県行政文書の「官省指令」（M7 2A-2-2）に、『信濃国諳射図記』と『信濃国村名尽』に関わる文書が残っているので紹介しておこう。最初の一紙は、長野県から文部省に出した出版願に添えられたもので、「長野県」用箋を使用している。

庶第弐拾八号（朱書）

伺

信濃国村名尽暗射信濃国図并同記編纂之義ニ付

当県貫属士族

上野尚志

右之者、別紙之通致出版度旨願出候。御差障之筋モ無之候ハヽ、御許可相成候様致シ度、草稿相副此段申上候。以上。

明治七年十月廿五日　長野県参事楢崎寛直

文部大輔田中不二麿殿

これが添えられた上野の願書は文部省に提出した原本ではなく、控えのようで、朱書による補記があり、また、末尾に添えられた「出版差許候。刻成之上、三部上納可致事／明治七年十一月五日［文部省印］」という許可の朱書も、印も含めて模写である。また、これには「本書ハ上野尚志へ下渡ス　東京出張所」と書かれた付箋が下げられていて、原本は上野の許に送られたものと思われる。

覚

「上野尚志述」(朱書補記)　信濃国村名尽　二冊

「上野尚志述」(朱書補記)　暗射信濃国図并同記　一冊

当十二月中出版

右別本之通、御条例ニ背候ヶ条更ニ無之候間、私蔵版ニ仕度、此段奉願候。若発兌之上御尋之義者、私引受可申奉存候。以上。

准第三百廿七号(朱書)

長野県管下第十一区小六区信濃国

小県郡上田厩裏町廿一番屋敷

士族

述者　上野尚志

町用掛　溝口重敬

明治七年十月三十日

戸長　岡本伝作

長野県参事小倉勝善殿

前書之通相違無御座候ニ付、奥書印形仕候也。

第十一大区

副区長

懸山渓水

明治七年十二月の出版を予定して、十月三十日付の願書である。

『信濃国村名尽』(半紙本二巻二冊)は、見返に「上野尚志述／信濃村名尽／明治八年二月　上野氏蔵梓」とあって、明治八年になっての出版となる。『信濃国諳射図記』(中本一冊)は、巻末に「明治七年一月」とあるのみで、刊行時期に関わるものは書籍自体に備わらないが、この文書と後述する『信濃国小県郡年表』の記事によって、『信濃国村名尽』とほぼ同時期、明治八年になっての出版であったと推測しうる。

明治十三年（一八八〇）六月に出版した史論書『国勢変革提要』は、子息の上野有志が校者・出版人となっている。刊記は「明治十三年三月二日版権免許／仝年六月出版／編輯人　長野県士族 上野尚志　長野県下小県郡上田町二百五十二番地／出版人　同平民 上野有志／発兌人　同平民 伊藤甲造 長野県下小県郡上田原町三丁目」とあって、地元上田の伊藤甲造が発兌書肆である。

これより先、明治十二年（一八七九）に出版した『勧懲一歩』は明治十四年刊の『勧懲五歩』まで、五冊出版される啓蒙書の第一冊である。さて、その『勧懲一歩』の架蔵の一本は、後表紙に「信濃国小県郡／保野駅住／平民／石井清水／所持」という識語を備えている（【図版⑥】）。その見返の裏に小さな書状が入っていた（【図版⑦】）。

上田町
上野尚志

保屋村
石井清次郎様

と表書され、本文は、

口上
兼而御話申候修身書出版ニ付、一本致進上候。

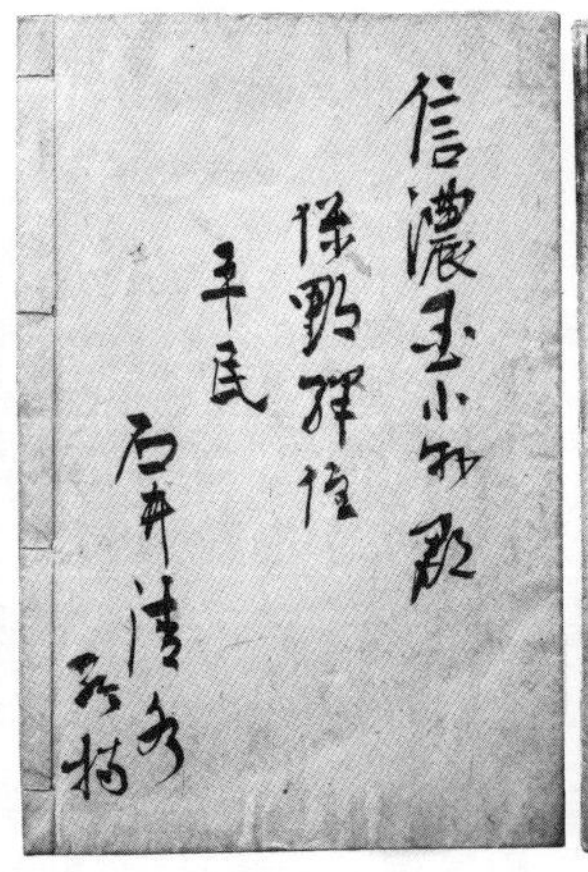

【図版⑥】　上野尚志著『勧懲一歩』

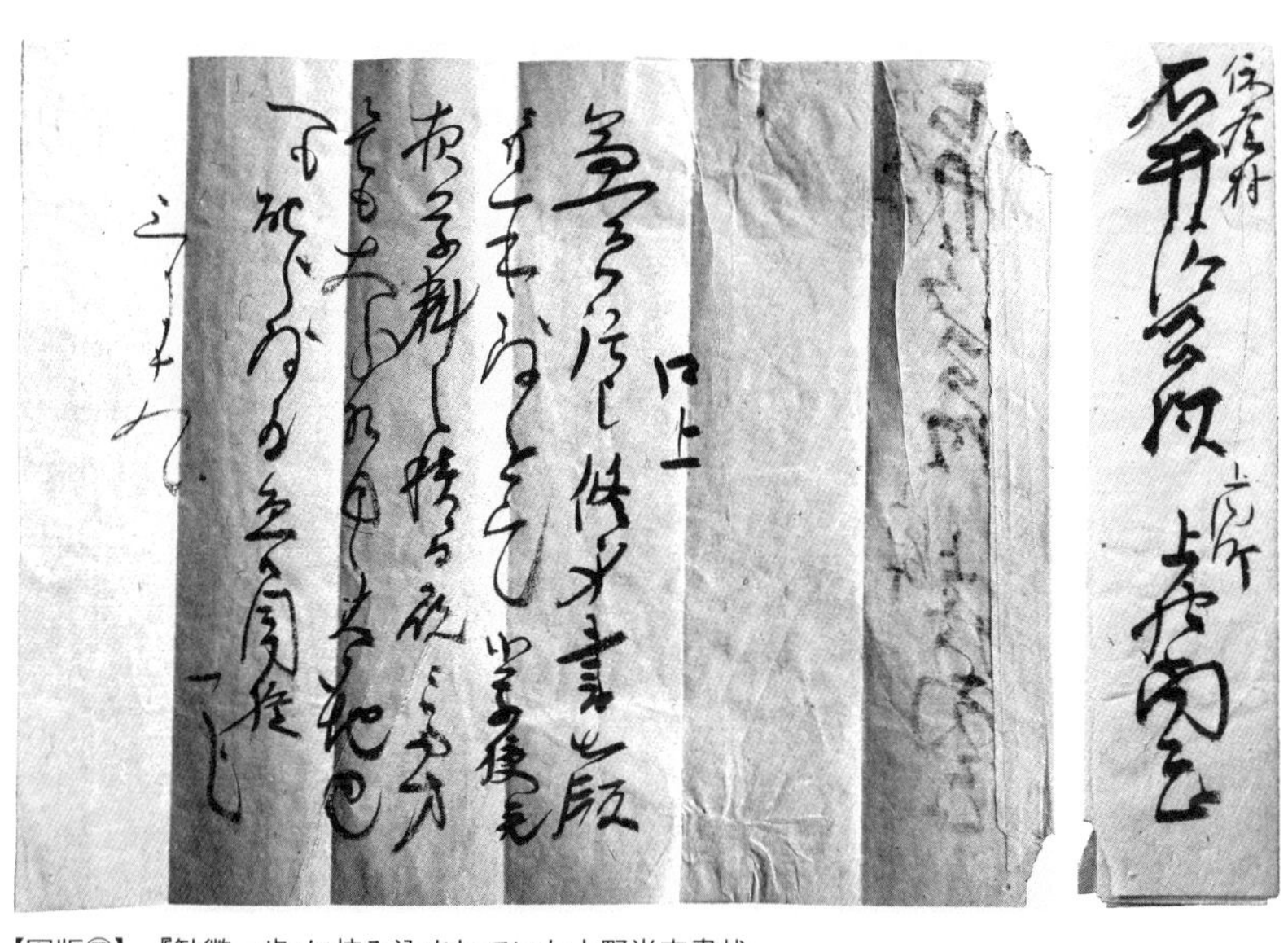

【図版⑦】『勧懲一歩』に挟み込まれていた上野尚志書状

小学校并夜学科之積ニ而、既ニ多方ニても大分相用候。其御地辺へも配分致度、宜御周旋可被下候。

三月十八日

と書かれている。

つまり、この本は、著者上野尚志が保野村の石井清次郎へ献呈したものであった。識語の「清水」は号なのであろうが、石井については調べが付いていない。「口上」からうかがえるように、本書は、学校の修身教育用の教材として編まれたもので、上野が地域への周旋を依頼旁々献呈した石井は、その筋の関係者なのであろう。

なお、この本にはもう一つ挟み込まれていたものがあった。それは、興文社発行の『小学教文雑誌』の引札で、刊記の丁の中に入っていた（【図版⑧】）。興文社は、『勧懲一歩』の刊記（【図版⑨】）に「発売書肆」として名前の見える石川治兵衛が社主である。『勧懲一歩』は、おそらく石川に発兌を依頼、ここで仕立てられたものなのであり、製本の際に入れ込んだものなのではなかろうか。

さて、この旺盛な出版事業は、もちろん篤志の業で

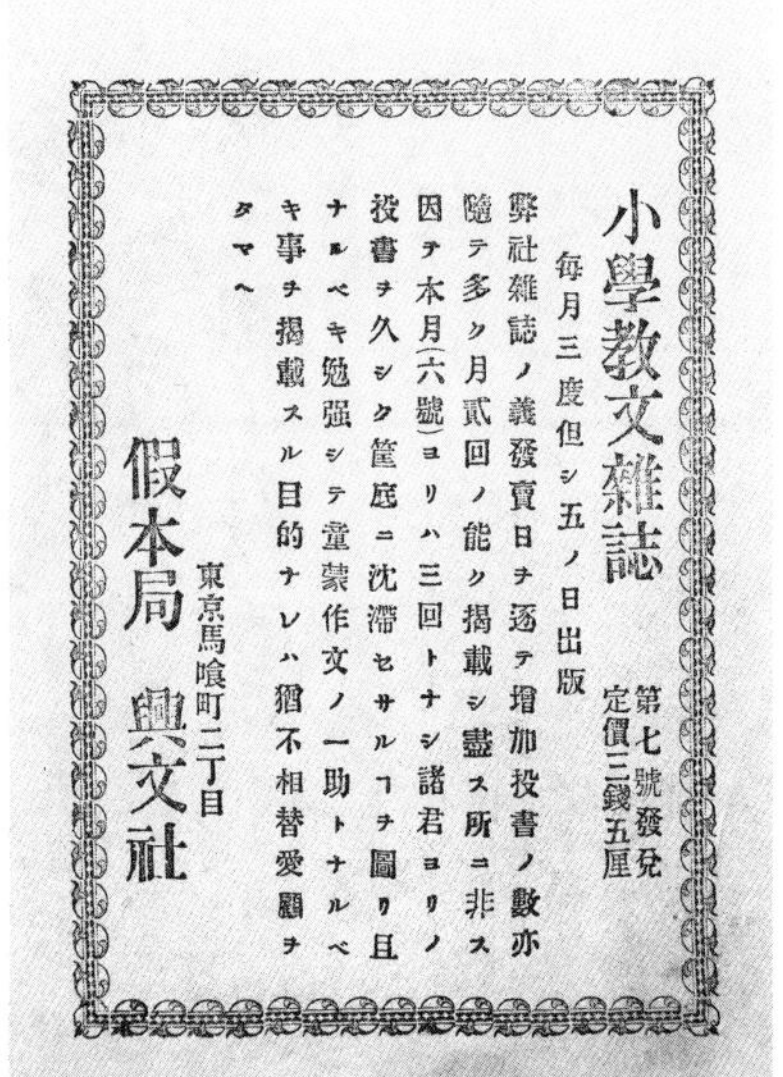
小學教文雜誌
第七號發兌
定價三錢五厘
毎月三度但シ五ノ日出版
弊社雜誌ノ義發賣日ヲ逐テ增加投書ノ數亦隨テ多ク月貳回ノ能ク掲載シ盡ス所ニ非ス因テ本月(六號)ヨリハ三回トナシ諸君ヨリノ投書ヲ久シク篋底ニ沈滯セサルコヲ圖リ且ナルベキ勉强シテ童蒙作文ノ一助トナルベキ事ヲ掲載スル目的ナレハ猶不相替愛顧ヲタマヘ
東京馬喰町二丁目
假本局　興文社

【図版⑧】　興文社発行『小学教文雑誌』引札

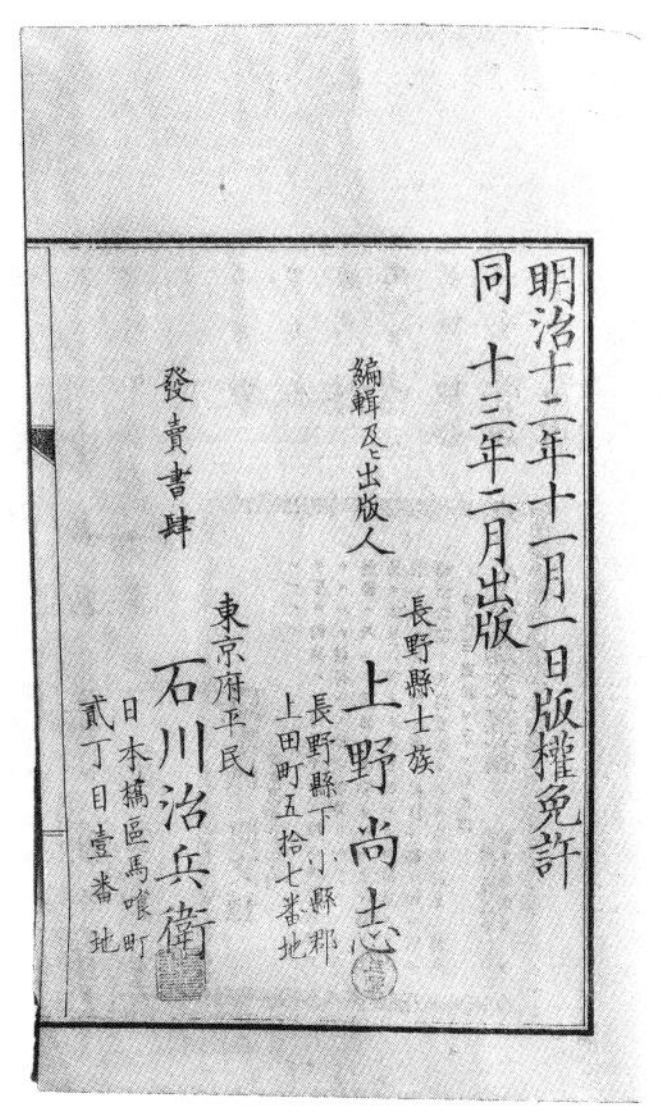
明治十二年十一月一日版權免許
同　十三年二月出版
編輯及ビ出版人　長野縣士族　上野尚志
長野縣下小縣郡上田町五拾七番地
發賣書肆　東京府平民　石川治兵衛
日本橋區馬喰町貳丁目壹番地

【図版⑨】　『勧懲一歩』刊記

あったろうが、お金のかかることには違いない。これだけ続けられたからには、そもそもそこの資力の蓄えがあったか、あるいは、事業全体がさほどの金銭的負担とはならないようになっていたか、さてどうなのであろうか。『信濃国小県郡年表』は、上野が長年にわたって取り組んできた郷土史研究の成果で稿本のまま残されてきたが、昭和二十四年十一月、上小郷土研究会から翻刻出版され、容易に接することが出来るようになった。その巻末近くに、備忘のためと思しき、著書出版費用についてのメモがあって、上野の出版事業全体を考えるための材料を提供してくれている。そのまま引用する。

余録誌
一金二百九十九円　村名づくし二千三百部製本
内　千八百九十四部上田　九部　納本福羽　桜井
　三百九十七部小諸　廻し　当方　奥様同勤等遣し候分
一二十六円〇九銭五厘　暗射図並記三百〇七部分
内三百部通り　上田行　七部　当方上納等の分
一金十六銭五厘　略図計五十枚分
一金三円五十六銭三厘　泉市彫刻料払残不足分
一金一分三朱　三十銭　泉市へ四度行く　板木引取等入用
一金十八銭　村名づくし並記
　図両度為校合逓送料
一金七十五銭　板木直し手伝
一金一円十銭　上野蔵板二ツ代
一金三十銭　朱肉料
一金二円九十五銭八厘　茶函十四分
〆金三百三十五円六十六銭九厘
三百五十円受取
差引残十四円三十三銭一厘
　内五円　河内山
　七円　篠原　へ取換申し候

『信濃国村名尽』と『信濃国諳射図記』の出版経費と収支のメモである。「明治十年か」と、おそらく校訂者による注記が括弧書で記されているが、この二書の出版年である明治八年の記録であろう。まず『信濃国村名尽』の開版経費と制作部数が記されている。二千三百部製本して二百九十九円の経費であった。その内、「納本」用の九部（文部省への納本と同僚・知友への献呈用）を除いて、千八百九十四部が上田、三百九十七部を小諸に廻すということで、上田を中心に、東信地方各学校の教科書として頒布したわけである。『信濃国諳射図記』については、二十六円九銭五厘の経費で三百七部、自分用の七部を除く三百部すべてが上田での頒布用である。

一枚摺の信濃国略図は五十枚制作して十六銭五厘ということであるが、版木とその彫刻料を含んでいるとは思えない。次条に「一金三円五十六銭三厘　泉市彫刻料払残不足分」とも見えるので、『信濃国村名尽』、『信濃国諳射図記』についても、版木の制作費は含んでおらず、摺刷・製本の費用であると考えられる。そして、「泉市彫刻料払残不足分」「泉市へ四度行く　板木引取等入用」とあるところを見ると、彫板から製本まで、東京の和泉屋市兵衛に任せたもののようである。

その他、旅費、校正摺の送料、版木の修正手間賃、版権登録料、蔵版印押捺のための朱肉代、輸送のための茶箱代が計上され、二点の総経費は三百三十五円六十六銭九厘である。「三百五十円受取」とあって、内訳はわからないが、売り上げが示され、「差引残十四円三十三銭一厘」となる。「内五円　河内山／七円　篠原へ取換申し候」については、事情が分かりかねる。紙代・摺刷手間賃・製本費にその他雑費については、上記の部数を捌いてほぼとんとんという収支である。

さて、上野蔵版となる版木の制作費はいかほどのものであったろうか。長野県立歴史館所蔵長野県行政文書『諸願伺届』(M7 2A-4-2)には、翻刻教科書類制作の見積書がいくつか収められている。あくまで見積書である上、書籍・業者によって算定根拠にばらつきはあるが、明治七年のもので時期も近く、推測する材料にはなろう。岩下伴五郎による『地理初歩』の見積書によれば、版木一枚代価が三十三銭三厘三毛、これは裏表二丁分の彫板が出来る。この二丁分の彫刻料が一円五十銭である。『信濃国村名尽』は、上巻が四十三丁、下巻が三十五丁、都合七十八丁である。岩下の見積書の単価によって計算すれば、版木制作経費は七十一円四十九銭八厘七毛となる。

摺手間と紙代と製本料について、この『地理初歩』の見積書は、摺手間は十枚で一厘五毛、紙代は十枚で一銭一厘、表紙代を含めて製本料は一冊につき一銭六厘としている。『信濃国村名尽』は二冊であり、前後の見返の料紙を四枚余計に加えて、二千三百部分の制作費用をこれに当てはめて計算してみると、三百八円一銭五厘という「二百九十九円」にそこそこ近い数字を得られる。上野は、版木に関わる費用は自己負担とし、料紙代・印刷製本費の実費に近い金額で頒布していたものと考えられる。

『勧懲一歩』についても同様の事業であったろう。石井に地域への周旋を依頼したが、それは射利のためではなく、自身の執筆の労と蔵版のための費用とに見合うものを、自著の普及とそれによる教化に求めていたわけである。上野が金持ちであったかどうかは分からないが、いずれ少なからぬ自己負担で、地域に必要な教育書を出版し続けた上野は、この啓蒙の時代における篤志家の一典型であろう。

9　近代教育草創期の書籍流通
――信濃国伊那郡洗心（小川）学校文書より――

明治五年（一八七二）八月、学制が公布され、国家の制度としての「教育」が始まる。全国各地で学校が設立され、教室という空間における一斉授業という前代未聞の教育方法を実現するために、掛図と教科書という教材の調達が府県や地域において急務となった。それは前代までに築き上げられた書籍の生産流通力が問われることでもあった。同時に全国一時に起こったこの教科書特需は、地域における書籍流通網のより一層の整備をもたらし、また、地域によっては、その地における印刷・製本能力の基盤を強固にする役割を演じたのである。

学校文書の世界

新しい教育の実現は府県、地域の開化の度合いを直截示すことがらと認識されたものと思われる。各府県は、学校の設立を府県全域に促し、庁内に学務課を置き、中学区の教育を統括する学区取締を任命する。また、学区取締を補佐するために、各学校ごとに学校世話係、また学校世話役が任命され、彼らは、受け持った数校、あるいは一校の具体的な運営に従事していった。

府県の事業である教科書・掛図の翻刻に関わる文書は、各府県の行政文書に残っている。もちろん、府県によって、行政簿冊の保存・管理に差があり、残り方が大きく異なる。統合され廃県となった県のものは概して残り方が悪かったりもする。また、翻刻以外の教科用図書や参考書なども、府県を通じて内務省の出版許可や版権認可を受けるので、これも府県の行政文書に残ることが多い。

いっぽう、もっと小さな地域における教科用図書の流通資料は、学区取締や、学校世話係であるとかの家文書の中に残ることが多い。幸い、地域の名望家が任命される仕事であるため、文書は比較的残りやすいともいえるが、そもそもが個人の所蔵であり、眼に触れる機会も限られているし、散逸しやすいものでもある。文書館等公共の施設の所蔵に帰しているものについて、知るところをいくつかあげれば、郡山市歴史資料館所蔵上行合佐藤家文書、埼玉県立文書館所蔵福島（圭）家文書、同猪鼻家文書、同小林（正）家文書、同鈴木（庸）家文書、岐阜県歴史資料館所蔵青木久太郎家文書などがある。

さて、これら近代教育に関わる書籍流通史料群が物語るものは、じつは前代の書籍流通の様相でもある。明治期のものであり、取り扱っている書籍も明治のものであるに関わらずである。明治ゼロ年代、通信や運輸のインフラが徐々に整備されつつある状況ではあっても、商品の生産・流通は、ほぼ江戸時代同様なのである。書籍についてもしかり。

地域の小さな本屋のことなど、また地域において流通の要となる頼りになる本屋はどこの誰であったか、それを語ってくれる近世の史料はなかなか見出せない。それが、この明治六年から数年の、学校設立、教科書調達関係のバタバタで、それまで表に現れなかった本屋、地域の細やかな書籍流通の姿が、これら史料によって浮上してくる場合があるのである。

伊那郡喬木村洗心学校

小川村（明治八年〈一八七五〉一月、隣村と併合し喬木村となる）洗心学校（明治五年〈一八七二〉六月八日開校、明治九年〈一八七六〉一月に小川学校と改称）の学務委員、学校世話役総代を務めていた湯澤太源治の許にあったと思われる文書が少々手許にある。

学校関係の文書は一括りに袋の中に入っていたが、このなかに明治七年（一八七四）四月二日付の筑摩県発学校世話役任命に関わる奉書に記された文書があった。末に「学校世話役申付候条精々尽力可相勤候事／明治七年四月二日／筑摩県」とあって、四十七人列記された中ほどに「湯澤太源治」という名を確認できる（【図版①】）。

また、この中に筑摩県（明治九年八月、飛騨地方を切り離し、長野県に併合される）権令永山盛輝宛の、洗心学校

學校世話役申付候條
精々盡力可相勤候事
明治七年四月二日
筑摩縣

宮下藤平
湯澤喜代治
湯澤十造
湯澤太源治
藤木八三郎
大島善十郎
大島彌惣治
柗澤匡
奥村文吉

【図版①】　明治七年四月二日付筑摩県宛学校世話役任命書類

の概況を報知する明治六年（一八七三）八月付の文書も残っている。複本であろう（【図版②】）。

　第二大学区筑摩県管轄第三中区
　　信濃国伊奈郡小川村
　　　　私立学校　洗心小校
　癸酉八月
　　現今生徒七拾九人
　　　内　男五十人
　　　　　女二十九人
　右之通現今之生徒取調奉差上候処相違
　無御座候以上
　明治六酉年八月　学校世話役総代　湯澤太源治（印）
　　　　　　　　　副戸長　原治郎九郎
　　　　　　　　　戸　長　羽生与平
　　筑摩県権令永山盛輝殿

明治六年八月時点で、生徒数七十九人という規模である。

長野県行政簿冊「諸願伺届ノ部　四　学務　伊那出張所　明治九年」に、明治九年十二月の「南第二十二

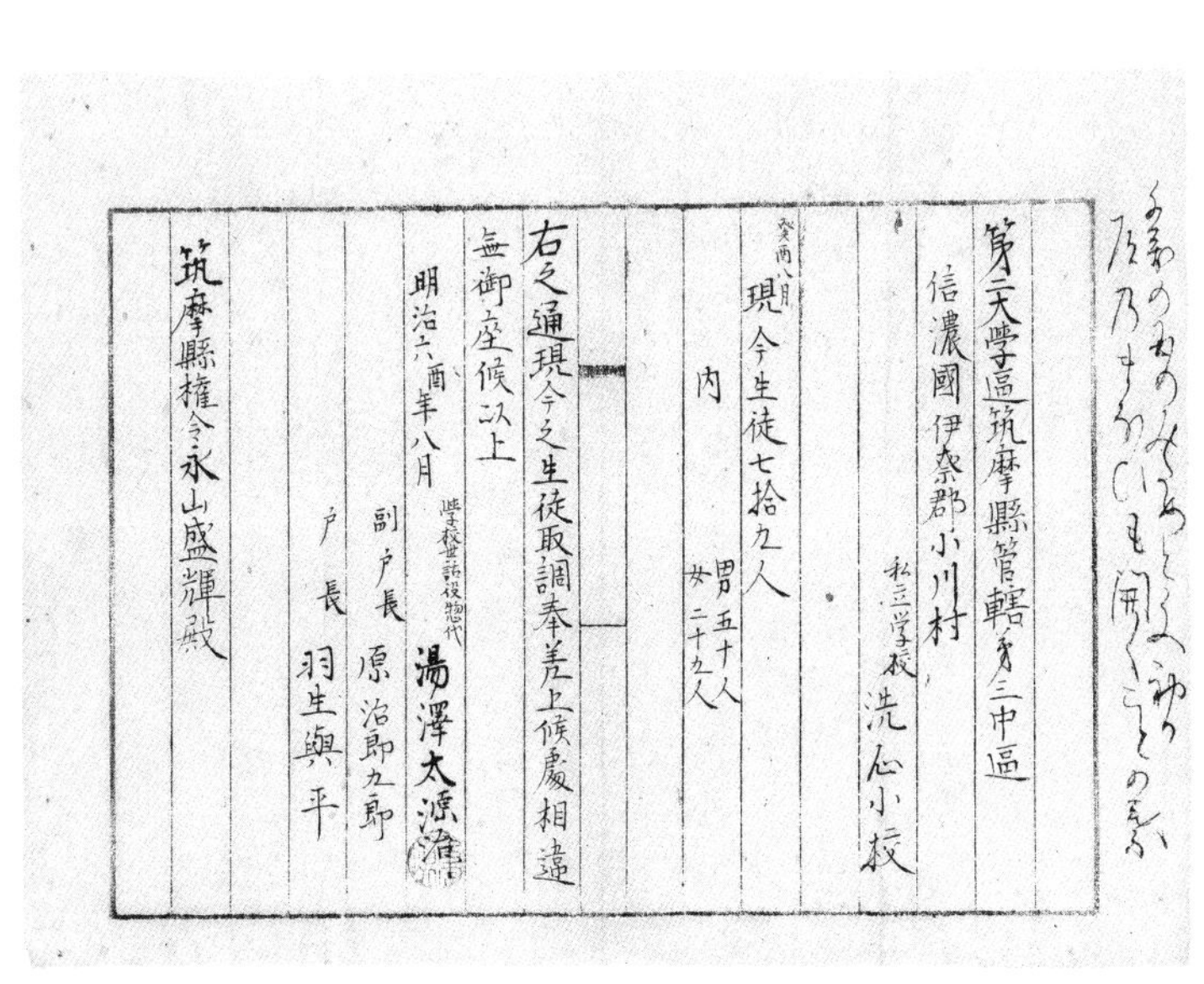
第二大學區筑摩縣管轄第三中區
信濃國伊奈郡小川村
私立学校　洗心小校
癸酉八月
現今生徒七拾九人
内　男五十人
女二十九人
右之通現今之生徒取調奉差上候處相違
無御座候以上
明治六酉年八月
學校世話役總代　湯澤太源治
副戸長　原治郎九郎
戸長　羽生與平
筑摩縣權令永山盛輝殿

【図版②】　筑摩県権令永山盛輝宛、洗心小校概況報告書（明治六年八月付）

大区学校景況届」が綴じ込まれており、そこに小川学校の記事もある（『長野県教育史 第九巻 史料編三』一九七四年九月、長野県教育史刊行会）。

一小川学校　人民頑僻ニシテ門閥ヲ尊ムノ風未タ脱セズ一ノ難校ナリシモ去月来主管ノ尽力ニ因リ就学生九十八人ニ至リ内三級生十人其力ハ中ノ中タリ　教員ハ勉強ノ評ヲ下シ難シ　旧寺院ヲ以テ仮ニ学校トス

「旧寺院」を転用した施設であった。廃仏毀釈の嵐の中で廃寺となったところを学校施設に転用することはよくあった。制度にすんなりと馴染まない土地柄であったということで、「難校」という評価であったが、就学者数も若干増え、制度が徐々に定着していっている模様である。

十一屋半四郎

さて、この小川学校関係の書籍類の調達は、おもに飯田の十一屋半四郎から行っていたようである。まず、請取書を一通紹介しておこう（【図版③】）。

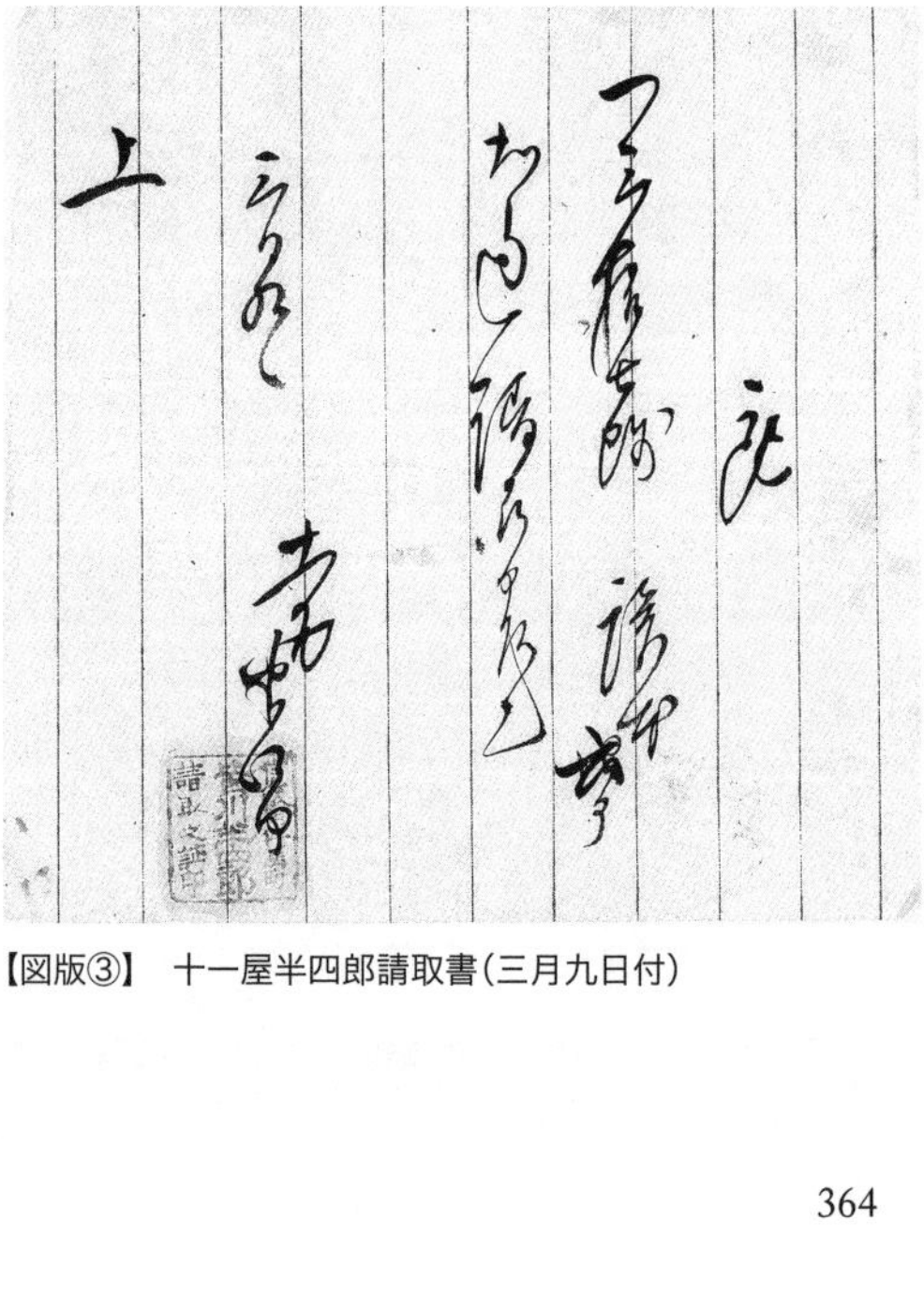

【図版③】　十一屋半四郎請取書（三月九日付）

記

一三拾七銭　　読本弐部

右通請取申候也

三月九日　　十一や半四郎［印］

上

印文は「信飯田伝馬町／皆川半四郎／請取之証印」

（以下同じ）。

十一屋、姓は皆川、堂号は星文堂である。伊那谷において、もっとも手広い商売を行っていた本屋である。天竜川をはさんで、飯田の対岸にあるこの村が飯田の経済圏のうちにあることは瞭然であって、十一屋との取引はきわめて自然である。

『山陽藤城二家対策』（万屋東平刊、明治四年序）、また『布令必携新聞字引』（明治五年、万屋東平刊）あたりが、売弘書肆一覧記事で十一屋の店名を確認した古いところである。江戸時代における本屋商売の痕跡は確認していない（手許に画家独清館の『旅中日記』があるが、これは文久二年〈一八六二〉飯田滞留の記事が過半を占める。そこに十一屋（皆川とも記される）と頻繁に交流を持っている様子、皆川がなにくれとなく彼の世話を焼いている様子が書かれている。これは十一屋皆川半四郎であろうが、何の商売をやっていたかは、この日記からは残念ながら読み取れない）。しかし、明治六年の教科書需要以前のものに名前が見えている本屋は、明治以前からの営業である蓋然性が極めて高い。名古屋万屋東平版に名を連ねているわけであるが、飯田という立地は、名古屋を通じての書籍流通に好適であり、信濃への書籍流通の一経路を成していたのである。十一屋はこの立地に乗じて営業を伸ばしていったものと推測できる。

この請取書に「読本」とあるが、これは当然『小学読本』であろう。「三月九日」は、明治六年にしては早過ぎよう。明治七年か八年のものかと推定する。

次の史料も請取書である（【図版④】）。

記

一五拾銭　○六厘五毛　戌冬引〆
六月十日
一六十五銭　○地誌畧図　壱本
〃
一九十三銭　＊登高自卑　壱部
〃
一十九銭五厘　○雑題五百首　壱部
〃
一六十八銭七厘五毛　○新令字解　壱部
〃
一五十六銭二厘五毛　大全訳語字彙　壱部
七月五日
一二十七銭　・地誌書字解　壱部
〃
一十七銭　・地誌畧略字引　壱部
〃
一二円三十五銭　国史擥要　古本　壱部
〃〆弐円七拾九銭
内九十三銭　登高自卑　戻引
引〆金五円七十九銭壱厘五毛
内四十銭　間違引

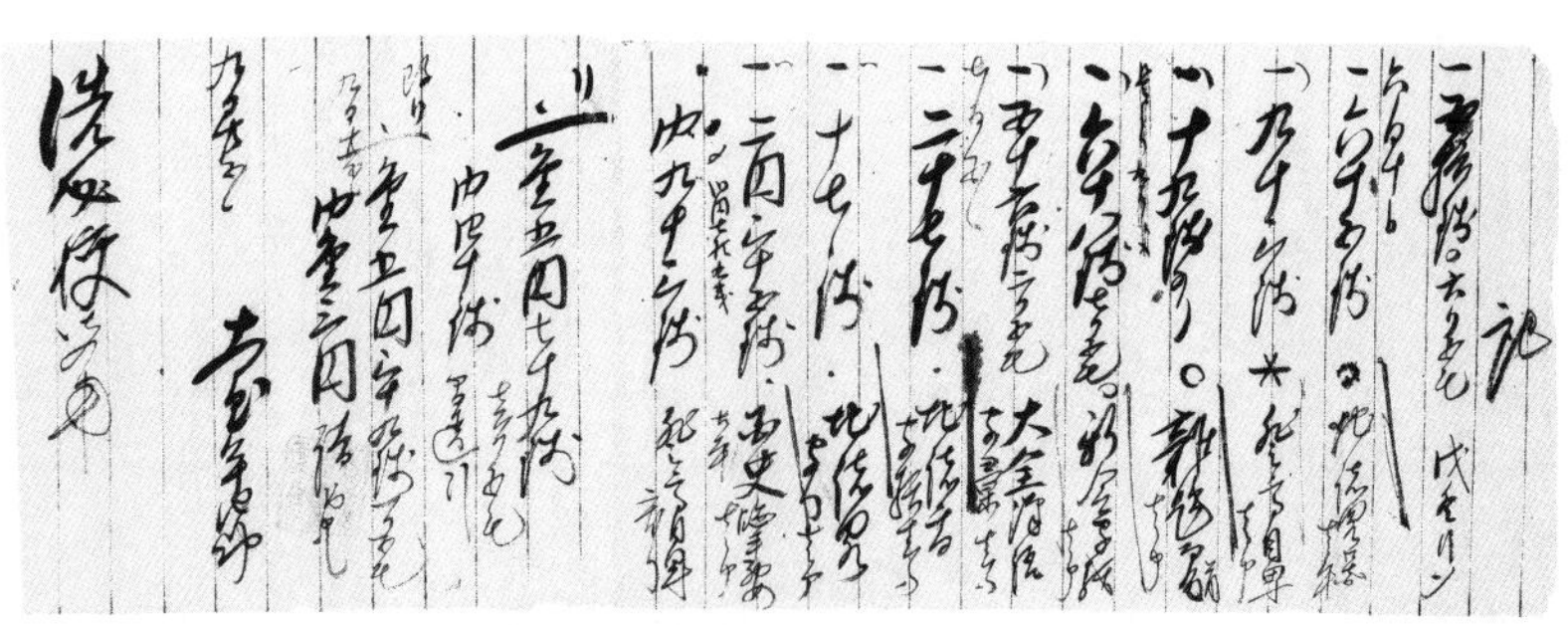

【図版④】　十一屋半四郎「覚」（九月二十五日付請取書）

改引　〆金五円三十九銭壱厘五毛
九月廿五日　内金三円請取申候也［印］
九月廿五日　　十一屋半四郎
洗心校御入用

「戌」すなわち明治七年の売掛残高から記載しているので、この請取は明治八年のものということになる（適宜句読点を補った。以下同じ）。

次は教材の売り込みである（【図版⑤】）。

口上
一日本地誌畧地図　第三
大垣出板
浅野明道著
第一ゟ第三図迄訳解図近刻
代価七拾五銭
右之地図漸ク入荷相成候間、
御入用ニ候ハヽ、御買上奉願候。
尤、右地各国ゟ之註文有由ニ付、
前金差送リ置候ニ付、出板
即日出荷相成候事ニ付、万一

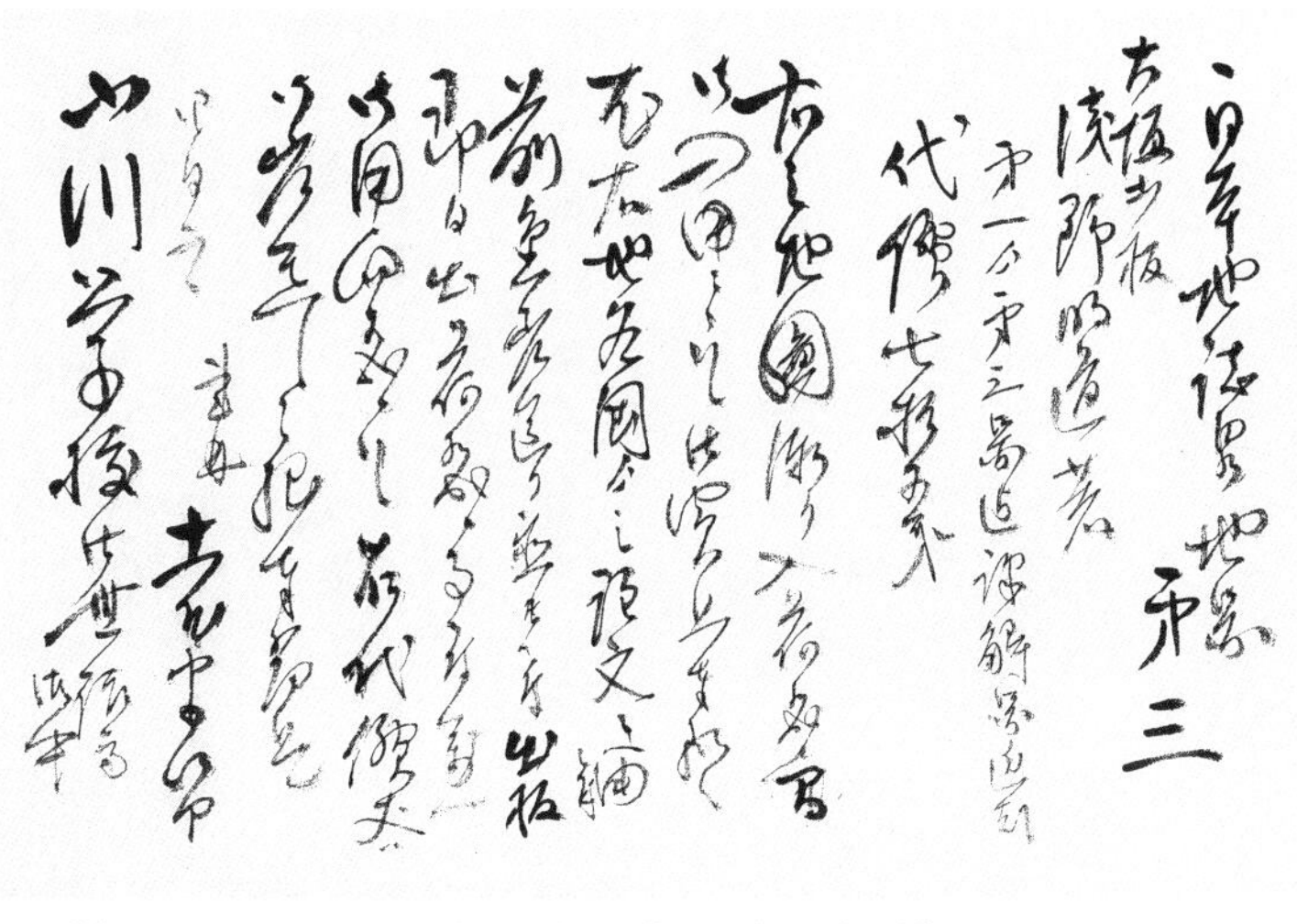

【図版⑤】　小川学校御世話方宛十一屋半四郎「口上」（四月六日付）

御用向相成候ハヽ、右代価丈ハ
御差そへ候様奉願上候。
四月六日　書林　十一屋半四郎
小川学校御世話方御中

「日本地誌畧地図」は「日本地誌略訳図」のこと、第三は明治九年三月大垣岡安慶介の出版である（【図版⑥】）。この四月六日付「口上」は同年のものということになろう。

四月八日付の請取を見てみよう（【図版⑦】）。

覚
一五円四拾二銭二厘五毛　亥年御入用分
右之通正ニ請取申候
四月八日　文星堂［印］
小川学校御世話方御中

「亥年」は明治八年である。これも「小川学校」とあるので、洗心学校からの改称後の明治九年の請取と思われる。前年未払いの書籍代金の総額が、この四月八日の時点で支払われたものであろう。経済面における学校運営の難しさ、とくに書籍代金の負担が小さく

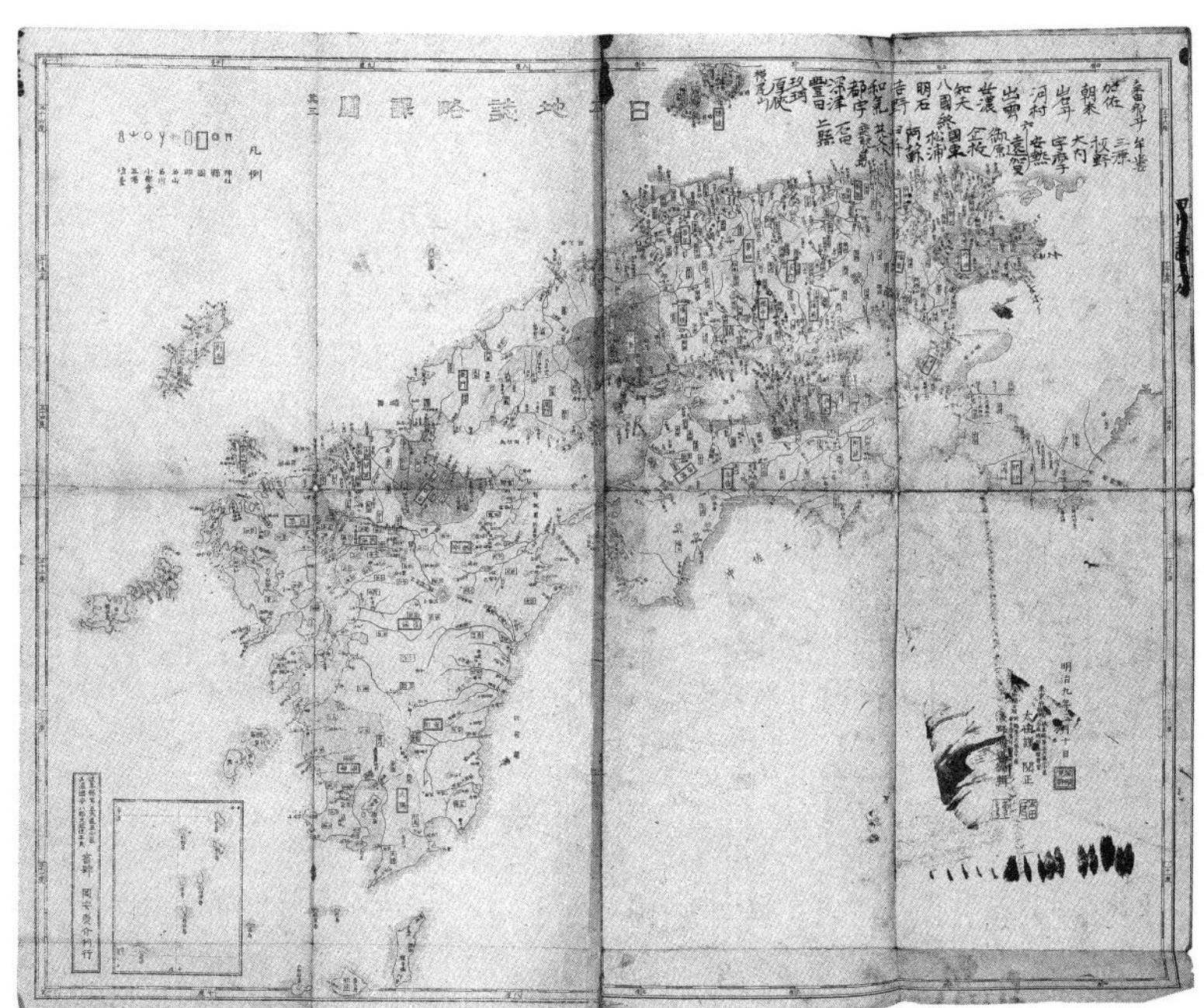

【図版⑥】「日本地誌略訳図 第三」(明治九年三月、大垣岡安慶介版)

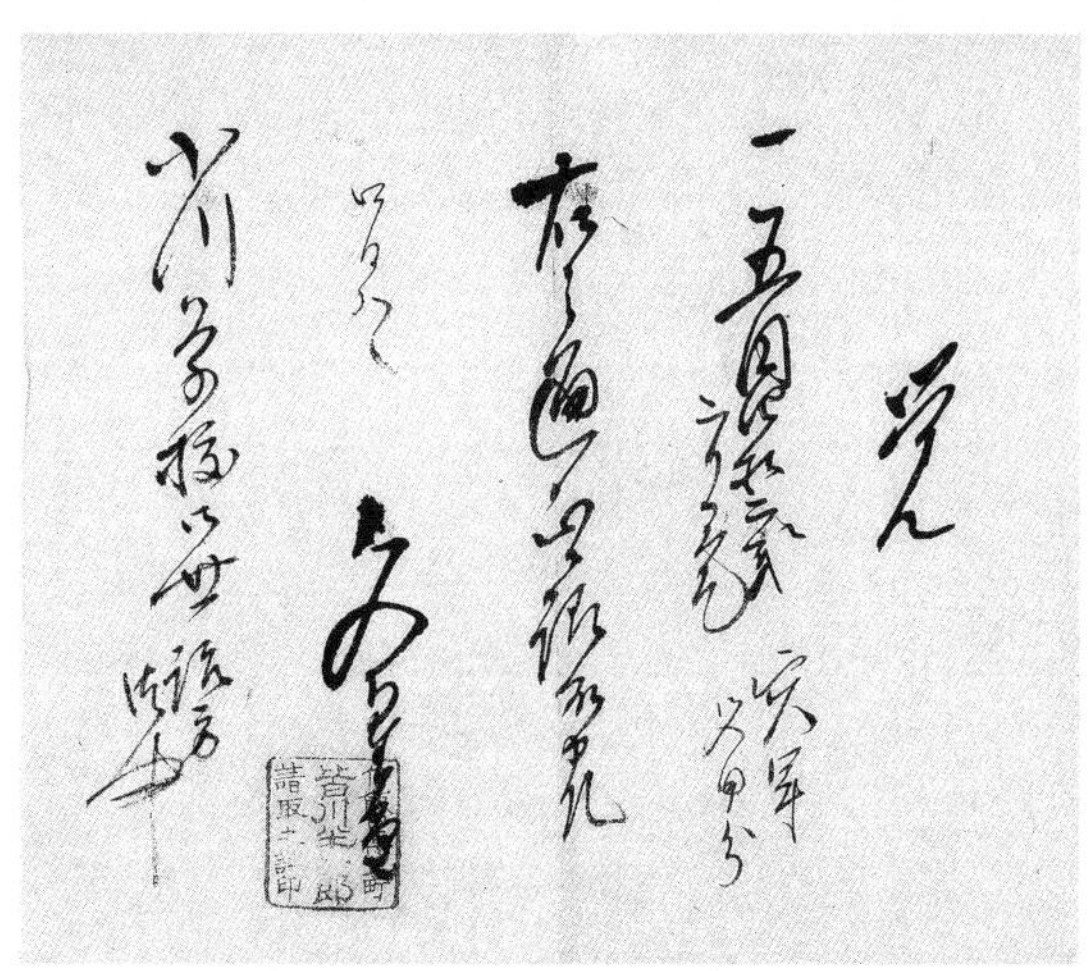

【図版⑦】 十一屋半四郎「覚」(四月八日付請取)

ないことを物語っていようか。

次の文書には発信元の署名がないが、前掲のものと同一の筆跡であり、また同一の料紙であるので、十一屋のものと見なしてよい（【図版⑧】）。

石盤代価之義、何卒今日相願申置候。(虫損)□父も至急入用到来ニ而、当惑之由ニ御座候間、此段平ニ奉願候也。

十一日

御世話人御中様

【図版⑧】　十一屋半四郎石盤代価督促状（十一日付）

何年何月のものかは分からないが、石盤代金の督促状である。学校用書籍を扱う本屋が、他の学校用品も取り扱うのは通例のことである。書籍も含めて、十一屋への支払いは滞りがちであったようである。

若木屋利助

小川学校から学校世話人に宛てた書付がある（【図版⑨】）。

記

亥ノ八月十二日
一弐十三銭　女学ノすゝめ　一冊

亥十一月廿日
一十六銭六厘六毛　小学読本五　一冊

〃
一十四銭五厘　筑摩県下地誌畧四　一冊

子一月廿五日
一十六銭　改称村名　一部

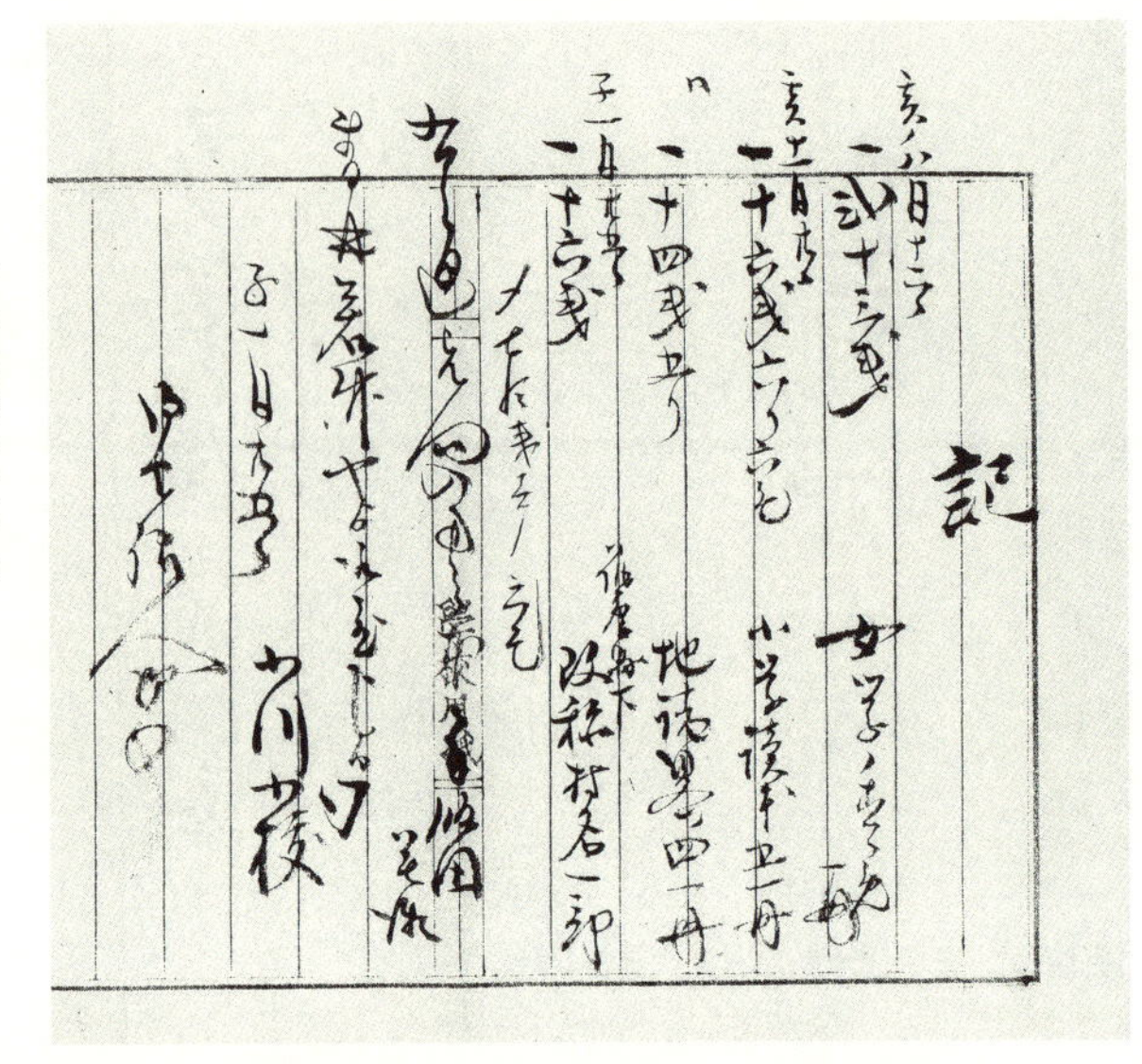

【図版⑨】　学校世話人宛小川学校「記」（子一月二十五日付）

〆七拾銭壱厘六毛
右之通差向入用之本ニ付　飯田箕瀬
書林若竹ヤゟ取寄可被下候。以上。
子一月廿五日　　　小川学校
御世話人御中

「筑摩県下改称村名一部」とあるのは、明治八年刊『筑摩県下町村合併改称便覧』（松本大塚八十平版）であろうから、「亥」は明治八年、「子」は明治九年であろう。月日の別は何を意味するのかよくわからないが、小川学校で必要とされる書籍を列挙し、その購入を願い出たもののようである。これらを飯田箕瀬の「書林若竹ヤ」から取り寄せてほしいと、店まで指定している。ほぼ同様の書籍を並べた「若木屋」の請取書（【図版⑩】）があるので、「若竹屋」は、若木屋の誤りなのであろう。

記
一　廿三銭五厘　女学すゝめ　一部
一　三拾弐銭　村名手本
一　拾六銭六厘六毛　読本五一部
一　拾四銭　□誌四一部
〆八十六銭六厘六毛
正ニ申受候
四月八日　　ミノ世　若木屋利助［印］
小川大学校御世わ人様

「□誌四一部」の一文字は、なんとも読みにくい

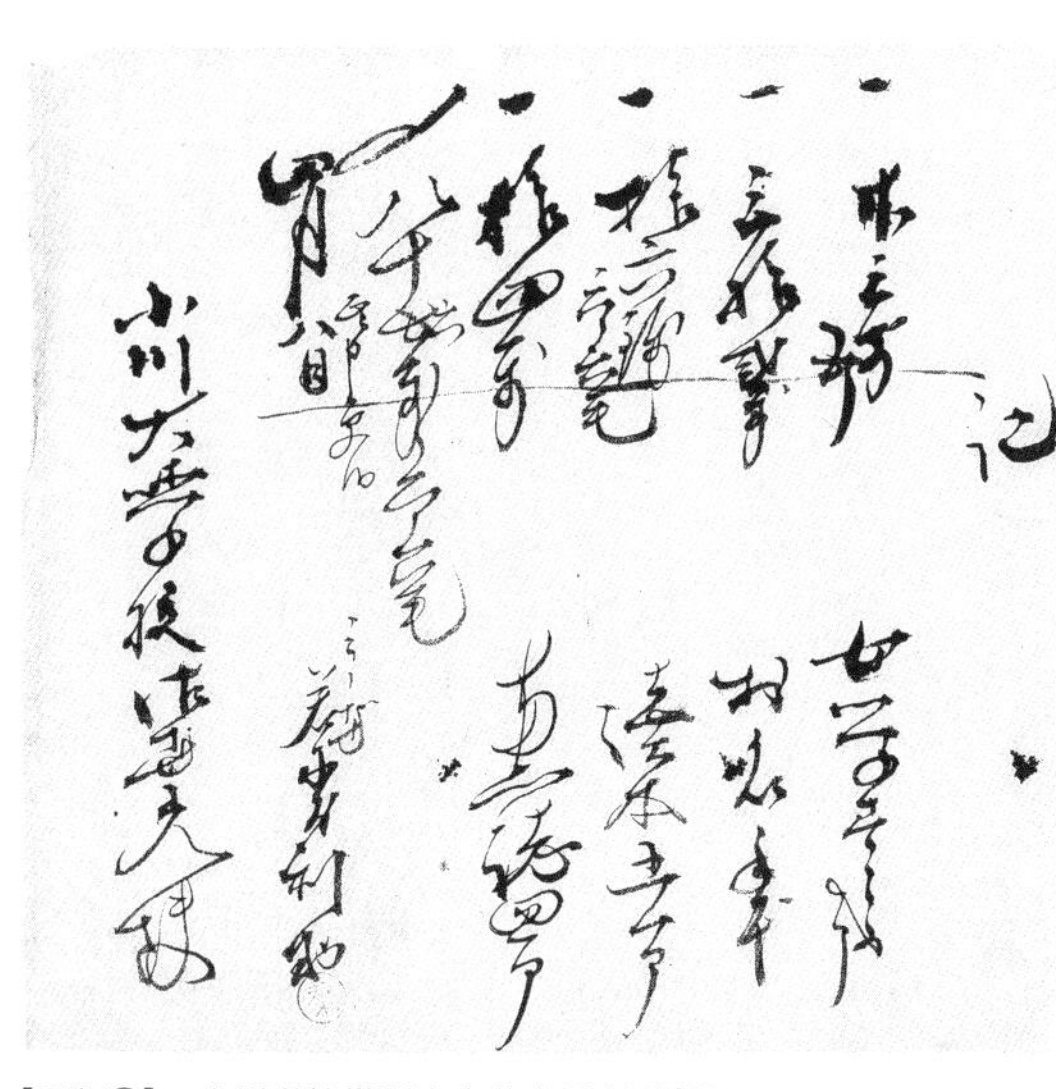

【図版⑩】　小川学校世話人宛若木屋利助「記」（〔明治九年〕四月八日付請取書）

が、これは小川学校から世話人に宛てた「記」にあった「地誌畧四」のことなのであろう。若木屋利助という署名の下の印は「若木」とある。四月八日は明治九年ということになろう。小川学校からの依頼を受けて、学校世話人である湯澤太源治が「若木屋」に発注したのであろう。飯田でいちばん安定的な書店であり、これまでも取引の多かった十一屋ではなく、若木屋をなぜ名指ししたものかはわからない。憶測をたくましくすれば、未払い金の積もりがちであった十一屋を避けたものなのかもしれない。十一屋に対して、前年の未払い金の精算を終えたのも四月八日であった。ようやくここで、やりくりがついて、両店への支払いを済ますことができたものなのではなかろうか。

じつは、若木屋利助という店については、この文書に接するまで、全く認識がなかった。書籍や雑誌などの巻末にある売弘書肆一覧記事などのデータを集積して、書籍流通に関わる店の把握に年来努めてきたのであるが、この店はこれまでまったく引っかかってこなかったのである。

飯田は比較的本商売を行っている店を多数確認できる町である。これまで飯田で拾い出せたのは、件の十一屋半四郎、そして以下の店々である。奥村収蔵・紙屋庄兵衛・紙源（貸本）・木下与八郎・木下文蔵・桐野太七・思斎堂・志能多与伊知・代田忠助・精華堂・田中屋久兵衛（弘暦）・桝屋忠助・松尾屋新右衛門・皆川半三（十一屋半四郎の代替わり）・三原屋孫兵衛・三原屋与八（木下与八郎と同じか）。すべてがすべて「本屋」と称すべき店かどうかはわからない。兼業は普通であり、どの営業に比重を置くかで、ずいぶん店の様子は異なるものとなる。実際、木下文蔵など、『信飛新聞』と暦以外の取り扱いを知らず、田中屋久兵衛は弘暦以外を確認できない。しかし、書籍の流通の一端を形成していた店々ではあるのである。

そしてここに、若木屋利助という一軒を加えることができた。大方にとっては、それだけのことではないかと思われるであろうが、私にとってはかなり喜ばしい一事であった。

10　書籍流通拠点の生成と水運

――下総正文堂利兵衛の引札――

十九世紀に入って、主要な地方都市の本屋が飛躍的に営業規模を拡大していく。それは、三都と地方都市とを結ぶ書籍流通網の整備を意味すると同時に、それら地方都市を中継してさらにその先へと広がる流通の網の目の成立をも意味しよう。これは都市部以外における書籍需要の高まり、民間における知の底上げを背景としている。すなわち、書籍の流通に目をこらせば、多くを語らぬ普通の人々の生活、その中に書籍の文化が色濃く浸透していく様子が浮かび上がってくる。

ここでは、江戸と北関東、さらに東北地方とを結ぶ流通の要所であった佐原の本屋正文堂釜屋利兵衛に焦点を当てて、この時代の書籍流通についてちょっとだけ考えてみる。

和泉屋市兵衛の書籍流通網

十九世紀に入って、江戸の本屋和泉屋市兵衛が、東国地方を中心に書籍の流通拠点を固め、流通網を着々と広げていったいったことは、『江戸の読書熱』（二〇〇七年、平凡社）ですでに述べた。それは、往来物を中心に、書籍の需要が都市部以外でも急増したことに応じたものであるとともに、新たに浮上してきた市場に対してさらにてこ入れするための挙であった。拙著でも紹介したが、弘化三年（一八四六）刊和泉屋市兵衛版の往来物『文宝古状揃稚文庫』の刊記は次のようになっている（【図版①】）。

弘化三丙午年七月再彫

書肆

上野高崎　沢本屋要蔵

下総佐原　正文堂利兵衛

江戸芝神明前　岡田屋嘉七

同　和泉屋市兵衛

和泉屋市兵衛版の中では、地方の売弘書肆を連記した早期のものである。同町の岡田屋嘉七は、書物問屋で、広域的な流通能力をそもそも備えていた。和泉屋市兵衛は早くより流通面における提携を取り結んでいたようで、和泉屋市兵衛版の刊記にしばしばその名を見出すことができる。

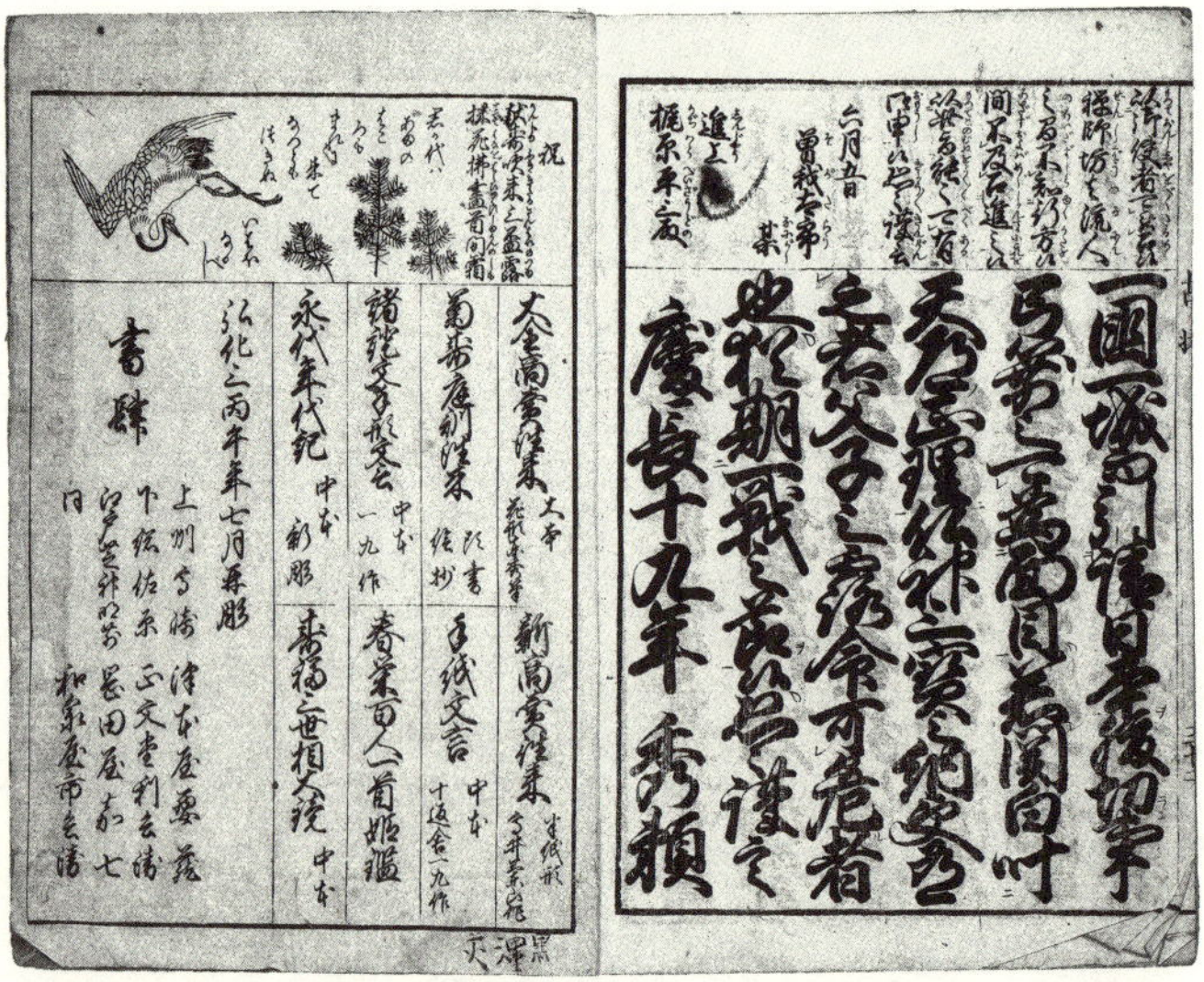

【図版①】　和泉屋市兵衛版往来物『文宝古状揃稚文庫』（弘化三年（一八四六））の刊記部分

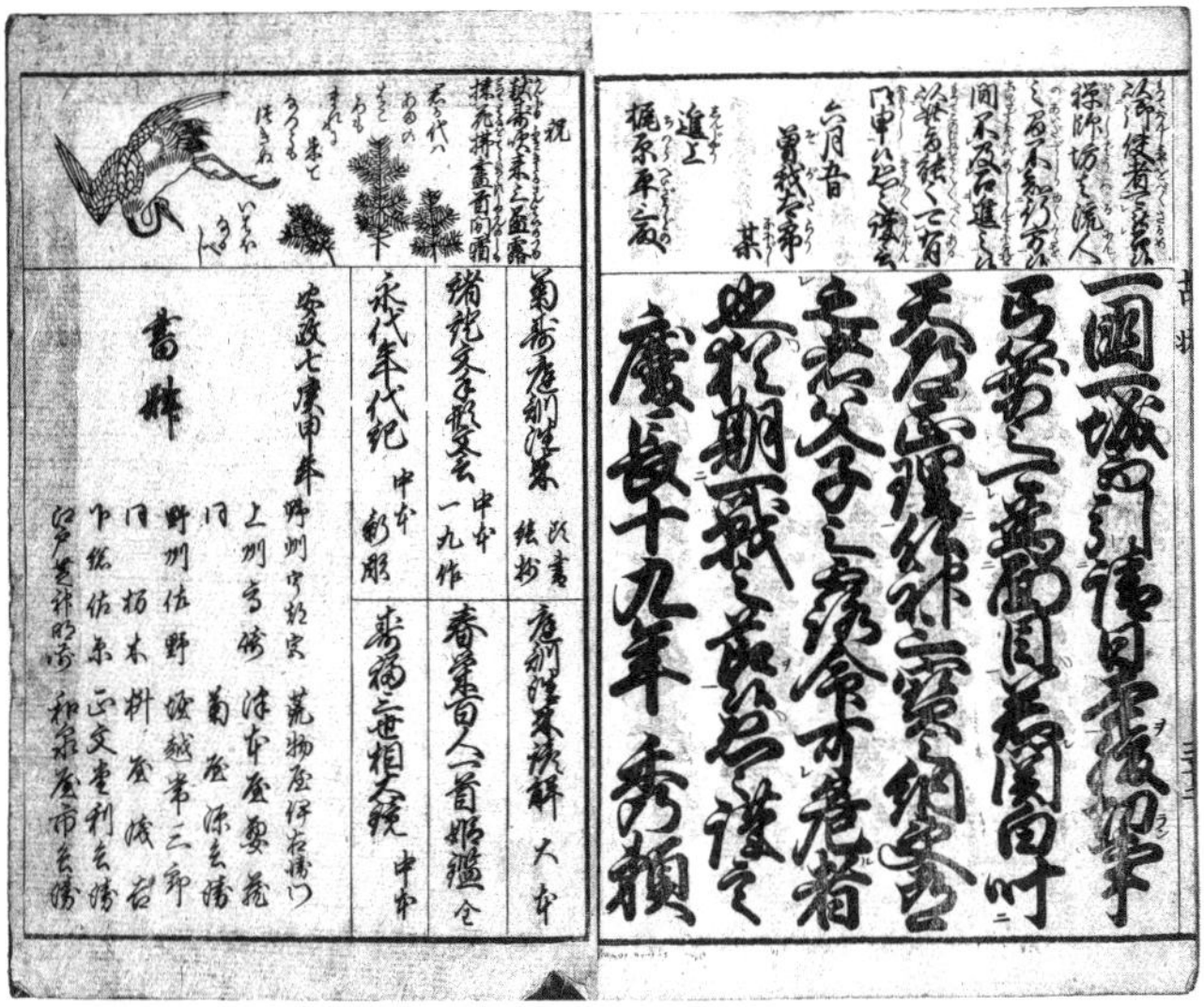

【図版②】　和泉屋市兵衛版往来物『文宝古状揃稚文庫』（安政七年（一八六〇））の刊記部分

さて、上野高崎の沢本屋要蔵、下総佐原の正文堂利兵衛の二店が売弘書肆として刊記に登場するのは必然であったろう。この二店は、和泉屋市兵衛が地方への流通を積極的に展開するに際して、最初に提携関係を築いた本屋であった。城下町高崎は、そもそも文化的に開けた町で、書籍の需要も高かったと思われる。本屋の数も多い。しかし、それだけではない。江戸から利根川を遡上して倉賀野に荷揚げされた物資は、高崎城下に運ばれ、そこから、三国峠、また碓氷峠を越えて信濃・越後へと運ばれるのである。交通の要路であり、物資流通のターミナルであった。沢本屋要蔵を仲卸として介したその先の信濃や越後地方への書籍流通を想定すべきである。沢本屋要蔵は、これ以後の和泉屋市兵衛版往来物の刊記に常連の店となり（【図版②】）、他版の刊記にも頻繁に登場する。

佐原の正文堂利兵衛も沢本屋とほとんど同様の立地条件を備えている。赤松宗旦の『利根川図志』（天保八年（一八三七）刊）巻五に、

> 佐原は下利根附第一繁昌の地なり。村の中程に川有りて、新宿本宿の間に橋を架す〔大橋と云〕。米穀諸荷物の揚さげ、旅人の船川口よりこの所まで先をあらそひ、両岸の狭きをうらみ、誠に水陸往来の群集昼夜止時なし。

と、この地の繁盛ぶりが記されている。利根川水運の拠点としての立地がここに繁栄をもたらしたのである。昭和になって、物資の流通が水運への依存度を低くしてから、佐原は流通拠点としての地位を失うことになり、現代では、時間から取り残されたように昔のたたずまいをとどめる観光地となった。しかしかつての水運都市佐原は江戸から東北地方への物流の重要なターミナルであった。この『文宝古状揃稚文庫』以後、諸書の売弘書肆一覧記事に正文堂釜屋利兵衛という店名を見いだせる。この町の繁栄の一角、抜群の流通力を誇る書店として君臨したのである。

「東京書籍商組合員概歴」（『東京書籍商組合史組合員概歴』一九一二年）の「朝野書店　朝野文三郎」の条に「文政十二年朝野泰平書肆ヲ開始シテ五代同業ヲ営ミ」とある。これによれば、正文堂は文政十二年（一八二九）の創業で、以後代を重ねて存続し続けた老舗である。十九世紀になると、三都や名古屋以外の地方中核都市に書店が数多く出現し、その営業規模をどんどん拡大していく。高崎の沢本屋もそのひとつであるが、正文堂も同様である。

茨城県立歴史館所蔵三好家文書の中に正文堂発のものが二点見られる。そのうち一点は、問い合わせを受けた書籍の見積書（4928）で、もう一点は次のような請取書（3188）である。

覚
一金八両弐歩　御書物代
右之通慥奉御受取申上候
十一月晦日　正文堂利兵衛［印］
三好様
御内　小沼様

けっこうな金額である。正文堂の商いは水戸家中にも及んでいたことを示すもので、当時の書籍流通を考える上で格好の材料であろう。

正文堂利兵衛の引札

正文堂朝野利兵衛の引札がある（【図版③】）。活版印刷で、右上に「新築成就開舗広告」と大書し、その横に、

千葉県　下総国　香取郡
佐原　新橋本町

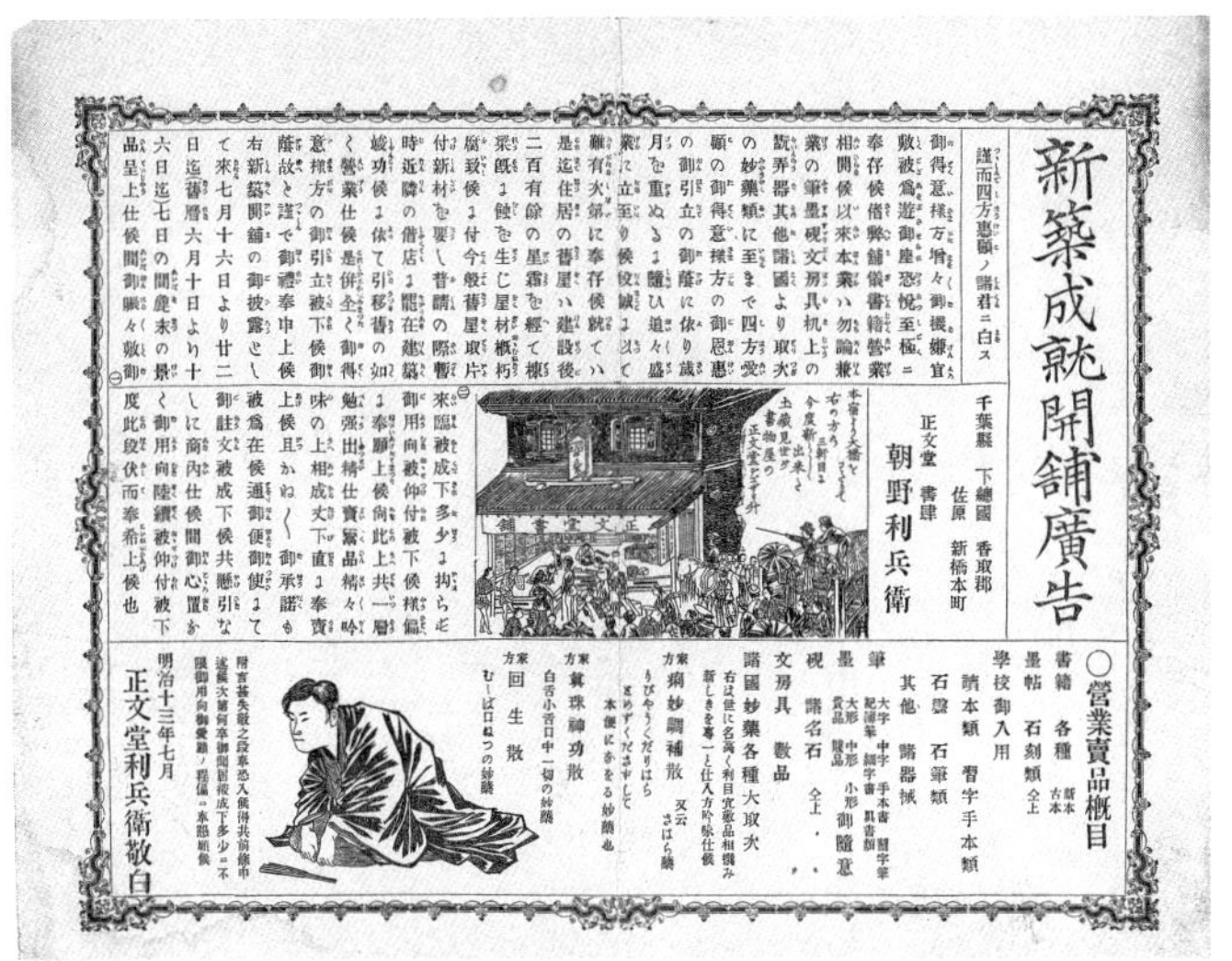

【図版③】 新築開店なった正文堂利兵衛の引札（明治十三年（一八八〇）、活版印刷）

正文堂　書肆
朝野利兵衛

とある。

「謹而四方恵顧ノ諸君ニ白ス」と題した口上がある。やや長文であるが左に掲げてみる（適宜句読点を補う）。

御得意様方増々御機嫌宜敷被為遊御座、恐悦至極ニ奉存候。偖、弊舗儀、書籍営業相開候以来、本業ハ勿論、兼業の筆、墨、硯、文房具、机上の玩弄器、其他諸国より取次の妙薬類に至まで、四方愛顧の御得意様方の御恩恵の御引立の御蔭に依り、歳月を重ぬるに随ひ、追々盛業に立至り候段、誠に以て難有次第に奉存候。就てハ、是迄住居の旧屋ハ建設後二百有余の星霜を経て、棟梁既に蝕を生じ、屋材概朽腐致候に付、今般旧屋取片付、新材を要し、普請の際、暫時近隣の借店に罷在。建築竣功候に依て、引移、旧の如く営業仕候。是併、全く御得意様方の御引立被下候御蔭故と謹で御礼奉申上候。右新築開舗の御披露として、来七月十六日より廿二日迄（旧暦六月十日より十六日迄）七日の間、麁末の景品呈上仕候間、御賑々敷御来臨被成下、多少に拘らず御用向被仰付被下候様、偏に奉願上候。尚此上

共一層勉強出精仕、売鬻品精々吟味の上、相成
丈下直に奉売上候。且かね〳〵御承諾も被為在候
通、御便御使にて御註文被成下候共、懸引なし
に商内仕候間、御心置なく御用向陸続被仰付被
下度、此段伏而奉　希　上候也。

というわけで、新築の店舗での営業再開を祝して、七月十六日から一週間、粗品を進呈するとのことである。その新店舗に人が群集している様子が描かれ、そこに「本宿より大橋をわたりて右の方の三軒目に今度新らしく出来た土蔵見世が書物屋の正文堂デゴザリ升」という書き入れがある。ここに描かれた店のたたずまいは今に残っていて、佐原の風情豊かな景観に欠かせぬ建物となっている（かの大地震でかなりの被害があったが、無事修復なって現在はこの絵と同様のものを見ることが出来る）（【図版④】）。

口上の下には営業品目が列挙されている。

○営業売品概目
書籍　各種 新本 古本
墨帖　石刻類　仝上
学校御入用

【図版④】　修復なった現在の正文堂書店（学生の武田桃子さんに撮影してきてもらった）

読本類　習字手本類
石盤　石筆類
其他　諸器械
筆　大字　中字　手本書　習字 / 筆記簿筆　細字書　真書類
墨　大形　中形　小形 / 貴品　賤品　御随意
硯　諸名石　仝上
文房具　数品
諸国妙薬各種大取次
右は世に名高く利目宜敷品相撰み
新しきを専一と仕入方吟味仕候

家方痢妙調補散　又云さはら薬
　りびやうくだりはら
　とめずくださずして
　　本便になをる妙薬也
家方真珠神功散
　白舌小舌口中一切の妙薬
家方回生散
　むしば口ねつの妙薬

口上にもあったように、書籍類のほか、筆・墨・硯、その他文房具と薬品類が主たるもののようである。最後に正装している店主を描き、

附言。甚失敬之段奉恐入候得共、前条申述候次第、何卒御聞届被成下、多少ニ不限御用向御愛顧ノ程、偏ニ奉懇願候
明治十三年七月
　正文堂利兵衛敬白

と結ぶ。

薬品

引札からは薬品類が営業の大きな部分を占めていたことがうかがえた。これは明治になってはじまったことではなく、江戸時代の薬品広告にもしばしば正文堂の名前を見つけることが出来る。

『蘇長公小品』（弘化三年（一八四六）、英文蔵刊）等付載青雲堂英文蔵製天下一方登竜丸広告に「下総佐原正文堂」とある。また『古状揃講釈』（弘化頃、丁子屋平兵衛刊）所掲武州埼玉郡加須町大和門司法橋製かぞのかんのくすり・留飲順胸散広告に「本屋」として記載がある。田中屋吉右衛門（江戸本家）製朝鮮名法牛肉丸引札に記載がある（【図版⑤】）。明治になっても、宝丹引札（明治十二年（一八七九））に「宝丹大取次人」として名前が見える。

引札に「兼業（けんげう）の筆（ふで）、墨（すみ）、硯（すゞり）、文房具（ぶんぼうぐ）、机上（きじやう）の玩弄器（ぐはんらうき）、其他（そのた）諸国（しよこく）より取次（とりつぎ）の妙薬類（みやうやくるい）に至（いた）るまで」とあった。本業の本屋業に対して兼業としての文房具・薬品商いであるが、「兼業」といえど、営業の中に占める割合は低いものではない。

諸國取次所

國	所	名前	國	所	名前
尾州	名古屋 舩入町	中屋豊七	甲府	御料辻 八日町	早川元七
勢州	松坂 愛宕町	大和屋利兵衛	同	山田町	京屋弥兵衛
同	大湊	山下文左エ門	遠州	上吉田村	淺井政七
同	同	久田新七	同	横須賀 西本町	清水八十郎
同	山田 中河原	銭屋弥兵衛	同	掛川	一文字屋十藏
同	松坂	合羽屋勘左エ門	同	金谷横町	門原伴治郎
土州	高知新町 三丁目	松屋重三郎	相州	浦賀	松本六治郎
同	高知 本町	淀屋安左エ門	下總	木颪	田丸屋金左エ門
同		木屋与左エ門	同	今郡	宮口孫兵衛
駿州	藤枝 上傳馬町	遠州屋与兵衛	同	佐原	正文堂利兵衛
同	岩渕	大村圭藏	上州	境町	飯島藤左エ門
同	江尻	荷居屋清助	同	富岡	和泉屋彦兵衛
同	同	菊屋弥右エ門	野州	鹿沼	福島屋傳左エ門
同	同	萬屋治三郎	奥州	仙臺大町 一丁目	髙橋彦惣
同	同	竹屋惣兵衛	同	仙臺大町 四丁目	系屋作兵衛
同	岩渕在 松野	手島廣吉	同	松前 御城下	中林氏
同	元市場村	井上善兵衛	信州	松本	近江屋忠藏
同	府中 八幡町	甲州屋仁兵衛	同	上田	芦田屋作助
同	府中 宮ヶ崎町	茶屋甚八	同	善光寺	柏屋要助
同	不二郎 柚木村	牧田豊三郎	三州	大濱湊	礒貝安左エ門
同	同所	木屋市兵衛	同	岡崎 連尺町	松原惣五郎
同	清水湊	播磨屋与平	常州	土浦 大町	近江屋利兵衛
同	吉原	加賀屋藤兵衛	武州	秩父 大宮中町	山中利兵衛
同	大宮	油屋久兵衛			
同	府中新通 七丁目	釜屋治右エ門			

【図版⑤】　牛肉丸引札（二枚組）。上の写真の下段10行目に正文堂の名前が見える。

本屋の兼業として、文房具・小間物・薬品が多いことは、『書籍流通史料論序説』（二〇一二年、勉誠出版）でも触れたが、この正文堂の例など典型的である。複線的な流通を保持して、江戸から積み下される荷の中に書籍も薬品も同梱されているわけである。

正文堂の出版事業

先に引いた「東京書籍商組合員概歴」によれば、東京で書店を開業した朝野文三郎は、五代目正文堂利兵衛の弟で、明治十年（一八七七）八月に分家、和泉屋山中市兵衛店で働き始める。正文堂創業時からの縁である。その後、銀座支店（山中孝之助）に転勤、十八年（一八八五）三月に店を退いて帰国し佐原活版石版所に勤めるが、十九年（一八八六）十月、再度東京に出て南鞘町十八番地に書店を開業する。

和泉屋山中市兵衛が書籍業界から撤退してからは、佐原とを結ぶ東京の流通拠点として機能したであろうことも容易に想像がつく。佐原正文堂の支店ではあるが、独立した書籍出版・流通事業を東京で展開してもいて、出版物は多数を数える。

その文三郎に『明治初年より二十年間 図書と雑誌』（一九三七年五月、洗心堂書塾）という著作がある。その巻末に「業界座談会補足（東京書籍商組合月報　昭和十年七、八、九月号）」が附録されている。そこに大倉氏談として「佐原の朝野正文堂は養蚕手引草（明治七年頃）いろは字引千弐百丁物、横本二冊。俳諧明治五百題二百丁位の物二冊。続編も出来、俳諧手洋灯（明治十三年（一八八〇）出版）」と見えて、出版事業でも突出した地方書肆のひとつに数えられている（【図版⑥】）。

『千葉県郡治地名箋』（明治十二年（一八七九）五月出版御届）や『習字　千葉県村名誌』（同年刊）の出版、また香取神宮社務所蔵版『香取神名記』（明治十五年（一八八二）一月出版御届）の発兌など、地域に密着した出版活動を展開していくいっぽう、上記座談で指摘されて

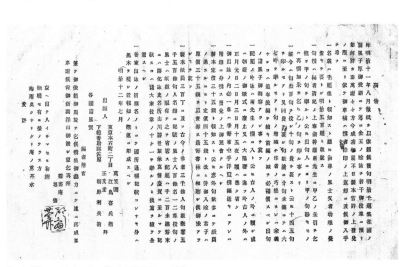

廣告
昨明治十一年八月散紙ヲ以依頼候發句明治千題集各國ノ
諸風子厚御愛顧ニテ凖ニ金玉ノ唫詠ヲ若干御投章ニ預リ
如何計カ忝萬謝々々方今成功相届不日製本官許ノ上發兌
ノ際ニ至リ依テ御草稿ハ撰者捺印ノ上返却ニ及候御入手
ヲ希フ
一名義ハ千題集ト報知スト雖ヒ初學ノ風士又者幼稚ノ覺
安キヲ要トシ明治五百題ト改號ス
一句撰ハ編者清記ノ上春湖幹雄兩先生ニ甲乙ノ朱引ヲ乞
概ヲ甲ノ句ヲ擧ルト云ヒ出句八ニヨリ甲ノ句掛キモノ
ハ再撰加朱ヲ乞ヒ乙ノ句ヲ擧ル事アリ
一縦令ハ句數百句ヲ投シ十句ノ費ヲ要スト云ヒ十四五句
ヲ擧ルモアリ又同費ヲ要シ句數纔ニ廿句未滿ニテハ六
七吟ヲ擧ルモアリ句ノ増減ヤ作者ノ巧拙ニヨレハ余義
ナシコハ追年後編ヲ續キ前編ノ減ヲ必補償スヘシ出句
ノ諸風子御海容アランヿヲ冀フ
一配題ノ吟詠ハ兩先生ノ撰ニ入ト云ヒ古人ノ吟ニ類シ或
ハ朝庭ノ御歌式ニ廢止又ハ大陽暦ニ遂フ吟古人ノ外ハ
正月元日二日月三日月十五夜ノ類ハ悉ク省ク
一御出詠ノ内必一章ハ季寄掌中手洋燈撰編近キニアレハ
附録ニ分撰ス發兌ノ上御照會アルヘシ
一製本定價三十五錢ト報知スト云ヒ意外句數多ニテ紙員
ノ過スルニヨリ定價四十五錢ト改ム併御入唫ノ君子ハ
原價三十五錢ヲ以賣却ス最寄書林ニ相廻シ候御求アラ
ンヿヲ冀フ
一製本紙員三百丁ニ及フ古今ノ作者三千餘人句數概畧五
千五百餘句人名録ニ記戴ノ風士八百餘名一二章投句ノ
風士ハ紙數ノ限有テ之ヲ省畧ス配題ハ千二百未滿巻末
ニハ開化詠史名所山川勝景旅休哀情慶賀ニ至ルマテ記
戴スコハ諸大家投章ノ十ケ一ヲ擧ルノミ後篇ヲ續テ全
備スヘシ
一各家出詠ノ折雅名ノミニテ國所通稱記載コレナキ分ハ
黒木ヲ殘シ置報知ノ際速ニ彫成スヘシ
明治十二年七月
出版人　東京本石町二丁目　萬笈閣　江島喜兵衛
下總香取郡佐原　正文堂　朝野利兵衛　拜
各國諸風賢　編者附言
兼テ御依頼御周旋ヲ乞候撰集御盡力ニテ速ニ落成致
奉謝候尚御新調澤山御泄シ望乞再拜　盤齋庵　旭齋
京ヘ出テ人イサマセヨ初鰹
細橋モ有ヨ螢ノテラス方
梅雨臭クナリケリ庵ノ煎茶水
貫評

【図版⑥】　明治十二年刊『明治五百題』の引札。

いるような「全国区」の出版を行っていく。正文堂は、佐原の発信力の強さを書籍文化の領域で象徴する本屋であった。

11　葉書が語る明治の書籍流通
――岡田為助宛三木佐助葉書――

商取引に利用された葉書は、当事者でなければ分からない事柄だらけで扱いにくい史料である。断片的でささやかなこの史料は多くを語ってくれるわけではないが、現場の生々しいやりとりを伝えてくれる希有なものではある。

書籍流通についての研究は緒についたばかりで史料の蓄積も乏しい。このような頼りないものも史料として捨て置くわけにはいかない。

ここではもっとも古い様式である二つ折の葉書、大阪書肆三木佐助が高松書肆岡田為助に宛てた一枚を紹介し、明治初年代の書籍業界の様子を垣間見てみる。

郵便というインフラ

まずは、最近にわかに収集に凝りだした葉書の中から一枚。明治七（一八七四）年十一月四日、大阪の書肆河内屋三木佐助が高松の書肆岡田為助に宛てたものである（【図版①】）。後ほどあらためて触れるが、この三木佐助の談話をまとめた『玉淵叢話』に、郵便制度発足以前、明治初年ころのことを語った一節がある。

其頃はまだ郵便といふものが有りませぬから京都あたりへ手紙を出しますには兼ねて淡路町丼池西入北側の福田屋といふ京飛脚屋と特約して置くのであります、すると特約の家だけへは日暮前に「福田屋用事い」と飛脚が廻つて来ますので、それが手紙一本につき百文遣れば京都の目的先へちゃんと届けて呉れます、それから江戸行の書状は遠隔の地だけに余程其賃金が高うござりまして普通七日限と云ふのが二歩で三日限となると一本の手紙が七両二分です、随分驚くべき郵便税で……

このような状況に一大変革をもたらしたのは、国家による郵便事業の確立であった。通信に飛躍的な速さと安定的な安さとがもたらされた。商用で便利に用いられること、書籍業界でも同様である。葉書一枚一枚の内容は、私的なこと、当事者間でのみわかり合っていることが多く、得られる情報は断片的である。第三者にはなかなか理解が難しい。しかし、書籍流通や出版等、書籍文化のまさに現場を物語る他に得難い資料であることは確かなのである。

【図版①】　書肆三木佐助から、同岡田為助宛の葉書　表

今回紹介のものは、一銭二つ折葉書（【図版②】）。消印は「大阪　明治七・一一・四・日中」、さらに「南久宝□（寺）」の一印がある。

表書は、

名東県高枩丸亀町書典（ママ）
岡田為助様行
要用平信　従浪華

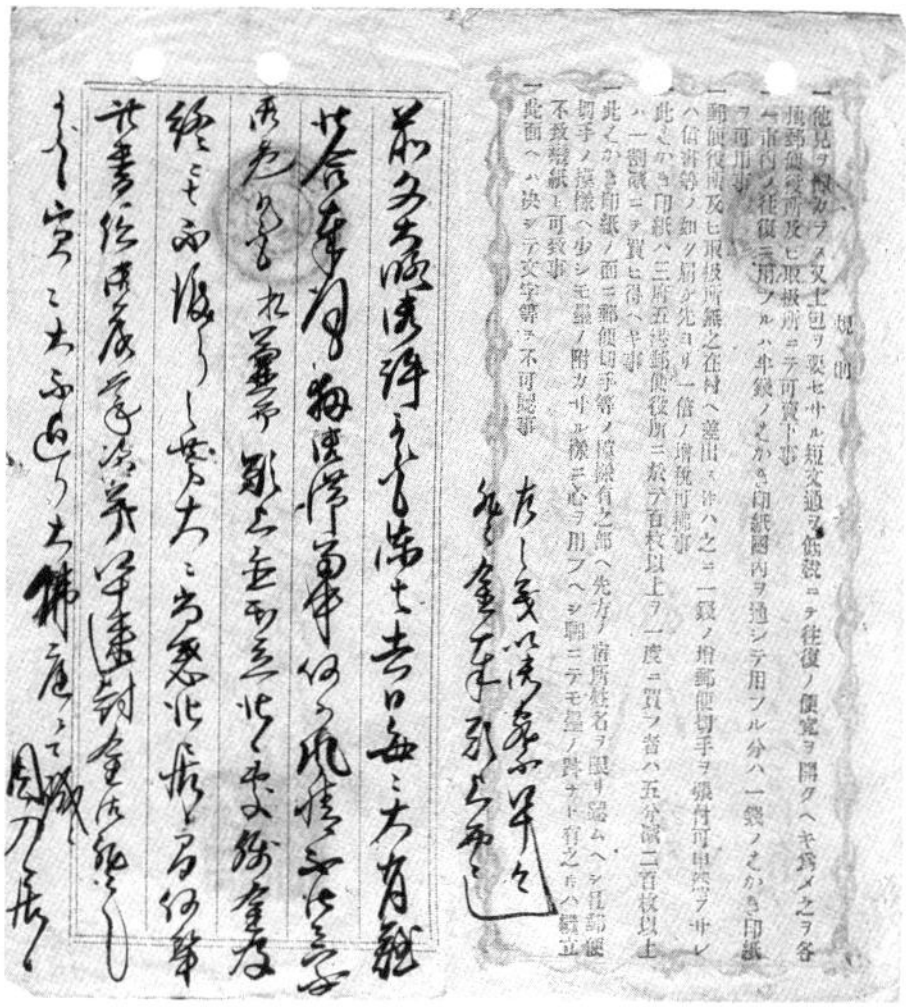

【図版②】官製郵便葉書は明治六年十二月に初めて発行された。最初期のものはこのような二つ折の形である。

十一月四日発
北久宝寺町四丁目
三木佐助［印］

とあり、裏の文面は次のごとし。

前文大略御許可被下候。陳者、去日毎々大有難仕合奉存候。扨御滞留中、何の風情不仕候処、御免可被下候。私、兼而願上置、替立仕候処、残金及終ニ者不渡り之芳（ママ）、大ニ当惑仕居候間、何卒此書信御落掌次第、早速封金御登し可被下候。実ニ大不廻り、大払底ニて、誠ニ困入居候。右之義、以御察早々登金奉願上而已。

（前文大略御許可下さるべく候。陳（のぶ）れば、去日毎々大いに有難き仕合わせに存じ奉り候。扨、御滞留中、何の風情仕らず候処、御免下さるべく候。私、兼て願上げ置き、立て替え仕り候処、残金終（つい）には不渡りに及ぶの由、大いに当惑仕り居り候間、何卒此の書信御落掌次第、早速封金御登し下さるべく候。実に大不廻り、大払底にて、誠に困り入り居り候。右の義、御察をもって早々登金願い上げ奉る而已（のみ）。）

内容は単純で、岡田買い入れ分の代金を三木が立替ていたのであるが、残金底を尽き、不当たりを出すようにもなってきたので、早々送金を願うとのことである。岡田は、大阪の三木を通じて書籍等の仕入を行っていたのであろう。このような取引を可能としていたのは両者の信頼関係である。「御滞留中、何の風情不仕候処、御免可被下候」とあり、大阪に出向いての仕入の際には、岡田と三木との間には親身な交流があったものと思われる。

大阪書肆三木佐助

三木佐助は河内屋一統の書肆である。四代目佐助の聞き書きをまとめた『玉淵叢話』（『明治出版史話』と題して、一九七七年三月、ゆまに書房から覆刻版が出ている）（【図版③】）は、汲めども尽きぬ興味深い話柄の宝庫で、稀代の好著である。これによれば、河内屋の総本家である河内屋喜兵衛から、文政八年（一八二五）七月に別家を立てて初代河内屋佐助店が誕生した。

四代目佐助（【図版④】）は、同書によれば、嘉永五

【図版④】　四代目三木佐助
（『玉淵叢話』口絵より）

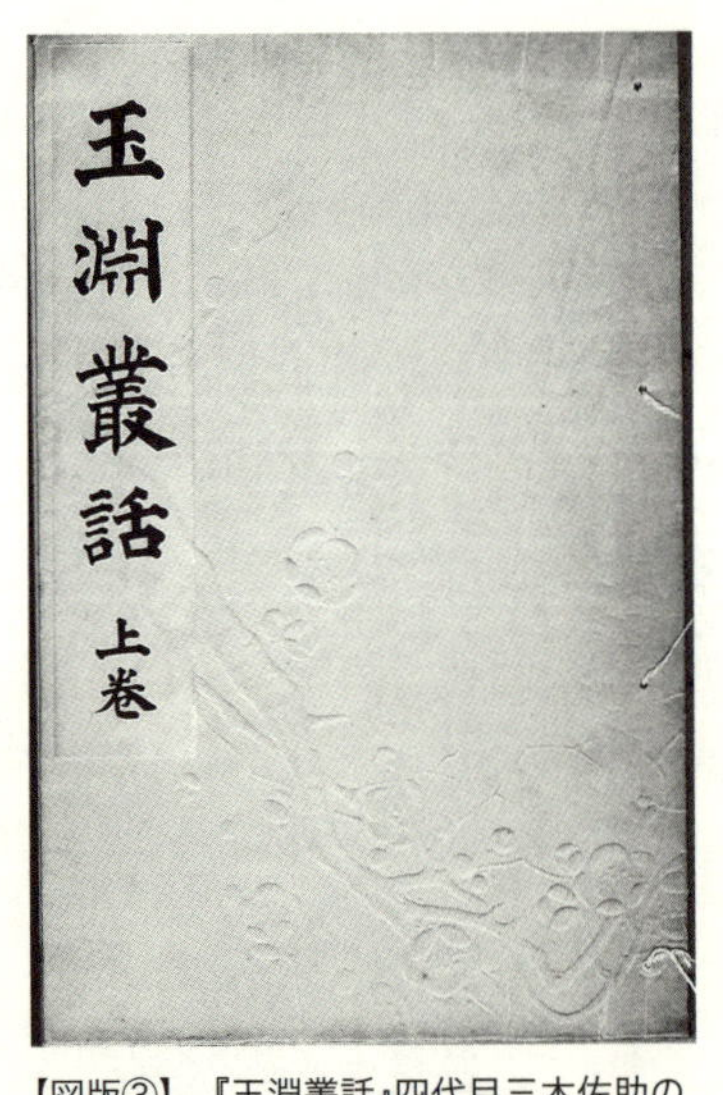

【図版③】　『玉淵叢話』四代目三木佐助の談話をまとめたもの。明治三十五年、自刊。

年（一八五二）二月白栖村生、幼名友吉。安政六年（一八五九）、八歳の時に河内屋佐助店に奉公に入り米蔵を名乗る（元服して彦七、さらに弥七）。明治元年（一八六八）に養子に入った二代目佐助は、うまく家内を治めることが出来ず、明治五年（一八七二）に実家に帰される。その後初代の娘のみきが三代目当主となる。この間、主家を助け続けた弥七は、明治十年（一八七五）になって養子として三木家に入り、四代目佐助を襲名することになる。

この葉書は、まだ三木佐助を継ぐ前であるが、のち四代目となる弥七の手に成るものであろう。明治十八年（一八八三）六月九日付、神戸小倉要蔵宛三木佐助葉書があるが、これと同筆と思われる（【図版⑤】）。

【図版⑤】　小倉要蔵宛三木佐助葉書。八九頁の葉書と同筆と思われる。

高松書肆岡田為助と三木佐助

高松丸亀町の奎章堂岡田為助は讃岐屈指の書肆で、『先朝私記』（明治九年）、『虎列刺病療法備考』（明治十一年）などの出版書もある。彼のことが『玉淵叢話』でも語られている。明治三、四年ころの話であろうか、仕入れのために西国に赴いた佐助は、倉敷での仕入れを終えて、金毘羅参詣のために多度津に渡り、出立前に両替した商社札を使用しようとしたがこれを拒否される。これを除くと僅かの所持金しかない彼は、食事もとれないまま、やっとのことで岡田為助方にたどり着く。「此岡田為助氏は兼ねて大阪で馴染でありましたから、是までの成行と今日の子細とを話しました所が先方も大層気の毒がり叮嚀に取扱をして呉れましたので私も大きに便宜を得ました」ということで、彼が働いてくれて商社札は太政官札に換えることができた。佐助とはそのような仲であった。

葉書には「実ニ大不廻り、大払底ニて、誠ニ困入居候」とあるが、このころの三木店は、女主人みきが営業一切を使用人に任せきりにしていたため、店の規律が乱れ、経営は衰微の一途をたどっていたようである。負債もかさみ、「明治七年頃には、もうどうにも斯うにも法が付かぬ事になり、家ニハ召し使ふべき下女さへ置くことが出来ませぬから水仕事まで主人手づからいたされて、飯たき洗濯にまで手を下される痛はしさに覚えず涙を催すこともござりました」と四代目佐助は述懐している。この葉書を書いた十一月、二十三歳の彼は、今度は金沢方面に取引のため旅立つ。十二月の上旬、「三木家の運命は実に危機一髪（すんでのこと）」で帰店、閉店を瀬戸際で食い止めたようである。詳しくは『玉淵叢話』に就かれたい。

12 明治期予約出版の足取り
――鳳文館の葉書と広告――

明治十年代半ばから、予約出版という方法で漢籍を中心に大部のものの翻刻事業が盛んに行われた。前代までの書物の高価を知る人々には、予約者となって安価で入手できることは大いに魅力的であったし、漢学復興の追い風もあって、この「志」に発した出版事業は一時期大いに流行した。前田円が率いた鳳文館はその魁の大きな一角であった。

基本的に出版者と書籍購入者との関係を直接結ぶ方法を採る予約出版は、旧来の書籍流通とは一線を画すものであった。予約者との間の信頼関係を維持するために、事業の進捗状況や会社の現況についての情報は、新聞広告や予約者宛の郵便をもって盛んに発信された。

しかし、ほぼ時を同じくして、また後追い的に創始された予約出版事業のほとんどは、明治二十年(一八八七)前後に足並みを揃えるように撤退している。鳳文館も明治二十一年(一八八八)にその事業を終息する。駆け足で予約出版の季節は行き過ぎた。

ここでは、鳳文館が予約者へ宛てた葉書と広告から、同館事業の足取りの一端を覗いてみることにする。

『資治通鑑』予約者への案内
——鳳文館の葉書——

信州南佐久郡平林村の新津城之助という人物に宛てた鳳文館の葉書をまず見てみよう（【図版①】）。東京ボタ印に「東京　一六・三・六・子」という発地の消印、明治十六年（一八八三）三月六日発である。それに着地の「高野□(町カ)　信濃・南佐久・三・一一」という一印があって、五日後の到着である。

表は「信州南佐久郡／平林邨／新津城之助様」と宛名があり、その下の朱印には「東京京橋区加賀町十八番地　鳳文館」とある。

裏は、活版で次のように印刷されている。一部を朱で補訂してあるが、補訂後の語句を括弧に入れて示し、適宜句読点と振り仮名を補うことにする（以下同じ）。

拝啓。陳者(のぶれば)、御締約(ごていやく)ノ資治通鑑(しじつがん)之儀、四（↓三）回代マテハ既ニ御入金済ニテ、（二月五日付ケ）ヲ以テ、該書第（三）帙（壱）部逓送(ていそう)仕(つかまつり)置候(おきそうろう)間(あいだ)、左様(さよう)御承引(ごしょういん)可被成下候(なしくださるべくそうろう)。偖(さて)、本書モ彫刻・校正・印刷・製本等、兎角(とかく)意ノ如(ごと)ク挙(あが)ラサ

裏

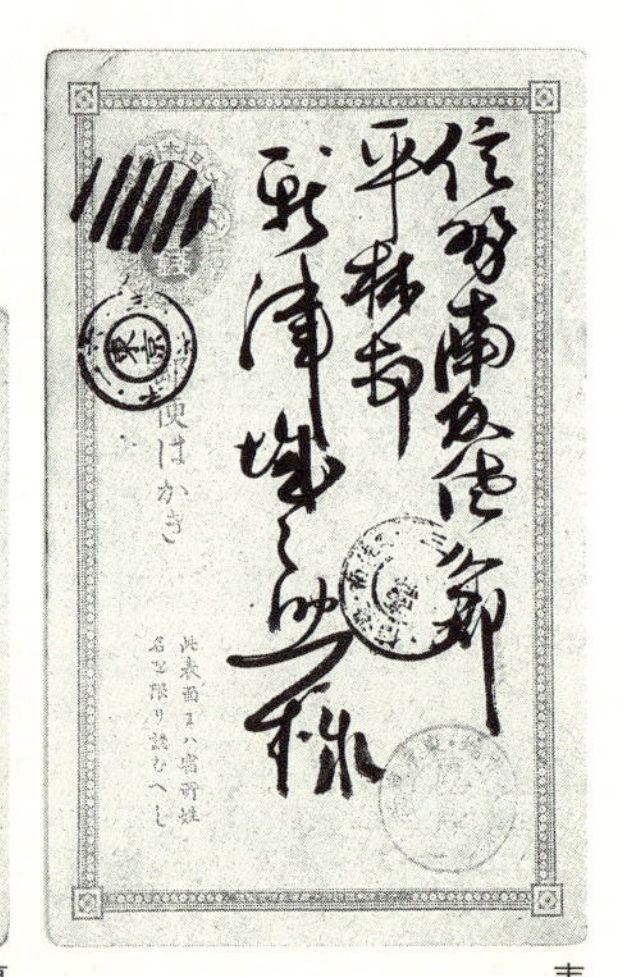

表

【図版①】　鳳文館の予約者宛葉書（明治十六年三月六日消印）

ルヨリ、御送本遅延ニ相渉リ、恐縮ノ至リニ候処、追々事務其外トモ整頓仕、第五帙ハ、已ニ客月十五日発兌仕、御締約ノ部数ハ製本出来罷在リ。続ヒテ第六帙分モ、目下刻成、印刷中ニ付、本月中旬ニハ無相違出版仕リ、各地御送本ノ分ハ、第五第六ノ両帙取束ネ、本月下旬ヨリ逓送可仕候間、何卒前陳ノ旨御領諾ノ上、(四)五(回→×)六回ノ代価、本月内ニ可成到達可仕候様、御廻金ノ程、偏ニ奉希上候也。

再白。第六帙分ハ、来四月出版ノ目的ヲ以テ、予テ御報道仕置候処、本文ノ通リ、事業意外ニ相運ヒ候故、今般出版ノ分ハ、予期ニ先タチ申候。尚ホ、后後可成タケ迅速ヲ主トシ、印刷製本等相運バセ、全部出版ノ上、続ヒテ宋元通鑑ニ着手仕度候条、此段御賢察被下置、尚ホ御賛助ヲ仰キ度、奉祈望候也。

東京々橋区加賀町

明治十六年三月　鳳文館

追テ本月十七日ヲ以テ、同区南鍋町二丁目十二番地へ、本館並ニ工場トモ移転仕候間、同日以後ニ係ル御送金・書翰トモ、右番地へ宛御差出シ、且御送金之信書ハ、書留郵便ニテ御送リ被下度、此段前以願上置候也。

まずはじめに、代金入金済みの『資治通鑑』第三帙を逓送すること、第四～六帙までもうじき出来予定で、まとめて三月下旬に送本するので三帙分の代金を送金願いたい旨が記されている。続けて、『資治通鑑』満尾の後は、『宋元通鑑』に着手するので賛助を願うとのこと、最後に、この三月十七日、加賀町から南鍋町に工場共々移転するので、送金・書翰とも新住所へ差出し願う旨報知している。

鳳文館は、前田円（嘉永六〈一八五三〉～大正七年〈一九一八〉）が明治十五年（一八八二）に立ち上げた出版社である。前田、また鳳文館については、ロバート・キャンベル「東京鳳文館の歳月」（『江戸の出版』二〇〇五年、ぺりかん社）に詳しい。これによれば、前田は、芝の老舗山中市兵衛とともに加賀町に鳳文館を創立した。この会社は大部の漢籍を予約制によって出版することをもっぱらとするもので、『佩文韻府』・『資治通鑑』・『史記評林』・『康熙字典』等を企画していた。山中が起こした偽版事件の禍からこの事業を切り離すべく、この葉書に記されている明治十六年（一八八三）三月、南鍋町へ移転するとともに山中の経営から鳳文館の営業は独立するのである。葉書に案内のある『資治通鑑』全七十冊は、八千部の予約を得て明治十五年七月に第一回配本の第一帙を発兌する。全十帙で、一帙づつ十回に分けての刊行予定である。予約者価格は、全部で十五円、予約と同時に全体価格の十分の一、すなわち一円五十銭の予約金を納め、各回ごとに前金を支払って品物を得るという方法であった。この『資治通鑑』は、明治十七年（一八八四）四月に第十回配本分を発兌し完結することになる。

この予約出版という方法は、この明治十五年頃から大いに流行する。膨大な資金を要する大部の書籍など、当初の資本金が乏しくとも予約金をもって出版を開始することができ、また各回ごとに徴収する代金で、その後の出版資金を順次確保できる仕組みである。その後離脱者を出さず順調に代金を徴収し続けることができるかどうかが事業を満尾できるかどうかの要諦となる。予約者と出版社との信頼関係を維持していくことが成功の鍵となるわけである。このあたりの機微、また具体的事例については、ロバート・キャンベル「規則と読者――明治期予約出版の到来と意義――」（『江戸文学』二一号、一九九九年）、磯部敦『出版文化の明治前期――東京稗史出版社とその周辺――』（二〇一二年、ぺりかん社）、拙著『近世読者とそのゆくえ』所収「信濃出版会社と脩道館――予約出版の蜜月と落日――」（平凡社、二〇一七年）あたりが参考になろう。新聞広告やこのような葉書を使って、予約者に情報を流し続け、つなぎ止めていかないと事業はとたんに立ちゆかなくなるのである。

予約募集広告（明治十六年四月）

さて、この葉書の翌四月、新社屋に落ち着いたところで、鳳文館は新規の企画を広告する。『三国志』『五代史』『廿二史言行略』の予約出版である。予約募集は新聞広告でも行われるが、ここに紹介するのは、郵便などを利用して、旧来の予約者や各地書店に配布されたと思われるものである。五枚組で、一枚は四月十日付の口上（【図版②】）、一枚は薄様一丁に印刷された「鳳文館第三出版書締約方法」（【図版③・④右】）、それに『三国志』『五代史』『廿二史言行略』の見本摺（整版機械印刷）各半丁分三葉である（【図版④左】）。

口上本文は次のごとし。

拝啓。然ハ当館締約出版書ノ儀、曽テ御報道奉申上置候書目ノ内、今般廿二史ノ内ニテ、三国志、五代史、及ヒ廿二史、最モ枢要ナル言行ヲ抜萃セシ、明ノ過元吹穆君ノ編纂ニ係ル廿二史言行畧ト題スル一大珍書ヲ、今回清国ヨリ購求候ニ付、旁以テ、右三書ヲ第三締約出版書トシ、別紙ノ方法書ニ基キ出版仕候間、御購求之有無、至急御報被成下度奉希上候。且又過日御照会奉申上置候淵鑑類函モ、追々賛成之諸君夥多有之候得トモ、未ダ同盟諸君ノ確答相纏リ不申。尤モ来ル五月初旬マデニハ悉皆相纏リ可申見込ニ付、同月中旬ヲ期シ、否ヤ御確報可奉申上候間、左様御承引之

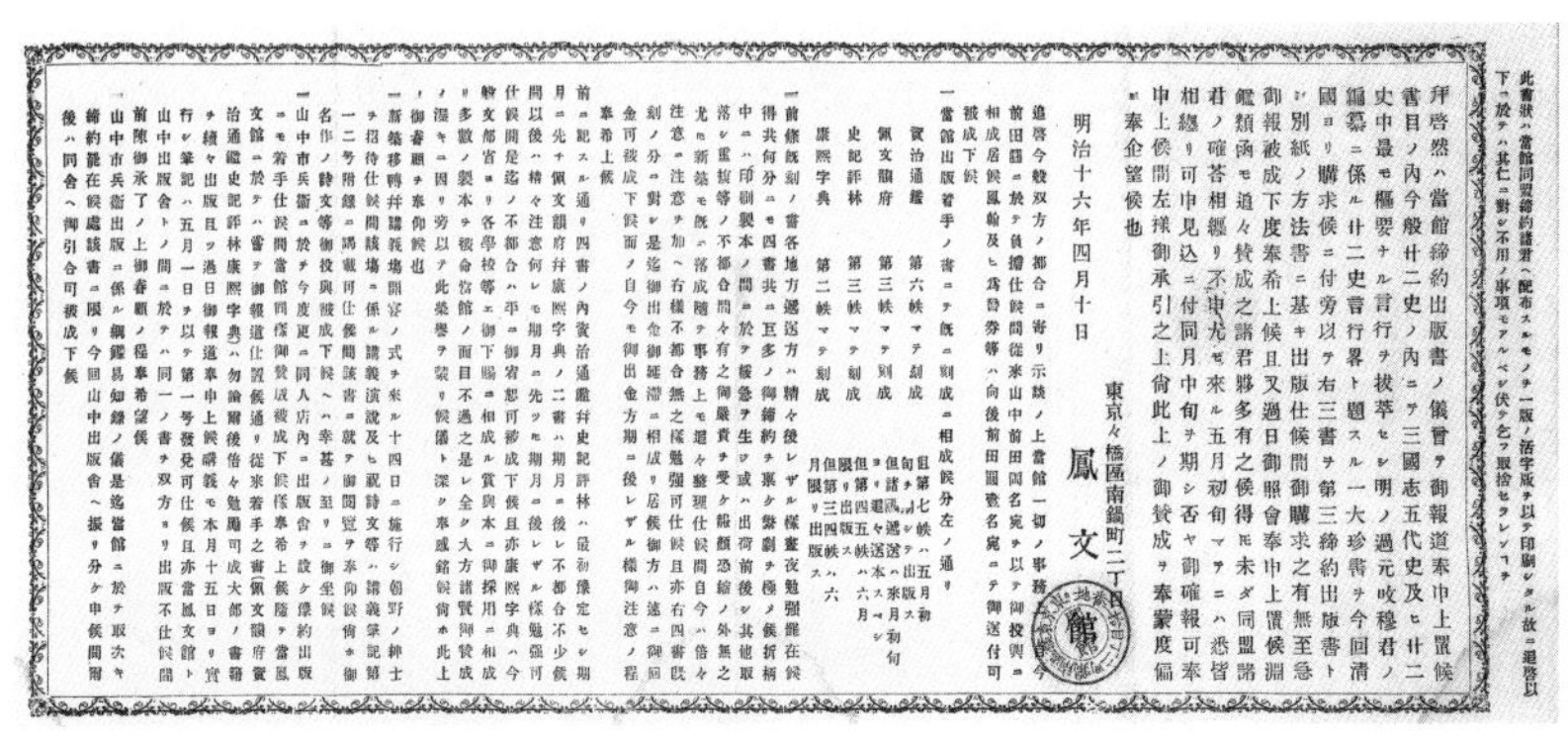
此書狀ハ當館同盟締約諸君ヘ配布スルモノナリ一版ノ活字版ヲ以テ印刷シタル故ニ追啓以下ニ於テハ其亡ニ對シ不用ノ事項モアルベシ伏テ乞フ取捨セラレンヿヲ

拝啓然ハ當館締約出版書ノ儀曽テ御報道奉申上置候書目ノ内今般廿二史ノ内ニテ三國志五代史及ヒ廿二史中最モ樞要ナル言行ヲ抜萃セシ明ノ過元吹穆君ノ編纂ニ係ル廿二史言行畧ト題スル一大珍書ヲ今回清國ヨリ購求候ニ付旁以テ右三書ヲ第三締約出版書トシ別紙ノ方法書ニ基キ出版仕候間御購求之有無至急御報被成下度奉希上候且又過日御照會奉申上置候淵鑑類函モ追々賛成之諸君夥多有之候得𪜈未ダ同盟諸君ノ確答相纏リ不申尤モ來ル五月初旬マデニハ悉皆相纏リ可申見込ニ付同月中旬ヲ期シ否ヤ御確報可奉申上候間左様御承引之上尚此上ノ御賛成ヲ奉蒙度偏ニ奉企望候也

明治十六年四月十日

東京々橋區南鍋町二丁目　鳳文館

追啓今般双方ノ都合ニ寄リ示談ノ上當館一切ノ事務今前田圓ニ於テ負擔仕候間従來山中前田両名宛ヲ以テ御投與ニ相成居候鳳翰及ヒ爲替券等ハ向後前田圓壹名宛ニテ御送付可被成下候

一當館出版着手ノ書ニテ既ニ刻成ニ相成候分左ノ通リ

資治通鑑　第六帙マテ刻成　但第七帙ハ五月初旬ヲ以テ出版スベシ

佩文韻府　第三帙マテ刻成

史記評林　第三帙マテ刻成　但第四五帙ハ六月

康熙字典　第二帙マテ刻成　但第三四帙ハ六月限リ出版ス

一前條既刻ノ書各地方遞送方ハ精々後レザル樣晝夜勉強罷在候得共何分ニモ四書共ニ亘リ多ノ御締約ヲ稟ケ繁劇ヲ極メ候折柄中ニハ印刷製本ノ間ニ於テ緩急ヲ生シ或ハ出荷前後シ其他取落シ歪摺等ノ不都合間々有之御嚴責ヲ受ケ赧顔恐縮ノ外無之尤モ新築モ既ニ落成随テ事務上モ追々整理仕候間自今ハ倍々注意ニ注意ヲ加ヘ右樣不都合無之樣勉強可仕候且亦右四書既刻ノ分ニ對シ是迄御出金御延滞ニ相成リ居候御方ハ速ニ御回金可被成下候而ノ自今モ御出金方期ニ後レザル樣御注意ノ程奉希上候

前ニ記スル通リ四書ノ内資治通鑑并史記評林ハ最初豫定セシ期月ニ先チ佩文韻府并康熙字典ノ二書ハ期月ニ後レ不都合不少候間以後ハ精々注意何レモ期月ニ先ツモ期月ニ後レザル樣勉強可仕候間是迄ノ不都合ハ平ニ御宥恕可被成下候且亦康熙字典ハ今般文部省ヨリ各學校等エ御下賜ニ相成ル賞與本ニ御採用ニ相成多數ノ製本ヲ被命當館ノ面目不過之是レ全ク大方諸賢御賛成ノ渥キニ因リ旁以テ此榮譽ヲ蒙リ候儀ト深ク奉感銘候尚ホ此上ノ御眷顧ヲ奉仰候也

一新築移轉并講義場開業ノ式ヲ來ル十四日ニ施行シ朝野ノ紳士ヲ招待仕候間該場ニ係ル講義演説及ヒ祝詩文等ハ講義筆記第一二号附録ニ掲載可仕候間該書ニ就テ御閲覧ヲ奉仰候尚ホ御名作ノ詩文等御投與被成下候ヘハ幸甚ノ至リニ御坐候

一山中市兵衛ニ於テ今度更ニ同人店内ニ出版會ヲ設ケ豫約出版ニモ着手仕候間當館同樣御賛成被成下候樣奉希上候随テ當鳳文館ニ於テハ曽テ御報道仕置候通リ従來着手之書(佩文韻府資治通鑑史記評林康熙字典)ハ勿論爾後倍々勉勵可成大部ノ書籍ヲ續々出版且ツ過日御報道奉申上候講義モ本月十五日ヨリ實行シ筆記ハ五月一日ヲ以テ第一号發兌可仕候且亦當鳳文館ト山中出版會トノ間ニ於テハ同一ノ書ヲ双方ヨリ出版不仕候間前陳御承了ノ上御眷顧ノ程奉希望候

一山中市兵衛出版ニ係ル綱鑑易知録ノ儀是迄當館ニ於テ取次キ締約罷在候處該書ニ限リ今回山中出版會ヘ振リ分ケ申候間爾後ハ同舎ヘ御引合可被成下候

【図版②】　鳳文館の予約募集広告　その1（明治十六年四月）

上、尚此上（なおこのうえ）ノ御賛成ヲ奉　蒙　度（こうむりたてまつりたく）、偏（ひとえ）ニ奉企望（きぼうたてまつり）候　也（そうろうなり）。

東京々橋区南鍋町二丁目

明治十六年四月十日　鳳文館［印］

明過元旼編『廿二史言行略』を清国から購求したので、これを底本として『三国志』『五代史』ともども三点を第三次の出版書とすること、また『淵鑑類函』出版の是非については未だ意見が取りまとまらないが、五月初旬までにはまとまる見込みであることが述べられている。

この後に「追啓」があり、山中市兵衛と話し合い、鳳文館業務の一切は前田円が執り行うことになったこと、『資治通鑑』等の出版着手書の進捗状況、既刻分については速やかに出金願うこと、『佩文韻符』が文部省より各学校等への賞与本に採用されたこと、新築移転ならびに講義場開宴式を十四日に行うこと、山中市兵衛が同店の中に出版舎を設置して予約出版に乗り出すこと、それに伴い山中出版の『綱鑑易知録』の取次を廃することなどが述べられている。

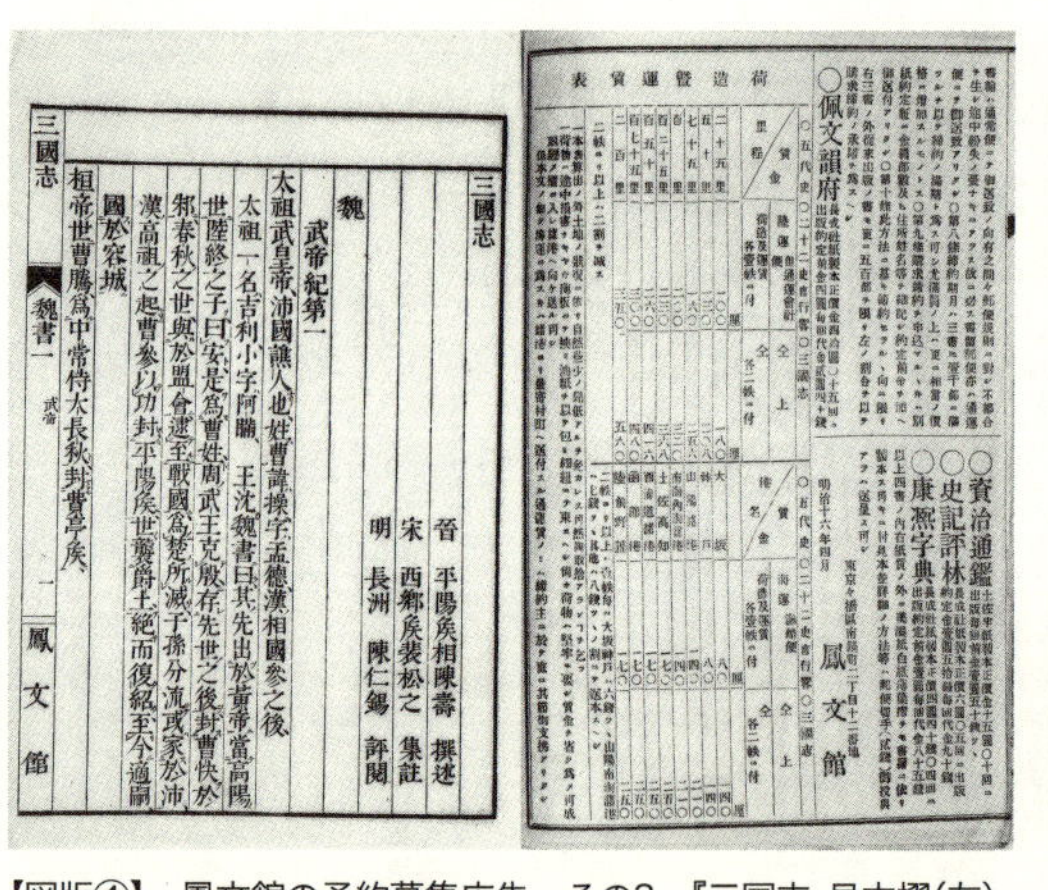
三國志
晉　平陽侯相陳壽　撰述
宋　西鄕侯裴松之　集註
明　長洲　陳仁錫　評閲
魏
武帝紀第一
太祖武皇帝、沛國譙人也、姓曹諱操字孟德、漢相國參之後
太祖一名吉利小字阿瞞、王沈魏書曰其先出於黃帝當高陽世陸終之子曰安是爲曹姓周武王克殷存先世之後封曹俠於邾春秋之世與於盟會逮至戰國爲楚所滅子孫分流或家於沛漢高祖之起曹參以功封平陽侯世襲爵土絕而復紹至今適嗣國於容城
桓帝世曹騰爲中常侍大長秋、封費亭侯、
三國志　魏書一　武帝　一　鳳文館

【図版④】　鳳文館の予約募集広告　その3　『三国志』見本摺（左）

【図版③】　鳳文館の予約募集広告　その2　「鳳文館第三出版書締約方法」

予約金を支払った人間は、「同盟」すなわち共同事業者として扱われる。彼らの意向が今後の出版事業に反映される。あるいはそのような演出をもって会社の現況と今後の方針が細やかに報知される。同盟の連帯を維持するために、また遠隔地の予約者の不安を解消するために、新聞広告と郵便が大いに活用されるのである。

平野助三郎宛鳳文館葉書（明治二十年）

明治二十年（一八八七）七月二十四日消印の鳳文館発葉書を見てみよう（【図版⑤】）。宛名は「尾張国知多郡大野港／平野助三郎様」。平野助三郎は、質屋業・酒造業を営む大野村の豪商で、「醗化水」の製造元として有名であった。鳳文館の朱印は「東京京橋区弥左衛門町拾五番地／鳳文館」となっている。先掲キャンベル稿によれば、前年十二月、鳳文館は南鍋町の社屋を引き払い、弥左衛門町に移転している。この移転が同館事業の前進を意味するとはとうてい思えない。一時は大阪に支舗を設けるほどの勢いであったが、海外

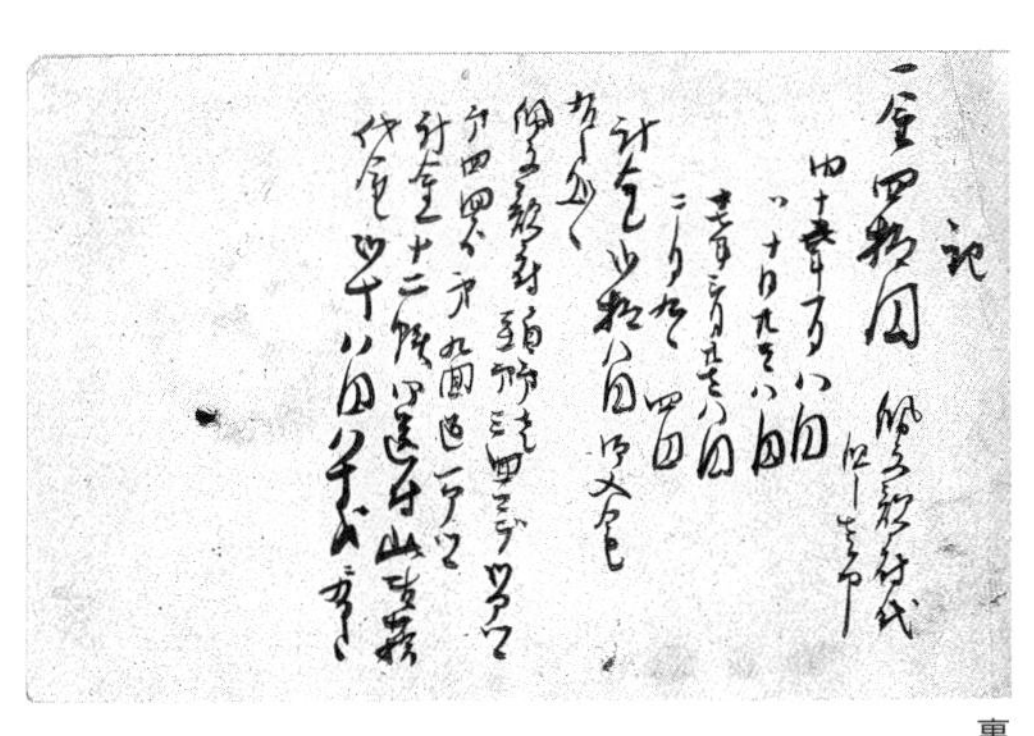

裏

表

【図版⑤】　平野助三郎宛鳳文館葉書（明治二十年七月二十四日消印）

展開による事業延伸の努力もむなしく、盛大な新築祝いを行った本社屋も引き払うわけである。

裏書は次のごとし。

記

一金四拾円　佩文韻符代
但し壱部
内十六年一月　八円
〃十月廿七日　八円
十七年三月廿七日　八円
二月九日　四円
計金弐拾八円御入金
有之処候（ママ）
佩文韻符自第壱至第三回マデ弐部ツ、
第四回ゟ第九回迄一部ツ、
計金十二帙御送付此書籍
代金弐十八円八十銭ニ有之候（これありそうろう）

『佩文韻符』は、鳳文館の事業の目玉であった。明治十五年八月に第一回配本、出版約定前金四円、一回に付き二円四十銭の代金前払いで十五回で満尾する計画であった。最終回の配本を終えたのは明治十八年三月のことである。平野助三郎の事情はよくわからないが、第三回配本まで二部ずつ購入していたものが、第四回以後は一部ずつとなり、それが第九回配本を最後に購入を中断しているのである。明治二十年七月発のこの葉書の段階で第十回以後を継続購入した形跡は無い。これをそのまま一般化することはできないが、予約者をつなぎ止めることの困難さ、予約出版成就の困難さを証する一事例と見なすことはできるであろう。このようなケースの積み重なりがそのまま社運の衰頽につながったであろうことは容易に想像できる。

季節の終焉

明治二十一年（一八八八）七月七日、前田円は閉館記念書画会を開催し、鳳文館の営業は完全に幕を閉じる。

明治十四年（一八八二）に、国文社の山田栄造が大阪に立ち上げた脩道館も、漢学書主体の予約出版を展開した出版社であった。鳳文館と競合する『資治通鑑』の出版も行っている。脩道館主山田栄造は、明治十九年（一八八六）、未収の立替金を徴収すべく全国を奔走するが、傾きかけた社運を立て直すことはできなかった。社屋と自邸を手放して、残務処理にあたり、明治二十一年に脩道館は閉館することになる。

漢学復興の追い風を受けて両館とも順調な事業のスタートを切った（【図版⑥】）。また予約者価格の低廉と分割払いの魅力も大きかった。しかし、同様の企画の乱立は、その魅力を急速に色あせさせていく。また、過当競争を生き残るために定価の引き下げが行われたりしたが、それは当初からの予約者の、賛助の気持ちを削ぐのに十分なことであったろう。予約金を集めたまま出版が立ち消えになるようなケースも出てきたりして、予約出版という方法への信頼も急速に冷え込んでいく。さらに、明治十年代末ころから、兎屋書店を筆頭に新聞紙上に派手な安売り広告の掲載が盛んに行われ、書籍安売り競争が激化していく。広告によって価格を比較するかぎり、予約出版の価格的旨みは皆無に等しい。相次いで各事業は枕を並べるように終息していく。

明治二十年前後は、出版・流通機構の様相が大きく変わる節目であった。新興の組織によって、また旧来の方法から外れたところで成立していた予約出版は、

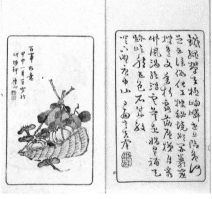

明治十七年二月十五日出版
鳳文會誌第一集附録

鳳文會誌　毎月十五日出版

壹冊定價　拾八錢　郵税壹錢
半年前金　壹圓　同六錢
一年前金　壹圓八拾錢　同拾貳錢

右前金並郵税ハ現金又ハ爲替金タル可シ尤モ郵便爲替ハ新橋郵便局ヘ宛タル爲替劵ヲ以テ御送附チ乞フ但シ郵便切手ヲ以テ代用ノ向ハ壹割増シノ割ヲ以テ御投與アルベシ○前金相切レ候得者本誌配達中止スヘシ

【図版⑥】　鳳文館発行の雑誌『鳳文会誌　第一号』（明治十七年二月発行、右）と、附録として添えられた広告（左）

既存の書物業界の秩序を大きく揺さぶるものであった。

また、予約出版の不振に拍車をかけたであろう書籍安売り競争は、書籍の価格に対する一般の感覚を一変させるものであった。これも明治二十年を過ぎて、大方は立ちゆかなくなり急速に下火になるのであるが、予約出版とともに、旧来の出版・流通機構の再編を促す大きな歴史的要因であった。

どたばた騒ぎにも似たこれら一連のめまぐるしい展開を最後のハイライトとして、このわずか五〜六年ほどの間にこの業界は大きく様変わりしていく。ある意味、それはそのまま江戸時代が終息していく風景の中の一こまでもあった。

13

陸前古川における新聞・雑誌・書籍の流通

——領収証の束から浮かび上がるもの——

これまでも、いくつか紹介してきたが、領収証は生々しい史料である。片々とした小さな史料で、多くを語ってくれるわけではないが、具体的な代金と品物のやりとりから個人の日常を垣間見るような気がするからであろうか。筆者にとっては、小さな状況を具体的に示す史料のほうが、ぐっとその時代と地域にのめり込ませてくれる力がある。ある期間に溜まった領収証をこよりで綴じて保存してあるものは、家文書によく見かける。今回はこの中から何枚か紹介してみたい。

仙台木村文助の領収証

ここに領収証の束がある（【図版①】）。明治十六年（一八八三）から二十三年（一八九〇）までのものを、ほぼ経年順に重ねて、一箇所穴をうがってこよりで結んである。家の消費等に関わる文書はこれだけであったわけではなく、不揃いの紙片様のもののみをこのようにまとめたものであろう。この中からまず紹介するのは、仙台木村文助から青沼彦治に宛てたもの三枚である（【図版②】）。

証
一金壱円也
右者中央学術雑誌壱号より
十号迄十部代
一金三銭　八号より十号迄　三部郵税
〆金壱円三銭
右領収候也
大町四丁目
明治十八歳　木村文助
八月七日
青沼彦治様

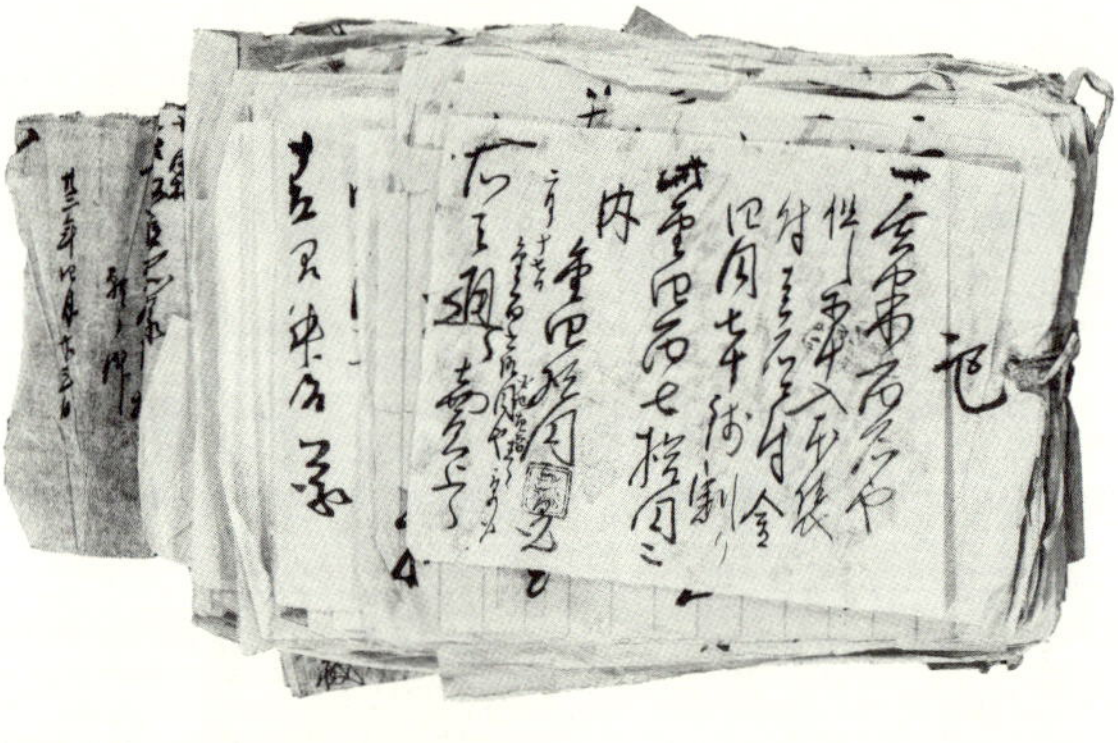

【図版①】　荒雄村青沼家宛領収証

明治十八年（一八八五）八月七日付、『中央学術雑誌』一号から十号までの誌代と八号から十号までの郵税代の請取である。『中央学術雑誌』は、団々社発行の雑誌で、この年三月の創刊である。一冊十銭、月二回発行なので、七月分までのものについての請求となる。次は同年十月十四日付のもの（【図版③】）。

記

一金三円也

右者新聞雑誌代

江正ニ請取候也

木邨文助

代勝助

十八歳

十月十四日

青沼様

三円の支払いであるが、「新聞雑誌代」とあるのみで、具体的な紙・誌名はわからない。木村文助の使用人と思われる「勝助」が代金徴収に出向いたものなのであろう。次は明治十九年（一八八六）六月、『時事新報』六月分の代金九十一銭の請取である（【図版④】）。

記

一金九拾壱銭

右者時事新報

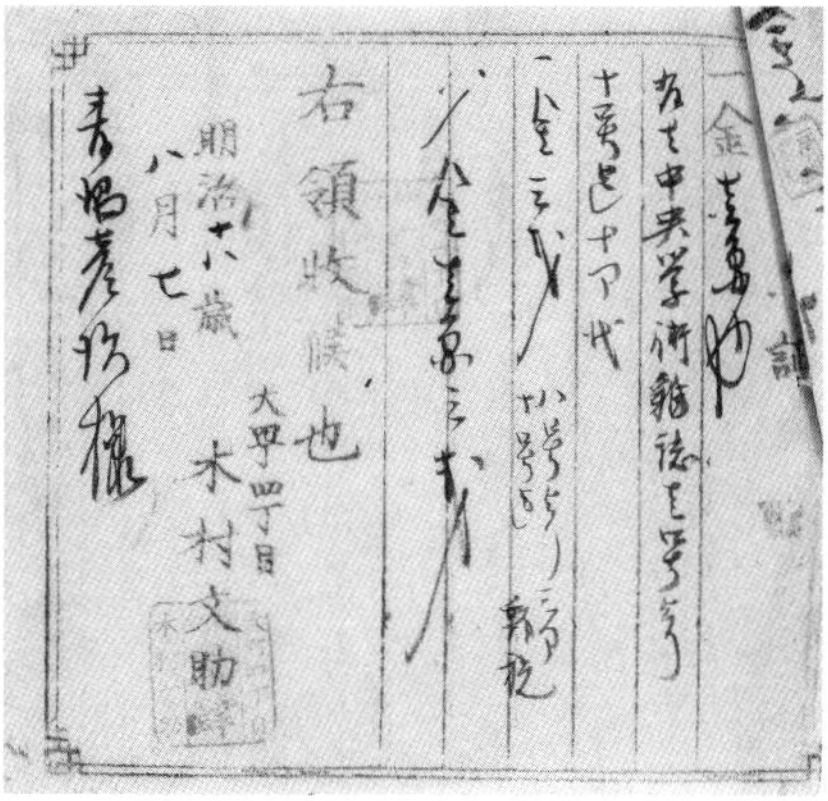

【図版②】　青沼彦治宛木村文助『中央学術雑誌』代領収証

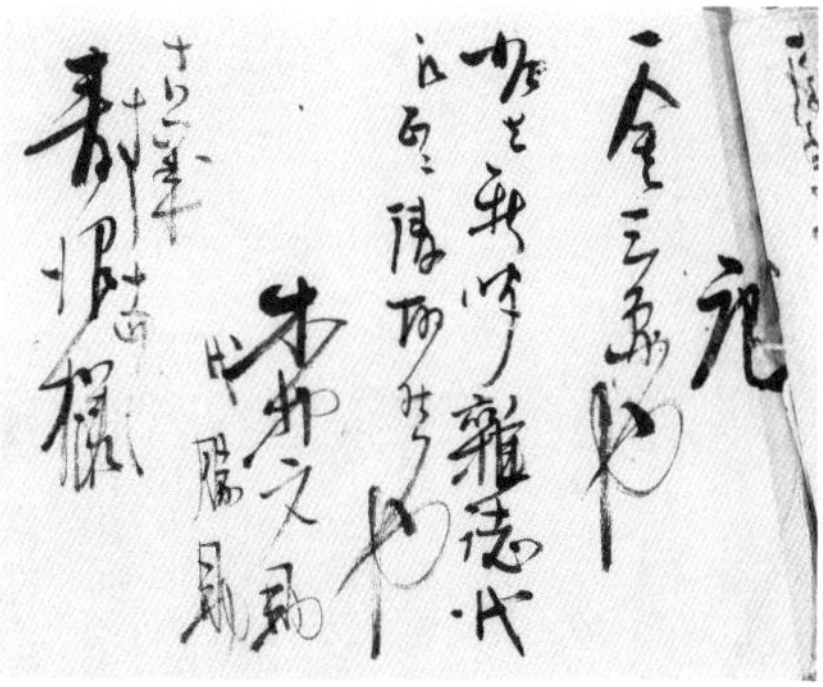

【図版③】　青沼様宛木村文助「新聞雑誌代」領収証

【図版④】　青沼彦治宛木村文助『時事新報』代領収証

六月分
右領収候也
明治十九歳
　六月　日
　　大町四丁目
　　　木村文助
青沼彦治様

木村文助は、木村屋文助とも称していた書店で、仙台大町四丁目で営業していた。『仙台区商業人名簿 収税課』（宮城県公文書館所蔵行政簿冊、明治十八年、0040）に「九等商業　書籍卸小売　木村文助」と見える。仙台の書店の中では老舗の伊勢安右衛門の五等、高橋藤七支店の七等に次ぐ規模の営業である。

さて、三枚目の『時事新報』の請取であるが、新聞・雑誌の代価は前払いが一般で、この場合も六月の一ヶ月分を支払っている。明治十九年三月二十一日『奥羽日日新聞』に木村文助が出している広告を見てみよう（引用に際して私に句読点を施した。以下同じ）。

諸新聞大売捌所
弊店従来大小各新聞大売捌勉強仕候処、先般本社ト特約ヲ結ビ、仙台区内不残無遁送ヲ以配達仕候処、意外ノ御注文ニ付、トテモ是迄ノ配達人ニテハ、区内中行当兼候場所モ不少候ニ付、今般配達人数名相増シ、区内モレナク、西ハ八まん町、北ハ北山迄、東ハ宮町ゟ原の町、南集治館ゟ長□〈難読〉迄、新聞ハ勿論雑誌ニ至ル迄、勉強早速配達申上候間、四方愛顧御客様方、此上ニモ旧倍シ、御購読一重二重八重九重、花モ実モアル新聞雑誌書籍撰取見取、御気ニ入タラ何ナリトモ御注文ヲ只管奉願上候也。
此外新聞モ当分本社へ無遁送掛合中ニ御座候。
時事新報　一ヶ月前金六十五銭
朝野新聞　一ヶ　前金六十銭
東京横浜新聞　一ヶ月前金六拾銭
朝野絵入新聞　一ヶ月前金三十銭
但シ諸新聞雑誌トモ前金御払込無之分ハ一切配達不仕候也。
此外区外一枚ニ付一銭郵税絵入朝野新聞限リ区外三枚纏メ一ヶ月郵税十八銭
明治十九年三月十九日　仙台区大町四丁目
　勉強書肆　木村文助

『時事新報』は一ヶ月六十五銭、それに「区外一枚ニ付一銭郵税」を合わせて、領収証の「一金九拾壱銭」という金額になるのであろう。

この新聞広告、また三枚の領収証からうかがえるように、木村文助は、新聞・雑誌の取り扱いに力点を置いていた書店であったようである。『教林新報　第一号』(明治五年、日報会社発行)を早い事例として、多くの書籍の売弘書肆一覧記事に名前を見ることが出来る。それは、明治十年代半ばくらいから急速に成長していく新聞・雑誌の流通網に載るべき書籍が多い。栄泉社の「今古実録」シリーズなど典型的であるが、稗史小説類、実録物の翻刻などをもって新たに参入してきた出版社のものや、雑誌社発行のものなどである。いくつか木村が売弘として掲載されている書籍の例をあげれば、『今古実録第三号真書太閤記 第五』(明治十五年、栄泉社)、『実説双紙於旬伝兵衛物語』(同年、鶴声社)、『昔語質屋庫』(同十六年、著作館)、『勧懲繍像奇談』(同年、九春社)、『狂詩文歌句幼学便覧』(同年、春陽堂)、『花春時相政』(同年、滑稽堂)、『怪談牡丹燈籠 五編』(同十七年、東京稗史出版社)、『釈迦八相倭文庫 六十五編』(同十八年、金松堂)といったところである。

明治十九年三月、東京の兎屋が仙台で書籍安売りを行う。三月九日『奥羽日日新聞』に兎屋が出した「三月十日より十九日迄十日間」の当地出張安売り販売広告が火種となり、地元の伊勢屋安右衛門・佐藤屋勘右衛門・木村文助と四巴の広告合戦、書籍安売り競争が展開する。十九日に同紙に出した木村の広告は次のとおり。

稗史小説非常直下ケ広告
弊店儀、従来書籍大売捌勉強仕居候処、近頃各店ニ於テ競争発売広告ニ付、今般東京各問屋ト特約ヲ結ヒ、非常直下ケヲ以、沢山荷着仕候ニ付、他店ヨリ特別大直下ケヲ以、日限無シニ幾久敷大安売ニ奉差上候間、不相替御引立ヲ以御用向之程、偏ニ奉願上候。以上。
但シ目録ハ前同断ニ附略ス。
仙台区大町四丁目
稗史小説元売店書肆　木村文助

兎屋の安売り書目とかなり重なる営業内容の木村にとっては、真っ向から立ち向かわざるを得なかったのである。

さて、領収証の宛先青沼彦治は、荒雄村(昭和二十

【図版⑤】荒雄神社にある青沼彦治顕彰碑

五年古川町に併合、その後古川市となり、現大崎市）の名士であった。荒雄神社入口付近に顕彰碑がある。大正十四年（一九二五）に建立された高村光太郎制作（高村光雲の代作）の銅像があったが、これは戦時中に供出、その残された台座に彦治のレリーフをはめ込んで、昭和四十一年（一九六六）に顕彰碑としたものである（【図版⑤】）。この荒雄神社は、青沼彦治が私財をもって建立したとのことである。青沼家は、米穀商をしていたが、明治初年、九代の米治は戸長職を務めるいっぽう、味噌・醤油の醸造業を始める。その後を継いだのが、これから触れる青沼家十代升治である。升治は、明治二十二年（一八八九）荒雄村発足時には村長を務めている。彦治はその義弟で、のち十一代青沼家当主となる。升治が始めた酒造業は堅調に推移し、現在は「宮城ふるさと酒造株式会社」という大きな酒造会社となっている（『古川市史 第四巻』による）。ちなみに、この領収証の束の中に、仙台の印刷所益弁堂渡邉為治郎の領収証があって、石版印刷の「醤油ペーパ」、つまり醤油瓶のラベルの印刷をここに発注していたことがわかる（【図版⑥】）。

證

一金三円

〆金四円八拾銭

右金額正ニ受取申候也

明治廿三年
二月三日

仙臺市國分町四丁目百十四番地
銅版石版彫刻印刷所
益辨堂渡邉爲治郎

青沼升治殿

【図版⑥】青沼升治宛益弁堂渡邉為治郎「醤油ペーパ」印刷代領収証

青沼升治宛奥羽新聞社領収証

青沼家では、『奥羽日日新聞』も購読していたようで、奥羽新聞社の領収証が入っていた（【図版⑦】）。

一金九十八銭六厘
但奥羽日々新聞　一月ヨリ二月六日迄
　郵便税分
右正ニ受取候也
明治十八年三月十四日　奥羽新聞社（印「奥羽日々新聞社／金員受取之印」）
青沼歼治殿

【図版⑦】　青沼升治宛奥羽新聞社『奥羽日日新聞』代領収証

当地の新聞発行事情は目まぐるしい。『仙台新繁昌記』（明治十六年〈一八八三〉、菅野長平著・出版）の「新聞社」の条に次のようにある。

仙台に新聞雑誌の起るもの尠しとせす。明治八年のころ東北新聞あり。尋で仙台日々新聞と改号し、十二年に宮城日報の発行ありて、大に世上の愛顧を深くし、一日の発行高二千枚に越えしといふ。此際に東北新報なるもの起りて大に世評たかく、是より先き仙台日々新聞は陸羽日々新聞と改称し、宮城日報は漸く衰亡を顕はす。尋で仙台福島毎日新聞の発行あり。楽善叢誌なるもの起る。仙福毎日新聞滅亡して宮城日報再び起る。時に進取雑誌、及び呵々雑誌の刊行あり。幾くもなくして両ながら廃す。十四年の夏東北毎日新聞の発刊あり。又た宮城日報廃せられて仙台絵入新聞起り、宮城政談雑誌の発行あり。此の時や、陸羽、東北、絵入の三新聞は鼎立して、をの〳〵其の声価を競ひたり。十五年の春東北毎日は遂に廃刊して東北新報を出すのみなりき。時に東北自由新聞の刊行あり。尋で常磐新聞なるもの顕はる。幾くもなく両ながら休刊し、随つて東北新報も亦た倒る。今や存する所のものは実に陸羽日々新聞と仙台絵入新聞の二種のみ。（以下略）

その「陸羽日々新聞」を明治十六年に改題して『奥羽日日新聞』が発刊されるのである。

さて、領収証に「郵便税分」とあるように、これも郵送によって同家に届けられていた。この当時、古川には新聞・雑誌の販売店がなく、『奥羽日日新聞』のような地元紙であれば直接新聞社から、東京発行の新聞や雑誌であれば、仙台の木村文助を中継しての購読となるのである。では古川に書籍店は無かったかというとそうではない。

古川書肆松谷林兵衛

領収証の束の中に松谷林兵衛発行のものが多数含まれている。松谷家は、江戸時代から続く豪商で資産家である。大崎市役所脇にあるその住宅は、現在国の登録有形文化財となっている（【図版⑧】）。この家から青沼家は、事業資金であろうと思われるが、しばしば融資を受けていることが、領収証からわかる。たとえば、これは明治十七年（一八八四）十月十三日付のもので、前月に百円の借用をしていたことを示す（【図版⑨】）。

【図版⑧】　松谷家の蔵

記

一金壱百円也

右ハ去ル九月十八日御差繰

　　　申上候金員也
右正ニ請取申上候也
右之通
十七年
　十月十三日　　松谷林兵衛
青沼升治様

次は三百円の借金である（【図版⑩】）。

［印紙］　　証
一金三百円也

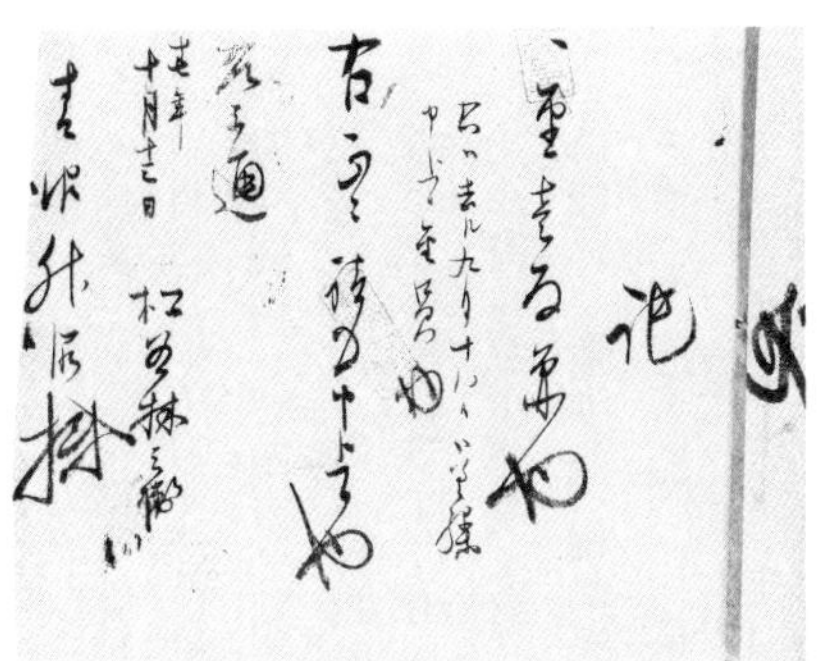
【図版⑨】　青沼升治宛松谷林兵衛返済金領収証

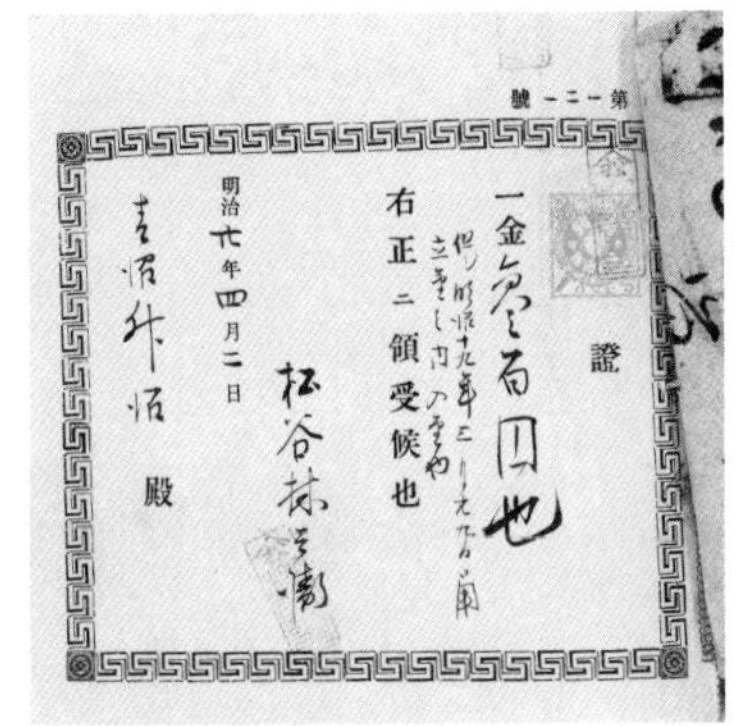
第一二號
證
一金三百円也
但シ明治十九年三月廿九日御用立金之内入金也
右正ニ領受候也
明治廿年四月二日　松谷林兵衛
青沼升治殿

【図版⑩】　青沼升治宛松谷林兵衛返済金領収証

　　　但シ明治十九年三月廿九日御用
　　立金之内入金也
右正二領受候也
　　　松谷林兵衛
明治廿年四月二日
青沼舛治殿

この類のものが二十枚ほどある中に、十七年十二月二十二日付のものは引札の裏を使ったものである。その引札面を紹介する（【図版⑪】）。

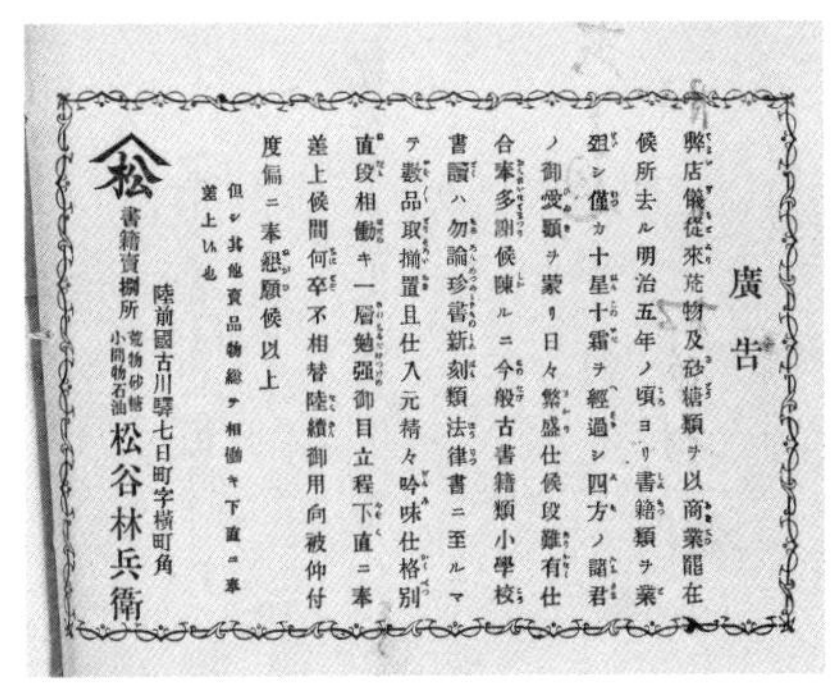
廣告
弊店儀從來荒物及砂糖類ヲ以商業罷在候所去ル明治五年ノ頃ヨリ書籍類ヲ業廼シ僅カ十星霜ヲ經過シ四方ノ諸君ノ御愛顧ヲ蒙リ日々繁盛仕候段難有仕合奉多謝候陳ルニ今般古書籍類小學校書籍ハ勿論珍書新刻類法律書ニ至ルマテ數品取揃置且仕入元精々吟味仕格別直段相働キ一層勉強御目立程下直ニ奉差上候間何卒不相替陸續御用向被仰付度偏ニ奉懇願候以上
但シ其他賣品物總テ相働キ下直ニ奉差上候也
陸前國古川驛七日町字横町角
松　書籍賣捌所　荒物砂糖　小間物石油　松谷林兵衛

【図版⑪】　青沼升治宛松谷林兵衛返済金領収証裏の引札

広告

弊店儀、従来荒物及砂糖類ヲ以商業罷在候所、去ル明治五年ノ頃ヨリ書籍類ヲ業殖シ、僅カ十星霜ヲ経過シ、四方ノ諸君ノ御愛顧ヲ蒙リ、日々繁盛仕候段、難有仕合奉多謝候。陳ルニ、今般古書籍類小学校書読ハ勿論、珍書、新刻類、法律書ニ至ルマテ、数品取揃置、且仕入元精々吟味仕、格別直段相働キ、一層勉強、御目立程下直ニ奉差上候間、何卒不相替陸続御用向被仰付度、偏ニ奉懇願候。以上。

　但シ、其他売品物総テ相働キ、下直ニ奉差上候也。

陸前国古川駅七日町字横町角

〈松　書籍売捌所 荒物 砂糖 小間物 石油 松谷林兵衛

そもそも荒物・砂糖類を商っていたが、明治五年（一八七二）ころから書籍類も扱い始めたとのこと。その業務が拡張し、古書、学校用書籍等々手広く行うようになったと述べている。それほどまでにこの時期における教育関係書の需要の伸びは急激だったのだろう。なお、この領収証の束には、青沼家が松谷から書籍を購入していた痕跡は見あたらない。

大正二年（一九一三）五月志田郡役所編『志田郡案内誌』に掲載した広告は、「営業品目／荒物和洋小間物／砂糖 洋粉 石油／虎マッチ奥羽一手捌／食塩元売捌所／陸前古川町／〈松　松谷林兵衛／電話四番／電略〔マ〕又ハ〔マツ〕」となっており、このころにはもう書籍の商売をうたっていない。

古川の書店

松谷のほかにも、古川で書籍を商っていたと思われる店がいくつかある。

古川十日町の小林金治は、松谷林兵衛とともに、『仙台新繁昌記』の売弘として名を連ねている（【図版⑫】）。それ以外にも、『開化漢語用文』（明治十三年〈一八八〇〉序）・『標箋正文章軌範』（明治十五年〈一八八二〉再版）・『書牘確證帝国文證大全』（同年刊）の水野慶次郎版に売弘として名が見える。また、「陸前 古川十日町／書籍販売所／小林金治」という印文の仕入印を、架蔵の『日本地誌略巻四字引』（明治十年〈一八七七〉、柳河梅治郎版）

と『改正日本地誌略巻三字引』（同年、水野慶次郎版）に確認している。『東講商人鑑』（安政二年〈一八五五〉序）「仙台領志田郡古河町諸商人細見」には「十日町／金物小間物店／小林屋金治」とこの店のことが見えている。金物・小間物以外に書籍も扱っていたかもしれないが、書店といえるような営業になったのは、松谷と同様、明治になってから、それも地域で学校教育が行われるようになってからであろう。

他にも、売弘書肆として確認できる店が古川に二軒ある。『開化漢語用文』（明治十三年、水野慶次郎版）と『書牘確證帝国文證大全』（明治十五年、同版）には阿部万兵衛、『箋註続蒙求校本』（明治十四年〈一八八一〉、吉川半七版）に伏見重五郎の名を古川という所付けで見出せる。

さて、こうしてみると、古川の書店が東京の藤岡屋水野慶次郎出版の書籍の売弘として名を連ねることが多いように思われる。『書牘確證帝国文證大全』（明治十五年、水野慶次郎版）巻末売弘書肆一覧には松谷の名前も見えている。大正元年（一九一二）『東京書籍商組合史及組合員概歴』に「藤岡屋　水野慶次郎　三代（慶応三年六月二十九日生）　東京市日本橋区通油町十八番地　創業天保五年／初代慶次郎ハ江戸本郷ニ生レ、天保五年日本橋通油町ニ於テ書籍地本及ビ錦絵問屋ヲ開始ス。二代慶次郎ハ専ラ書籍ヲ出版シ、教科書ノ翻刻及ビ取次販売ヲナシ、明治十四年ノ頃、錦絵問屋ヲ廃ス」とあるように、明治になって出版の主体は教育関係書のほうに移っていくわけである。

教育関係書について、和泉屋山中市兵衛が築き上げた流通網は近世後期から強大なものであった。それに次いで森屋石川治兵衛も山中の流通網の間隙を縫うように東北各地に提携関係を築き、とくに福島県内には強みを持っていた（『江戸の読書熱』で触れた）。この分野

各所　賣捌所

仙臺　伊勢　安右衛門
同　同　支店
同　白木　半右エ門
同　伊勢　兵吉
同　木村　文助
石巻　三陸　利兵衛
同　小野寺　長藏
古川　松谷　林兵衛
同　小林　金治
山形　荒井　大治郎
同　荒井　清作
盛岡　久保田　庄助

【図版⑫】『仙台新繁昌記』巻末売弘書肆一覧

では後発の水野は、山中や石川などの流通がまだ及んでいないような微妙な地域や新興の店に対する営業を積極的に行っていったのではなかろうか。つまり、古川など、先に見たように、仙台書肆の商圏の及ぶうちにあったわけであるが、松谷林兵衛の引札からもうかがえるように、学校の設立によって高まった書籍需要に応じて、地域に書店業が成り立つようになる。このような地域の店と、仙台書肆を経由しない直接的な流通を築こうとしたのではなかろうか。言い換えれば、古川では、大きな書籍流通拠点の近傍にあったために書店業が起こらなかったものの、明治になって日用的な書籍需要が増加し、後発の東京書肆も提携しやすい新たな書籍小売店が成立していったということになるであろうか。

14 彫工たちの明治
――葉書に見える仕事の実際――

江戸時代、印刷の主流は、整版印刷であった。これに関わる職人、すなわち彫工や摺師は、とくに都市部で分厚い層を成して存在していた。都市部以外の地域でも、印判との兼業で版木の制作を請け負う職人は広く存在していた。時代が下るにしたがって、各地に備わる印刷機能は充実していったわけで、明治を迎えても衰えることがなかった。活版・銅版・石版等々、新たな印刷技法が導入されていったが、しばらくは印刷の主流は製版印刷であり、それに従事する職人たちは、健在であった。

九如堂宛島津正吉葉書

まずは京都。ここに紹介するのは五厘小判葉書で、島津正吉なる者が九如堂に発したものである（【図版①】）。小型の白抜き十字印が捺され、二重丸の消印には「京都　山城・九・三・へ」とある。何年のものか特定できないが、この様式の二印を同時に備える例は、明治十二年（一八七九）から十三年（一八八〇）にかけてのようである。

宛名書きは「冨小路三条上ル西側／書林／九如堂様／御直覧ヲ乞」とあり、「東三本木中町／島津正吉拝」と差出の記事がある。

裏には次のように書かれている（適宜句読点を補った。以下同じ）。

畧文御用捨可被下候。扨、彫刻モノ義、大キニ延引仕、恐入奉存候。引ツヽキ仕居、明後日者、三四枚持参可仕心組ニ御坐候。乍去、二日ニ出来之分仕上ケ持参可仕様申上候得共、少々書損仕候故、相直し、明後五日持参可仕候間、此段分テ御断申上候。余ハ拝面万々奉申上候也。

九月三日　　午後第二時投函

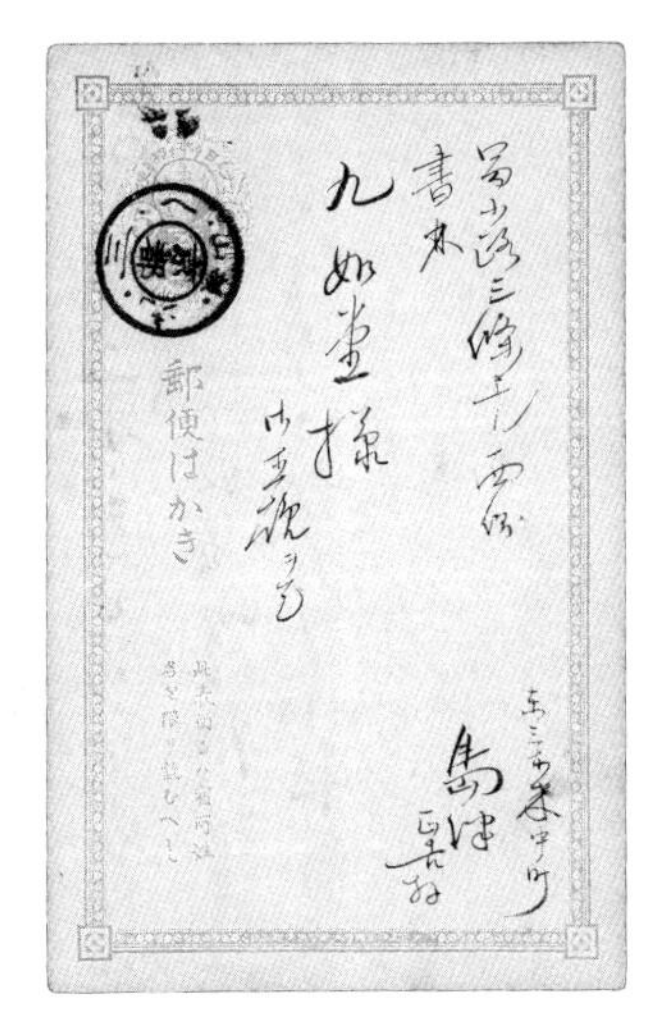

【図版①】　九如堂宛島津正吉葉書

九如堂は書肆佐々木慶助。明治十三年には、雨森精翁標纂『標纂十八史略校本』の出版があるが、「彫刻モノ」がこれの彫板に関係するものかどうかはわからない。そして、島津正吉という彫工がいたということも、この葉書によって知れるのみである。刊本に名前が記載されている者、地誌類に記事がある者など、名が後代に残るのは、これら職人のごくごくひとつまみに過ぎない。

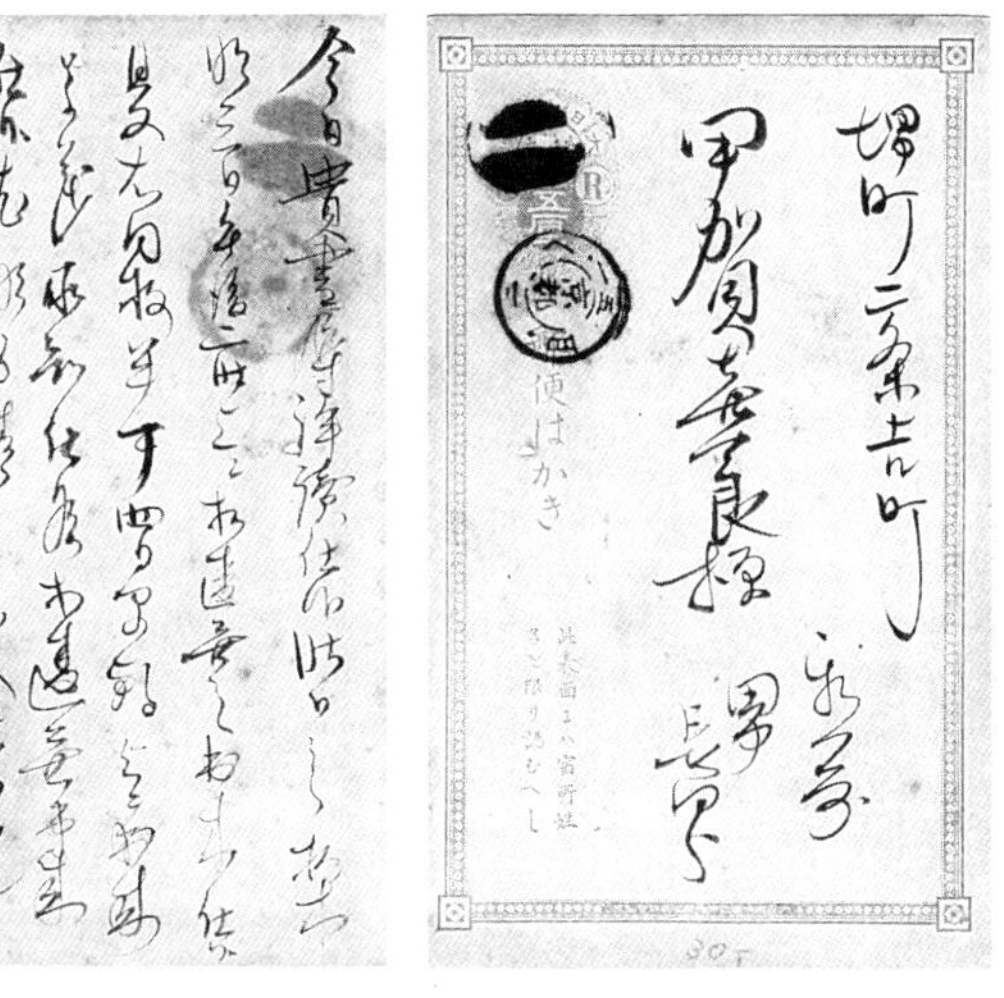

【図版②】　甲賀喜一郎宛田中長四郎葉書

甲賀喜一郎宛田中長四郎葉書

これも五厘小判葉書である（【図版②】）。京都の大型ボタ印と、二重丸の消印「京都　一五・四・二・へ」が捺されてある。明治十五年（一八八二）のものである。宛名は「堺町二条上ル町／甲賀喜一郎様」、差出は「新藤／田中長四郎」と見える。裏は次のごとし。

今日貴書辱拝読仕候。昨日之板木、明三日午後二時迄ニ相違無之出来仕候。且又、右同板半丁四日早朝迄ニ出来候の義、承知仕候。相違無出来仕候。尤彫も精々念入仕候也。右御返事如斯御座候。以上。

二月二日

甲賀喜一郎は、江戸時代より彫板の業を確認できる。『大日本永代節用無尽蔵』（嘉永二年〈一八四九〉再刻、須原屋茂兵衛・風月荘左衛門・山本長兵衛・小川多左衛門・出雲寺文次郎・神部源右衛門・小川源兵衛・北村太助・藤井孫兵衛・神先宗八・勝村治右衛門刊）の刊記に「全版彫匠　山本長左衛門／樋口与兵衛／甲賀喜市郎／森垣伊三郎／祖父江吉平／井上治兵衛」、『五行四行浄瑠璃外題目録』（嘉永三年〈一八五〇〉、近江屋善兵衛・本屋清七・綿屋喜兵衛・

佐々井治郎右衛門・加嶋屋清助版）の刊記に「京　彫工　甲賀喜市郎／同　樋口与兵衛」、『讃岐国名勝図会』（嘉永七年〈一八五四〉刊）の刊記には「彫刻　一ノ巻　岡田茂兵衛／二ノ巻　辻井市三郎／三ノ巻　井上治兵衛／四ノ巻　樋口与兵衛／五ノ巻　甲賀喜一郎／御国彫　尾崎平蔵／須田秀蔵／剮印師　木村屋吉兵衛」「嘉永七甲寅年新刻／書林　京六角通堺町東北側　平野屋茂兵衛／高松南新町一丁目　筑前屋与兵衛／同西新通町　本屋茂兵衛／江戸日本橋通二丁目　山城屋佐兵衛／京四条通御旅町　辰巳善右衛門／大坂心斎橋筋久太郎町　河内屋喜兵衛／同北久太郎町四丁目　河内屋清七」などとあって、この業では京都を代表する一人であった。

『京都書林仲間上組 諸証文標目』至同（安政）三丙辰年（一八五六）正月条に「一御遷幸御行粧略図右恐多き品板木彫立候ニ付佗一札　同（証文一通）　板木屋喜一郎」という記事が見えていて「板木屋」を名乗っていることがわかる。彫工と板木屋、明確な線引きは難しいが、後者については、複数の職人を擁して手広く事業を展開している場合が多い。先に掲げた刊記に、甲賀とともに名を連ねている井上治兵衛や樋口与兵衛もそのような板木屋で、甲賀もおそらく同様であったろう。

明治になっても、『売買ひとり案内』（明治十一年〈一八七八〉刊）版木師の条に「堺町夷川下　甲賀喜一郎」、『西京人物誌』（明治十二年刊）版木師の条に「上京区第廿五組堺町夷川南　甲賀喜一郎」と見えて、明治になっても仕事の堅調ぶりがうかがえる。

さて、田中長四郎という彫工の存在も、この葉書によって知れるのみである。田中長四郎が甲賀に彫板を依頼されたこともこれにて分かるわけである。板木屋は、自店で抱えている職人だけを使っていたわけではない。井上治兵衛の親戚であった京都の書肆林芳兵衛が「家には十四五人しか職人は居りませぬが下職といふものが何百人といつて居りました」という井上についての談話を残しているように（樋口知子「史料紹介 林芳兵衛・中井三郎兵衛談話速記」『三井文庫論叢』三八、二〇〇四年十二月）、店外に多くの下請けの職人との関係を

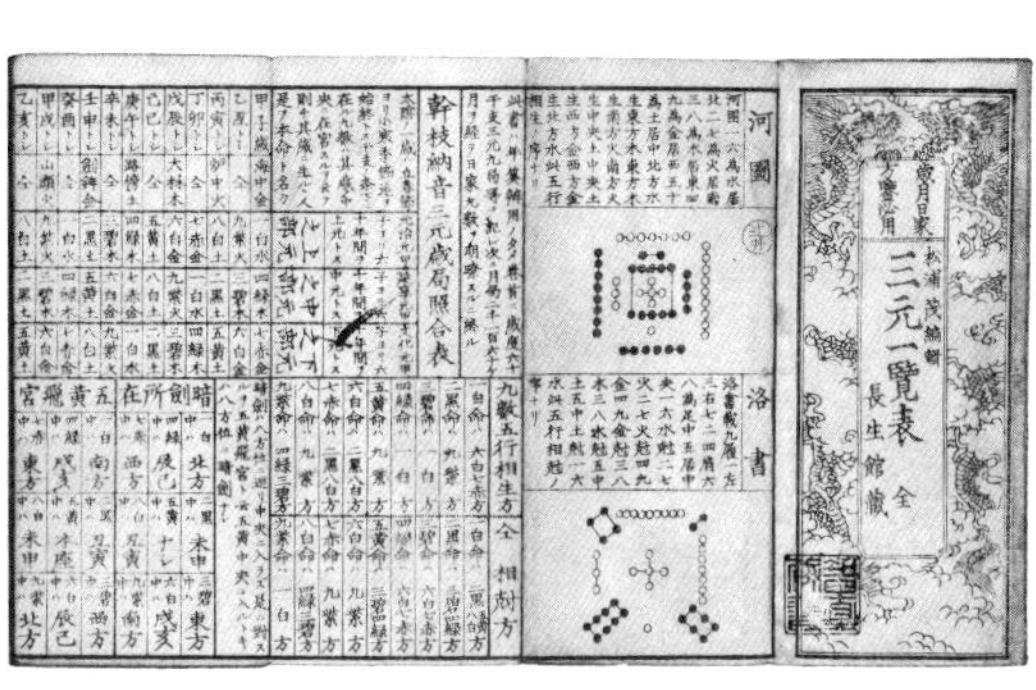

【図版③】『三元一覧表』

保っていたのである。田中もそのような下請けであったのであろうが、甲賀が他から依頼された彫板の仕事の一部を田中に回したものであるとは、じつは断定できない。井上治兵衛もそうなのであるが、板木屋が、彫板の仕事とは別に出版事業に乗り出すことがある。井上は、本屋仲間に加入して、越後屋治兵衛として幕末より旺盛な出版事業を展開する。甲賀も、明治十五年五月に松浦茂編『三元一覧表』を出版しており、件の葉書はこれに関係する可能性も高いのである（【図版③】）。

江川源左衛門宛玉林堂葉書

東京に目を転じてみよう。この半銭二つ折葉書には、「東京　明治七・一一・一八・午前」「東京　明治七・一一・一八・午前」の消印がある（【図版④】）。すなわち、明治七年（一八七四）十一月十八日午前投函のものである。宛名は、「根岸村小塚　元ト本間邸うしろ／絵半切状袋問や／江川源左衛門様」、差出は「中橋／玉林堂」で、「至急」と書き添えられている。裏は

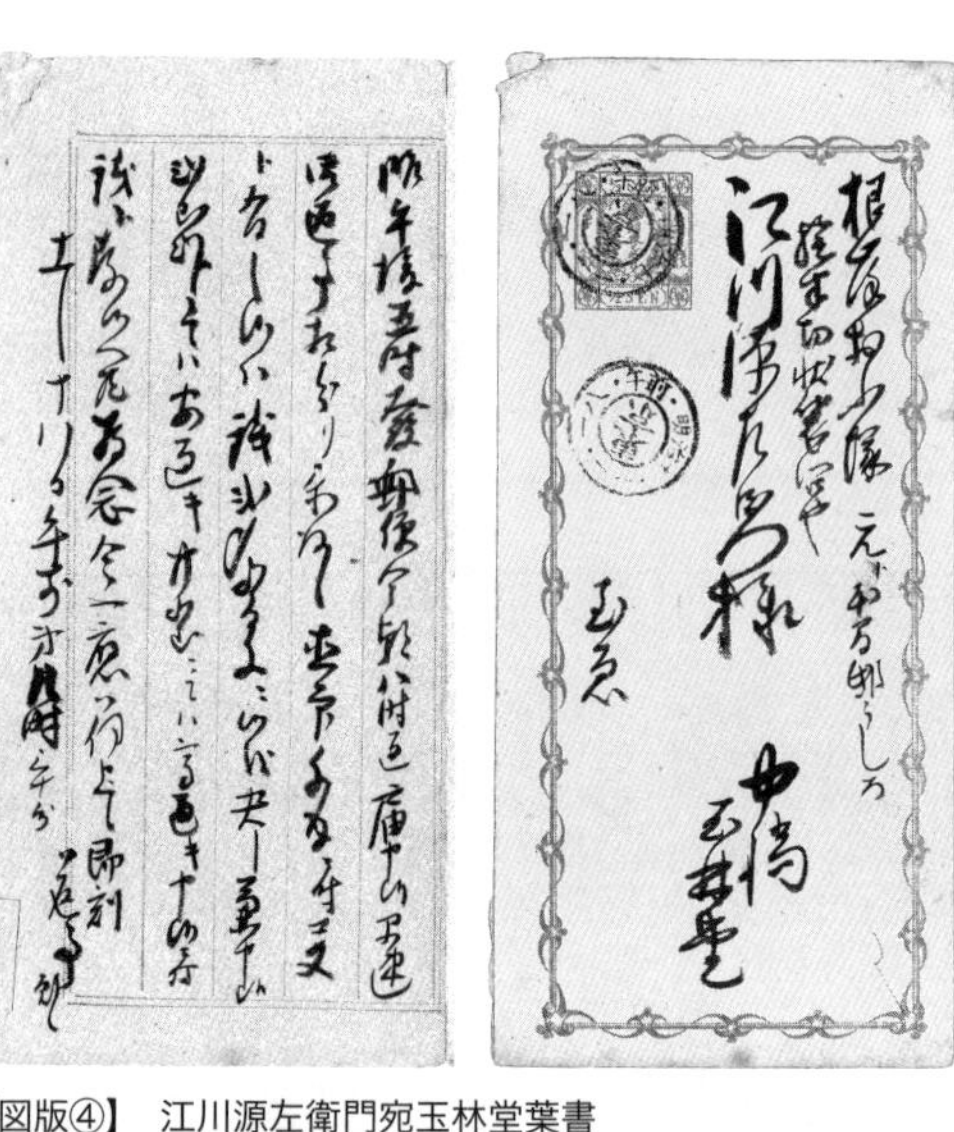
【図版④】　江川源左衛門宛玉林堂葉書

次のごとし。

昨午後五時発郵便、今朝八時過届申候。早速御返事相被下り、忝存候。直印千枚ニ付、コ又ト有之候ハ、銭弐〆弐百文ニ候哉、決し兼申候。弐匁弐分ニてハ安過キ、廿弐匁ニてハ高過キ申候ニ付、銭ト存候へ共、為念今一応伺上候。即刻御返事願候。
十一月十八日午前第八時三十分

江川源左衛門は、丸山季夫「刻師名寄」に『古器物図精刻』江川源左衛門刻。明治十一年至十三年刊。博物館蔵板。（小野忠重氏稿）」として掲載されている。この葉書には「絵半切状袋問や」という肩書きが記されているので、実用的な印刷物を仕立てて卸す商売を行っていたのであろう。中橋の玉林堂は、罫紙や書簡用紙などを扱っていた店で、おそらく千枚でいくらかというこの直段の問い合わせも、絵半切の類についてのものであったろう。書籍に関わる仕事だけではなく、むしろ、このような日用品に関わる印刷こそが、多くの彫工の糊口に資していたものかと思われる。

江川源左衛門宛橋成彦葉書

もう一通江川源左衛門宛の葉書がある（【図版⑤】）。これは、丸菊半銭葉書で、白抜十字のボタ印、二重丸印「東京　九年・七・一九・は」が捺されている。宛名は「下谷金杉村　三百拾九番地ニテ／江川源左衛門様」。先掲葉書の宛先は「根岸村小塚」であったが、この一年半ほどの間に引っ越したものと思われる。職人の、とくに小前の人々は、よく居を転ずる。裏書は次のごとし。

判板ノ義、被仰越候間、昨日相越、取調候得共、先方ニハ無之段申候故、先方摺候者、横浜ニ相越居候趣ニ付、判木預り主ゟ、早速横浜取調可致由ニ付、相分次□□（欠損）届申上候也。

七月十九日　橘成彦

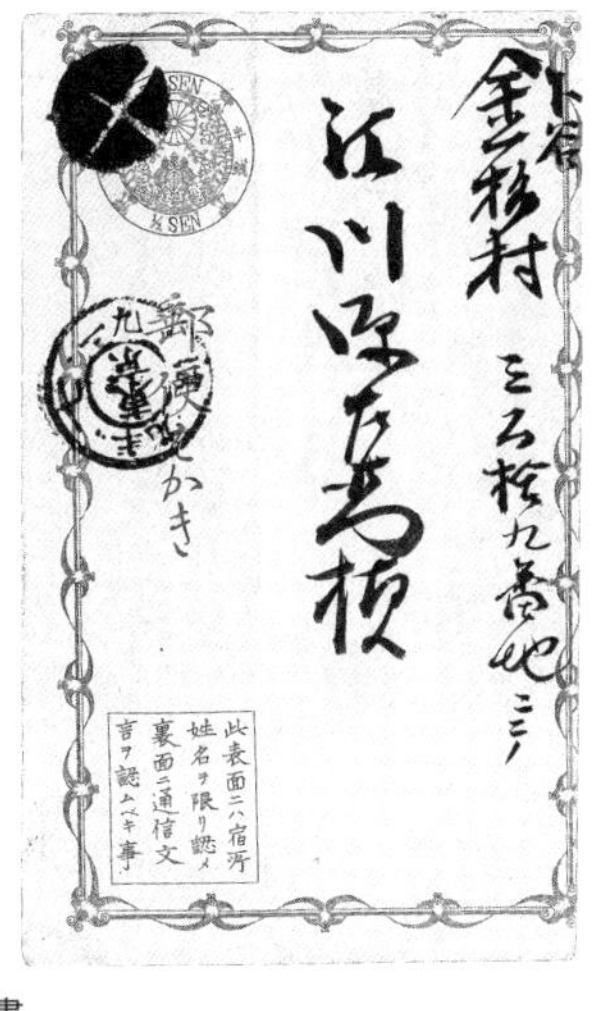

【図版⑤】　江川源左衛門宛橘成彦葉書

橘成彦は何者であるかわからない。江川は板木を橘に探させているようであるが、葉書の内容もぴんとこない。横浜に転居した摺師らしき者があやしそうであるが、人物関係や状況が具体的にわからないのである。私信という史料からは、当事者間で了解済みのことは捉えにくい。

朝倉音次郎宛鎌倉屋葉書

次も半銭丸菊端書の市内便である（【図版⑥】）。白抜き十字ボタ印に、「東京　九年・三・七・に」の二重丸印が捺されている。宛名は「本所南荒井町／拾九番地判木師ニ而／朝倉音次郎様／大至急」、発信は「同所三ッ目／鎌倉屋ゟ」。裏書は次のごとし。

昨日御頼申候稲荷之ちらし、彫工方出来ニ相成候ハ、摺工へ御廻し、天窓も紅之ぼかしニ、四百五拾枚程御摺被下、紙ハどうさ引之奉書ニて、明日

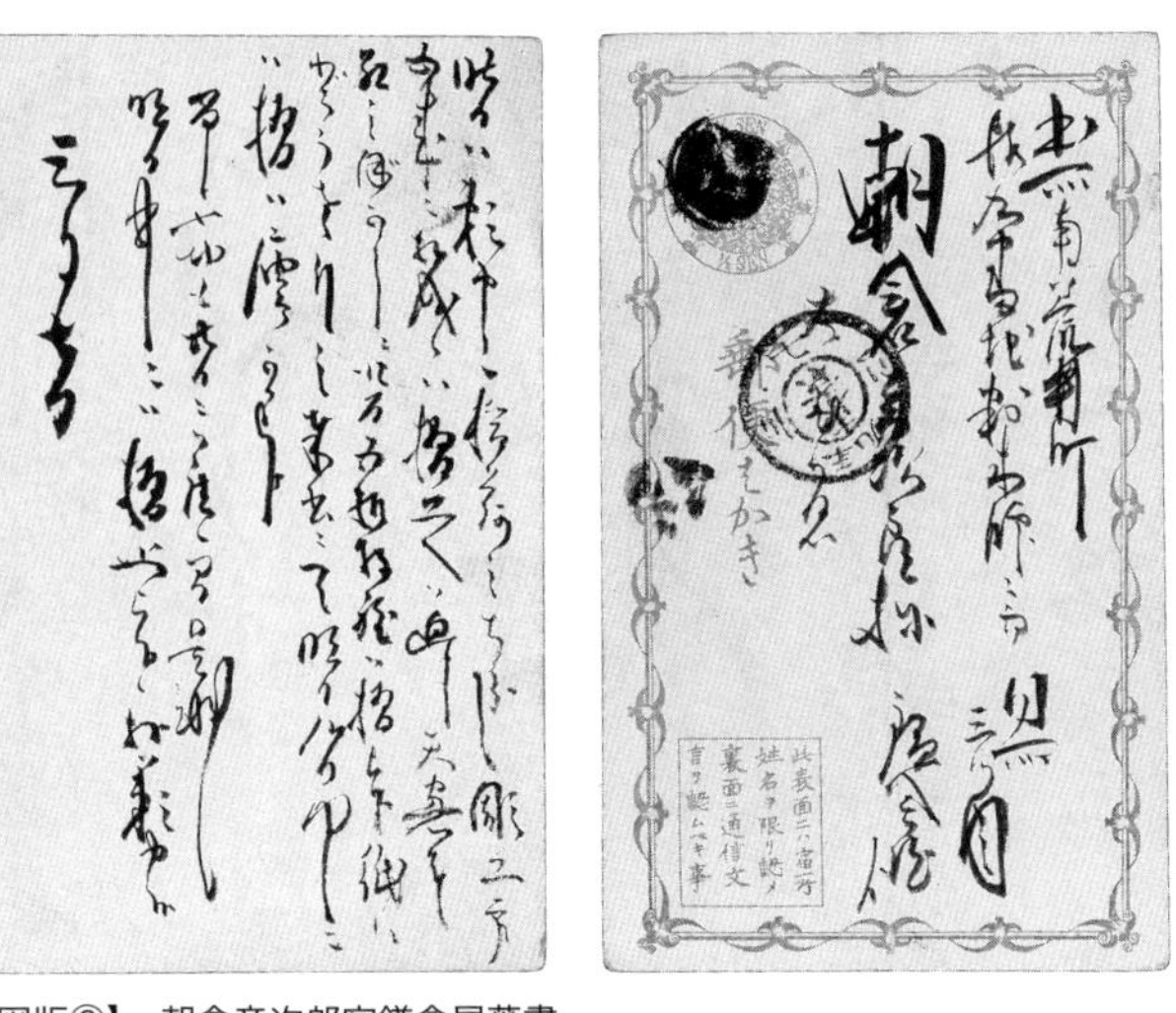

八日中ニ御摺御届ケ可被下候。
尚々〆切も此日ニ御座候間、是非〳〵
明日中ニ御摺上被下候様御頼申候。
三月七日

【図版⑥】　朝倉音次郎宛鎌倉屋葉書

本所三ツ目の鎌倉屋は何商売かわからない。ここが「稲荷之ちらし」を発注したようであるが、これも不明。六日に依頼して、八日中までに四百五十枚、なかなか急ぎの仕事である。彫工朝倉音次郎は、他にどのような仕事をしているか分からないが、これを見る限り、摺師も差配して、摺物所のような営業も行っていたようである。広告媒体として、明治初年代は、まだまだ、木版印刷による引札が主流であり、これも彫工や摺師たちの大きな営業の柱であった。

＊

明治二十六年（一八九三）『普通第1種　庶政要録・工部・組合・2冊ノ内（甲）』（東京都公文書館蔵）所収「版木工組合規約改正願」に付載されている組合員名簿には、江川源左衛門も朝倉音次郎もその名を見いだせない。この名簿には五百名近い彫工が登録されていて、まだまだ木版の需要のあったことが察せられる。しかし、活版、あるいは銅版・石版による印刷がかなりの割合を占めてきている明治後期、先行きの見通しの暗い職種になりつつあったことは慥かであろう。江川・

朝倉の去就は知れないが、兼業の印判のほうに力点を移すか、あるいは発展的に銅版等他の印刷様式にも乗り出すか、転地して地方の需要に応えるか、あるいは木版の業を廃するか、組合員個々、そろそろ真剣に考えなくてはならない時期になってきているのである。

15 明治の製本師
――製本印という史料――

刊本は、版を作成し、それを紙に摺り取り、その紙に表紙を掛けて綴じて出来上がる。ここに、彫師・摺師・製本師という職人が関与する。この本作りを支えてきた三職については、普通の職業であっただけに、その仕事に従事してきた人々についての資料はなかなか残っていない。彫師については、腕のある者については出版物に名を留めることが比較的多いが、摺師についての記事は稀である。製本師にいたっては、その仕事の痕跡を刊本に残すことは江戸時代においてはまず無い。それが明治になると、自身が製本した書籍に製本師が印を捺す事例が見受けられるようになる。ここでは、その印を紹介しつつ、明治期の製本師について述べてみようと思う。

製本師の仕事と製本印

蓮池畔人「新撰百工図製本職図解」（『風俗画報』百八号、明治二十九年二月、東陽堂発行）に次のように見える。

> 製本職とは何の書によらず版摺より摺上りたるものを書籍に仕立あげるものにて先其順序の概略をいはんに折と唱へて二つに罫の齟齬はぬやうに折夫より折目を正しく並べおきたるを一二三と丁数の順に取重る是を丁合をとるといふ而して寄板といふ台にのせて本紙の天地左右を取揃へ目打錐にて穴を明け紙縷にて下〆をなし万力に掛て紙をよく落つかしめ夫より上下書脳の三方を包丁にて截とり角を適宜の色のシケ絹にて包む（中略）偖又綴かたは本の大小の差別なく錐穴を四ヶ所明て綴る又五ッ明て綴るもあり（以下略）

もっと実際に即した段取りを知りたければ、恩地孝四郎編『書窓 第十一巻第二号　製本之輯』（一九四一年三月、アオイ書房）あたりに就くのがよかろう。

さて、私に「製本印」と名付けてみた製本師関与の証跡が書籍にとどめられることがある。多くは、巻末の刊記部分、綴じ目の欄外下方に押捺されている。落丁・乱丁が無いか確認し下綴じをした後、表紙を掛ける前に押捺したものもあると思われる。江戸時代のものと思われるものは今のところ見かけない。明治になって一部で行われるようになったものと思われる。

大坂の表紙屋

表紙屋とは、そもそも書籍の表紙を制作してそれをひさぐ商売である。しかし、表紙屋が製本を行うことも通常のことであったと思われる。大坂では特に両職を兼ねる者が多かったようで、表紙屋と製本職との間にけじめはほとんど無かったようである。『商人買物独案内』（文政三年〈一八二〇〉刊）には、次のように三店の「表紙屋」が記載されている。

表紙
書物仕立　北久宝寺町心斎橋
手本類　表紙屋安兵衛

表紙
書物仕立　塩町渡辺筋角

手本類　　播磨屋甚助
表紙
書物仕立　塩町心斎橋西へ入
手本類　　播磨屋理助

『浪華の賑ひ 三篇』（安政二年〈一八五五〉、吉野屋仁兵衛・山城屋佐兵衛・河内屋喜兵衛刊）に「摺本背負ふて出ル表紙屋あり」とあるのも、摺本をこれから製本するために持ち出しているのである。

大坂では、明治になってもその職の内容と呼称の習慣とが存続していたようである。これまで確認できた大坂の製本印の印文は、すべて「表○」となっており、これは「表紙屋○△」の略称であると思われる。まず「製本師塩弐表寅」（明治十三年〈一八八〇〉、前川源兵衛刊『続詩学精選』）。「塩弐」は「塩町弐丁目」の略で、大坂のものは住所を印文に示すことが多いようである。「製本師博四 表芳」（明治十六年〈一八八三〉、梅原亀七刊『小学中等女子作文稽古本 二』）も同様で、これは博労町四丁目の居住のようである（【図版①】）。「製本師表広」（明治十八年〈一八八五〉、柳河梅次郎出版、岡島真七製本発売『小学修身書 四』）と住所を記載しないものもある（【図版②】）。いずれも略称のみで姓名が完備していないのは歯がゆいが、しかし、わかったところでそれまでの話ではある。

【図版①】　製本印「製本師 博四 表芳」（明治十六年『小学中等女子作文稽古本 巻二』）

【図版②】　製本印「製本師表広」（明治十八年『小学修身書 四』）

名古屋の製本師

名古屋の製本師については、『尾三農商工繁昌記』（明治十七年〈一八八四〉、績立社刊）第十八編工之部に「製本職　下長者町　岡田正吉」、「和漢西洋綴製本職　開益堂」と二軒掲載されている。また、『愛知県人物誌附愛知県諸商業一覧』（明治二十二年〈一八八九〉十月、耐成堂発兌）に「製本職　八百屋町　開巻舎」、「同（製本職）入江町三丁目　製本師松次郎」、「製本兼銅版職　裏門前町　二村伊三郎」と三軒確認できる。

これ以外にも、名古屋出来書籍に押捺された製本印によって、この町の製本師を幾名か加えることができる。ただし、前記地誌類に記載されている者と重なっている可能性もあろう。いずれも架蔵本であるが、まず『幼学人体問答』（明治九年〈一八七六〉、栗田東平出版）に「製本師塚崎」、『太乙堂詩鈔』（明治十一年〈一八七八〉、栗田東平版）に「製本師伊藤」、『近体祝詞文範』（同年、栗田東平版）と『二家対策』（嘉永五年〈一八五二〉序、明治印、万屋東平版）に「製本師南部」、『万国史畧字引』（明治十一年、栗田東平出版）に「製本師長尾」の印（【図版③】）を確認できる。このように栗田東平版に多数確認できるが、これは栗田の方針によるものであろう。以下に検討するように、製本印の押捺は、製本師が勝手に捺すのではなく、版元の指示次第ということになると思われる。

それ以外では、『普勧坐禅儀』（明治十二年〈一八七九〉、名古屋安藤吉兵衛版）に「製本師加藤」、『明治字林玉篇』（明治十七年〈一八八四〉、梶田勘助版）に「製本司蝶彌」（【図版④】）、『老子講義』（明治十八年、三輪文次郎版）に「表　製本師／清雲堂」の印を見いだせた。

【図版③】『万国史畧字引』（明治十一年、栗田東平版）の「製本師長尾」印

【図版④】『明治字林玉篇』（明治十七年、梶田勘助版）の「製本司蝶彌」印

製本師と版元

京都出来の書籍の製本印押捺は今のところ次の二例しか見つけていない。『筆算教授本 二』（明治十二年、福井源次郎版）押捺の「正宝堂製本方落丁改高田」（【図版⑤】）、『筆算教授本 一』（明治十七年、同版）の「正宝堂製本方落丁改金谷」（【図版⑥】）である。いずれも「正宝堂製本方」とあり、版元福井源次郎専属の製本師である。印も福井が誂えて、抱えている製本師に捺させたものかと思われる。

【図版⑤】『筆算教授本 二』（明治十二年、福井源次郎版）の「正宝堂製本方落丁改高田」印

【図版⑥】『筆算教授本 一』（明治十七年、福井源次郎版）の「正宝堂製本方落丁改金谷」印

特定の版元の書籍のみに特定の製本印が見られる事例は少なくない。製本印を捺させる方針の版元が限られるということもあろうが、版元と製本師とが専属、あるいはそれに近い関係を取り結んでいたことを示すものであろう。この下職の多くが、特定の版元と密度の濃い関係を保つことによって生業を成り立たせていたということである。

たとえば、「製本師　鹿野氏」という印は、成田山仏教図書館所蔵『幼学詩韻』（33-180、安政四年〈一八五七〉、須原屋茂兵衛・須原屋伊八刊）、弘前市立図書館所蔵『幼学詩韻 三編』（W919.85、安政五年〈一八五八〉、同刊）、架蔵『続幼学便覧』（明治三年〈一八七〇〉、同刊）、小千谷市高橋家蔵『増補新令字解』（明治三年、須原屋茂兵衛刊）、架蔵『日本地誌略 二』（明治十年〈一八七七〉、北畠茂兵衛御届）（【図版⑦】）、架蔵『漢文作法』（明治十年版権免許、北畠茂兵衛刊）に確認できた。鹿野は須原屋北畠茂兵衛が重用した製本師のようである。東京都公文書館所蔵の行政文書『普通第二種　願伺届録・組合規約・第三巻』に明治二十二年の「東京製本職組合規約御認可願」があり、その中にこの時点における組合員名簿（以下「名簿」と略）が綴じ込まれている。そこに「京橋区桶町廿一番地　鹿野至良」と見えていて、「鹿野氏」はこれであるかもしれない。また、こう並べてみると、右記安政四年版『幼学詩韻』や安政五年版『幼学詩韻 三編』の製本は明治になってからのことかと思われる。

須原屋茂兵衛は森田八右エ門も使っていた。「製本師森田八右エ門」という印文の製本印を、中央大学図書館蔵『経訓堂本墨子』（天保六年〈一八三五〉刊後印、松本氏霊巌山館蔵板、北畠茂兵衛刊）、架蔵『改正史畧 一』（明治七年文部省版、北畠茂兵衛翻刻）（【図版⑧】）、同『日本地誌略 巻四』（明治十年、同御届）、同『幼学詩韻続』（明治十二年三刻、北畠茂兵衛・青山清吉刊）、同『外史訳語』（明治十二年三刻、北畠茂兵衛・青山清吉刊）など多数に確認できた。

阪上半七版には「製本森田」という矩形朱印が多く確認できる。架蔵のものでは『文語良材 初編』（明治十二年七月刊）、『小学中等読本 一』（明治十五年再版）、『小学日本歴史 巻中』（明治十五年刊）（【図版⑨】）、『和文軌範』（明治十六年刊）、『新撰小学歴史 上』（明治二十一年〈一八八八〉刊）、『小学高等読本字引』（明治二十二年〈一八八九〉刊）等である。管見ではただ一例だけであ

【図版⑦】『日本地誌略 二』（明治十年、北畠茂兵衛御届）の「製本師　鹿野氏」印

【図版⑧】『改正 史畧 一』（明治七年文部省版、北畠茂兵衛翻刻）の「製本師森田八右エ門」印

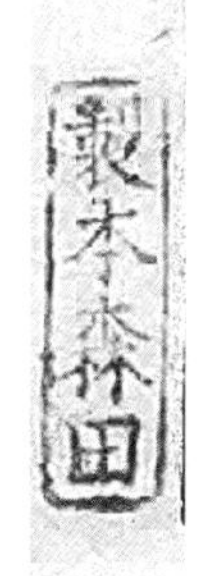

【図版⑨】『小学日本歴史 巻中』（明治十五年、阪上半七刊）の「製本森田」印

るが、明治十五年刊『小学中等読本字解』には、「製本師森田八右エ門」という須原屋茂兵衛版に捺されたものと同じ製本印が見られる。阪上半七版に多く見られる「製本森田」という印も森田八右衛門の製本印と思われる。「製本師森田八右エ門」印押捺は異例のことであり、阪上版には「製本森田」の印を捺すということになっていたのであろう。この一事をもってしても、版元が製本印を捺させるのであり、印章も版元が誂えたものかと思われる。

「製本師　水野四郎右エ門」という製本印は須原屋茂兵衛と阪上半七の出版物に見当たる。成田山仏教図書館所蔵『幼学詩韻続』(33-180、安政四年、須原屋茂兵衛・須原屋伊八刊)、同所蔵『幼学詩韻三編』(同、安政五年再刻、同刊)、架蔵『みづのこゝろ』(明治八年〈一八七五〉、坂本氏蔵版、北畠茂兵衛発兌)、同『聴訟指令』(明治八年、観奕堂蔵版、阪上半七発兌)(【図版⑩】)、同『幼学便覧三編』(明治十一年、北畠茂兵衛・北沢伊八刊)、同『小学高等作文教授本』(明治十四年〈一八八一〉、阪上半七刊)、同『小学中等読本』(同、同刊)、架蔵『小学珠算入門 四』(明治十五年、辻謙之介・北畠茂兵衛・阪上半七刊)、同『小学初等修身幼訓首編 上』(明治十六年、辻謙之介・阪上半七出版、北畠茂兵衛発兌)等である。

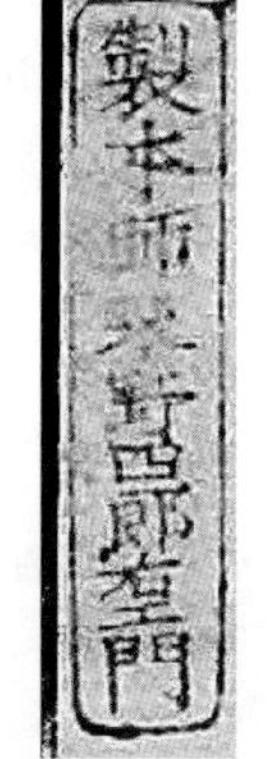
【図版⑩】『聴訟指令』(明治八年、観奕堂蔵版、阪上半七発兌)の「製本師　水野四郎右エ門」印

東京書籍商組合編『東京書籍商組合史及組合員概歴』育英舎阪上陽之介の条に「初代ハ阪上半七ト称シ紀伊国由来ニ生レ、弘化四年八月出京シ、日本橋区通一丁目須原屋書店ノ店員トナリ、後支配人トナル」とあるように、阪上は須原屋出身であり、その縁で同じ製本師と関係を取り結んでいたものなのであろう。

なお、阪上は、金子という製本師も使っていた。「製本金子」という小判型朱印も阪上版によく見るところである。架蔵本のみ掲げると、『小学中等読本 三』(明治十四年刊、阪上半七発兌)・『小学中等読本 一』(明治十五年再版、同発兌)(【図版⑪】)・『小学中等読本字解』(明治十五年、同発兌)・『小学珠算入門 一』(明治十五年、同刊)・『小学中等読本 二』(明治十七年三版、同刊）等に確認できた。文学社小林義則でもこの金子を使っていたようで、同じ印を『小学中等科読本 巻一』（明治十八年、文学社刊）・『新撰地誌 巻之四』（明治二十年、同刊）・『小学読本 一』（明治二十一年、石塚徳次郎・吉川半七・小林義則・宮川保全）等に確認している。

「製本方　池田松太郎」という印は、架蔵『明治新刻国史略』（明治九年、袋屋亀次郎刊）（【図版⑫】）、横浜開港資料館石井文庫所蔵『護法漫筆』（明治十年、石村貞一蔵版、発売万巻楼・明教書肆・同支店・文海堂）に見いだせた。

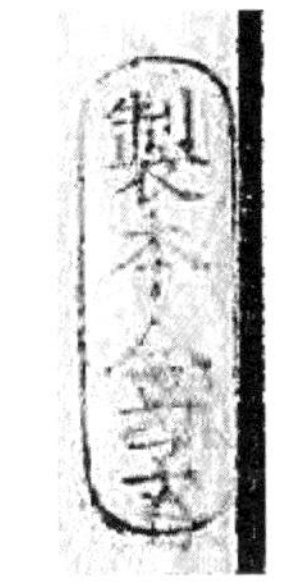

【図版⑪】『小学中等読本 一』（明治十五年再版、阪上半七発兌）の「製本金子」印

【図版⑫】『明治新刻国史略』（明治九年、袋屋亀次郎刊）の「製本方　池田松太郎」印

池田は万巻楼袋屋亀次郎との関係が深いようである。

和泉屋山中市兵衛は、浅倉屋久兵衛「明治初年東京書林評判記」に「明治時代に成書物屋に遷り候尤主人は須伊出身の人にて此時代には東京書林頭取たり。大伽藍の如き店、土蔵を建築し」とあるように、明治前期には、突出して勢いのある本屋であった。出版書もきわめて多い。まず菊沖音次郎という製本師を使っていたようで、「製本師 菊沖音次郎」の印を泉市版、また泉市発兌書に多数見つけることが出来る。架蔵のもののみ並べてみると、まず明治八年刊『新撰万字文 二』、明治九年刊『日本略史字引』、明治十年刊『今古八大家文鈔』、同『続明治文鈔』（【図版⑬】）、明治十三年刊『民間経済録字引』、明治十六年刊『左伝輯釈』等である。また、「製本師　水島宗八」という

【図版⑬】『続明治文鈔』（明治十年、山中市兵衛刊）の「製本師　菊沖音次郎」印

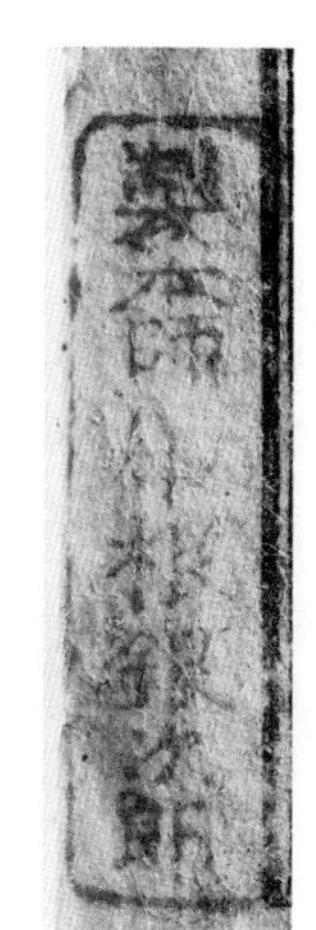
【図版⑭】『袖珍万国地誌畧字引』(明治九年、山中市兵衛刊)の「製本師 中根銀次郎」印

印も泉市版以外にみかけない。これは、架蔵『明治文抄 巻三』(明治十年版権免許)、信州大学教育学部所蔵『文体明弁纂要』(同)、架蔵『増補点註 国史畧』(明治十一年刊)に確認できた。また、「製本師 中根銀次郎」の印も同様で、架蔵『袖珍万国地誌畧字引』(明治九年刊)(【図版⑭】)、架蔵『日本畧史字引略注』(明治十年刊)、信州大学付属図書館蔵『小学開化用文』(明治十一年刊)、架蔵『日本品行論』(明治十二年刊)等の泉市版に確認できた。なおこの印は架蔵『開化文章大成』(明治十一年、江島伊兵衛版)にも押捺されていて、中根は、泉市の仕事だけを請け負っていたわけではなさそうである。

普及舎の製本師

明治前期、和装で製本されたものの圧倒的多数は教科書類であろう。教科書専門の版元は、同時に複数の製本師を雇用していたものと思われる。まず、普及舎について見てみよう。『和文読本』は、全四巻、明治十五年稲垣千穎出版、普及舎・奎文堂発兌のものであるが、その巻末刊記部分の欄外には、「彫刻師 堀越(玉山)　摺師　　製本師　　」と印刷されており、摺師と製本師にはそれぞれ印が捺されている(空欄のままの本もある)。彫板・摺刷・仕立に精良を期そうということなのであろう。架蔵の巻一・二を図版で掲げる(【図版⑮・⑯】)。彫工の名は異なるが、摺師のところに「うへた」、製本師のところに「ふくむら」の印がある。福村の製本印は普及舎の刊本以外では見かけず、普及舎で長く重用した製本師のようである。確認出来た書籍を架蔵のものだけ挙げると、「製本ふくむら」という印を『小学校生徒用物理書 中』(明治十八年)・『和文読本 一』(明治十八年再版)・『高等小学読本 三』『同 五』(明治二十年)・『小学校用地誌 第四』(明治二十一年)・『尋常小学読本 第五』(明治二

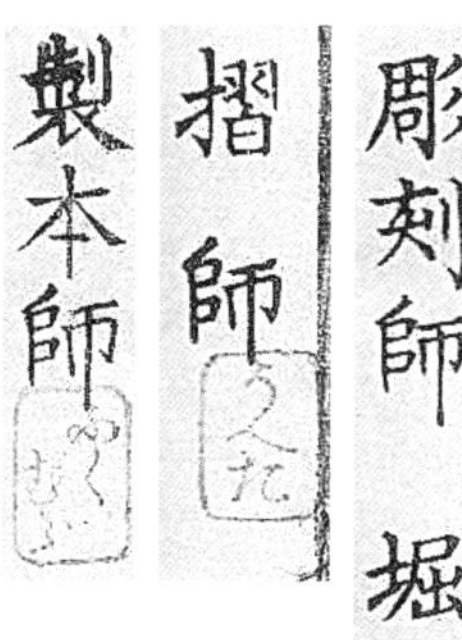

【図版⑮】　刊記部分拡大

【図版⑯】　同『和文読本 二』

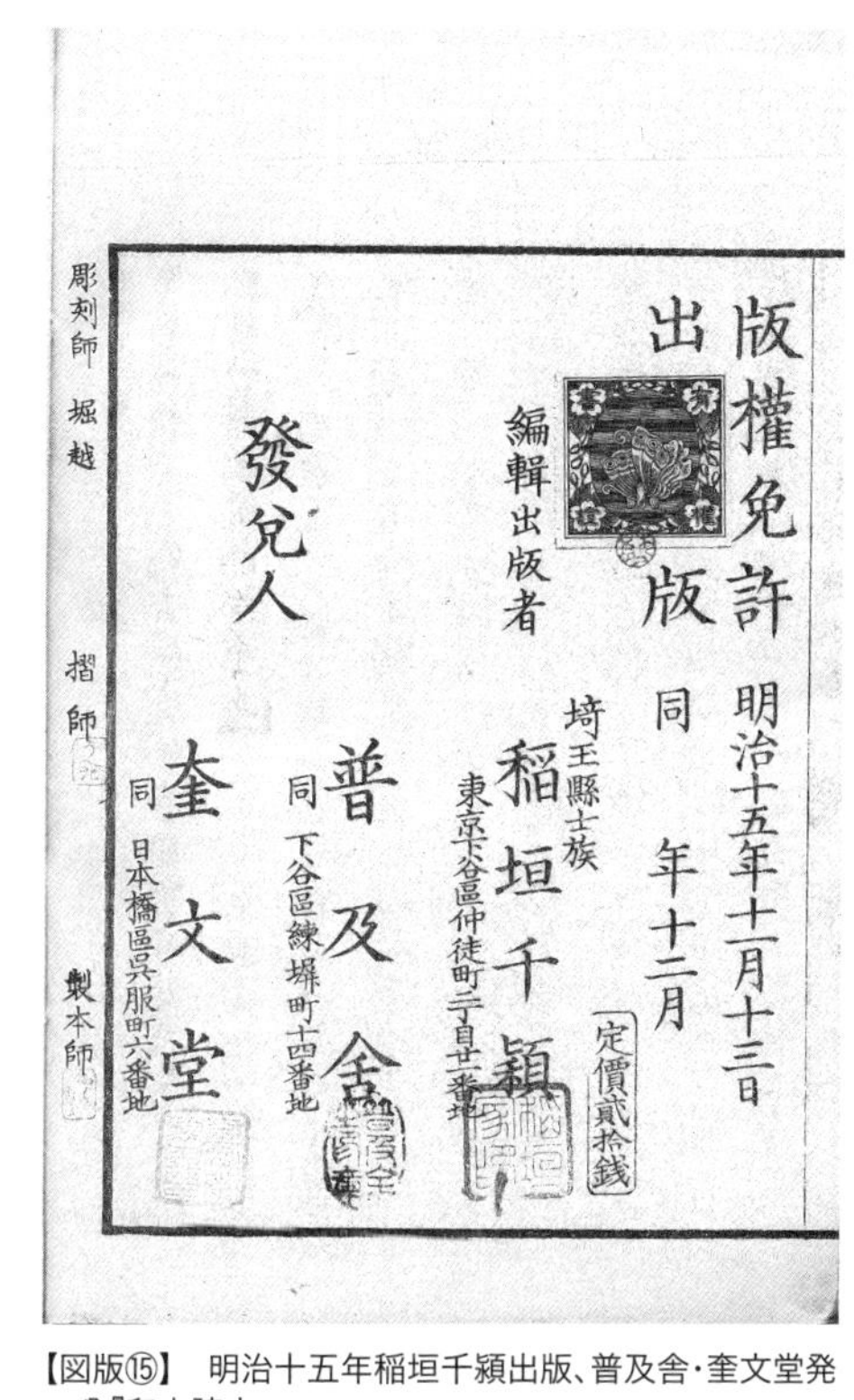
版權免許　明治十五年十一月十三日
出版　同　年十二月
〔定價貳拾錢〕
編輯出版者　埼玉縣士族　稲垣千穎　東京下谷區仲徒町三丁目廿一番地
發兌人　普及舎　同　下谷區練塀町十四番地
奎文堂　同　日本橋區呉服町六番地
彫刻師　堀越
摺師
製本師

【図版⑮】　明治十五年稲垣千穎出版、普及舎・奎文堂発兌『和文読本 一』

十二年三版）、「せいほん　福村」の印を『高等小学読本 二』（明治二十年再版）に、「製本福村」の印を『小学校用 地誌第二』（明治二十年）・『高等小学読本 第五』（同年）・『小学校用農業書 第一』（同年）・『高等小学読本 第六』（明治二十一年）・『地理小学巻二』（明治二十二年）・『国民修身書 五』（明治二十四年）（【図版⑰】）・『国民修身書 巻二』（明治二十六年）・『高等小学修身教典 一』（明治三十二年）に見出した。

「ときた」、また「トキタ」という矩形朱印、また「製本時田」という

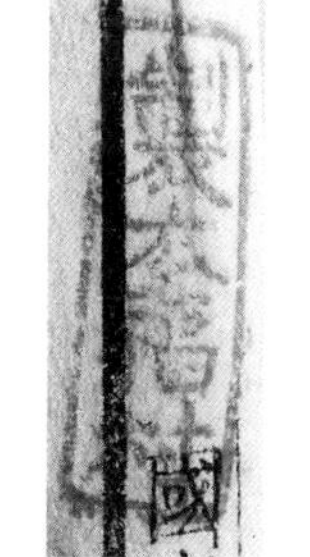

【図版⑰】『国民修身書 五』（明治二十四年）の「製本福村」印

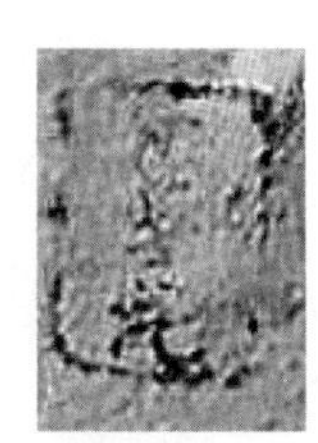
【図版⑱】『中等小学筆顆算教授書 巻四』（明治十七年再版）の「ときた」印

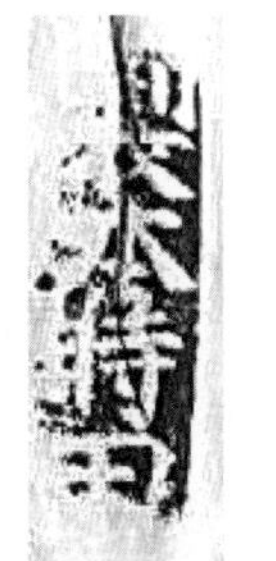
【図版⑲】『和文読本 巻三』（明治十八年再版）の「製本時田」印

【図版⑳】『高等小学読本 第六』（明治二十年再版）の「製本飛良井」印

陰刻朱印は、「名簿」に「同区山本丁廿三番地　時田広孝」とある者のようで、これも福村の印と同様、普及社の刊本に多く見いだせる。架蔵のもので示せば、「ときた」は『改正教授術』（明治十七年刊）・『中等小学筆顆算教授書 巻四』（同年再版）（【図版⑱】）、「トキタ」は『読本 中等科 三』（同）、「製本時田」は『和文読本 巻三』（明治十八年再版）（【図版⑲】）・『小学校用農業書 巻二』（明治二十年再版）・『国民修身書 尋常小学教師用 巻五』（明治二十四年刊）・『小学理科 巻二』（明治二十七年再版）・『尋常小学読書教本 巻一』（同）・『尋常小学読書教本 巻四』（明治二十八年三版）に確認した。

「製本飛良井」という製本印も普及社版にしか見いだせない。『小学校用 歴史 第四』（明治二十年刊）・『高等小学読本 第三』（明治二十年再版）・『高等小学読本 第六』（同）（【図版⑳】）・『高等小学読本 第七』（同）の架蔵本に確認した。「名簿」から平井八五郎か平井弁吉と思われる。

金港堂版の製本師

金港堂は教科書出版の最大手だけあって、普及舎以上に多くの製本師の関与をその出版物に確認できる。

まず、中野三吉。「製本師／中野三吉」という横楕円形の朱印は、『修身説約 七』（明治十一年刊）・『茨城県管内問答』（明治十二年刊）、「製本師中野三吉」という矩形双辺朱印を『小学日本地理小誌 一』（明治十三年刊）・『小学修身書 二』（明治十四年刊）・『小学修身書 十二』（同）・『女子修身訓』（同年求版）・『小学中等科読本 巻三』（明治十八年

刊）（【図版㉑】）・『纂評精注唐宋八大家文読本』（同）・『新撰 理科読本 四』（明治二十年刊）、「中野」の印を『新撰 理科読本 五』（明治二十年刊）のいずれも架蔵本に確認できた。

「製本師後藤弥三郎」という印も金港堂版以外には見ない。『修身説約読例』（明治十一年刊）（【図版㉒】）・『小学修身書 十二』（明治十四年刊）・『地理初歩』（同）・『小学修身書 八』（明治十五年刊）の架蔵本に確認できた。「石川製」という印も同様、『小学修身書 六』（明治十四年三版）・『小学修身書 四』（明治十五年七版）の架蔵二点に見出せた。

【図版㉑】『小学中等科読本 巻三』（明治十八年刊）の「製本師中野三吉」印

【図版㉒】『修身説約読例』（明治十一年刊）の「製本師後藤弥三郎」印

伊藤松五郎という製本師も金港堂は重用していたようである。『小学修身書 四』（明治十四年刊）に「製本師伊藤松五郎」という矩形朱印がみられる。金港堂版によく見られる伊藤という姓のみの印文の製本印も松五郎のものと思われる。架蔵本をもって示すと「伊藤」の製本印は『新撰 理科読本 三』（明治二十年刊）・『日本読本 一』（同）に、「製本イトウ」の印は『高等日本読本』（明治二十一年刊）に確認できた。「製本伊藤」の小判型印は、『日本読本 六』（明治二十年刊）・『日本女訓 一』（明治二十七年訂正再版）・『高等小学新体読本 六』（明治二十七年訂正再版）・『実験日本修身書 二』（明治二十八年刊）に確認できた。

このほか、金港堂版にしか確認できていない製本印を列挙してみると、まず「製本田中」の小判型印（明治二十年『増訂小学読本 八』・明治二十六年『日本修身書 二』・明治三十年『高等小学読本 七』）がある。「名簿」に載る田中姓は田中金次郎と田中親厚、いずれかが該当しよう。「製本増田」の矩形朱印（明治二十年『修身説話 五』・同

【図版㉓】　明治二十四年再版『新撰補修日本読本 下』（明治二十四年再版）の「製本増田」

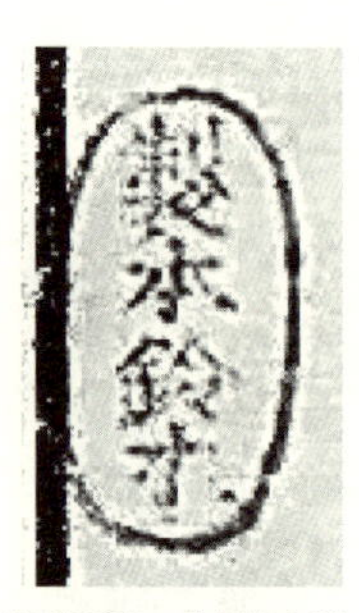

【図版㉔】　『高等小学新体読本 四』（明治二十七年刊）の「製本鈴木」印

年『神奈川県地理小誌』・明治二十四年再版『新撰補修日本読本 下』（【図版㉓】）は、「名簿」に照らして「神田区元岩井町拾六番地　増田利助」とある者の印であろう。

「製本松崎」の矩形朱印（明治二十年『小学歴史 三』・明治二十七年『新体読本 三』）も名簿に「本所区相生町五丁目三番地　松崎繁次郎」とある者のものと思われる。

「製本鈴木」という小判型朱印も金港堂版の教科書（明治二十六年『実験日本修身書 六 尋常小学生徒用』・明治二十七年『高等小学新体読本 四』（【図版㉔】））にのみ確認できる。

こうして概観してみると、明治初年代前半に、須原屋茂兵衛が製本印を捺させることを始めたように見える。ついで須原屋同様御用書肆であった山中市兵衛の事例が古い。このあたりから、落丁を無くし製本の精良に責任を持たせるための一方策として行われ始めたものが、須原屋茂兵衛店出身の阪上半七はじめ、教科書出版を専らとする業者の間で定着していったものではなかろうか。

洋装本の製本師

架蔵の『SANDERS' UNION READER』（明治十七年、都筑直吉出版）後表紙見返に「中屋　東京銀座壱丁目／丸善製本所／製本師岡上甲介」と印刷された紙片が貼付されていた（【図版㉕】）。製本票とでも称すべきであろうか。これは洋装本で、岡上甲介は洋装の製本師ということになる。

先に紹介した『製本之輯』に、上田徳三郎「製本六十年」という談話筆記が掲載されている。その中に次のような話がある。

【図版㉕】『SANDERS' UNION READER』(明治十七年、都筑直吉出版)後表紙見返貼付製本票

サテ、製本と言へば昔から和本に限つてゐたところへ、洋本といふ異端者が侵入して来たゝめに、一家族が和洋の二派に分れる事になりましたが、新旧のニラミ合ひと申しますか、和本と洋本の職人はドウいふものか犬猫のやうに仲が悪かつたもので、和本の方では洋本屋を車力とのゝしり、洋本屋は和本屋をオバケなどとくさして、よく喧嘩をしたものであります。そのうち洋本が次第に勢力を得て来て、洋本屋の方が数が多くなりましたが、まだまだ何といつても和本は盛んで、やがて洋本時代になつてしまふなどとは一般の職人は考へてゐなかつたやうですが、私の親方といふ人が仲々先のよく見える人で、私を呼んでさとすのに、モウこれからは和本では飯が食へない、早いうち洋本の方を修業しなほさなくては時勢に取りのこされると申され、私もその気になつて新規蒔直しを覚悟して洋製本の修業に横浜に参りました。

これが明治二十二年のことである。同年の「名簿」には一八七名の製本師が名前を連ねている。この中には上田同様すでに洋装製本の技術を修得していた者もいたであろう。しかし、上田の談話を読むと、他の下職同様、時代の波に乗りきれずに終わった製本師も少なくはなかったのではないかという気がする。

おわりに

二〇一二年に小著『書籍流通史料論 序説』を勉誠出版から出版した。これは、とくに書籍流通に関わる史料を用いての論考を主として編んだものであった。今回の小著は、流通に特化せず、これ以前、またこの間に書きためた書籍文化全般に関わる史料がらみの原稿に、二本の新稿を加えてまとめたものである。また、『書物学』に「書籍文化史料片々」と題した小文も連載していたが、これもそこそこの分量となったので、これらも併せてまとめた次第である。初出は次のごとし。

史料が照らす世界

京都書林仲間記録『重板類板出入済帳』——安永二年〜安永六年——（書き下ろし）

書籍の流通と売価——江戸暦を史料として——

（全国大学国語国文学会『文学・語学』二一七号、二〇一六年十二月）

役人附雑考（中央大学文学部『紀要 言語・文学・文化』一二一号、二〇一八年二月）

五車楼藤井孫兵衛宛頼支峯書簡からうかがえる二、三のこと

（同『紀要 言語・文学・文化』一〇九号、二〇一二年三月）

葉書という社会資本、あるいは書籍流通史料としての葉書
（『書物・出版と社会変容』一一号、二〇一一年九月）
袋屋東生亀次郎と上方書商との交易――書籍輸送の実際――（書き下ろし）
「信州西筑摩郡上松村字寝覚浦島旧跡臨川寺図」出版の顛末
（中央大学国文学会『中央大学国文』五一号、二〇〇八年三月）

書籍文化史料片々（『書物学』連載）
書籍の価格――岡田屋嘉七の請取と通帳――（九号、二〇一六年十月）
石見国医師の読書生活――『松峯筆記』の「書物見聞覚帳」――（一二号、二〇一八年二月）
草紙類の流通と広告――甲府二文字屋藤右衛門引札――（二号、二〇一四年五月）
信州松本の貸本商売――穀屋儀七貸本広告と貸本印――（四号、二〇一五年二月）
普通の人々の普通の読書――貸本屋の営業文書片々――（八号、二〇一六年八月）
須原屋茂兵衛の薬商売――引札と広告葉書――（一一号、二〇一七年八月）
京都の絵草紙屋紙藤（綾喜）――引札と紙看板――（五号、二〇一五年七月）
古書漁りの余得――『官版単語篇』領収書と上野尚志書状――（一〇号、二〇一七年三月）
近代教育草創期の書籍流通――信濃国伊那郡洗心（小川）学校文書より――（七号、二〇一六年三月）
書籍流通拠点の生成と水運――下総正文堂利兵衛の引札――（六号、二〇一五年十月）
葉書が語る明治の書籍流通――岡田為助宛三木佐助葉書――（一号、二〇一四年三月）

明治期予約出版の足取り――鳳文館の葉書と広告――（三号、二〇一四年八月）
陸前古川における新聞・雑誌・書籍の流通――領収証の束から浮かび上がるもの――（一三号、二〇一八年八月）
彫工たちの明治――葉書に見える仕事の実際――（一四号、二〇一八年十二月）
明治の製本師――製本印という史料――（一五号、二〇一九年四月）

各稿、大雑把に「書籍文化史」という括りの中には収まるものであるが、内容は多方面に散らかっている。すべて出くわした史料次第、それらに導かれるままに、それらを生かすべく、それぞれに試みた小論である。また、公にして広く共有すべきまっとうな史料の紹介を本旨とした稿もあるが、多くは、何が史料となりうるか、どうすれば何かを語らせることができるかという試みの覚え書きのようなものである。労力や経費に照らしてコスパの悪いものも多い。道楽呼ばわりされても当然、集める楽しさから始まっているようなものなので仕方ない。

公的機関に所蔵されている史料を使ったものもあるが、多くはわが蒐集癖の発動によって手許にあるものである。ネットオークションで拾ったものもあるが、多くは神保町をはじめ、あちこちの古書肆から得たものである。ぶらぶらしていると、思わぬものに出くわすこともあるし、手に取って眺めているうちに、これ使えるかなという着想を得ることもある。葉書や領収証、また引札などひらひらしたものが多いのも、近年のわが蒐集の流行りをそのまま反映しているわけである。これら片々たるものは、それ自体多くを語ってくれるものでもなく、結局大したことも判明せずに終わったものも多い。しかし、この生々しさは癖になる。

さて、今回も勉誠出版吉田祐輔氏には何くれとお世話になった。そして長野県立歴史館等公的機関や臨川寺はじめさまざまな方々にもお世話になったが、なんといっても、さまざまな史料に出会わせてくれた古書肆の方々、週に一度のお楽しみを与えてくれる神保町という町に感謝する次第である。

二〇一九年五月吉日

鈴木俊幸

索　引

書　名

【あ行】

【か行】

【さ行】

【た行】

【な行】

【は行】

【ま行】

【や行】

【ら行】

【わ行】

人名・店名・社名

【あ行】

【か行】

【さ行】

【た行】

【な行】

【は行】

【ま行】

【や行】

【ら行】

【わ行】

著者略歴

鈴木俊幸（すずき・としゆき）

1956年生まれ。中央大学文学部教授。

専門は日本近世文学、書籍文化史。現在は近世の書籍流通を中心に研究している。

著書に『江戸の本づくし』（平凡社新書、平凡社、2011年）、『蔦屋重三郎』（平凡社ライブラリー、平凡社、2012年）、『書籍流通史料論　序説』（勉誠出版、2012年）、『近世読者とそのゆくえ　読書と書籍流通の近世・近代』（平凡社、2017年）、『信州の本屋と出版』（高美書店、2018年）などがある。


書籍文化史料論（しょせきぶんかしりょうろん）

著者　鈴木俊幸
発行者　池嶋洋次
発行所　勉誠出版㈱
〒101-0051 東京都千代田区神田神保町三―一〇―二
電話　〇三―五二一五―九〇二一㈹

二〇一九年五月三十日　初版発行

印刷・製本　中央精版印刷

ISBN978-4-585-22240-8　C3021

鍬形蕙斎画 近世職人尽絵詞
江戸の職人と風俗を読み解く

松平定信旧蔵にかかる名品全篇をフルカラーで掲載し、文学・歴史・美術史・民俗学など諸分野の協力による詳細な絵解・注釈・論考を収載。近世文化研究における基礎資料。

大高洋司・大久保純一・小島道裕 編・本体一五〇〇〇円（＋税）

江戸庶民の読書と学び

当時の啓蒙書や教養書、版元・貸本屋の記録など、人びとの読書と学びの痕跡を残す諸資料の博捜により、近世における教養形成・書物流通の実情を描き出す。

長友千代治 著・本体四八〇〇円（＋税）

江戸の異性装者たち
セクシュアルマイノリティの理解のために

男装を禁止されても止めず遠島に処された女、男同士の夫婦、陰間茶屋で男色に従事する美少年たち——。社会規範からの逸脱の実態を記録した事件史料を読み解く。

長島淳子 著・本体三二〇〇円（＋税）

文化史のなかの光格天皇
朝儀復興を支えた文芸ネットワーク

天皇をめぐる文化体系は、いかに復古・継承されたのか。歴代最後の「生前退位」を行った光格天皇、その兄妙法院宮真仁法親王の文化的営みの意義を明らかにする。

飯倉洋一・盛田帝子 編・本体八〇〇〇円（＋税）

戊辰戦争の史料学

明治政府が編纂した史料集「復古記」やその編纂材料を精査し、様々な史料にも着目。戊辰戦争を多角的に解明するための方法を模索する。

箱石大 編・本体三五〇〇円（＋税）

幕末明治 移行期の思想と文化

「忠臣・皇国のイメージ」「出版文化とメディア」「国家形成と言語・思想」の三つの柱から、移行期における接続と断絶の諸相を明らかにした画期的論集。

前田雅之・青山英正・上原麻有子 編・本体八〇〇〇円（＋税）

木口木版のメディア史
近代日本のヴィジュアルコミュニケーション

新出の清刷をはじめ、四〇〇点以上の貴重図版を収載。合田清、生巧館の営みを伝える諸資料から、近代日本の視覚文化の一画期を描き出す。

人間文化研究機構 国文学研究資料館 編
本体八〇〇〇円（＋税）

テキストとイメージを編む
出版文化の日仏交流

テキストとイメージが協働する挿絵本という「場」を舞台に、「人」「モノ」の織りなす日仏の文化交流を多角的視点より描き出す。

林洋子／クリストフ・マルケ 編・本体四八〇〇円（＋税）